Pierre Milliez

La somme existentielle

II/III Le mystère de l'Homme, une histoire d'Amour

À l'humanité…

La somme existentielle, j'y réfléchis souvent. Je cherche la Vérité c'est-à-dire le Tout devenant cohérent dans l'Un. Mais la charité me presse de communiquer, à mes frères, le résultat de mes réflexions…

Du même auteur aux éditions Books on Demand (BOD.fr)

La Résurrection au risque de la Science (2015)
ou étude historique et scientifique des cinq linges, sur la mort et la résurrection de Jésus,
du Linceul de Turin au Voile de Manoppello.

Pièces à conviction du Messie d'Israël (2015)
ou étude des reliques de Jésus

J'ai expérimenté Dieu (2015)

La somme existentielle, I/III Le mystère de Dieu (2015)

Origine des extraits de la Sainte Bible, parole de Dieu :
Traduction d'après les textes originaux par le chanoine A. CRAMPON
Société de Saint Jean l'Evangéliste
Desclée et Co., Tournai 1939

Légende et origine de la photo en couverture :
Photos couverture : Photo de nuages dans le ciel au-dessus d'une salle prévue pour un rassemblement de « Chrétiens Témoins dans le Monde » à Vichy (avec mes remerciements à l'auteur M. Henri Maurice)

© 2015, Pierre Milliez
Éditeur : BoD – Books on Demand,
12/14 rond-point des Champs Élysées, 75008 Paris
Impression : BoD – Books on Demand, Allemagne

ISBN : 9782322041015
Dépôt légal : septembre 2015

« **La connaissance de la Trinité divine, dans l'Unité, est à la fois le fruit et le but de toute la vie chrétienne** ».
Saint Thomas d'Aquin

« **Il existe deux chemins pour atteindre la vérité. J'ai décidé de suivre les deux. La science n'a pas ébranlé ma foi dans la religion et la religion ne m'a jamais fait remettre en question les conclusions obtenues par les méthodes scientifiques.** »
Georges Lemaître, prêtre Belge inventeur de la théorie du « Big Bang »

« **Lorsqu'il pense aux vérités de la foi, il (le chercheur chrétien) sait que ses connaissances sur les microbes, les atomes ou les soleils ne lui seront ni un secours ni une gêne. Il peut donc aller librement de l'avant avec l'assurance que de sa recherche ne peut surgir aucun conflit réel avec sa foi.** » La culture catholique et les autres sciences positives, actes du VIème congrès catholique de Malines, 1936 Abbé Georges Lemaître (1894 – 1966), physicien.

« **Nous sommes justes des enfants à la recherche de réponses et à mesure que s'étend l'île de la connaissance, grandissent aussi les rivages de notre ignorance.** »
« **Sûrement un jour, on peut l'espérer, nous saisirons l'idée centrale derrière toute chose. Elle sera si simple, si belle, si convaincante que nous nous dirons alors : « Oh, comment cela aurait-il pu être autrement ! Comment avons-nous fait pour rester aveugle aussi longtemps !** »
John Wheeler, physicien théoricien américain, proche de Bohr et d'Einstein, surnommé le physicien des physiciens.

« **Je n'ai jamais été capable de voir une séparation entre la science et la philosophie. D'ailleurs, dans des temps plus reculés, on parlait de philosophie naturelle et cette expression correspond parfaitement à la façon dont je perçois toute cette discipline.** »
David Böhm, physicien américain, réputé pour sa contribution en physique théorique et quantique, en philosophie et en neuropsychologie.

« **Depuis qu'une chiquenaude a lancé l'être dans le devenir, vingt milliards d'années ont passé ; c'était hier. Ne pensons plus au cosmos. Pensons à cette espèce étrange surgie en Afrique et en Asie et que nous appelons humanité. L'humanisation a duré environ quatre-vingt mille ans.** »
   Teilhard de Chardin d'après Jean Guitton

Parabole de l'enfant prodigue

Somme existentielle
La somme existentielle est une trilogie englobant tout l'existant visible et invisible.

La trilogie somme l'ensemble de l'existant connu à ce jour : l'univers physique, le vivant, le pensant. Elle ajoute les dernières découvertes en ce qui concerne les relations entre physique quantique[1] et métaphysique, théories de l'évolution et création d'Adam et Ève, cerveau et pensée, histoire de la pensée et finalité du monde. Elle intègre le spirituel révélé par la Bible, l'expérience de mort imminente, les mystiques.

Cette trilogie cherche donc à expliquer l'origine, l'histoire et le devenir des mondes, spirituel et physique, sur les plans scientifique, philosophique et théologique.

Parabole de l'enfant prodigue
« **[11]Il (Jésus) dit encore : « Un homme avait deux fils. [12]Le plus jeune dit à son père : « Mon père, donne-moi la part de biens qui doit me revenir. » Et il leur partagea son avoir.** » Luc 15, 11-12

C'est « Le mystère de Dieu, une histoire d'amour ». C'est le monde de l'Être, la maison du Père. C'est le monde de l'un et de l'unité, le monde des présences.

« **[13]Peu de jours après, le plus jeune fils, ayant tout réalisé, partit pour un pays lointain, et il y dissipa son bien en menant une vie prodigue. [14]Lorsqu'il eut tout dépensé, survint une grande famine dans ce pays, et il commença à sentir le besoin. [15]Et il alla se mettre au service d'un habitant de ce pays, qui l'envoya dans ses champs**

---

[1] La mécanique, ou physique quantique est la branche de la physique dont l'objet est l'étude et la description des phénomènes fondamentaux dans les systèmes physiques à l'échelle atomique et subatomique

paître des porcs. ¹⁶Et il eût bien voulu se remplir le ventre des caroubes que mangeaient les porcs, mais personne ne lui en donnait.

¹⁷Alors, rentrant en lui-même, il dit : « Combien de mercenaires de mon père ont du pain en trop, et moi, ici, je meurs de faim ! ¹⁸Je me lèverai et j'irai à mon père, et je lui dirai : Mon père, j'ai péché contre le ciel et envers toi ; ¹⁹je ne suis plus digne d'être appelé ton fils : traite-moi comme l'un de tes mercenaires. » Luc 15, 13-19

C'est « Le mystère de l'homme, une histoire d'amour ». C'est le monde de l'avoir, l'exil de la maison du Père. C'est le monde du multiple et des contraires, le monde des apparences.

« ²⁰Et il se leva et alla vers son père.

Comme il était encore loin, son père le vit ; et, touché de compassion, il courut, se jeta à son cou, et le couvrit de baisers. ²¹Le fils lui dit : « Mon père, j'ai péché contre le ciel et envers toi ; je ne suis plus digne d'être appelé ton fils. » ²²Mais le père dit à ses serviteurs : « Vite, apportez la plus belle robe et l'en revêtez ; mettez-lui un anneau au doigt et des chaussures aux pieds ; ²³et amenez le veau gras, tuez-le ; et mangeons, festoyons : ²⁴car mon fils que voici était mort, et il est revenu à la vie ; il était perdu, et il a été retrouvé. » Et ils se mirent à festoyer. » Luc 15, 20-24.

C'est « La divinisation de l'homme, une histoire d'amour ». Le retour au monde de l'Être. Le retour vers la maison du Père. Le retour du Tout unifié à l'Un. Le retour au monde des présences.

La parabole de l'enfant prodigue, au-delà d'un cas individuel concret, dit l'histoire des mondes. Nous allons vivre cette histoire de l'existant au fil des trois volumes de la somme existentielle.

Ce récit commence avec Dieu qui est éternellement lui-même, et avec la création jusqu'au péché originel des premiers hommes. Il se poursuit après la chute, avec la création du monde physique et du premier couple biologique, les dons de Jésus et du Saint-Esprit, l'évolution de la pensée des hommes jusqu'à l'impasse de la mort de Dieu. Il se termine par le chemin de retour vers le Père dans le royaume de Dieu.

Introduction

« **Il n'y a pas d'être sans liberté. Il n'y a pas de liberté sans vérité** »

Questionnements
L'univers est-il un contenu d'énergie et de matière, se déployant dans un contenant, d'espace et de temps ? Est-il un processus évolutif régi par le principe de causalité et se déployant dans la durée ?
Pourquoi et comment l'évolution créatrice aboutit-elle du Big-bang à l'homme ? Le processus évolutif s'oriente t-il vers plus de liberté et donc vers plus d'être pour l'homme ? La finalité de cette évolution est-elle une réalité supérieure ?
Que s'est-il passé avant le Big Bang ? Que se passe-t-il après la mort ? Que deviendra l'univers ? Derrière l'univers, appréhendé par nos sens et notre cerveau, y a-t-il une autre réalité ?

Quête de l'homme
L'homme est ainsi fait qu'il cherche à connaître ce qui l'entoure. Il cherche à connaître l'univers de façon globale et spécifique. Il cherche à connaître le minéral, le vivant, le pensant.

L'homme se caractérise par l'introspection, ce retournement de la pensée sur elle-même. L'homme étudie par sa raison son cerveau, sa liberté, sa conscience, son être.

L'homme cherche à connaître le sens des choses et des êtres. Il cherche à connaître le sens de la matière et de l'énergie, de l'espace et du temps, du principe de causalité. Mais, surtout, il cherche à comprendre le sens de l'évolution qui va du Big Bang à l'homme.

L'homme s'interroge sur son origine, le sens de sa vie, et sur sa destinée. Tendu vers ce but, il recherche les moyens d'achever sa complétude.

Mais la raison, avec la science, n'est féconde que dans l'expérience physique du monde. Le champ de la connaissance humaine est réduit à cette expérience physique. La science n'avance que par l'élaboration de théories censées globaliser les expériences physiques, mais qui peuvent être validées ou invalidées par d'autres expériences.

Limitation de l'homme dans la connaissance

Nous connaissons l'homme et l'univers par les sciences. Cette connaissance est partielle à cause de la limitation de nos sens quant à leur nombre et leur bande passante. Cette connaissance est limitée par notre cerveau quant à la puissance de calcul et la mémoire.

Un mur restreint notre connaissance à cause de notre enfermement dans un monde régi par le spatio-temporel, la causalité, la matière et l'énergie. Nous ne pouvons pas concevoir facilement ce qui n'est pas inscrit dans le spatio-temporel, défini par sa matière-énergie et déduit du principe de causalité.

Dès lors nous pouvons nous poser la question : une autre réalité existe-t-elle ?

Réalité plus fondamentale

Des grands esprits pensent que l'objectivité sensible (objets captés par nos sens) des êtres, des choses, des évènements est la représentation spatio-temporelle, éphémère, d'une réalité plus fondamentale. Par exemple, je vois dans le spectre du visible, mais si mon regard percevait le spectre de l'infrarouge, je pourrais voir aussi les points chauds. Nous ne voyons pas les objets tels qu'ils sont.

Les mathématiciens ne créent pas les mathématiques mais ils ont la révélation peu à peu des lois mathématiques qui régissent l'univers.

Une proportion conséquente de personnes font des expériences de mort imminente sur un au-delà du perceptible habituel. Des mystiques racontent des expériences surprenantes.

Nos limites n'englobent pas la totalité du réel. La réalité fondamentale est ontologique, c'est-à-dire au-delà de toutes perceptions des sens.

Mystère de Dieu

À défaut de pénétrer directement le mystère de l'Être de Dieu qui nous dépasse infiniment, on peut approcher le mystère de l'Être par la manifestation de cet Être.

Tout ce qui est, tient l'existence de Dieu et n'existe que par Dieu. Alors, la somme existentielle, c'est-à-dire la somme de ce qui existe, est une manifestation de l'Être de Dieu et nous dit quelque part qui est Dieu.

Mais Dieu ne s'arrête pas à la création de la somme existentielle à un instant donné, une fois pour toutes. Dieu l'accompagne dans son évolution qui devient créatrice.

Alors, la science permettra-t-elle la connaissance du tout ? Jamais complètement car comment le fini pourrait-il connaître l'infini ?

Au-delà du champ du connu, se trouve le champ du connaissable, mais aussi un inconnaissable pour les seules facultés humaines.

L'homme est limité dans ses possibilités de connaissance. Le domaine du connaissable pourra être appréhendé progressivement grâce aux développements des sciences. Mais le domaine de l'inconnaissable ne sera jamais accessible par les seules capacités de l'homme. Les scientifiques, spécialement dans le domaine de la physique quantique, savent aujourd'hui que le propre fondement de leur discipline limite l'étendue de la connaissance possible.

Révélation personnelle

Dieu, en raison de sa transcendance est au-delà de toute recherche et connaissance humaine. Il lui appartient donc et à lui seul de se révéler à l'homme.

Au-delà du connaissable par l'homme, il y a le domaine de la révélation. L'inconnaissable peut être appréhendé par l'homme par d'autres moyens que la raison. Elle est du domaine de l'expérience personnelle, de la rencontre personnelle.

Cette expérience ne relève pas de la raison. Elle ne peut être ni réfutée, ni validée par la raison. Cette expérience doit être admise. Elle est. Cette expérience peut être partagée, mais difficilement comprise dans sa profondeur. Elle ne peut être comprise par l'autre que le jour où lui-même en fait sa propre expérience.

L'inconnaissable peut être connu en partie par une révélation d'en haut. La Bible nous révèle en effet dans Jn 6, 45a : « **Il est écrit dans les prophètes : Et ils seront tous enseignés de Dieu.** »

Parole de Dieu (La Bible)

Il nous est donné dans la parole (la Bible), à travers les manifestations de Dieu, d'approcher le mystère de Dieu et de l'univers. La Bible est, en effet, parole de Dieu. La Bible est en effet parole de vie.

Dans l'ancien testament, Dieu ne révèle pas son nom et ne se laisse pas enfermer dans un nom. L'ancienne alliance interdisait de représenter Dieu. Personne ne peut le représenter, aucune représentation humaine n'est digne de la gloire de Dieu. Dieu ne révèle ni son nom, ni sa face, cependant il veut entrer en relation avec l'homme, il veut se communiquer.

Dans le nouveau testament, Dieu se manifeste lui-même directement. Il révèle son nom et sa face dans l'incarnation de son Verbe qui est Dieu. Il révèle son Esprit par les manifestations de son Saint-Esprit qui est Dieu.

Le Saint-Esprit peut nous aider à comprendre cette parole de Dieu, comme le précise Saint Paul dans 1Co 2, 10 : « **C'est à nous que Dieu les a révélées par son Esprit ; car l'Esprit pénètre tout, même les profondeurs de Dieu.** »

2Co 3, 6 : « **C'est lui (Dieu) également qui nous a rendus capables d'être ministres d'une nouvelle alliance, non de la lettre, mais de l'esprit ; car la lettre tue, mais l'esprit vivifie.** »

Ce qui compte n'est pas la lettre de la loi mais l'Esprit de la loi, car la lettre est morte, mais l'Esprit vivifie. Nous avons besoin du Saint-Esprit pour comprendre les écritures dans toute leur profondeur.

L'homme est limité. Il a besoin du Saint-Esprit pour comprendre les mystères de Dieu, de l'univers, de la création et de l'évolution créatrice.

La Bible est tout entière l'histoire de la révélation de Dieu aux hommes. Cette histoire racontée est une histoire d'amour. C'est l'Histoire d'amour de chaque instant et de tous les instants dans l'éternité des temps. La bonne nouvelle c'est que cette histoire d'amour se poursuit…

Science et foi

Les sciences sont la connaissance du monde et de l'homme tel qu'ils sont accessibles par nos sens et notre intelligence. Les premiers jours de l'univers relèvent de la science. La science nous parle du monde objectivé, le monde des choses et des êtres dans leur réalité physique existentielle appréhendable par nos sens.

La métaphysique (ou théologie naturelle) est la réflexion de l'esprit sur les problèmes soulevés par la condition humaine. Elle cherche en s'appuyant sur les sciences, la vérité et la raison dernière des choses.

La théologie est la science de Dieu. Elle reçoit la révélation, s'applique à la comprendre pour l'enseigner. La révélation et la théologie nous parlent de Dieu et des êtres spirituels ; c'est le monde des présences. La création relève de la révélation. La théologie doit assumer les progrès des sciences pour une meilleure intelligence de la foi.

La grandeur de la raison c'est la recherche de la vérité. La foi n'est pas contradictoire avec la raison ou la science. La vérité que Foi et Raison poursuivent ne saurait les opposer.

Jean-Paul II évoque dans « Fides et ratio » en 1998, la quête de la vérité par la raison éclairée par la foi. Pour Benoît XVI raison et foi sont intrinsèquement liées n'existant pas l'une sans l'autre, complémentaires dans leur essence.

Dès lors la connaissance par la raison apporte à la foi, et la révélation par la foi apporte à la raison. Toute question peut donc s'énoncer et recevoir un éclairage par la foi et par la raison.

Questionnements

Dans le premier tome nous avons vu le Dieu un et trine, son existence unique, son ontologie relationnelle en trois personnes, son incomparable unité d'essence.

Nous avons abordé la communication de Dieu en lui-même et hors lui-même dans sa création des anges, du jardin d'Éden, et des premiers hommes.

Nous avons vu le péché originel et le séisme ontologique qui s'en est suivi. Le premier homme, tel l'enfant prodigue, a quitté son Père…

Dès lors de nombreuses questions se posent.

Peut-on accorder la création de l'univers avec le jardin d'Éden et le péché originel ?

Est-il possible de concilier les théories de l'évolution avec la chute d'Adam et Ève ?

Comment expliquer l'incarnation du Verbe en Jésus, le royaume de Dieu, la Résurrection de Jésus ?

Pourquoi le Saint-Esprit et ses dons sont-ils méconnus ?

Avec ces révélations, quel est l'évolution de la pensée de l'homme sur Dieu ?

Le mystère de l'homme

Nous verrons que Dieu crée le temps pour que tout ne soit pas donné d'emblée, pour permettre le changement, un processus éducatif. Dieu crée l'évolution pour voiler sa face et respecter la volonté d'autonomie de l'homme par rapport à lui-même. Dès lors l'histoire de l'univers va se dérouler sur 13,7 milliards d'années, c'est-à-dire en un instant pour Dieu.

Nous aborderons comment lorsque l'homme biologique est prêt, Dieu en fait le « vêtement de peau » pour l'homme chassé de « l'Éden » dans notre monde.

Nous verrons la volonté de communication de Dieu avec l'homme jusqu'à l'incarnation de son Fils, le Verbe de Dieu, en Jésus. Cette communication se fera par l'annonce du royaume de Dieu. L'amour de Dieu en Jésus sera manifeste par sa mort et sa résurrection.

Nous étudierons l'accomplissement de la promesse de Jésus dans l'envoi du Saint-Esprit et de ses dons pour l'édification de l'Église.

Nous terminerons par l'histoire de la pensée de l'homme dans sa relation avec Dieu. Dans sa volonté d'indépendance de Dieu, l'homme ira jusqu'au mur de l'incompréhension de son existence elle-même. Il ne lui restera alors, comme unique issue radieuse tel l'enfant prodigue, que de retrouver son Père.

Préambule

Création au jardin d'Éden

Avant le commencement de la création tout n'est que néant, en dehors de Dieu qui est tout. Dieu a la volonté de se communiquer. Il est le fondement de toute chose.

Dieu crée les anges. Les anges, qui acceptent Dieu et son projet, restent dans sa présence. Les anges, qui refusent Dieu et son projet, sont chassés de sa présence.

Dieu crée en Éden les minéraux, les végétaux, les animaux, et Adam et Ève présence participative au Verbe, fils de Dieu. Tout est Un avec Celui qui est Tout. À la fin des temps, tout sera Un en essence et en unité avec celui qui Est.

Avant la chute au jardin d'Éden, rien du monde que nous connaissons avec nos sens n'existe. Avant la chute la matière, l'énergie, l'espace, le temps, la causalité n'existent pas. Le temps ne s'écoule pas, c'est le temps total. L'espace n'est pas limité, c'est l'espace total. La matière n'existe pas. L'énergie n'existe pas. Le principe de causalité n'existe pas.

Mais l'homme refuse d'être tourné vers Dieu. Il veut exister par lui-même. C'est le péché originel. Cela va entraîner sa « chute » dans un corps biologique mortel, et l'objectivation du créé dans un monde physico-biologique.

Histoire de l'univers

Dieu respecte infiniment l'homme qu'il a créé d'origine à sa ressemblance. Il accorde à l'homme de pouvoir vivre de façon autonome par rapport à son créateur. L'amour ne s'impose pas, il se propose ; et Dieu est amour.

Après la chute le monde s'est objectivé (matière et énergie) pour limiter la connaissance de l'homme. Après la chute, le monde des présences se mue en monde des existences sensibles et éphémères voilant les présences. La présence des choses, en leurs essences du monde des présences, se mue en choses présentes pour les sens du monde des apparences.

Après la chute, le monde s'est spatialisé pour permettre l'autonomie de chaque homme de Dieu, et des autres.

Après la chute le monde s'est sérialisé pour permettre le changement par l'écoulement du temps et la causalité.

Dès lors Dieu transpose le monde des présences créé en Éden dans le monde des objets que nous connaissons. Mais pour ce faire il doit effacer toute trace de sa présence pour ne pas l'imposer et laisser la liberté à l'homme.

Dieu crée l'histoire de l'univers matière-énergie, espace-temps, causalité. Cette histoire s'écoulera du néant (avant le Bigbang) aux pré-hommes. Cet évènement de 13,7 milliards d'années débute avec la chute du premier homme en Éden. Quand le corps biologique est prêt, Dieu y implante Adam et Ève les revêtant d'un vêtement de peau. Il faut supposer qu'Adam et Ève ne se souviennent pas alors qu'ils viennent du jardin d'Éden. La durée de 13,7 milliards d'année est dans le temps des hommes. Il s'agit d'un instant dans le temps de Dieu car pour Dieu le temps ne s'écoule pas.

Ainsi Dieu respecte la volonté des premiers hommes d'être indépendants de leur Créateur. Désormais l'homme est libre de Dieu. Il peut vivre sans Dieu ou avec Dieu. À la demande de l'homme Dieu pourra se manifester, intervenir…

Résumé de La somme I/III Le mystère de Dieu

L'enfant prodigue du royaume de Dieu avec son Père, à son départ pour le monde de l'homme.

L'homme s'interroge sur le sens de sa destinée et sur les moyens d'achever sa complétude. Mais l'homme est limité par son corps, par ses cinq sens, et par son cerveau pour connaître Dieu. Saint Thomas d'Aquin tente de démontrer l'existence de Dieu avec cinq arguments. Mais Kant et Kierkegaard montrent que la raison pure ne permet pas de prouver Dieu. La limite de la raison permet la liberté de l'homme. Il est impossible à l'homme de connaître Dieu par lui-même.

La connaissance de Dieu passe par une expérience personnelle, car Dieu est relation. La foi est du domaine d'une relation expérimentée et d'une raison maîtrisée, car Dieu veut se révéler aux hommes. Dieu est dans la Bible l'innommable dont on ne peut voir la face. Dieu se révèle à Moïse en disant : « Je suis celui qui suis. ». Dieu se révèle comme le Dieu « Un » à travers la tradition.

Les existants se distinguent par l'être, l'essence, l'hypostase (ou essence spécifique). Les étant se distinguent selon le mode d'être : Dieu, l'ange, l'homme, l'animal, le végétal, le minéral. Dieu est l'Étant. Dieu est en soi, par soi, et pour soi. Dieu a toute sa raison d'être en lui-même et n'a besoin d'aucune créature, il se suffit complètement à lui-même. Dieu est l'Être, sans avoir quoi que ce soit d'autre que ce qu'il est.

Dieu se révèle dans la Bible et la tradition comme une Trinité de personnes en un seul Dieu. Dieu est nécessairement une trinité de Personnes en un seul Dieu. Il est une Trinité de personnes pour être, manifester son être, et se satisfaire d'être. Il est sa propre raison d'être en lui-même. Seul un Dieu trinitaire peut être relation d'amour, créateur, relation avec homme. Le « Je » de Dieu à Moïse définit une personne.

Dieu possède deux processions (fait de procéder) en lui. La procession de l'intelligence avec deux relations paternité et filiation. La procession de la volonté-amour avec deux relations spiration et procession. Les relations permettent de distinguer trois personnes en Dieu. La paternité est le Père. La filiation est le Fils. La procession est le

Saint-Esprit. En Dieu les trois personnes sont différentes par leur origine, mais ne sont qu'un seul Dieu. Le Père ne procède d'aucun autre (innascibilité). Il est principe du Fils par la paternité, et du Saint-Esprit par la spiration commune avec le Fils. La paternité constitue la personne du Père. La personne du Fils procède du Père (filiation). Il est principe du Saint-Esprit par spiration commune avec le Père. La personne du Saint-Esprit procède du Père, et du Père à travers le Fils par procession.

La kénose du Père se manifeste dans le Fils qu'il engendre. Le Père est Dieu en plénitude même après les deux processions, et même après la création. Le Père est toute Paternité. La kénose du Fils se manifeste car il est tourné vers le Père (prologue de Jean), dans son abaissement pour permettre la création, dans son incarnation historique et sa rédemption. Le Fils est identique et égal au Père avec pour seule différence que l'un est engendreur et l'autre engendré. Le Fils est uni au Père. Le Fils est Dieu. Les noms de la deuxième personne sont Fils, Verbe, Image de Dieu. Le Fils est dans la Bible l'agneau immolé et le lion de Juda, car il a vaincu par sa mort et sa résurrection. Le Fils est envoyé par le Père en mission, visible lors de son incarnation, puis invisible mais présent. Le Saint-Esprit n'est pas dans le terme mais dans la relation. Il est tourné vers le Père et le Fils. La perfection de la Nature Divine s'achève dans la parfaite Gratuité et dans la fécondité de l'Amour entre le Père et le Fils. Ils ne font qu'un dans l'Esprit-Saint. Le Saint-Esprit est l'unité du Père et du Fils. Le Saint-Esprit est Dieu. La troisième personne a pour nom Saint-Esprit, Amour, Don. Il est représenté dans la Bible par une colombe, le vent, le feu. Le Saint-Esprit est envoyé par le Père et le Fils, sur la terre pour contribuer à la sanctification des humains.

Les trois personnes divines sont un seul Dieu, une seule Essence.

Dieu est « Je suis celui qui suis » ». L'Essence de Dieu est son existence. Il est l'être premier, en acte, achevé, simple, parfait. Les perfections de Dieu sont infinies. Les perfections de tous les étant se ramènent par participation à celle de l'Être. Dieu est infini, présent en tout lieu. Il remplit le lieu sans l'occuper, donnant au lieu d'exister et l'aptitude à localiser. Dieu est immuable, éternel.

En Dieu il y a identité de l'Être et du Connaître. Dieu est vrai car il est l'Être, le mensonge est un non être. Dieu, par un seul acte, voit tout dans son essence et veut tout dans sa bonté. La volonté de Dieu est immuable comme sa substance et sa science. Dieu n'a pas d'origine car il manquerait alors de gratuité. Dieu est l'Amour dans le don total gratuit de lui-même. Ce don s'explicite par la Trinité, l'union hypostatique, l'incarnation-rédemption du Verbe en Jésus. La vraie justice de Dieu est miséricorde. La providence, la prédestination, le livre de vie ordonnent les hommes à la vie éternelle en respectant la liberté de l'homme. Dieu seul est la béatitude du côté de son objet, car Dieu a la perpétuelle et infaillible contemplation de lui-même. Dieu est la vie par excellence dans la plus haute acception du terme car il est complètement libre.

Dieu est l'Un dans son Étant. Il est Unique comme Étant. Toutes les perfections de Dieu se fondent en une seule dans l'Unité. Dieu est Un et Unique. Dieu est Unité et Amour en ses trois hypostases. Chaque personne est Dieu et il n'y a qu'un seul Dieu. Chaque personne est amour tourné vers les deux autres personnes. L'Essence de Dieu est Une et Unique. La Trinité des personnes est unité absolue par essence.

Dieu se communique à l'intérieur et à l'extérieur de lui-même. Dieu est Un et Trine. Dieu est une unité d'Essence et une Trinité de Personnes. Dieu se communique à l'intérieur de lui-même dans les trois hypostases. Cette communication est une divine fécondation qui ne crée pas davantage de divinité, mais qui accroît les beautés des perfections de Dieu. Dieu se communique à l'extérieur de lui-même par l'union hypostatique du Verbe avec la nature humaine. Dieu décide la création de l'humanité du Verbe par l'intermédiaire de Marie. Dieu détermine la création de la nature angélique. Dieu décrète de créer un peuple et une multitude d'hommes à Jésus-Christ. Il n'y a pas d'avant la création dans le temps de Dieu. L'homme n'est présent qu'à un instant du temps. Dieu est présent à tous les instants du temps.

L'acte créateur se passe, hors espace-temps, dans l'instant éternel présent pour Dieu. Dieu et la création d'origine font Un. La création est une dépendance à Dieu qui donne l'être et nous maintient dans l'être. Dieu crée le monde en l'étant lui-même d'une certaine manière. Dieu se communique à l'extérieur de lui-même par la création. Dieu est complètement libre car complètement autonome. Il est autonome dans l'Être ne le devant à personne, et possédant la totalité de l'Être dans ses trois phases hypostatiques coéternelles et complémentaires. Il est autonome dans l'Essence étant tout en lui-même dans l'unité indivisible. Il est autonome dans la relation aux autres conjuguant en lui-même l'Être, la manifestation de l'Être, la satisfaction de l'Être se suffisant à lui-même dans ses relations internes.

L'union hypostatique du Verbe permet la Création. La création est faite en, par et pour le Fils comme nous le précise Saint Paul. Dieu est transcendant au monde

Dieu crée d'innombrables anges. Les anges sont des êtres spirituels. Les anges n'ont pas de corps.

Les anges sont constitués de neuf chœurs en trois hiérarchies. Les gloires, comprennent séraphin, chérubin, trône. Les souverainetés, comprennent domination, puissance, principauté. Les messagers, comprennent vertu, archange, ange.

Dieu donne aux anges la connaissance de l'être de Dieu, son plan de création de la nature humaine. Le Verbe se fera homme et élèvera la nature humaine à l'union hypostatique et à la personne divine. Une partie des anges par orgueil et envie refusent le plan de Dieu. À l'issue d'un combat dans le ciel les anges déchus sont précipités sur la terre. Dieu fait l'ange libre avec une connaissance suffisante pour qu'il se positionne en un seul acte libre.

Dieu continue sa création après les anges par le minéral, le vivant, l'homme.

Dieu crée le minéral, le vivant, le pensant avec l'homme et la femme présences participatives au Verbe.

Les directives divines données à l'homme sont de dominer la création, d'être fécond, de ne pas manger de l'arbre de la connaissance du bien et du mal.

Le premier commencement en Éden est sans matière, sans énergie, sans espace, sans temps, sans causalité. L'homme est créé d'origine à l'image et à la ressemblance de Dieu. Chacun n'est lui-même que dans la mesure où il participe à sa relation créatrice qui est présence à Dieu. En ce lieu de l'Éden tout est semence et potentialité, le temps d'un choix pour Adam et Ève. C'est le choix de la vie avec Dieu dans le royaume ou de la mort sans Dieu. Ce monde est un avec Dieu. Dieu offre sa relation et notre liberté d'y répondre. La création d'origine dans le plan de Dieu est donc suspensive à la réponse de l'homme.

Dieu crée l'homme à son image. Ce dernier est libre mais va utiliser cette liberté pour se détourner de Dieu.

La pensée de l'acte créateur conduit à une impasse métaphysique pour l'homme s'il en reste à son monde de matière-énergie, d'espace-temps, et de causalité. Il faut penser un monde de la création compatible avec Dieu, un jardin d'Éden, antichambre du royaume de Dieu. Dès lors s'impose d'admettre avec l'Écriture qu'une faute originelle a bien eu lieu, pour expliquer le séisme ontologique du basculement dans notre monde physico-biologique. La Genèse explique le mauvais choix des premiers hommes mangeant du fruit de l'arbre de la connaissance du bien et du mal. L'homme et la femme ne restent pas tournés vers Dieu seul, mais se fixent en eux-mêmes. Les yeux de l'homme et de la femme s'ouvrent et ils se voient pécheurs. L'homme et la femme fuient la présence de Dieu. Cependant Dieu continue à se soucier de l'homme.

Dieu condamne le serpent à la malédiction et à marcher dans la poussière. Il condamne la femme à enfanter dans la douleur. Il condamne l'homme à gagner son pain à la sueur de son front. L'homme quitte la relation avec Dieu pour devenir autonome. Son essence est désormais limitée. L'homme s'appelle désormais Adam « le glaiseux » car il a été tiré de la terre. La femme s'appelle désormais Ève « la vivante » car elle est la mère de tous les vivants. Dieu donne à l'homme une tunique de peau (son corps biologique mortel).

L'homme est condamné à sortir du jardin d'Éden c'est-à-dire à devenir mortel. Dieu et notre monde sensible sont antinomiques. L'homme rejoint un monde autonome par rapport à Dieu. Dans ce monde, le temps est créé pour permettre que le mauvais choix de l'homme ne soit pas définitif ni sa condamnation. Le temps qui s'écoule permet le changement, la succession de nos états de conscience. Ce monde est le monde d'une liberté limitée et progressive. Le monde est un processus éducatif, une matrice de gestation pour une recréation de l'homme…

Abréviations

Ab	Abdias	Jb	Job	Os	Osée
Ac	Actes apôtres	Jc	Jacques		
Ag	Aggée	Jdt	Judith	1P	1 Pierre
Am	Amos	Jg	Juges	2P	2 Pierre
Ap	Apocalypse	Jl	Joël	Ph	Philippiens
		Jn	Jean	Phm	Philémon
Ba	Baruch	1Jn	1 Jean	Pr	Proverbes
		2Jn	2 Jean	Ps	Psaumes
1Ch	1 Chroniques	3Jn	3 Jean		
2Ch	2 Chroniques	Jon	Jonas	Qo	Qohéleth
1Co	1 Corinthiens	Jos	Josué		
2Co	2 Corinthiens	Jr	Jérémie	1R	1 Roi
Col	Colossiens	Jude	Jude	2R	2 Roi
Ct	Cantique des Cs			Rm	Romains
		Lc	Luc	Rt	Ruth
Dn	Daniel	Lm	Lamentations		
Dt	Deutéronome	Lv	Lévitique	1S	1 Samuel
				2S	2 Samuel
Eph	Ephésiens	1M	1 Maccabées	Sg	Sagesse
Esd	Esdras	2M	2 Maccabées	Si	Siracide
Est	Esther	Mc	Marc	So	Sophonie
Ex	Exode	Mi	Michée		
Ez	Ezéchiel	Ml	Malachie	Tb	Tobie
		Mt	Matthieu	1Th	1Thessaloni.
				2Th	2Thessaloni.
Ga	Galates			1Tm	1 Timothée
Gn	Genèse	Na	Nahoum	2Tm	2 Timothée
		Nb	Nombres	Tt	Tite
Ha	Habaquq	Ne	Néhémie		
He	Hébreux			Za	Zacharie
Is	Isaïe				

SOMMAIRE

Parabole de l'enfant prodigue	7
Introduction	9
Préambule	15
Résumé de La somme I/III Le mystère de Dieu	17
Abréviations	23
1 Extension du minéral	**29**
1.1 Évolution du minéral (dictionnaire annexe 1)	29
1.1.1 Ère de l'information	29
1.1.2 Ère de l'énergie	34
1.1.3 Ère de la matière	43
1.2 Comportement du minéral	53
1.2.1 Minéral et déterminisme	53
1.2.2 Thermodynamique	54
1.2.3 Organisation et information	58
1.3 Sens du minéral	62
1.3.1 Rien et quelque chose	62
1.3.2 Constantes fondamentales	63
1.3.3 L'univers est-il clos ?	64
2 Évolution créatrice	**67**
2.1 Évolution du vivant (dictionnaire annexe 2)	67
2.1.1 Émergence du vivant	67
2.1.2 Vie multicellulaire(s)	79
2.1.3 Bilatériens	86
2.2 Complexification du Vivant	93
2.2.1 Vivant et déterminisme	93
2.2.2 Mécanismes d'évolution des espèces	97
2.2.3 Comportement du vivant	100
2.3 Sens du Vivant	108
2.3.1 Vivant et Instinct	108
2.3.2 Développement des potentialités	109
2.3.3 Sens de l'évolution	111

3 Insertion ontologique — 115

3.1 Évolution vers l'homme — 115
- 3.1.1 De la lignée humaine au premier homme — 115
- 3.1.2 Datation d'Adam et Ève — 121
- 3.1.3 Insertion de la présence sur la terre — 125

3.2 Monde et humanité — 131
- 3.2.1 Monde pour l'homme — 131
- 3.2.2 Extension de l'homme au corps social — 138
- 3.2.3 Culture et pensée — 142

3.3 Liberté du pensant — 146
- 3.3.1 Pensant et Intelligence — 146
- 3.3.2 Comportement du pensant — 153
- 3.3.3 Sens du pensant, temps et liberté — 156

4 Communication de Dieu en son Verbe — 163

4.1 Alliance et annonce prophétique — 163
- 4.1.1 Alliance avec les patriarches — 163
- 4.1.2 Prophéties et attentes messianique — 173
- 4.1.3 Marie — 181

4.2 Venue de l'envoyé de Dieu — 186
- 4.2.1 Date de naissance et de ministère de Jésus — 186
- 4.2.2 Incarnation du Verbe — 204
- 4.2.3 Baptême de Jésus par Jean-Baptiste — 219

4.3 Royaume de Dieu — 225
- 4.3.1 Annonce du royaume de Dieu — 225
- 4.3.2 Message du royaume de Dieu — 227
- 4.3.3 Conditions pour le royaume de Dieu — 231

5 Mort et Résurrection de Jésus — 239

5.1 Passion et mort de Jésus — 239
- 5.1.1 Arrestation — 239
- 5.1.2 Crucifiement — 246
- 5.1.3 Mort de Jésus — 249

5.2 Ensevelissement de Jésus — 255
- 5.2.1 Date et lieu de la mort — 255
- 5.2.2 Ensevelissement — 257
- 5.2.3 Préparation à la Résurrection — 261

5.3 Résurrection de Jésus — 266
- 5.3.1 Résurrection — 266

| | 5.3.2 | Propriété du corps ressuscité | 275 |
| | 5.3.3 | Témoins directs de la résurrection | 284 |

6 Communication de Dieu par le Saint-Esprit 301

6.1 Promesse de l'envoi du Saint-Esprit 301
- 6.1.1 Promesse dans l'ancien testament 301
- 6.1.2 Promesse du Saint-Esprit par le Verbe 302
- 6.1.3 Promesse de l'Esprit de Vérité 305

6.2 Pentecôte du Saint-Esprit 307
- 6.2.1 Pentecôte sur les juifs 307
- 6.2.2 Pentecôte pour les païens 310
- 6.2.3 Importance de la pentecôte pour les apôtres 311

6.3 Dons du Saint-Esprit 314
- 6.3.1 Fruits du Saint-Esprit 314
- 6.3.2 Dons du Saint-Esprit 316
- 6.3.3 Autres dons 318

7 Histoire de la pensée 321

7.1 Du Dieu Un à la mort de l'homme 321
- 7.1.1 Des Dieux à un Dieu 321
- 7.1.2 De la mort de Dieu à la quête du surhomme 325
- 7.1.3 De l'absence du surhomme à la mort de l'homme 334

7.2 Fausse image de Dieu et de Jésus 337
- 7.2.1 Fausse image de Dieu 337
- 7.2.2 Fausse image de Jésus-Christ 339
- 7.2.3 Dieu inutile 343

7.3 Retour de Dieu 345
- 7.3.1 Dieu incontournable 345
- 7.3.2 Enjeux, relation personnelle homme-Dieu 346
- 7.3.3 Vers le retour du fils prodigue 348

La mer 349

Épilogue 351

Annexe 1 Physique des particules 353

Annexe 2 Dictionnaire de biologie 361

Annexe 3 Dogme de l'immaculée conception 365

Annexe 4 Recensement sous Quirinius 367

La somme existentielle – II/III Le mystère de l'homme 369

La somme existentielle – III/III La divinisation de l'homme 374

Bibliographie 379

1 Extension du minéral

1.1 Évolution du minéral (dictionnaire annexe 1)

1.1.1 Ère de l'information

<u>État actuel de l'univers</u>
Généralités

Comment définir ce qui existe pour l'homme aujourd'hui de façon simple ?

En première approche, l'univers est un contenu évolutif dans un contenant dépendant du contenu.

L'univers, que nous observons, est constitué à sa base d'un contenu d'énergie et de matière, dans un contenant d'espace-temps dépendant du contenu. Il est de plus dynamique, et évolue avec le principe de causalité.

Quelle unité existe-t-il entre la matière, l'énergie, le temps, l'espace, la causalité ? Quelle unité existe-t-il entre ces cinq composants fondamentaux de notre univers ?

Aspect statique matière - énergie

L'univers est un contenu, de matière et d'énergie. Il y a une égalité entre matière et énergie depuis la théorie de la relativité restreinte avec la célèbre formule d'Einstein. L'énergie d'un objet est égale au produit de sa masse par la vitesse de la lumière au carré. L'énergie d'un corps est théoriquement récupérable en transformant sa matière en énergie. Remarquons que cette loi physique ne nous dit rien sur le devenir de l'information de la matière, comme par exemple sur son extension spatio-temporelle ou sur sa structure.

La simplicité apparente de l'univers est d'une complexité fascinante pour les scientifiques. Nous ne savons pas exactement ce que sont la matière et l'énergie. La matière est-elle ondulatoire, corpusculaire, les deux à la fois, ou autre chose ?

Aux limites de la matière, atome, noyau, proton ou neutron, quark ou lepton, quelle substance saisissons-nous ? Es-ce un corpuscule, une onde, les deux à la fois, ou autre chose ? Y a-t-il même une substance ?

Quel est le rapport entre l'observateur et l'observé, entre le scientifique qui étudie et la matière qui est étudiée ? Quelle est l'antériorité entre l'objet et l'observateur ? Percevons nous l'objet parce qu'il est là, ou l'objet est-il là parce que nous le percevons ?

Aspect statique espace-temps

L'univers est un contenant, d'espace et de temps. Le contenu et le contenant sont liés d'après la théorie de la relativité générale d'Einstein. En effet la matière produit une courbure de l'espace-temps.

La physique quantique montre qu'aux limites de la matière, l'espace et le temps semblent ne plus exister (singularité du Big Bang, singularité des trous noirs).

En définitive qu'es-ce que l'espace et le temps ? Sont-ils un ensemble continu ou discontinu ? De quoi sont-ils constitués ? Ont-ils toujours existés ? Quel est la raison d'être du temps et de l'espace ?

Aspect dynamique causalité

La base de l'univers est constituée de la matière et de l'énergie, de l'espace et du temps. Mais l'univers n'est pas uniquement statique avec un contenu et un contenant, il est aussi dynamique et soumis au principe de causalité.

L'univers est une histoire qui se déroule dans une durée avec des relations causales. Corrélativement au temps, la causalité pose question. Les causes précèdent l'effet selon le principe de causalité. Ce principe nécessite donc le temps, un écoulement du temps.

Des expériences en physique quantique montrent que des systèmes quantiques peuvent être corrélés entre eux instantanément par-delà l'espace-temps (intrication quantique spatiale et temporelle). Que faut-il penser de cette intrication quantique ?

Avec le principe de causalité, l'effet est-il complètement déterminé par les causes ? Existe-t-il un espace de liberté pour l'homme ?

Aspect dynamique flèche du temps

L'univers se répand dans l'espace (augmentation de l'espace par l'expansion de l'univers), dans le temps (augmentation de la durée par le temps qui s'écoule), dans la causalité (augmentation de la cascade causes effets).

La plupart des lois physiques s'appliquent dans les deux sens par rapport au temps. Mais il y a une flèche du temps, une histoire de l'univers. C'est ce qu'indique le deuxième principe de la thermodynamique[2].

L'histoire de l'univers montre une évolution dans un seul sens. Elle n'est pas terminée, elle se poursuit vers son but ultime qu'il nous faut rechercher.

Mais comment l'histoire de l'univers a-t-elle commencée ?

Ère de l'information, Temps 0
Généralités

La quête de la physique est la recherche de l'harmonie et de la simplicité, le rêve du Tout en UN. Or le Tout en UN existe, c'est Dieu !

Au commencement, l'univers est vide et stérile. Puis Dieu crée quelque chose à partir de rien. C'est le début de l'évolution créatrice, le début de l'ère de la matière-énergie, de l'espace-temps, de la causalité.

Stephen Hawking de Cambridge et Roger Penrose d'Oxford démontrent mathématiquement, en 1970, qu'une singularité initiale – un point mathématique- est à l'origine de notre univers.

Espace-temps-causalité

A l'instant zéro, les métriques de l'espace-temps ne sont pas encore déployées. Ni l'espace, ni le temps n'existent. Ceux-ci se déploieront avec le Big-bang, avec l'énergie et la matière.

Certaines personnes qui font « une expérience de mort imminente » témoignent que le temps et l'espace n'existent pas de « l'autre côté ».

Le temps imaginaire est la forme fondamentale du temps. Il est constitué d'une partie réelle horizontale et d'une partie imaginaire pure verticale.

---

[2] L'entropie (rapport Q/T de la quantité de chaleur échangée par un système à la température T) d'un système isolé ne peut pas diminuer. L'entropie augmente lors d'une transformation irréversible ou elle reste constante si la transformation est réversible.

La partie réelle du temps est celle que nous connaissons. Ce temps s'écoule et inscrit le changement et le mouvement. Ce temps marque la durée.

Le temps est imaginaire pur lorsque le temps réel n'existe pas encore. Le temps imaginaire pur est « fixe ». Il ne s'écoule pas. Il n'y a pas de changement, les choses sont immuables.

Il n'y a pas d'avant le Big Bang dans l'histoire de l'univers car l'espace et le temps n'existent pas.

Au temps zéro il n'y a pas de causalité car il n'y a pas de temps.

Entropie

A l'instant zéro de l'espace-temps, l'entropie (mesure du désordre) de l'univers est nulle. L'entropie nulle ne peut exister pour un système réel, le temps est forcément alors imaginaire pur.

L'augmentation de l'entropie marque l'augmentation du désordre par la dissipation de chaleur. L'augmentation de l'entropie montre la non réversibilité des transformations, une flèche du temps, un sens créateur, une évolution créatrice.

L'entropie montre trois choses. Un début de l'univers lorsque l'entropie était minimum. L'existence d'une flèche du temps. Le vieillissement des choses annonçant une mort inéluctable. L'entropie atteindra alors sa valeur maximale, au moment où la température sera dispersée uniformément dans l'univers.

Information

A l'instant zéro, le temps réel et l'énergie réelle (que nous connaissons) n'existent pas. À l'instant zéro, le temps est imaginaire pur. L'énergie est imaginaire sans variation. Elle se réduit à un champ scalaire, c'est-à-dire un nuage de nombres. Cette énergie imaginaire associe à chaque point un nombre. C'est de l'information qui est identique à l'énergie mais dans le temps imaginaire.

Le monde de l'énergie et de la matière repose sur un autre monde, le monde de l'information. Un objet est défini par sa masse, sa vitesse, mais peut aussi se décrire par la quantité d'informations qu'il contient.

Les physiciens pensent de plus en plus que l'information est une grandeur physique et que notre univers lui-même pourrait être un univers composé d'informations physiques. Cette nouvelle physique étudie la création du monde physique à partir d'informations qui entrent littéralement dans l'espace-temps. Cette entrée d'informations aurait lieu à l'interface entre notre monde physique bien réel, et un monde quantique virtuel où tous les possibles coexistent avant que l'un d'eux ne se « cristallise » ainsi dans notre réalité.

Au commencement, l'univers est vide et stérile. Puis Dieu crée quelque chose à partir de rien. C'est l'évolution créatrice, le début de l'ère de la matière-énergie, de l'espace-temps, de la causalité.

Arguments étayant un Big Bang
Gravité

La gravité devrait produire un effondrement de toute la matière de l'univers en une seule masse compacte. Or, ce n'est pas le cas, car l'univers est en expansion. Ceci confirme l'existence d'un instant zéro d'origine.

Fond diffus cosmique

La performance des télescopes actuels permet de voir le fonds diffus cosmique, c'est-à-dire l'univers tel qu'il était en l'an 380.000 de sa création.

Paradoxe d'Olbers

Le paradoxe vient de la contradiction entre l'obscurité de la nuit, et le nombre infini d'étoiles d'un univers infini et éternel.

La solution du paradoxe réside dans l'âge fini de l'univers et dans l'accélération de l'expansion de l'univers. La lumière de la plupart des étoiles ne nous parvient pas car elles se sont éteintes dans le passé. Les trois physiciens, prix Nobel de physique 2011, ont établi l'accélération de l'expansion de l'univers. La théorie de la relativité générale prévoyait un univers en expansion. Einstein cependant, refusant ce résultat, ajouta dans ses équations la constante cosmologique.

1.1.2 Ère de l'énergie

Généralités sur les quatre forces

Quatre Forces

L'univers est gouverné par quatre forces fondamentales. L'ordre des forces en intensité croissante est la gravitation, l'interaction nucléaire faible, l'électromagnétisme, l'interaction nucléaire forte.

Les particules de matière sont mises en relation par ces quatre forces. Elles se transfèrent des quantités discrètes d'énergie en s'échangeant des particules d'énergie (les bosons). Ces particules agissent comme intermédiaires des interactions fondamentales.

Bosons

Les bosons, particules des interactions, sont collectivistes, grégaire, de spin entier ou nul. Ils peuvent se rassembler dans le même état.

Les bosons se classent par interactions :
- un photon de masse nulle responsable des interactions électromagnétiques.
- trois bosons intermédiaires massiques W+, W- et Z pour la force faible.
- huit gluons colorés pour la force forte (cohésion noyau)
- un boson de Higgs pour la gravité

Théorie de la relativité générale

La gravitation est de portée infinie. Elle agit dans l'infiniment grand (structure de l'univers et organisation des galaxies). Elle est responsable du mouvement des planètes et de la chute des pommes... La force de gravitation agit sur la masse de la matière. Elle est beaucoup plus faible que les autres forces. Elle n'intervient pratiquement pas à l'échelle des particules.

Modèle standard

La théorie du modèle standard décrit les interactions entre les particules élémentaires qui constituent la matière.

La gravité ne fait pas partie du modèle standard, son effet est négligeable à l'échelle des particules.

L'interaction nucléaire faible est de portée faible, de niveau subatomique. Elle est indispensable au processus de fusion à l'origine des étoiles. Elle gouverne la radioactivité bêta, la désintégration spontanée de certains noyaux avec modification du nombre de protons et de neutrons par l'émission d'un électron. Elle intervient pour les électrons, neutrinos, quarks. Elle intervient dans la transformation réciproque de neutron en proton, d'un électron en neutrino, d'un quark up en quark down. L'interaction faible est 1000 fois plus faible que l'interaction électromagnétique et 100.000 plus faible que l'interaction forte.

L'interaction électromagnétique est de portée infinie de l'atome à l'étoile. L'interaction électromagnétique lie les particules chargées entre elles, protons, électrons, quarks. Elle est responsable de la structure des atomes en liant les électrons au noyau. Elle joue un rôle important dans la stabilité des molécules. Elle joue un rôle dans les processus biologiques. Elle regroupe les forces électriques, magnétiques, la lumière…

L'interaction nucléaire forte est de portée faible au niveau subatomique. Elle relie les quarks pour former les protons et les neutrons. Elle assure la stabilité et la cohésion des noyaux d'atomes en liant protons et neutrons.

Généralités sur les principes de symétrie

La symétrie P, ou parité, inverse les trois dimensions de l'espace. Une loi physique est symétrique par rapport à P si elle ne privilégie aucun sens de l'espace.

La symétrie C, ou conjugaison de charge, remplace la particule par son antiparticule[3]. Une loi physique est symétrique par rapport à C si on peut remplacer les particules par les antiparticules.

La symétrie T, ou renversement du temps, consiste à dérouler les évènements à l'envers. Une loi physique est symétrique par rapport à T si elle est réversible.

Le physicien Wolfgang Pauli démontra dans les années 1950 que les lois de la physique doivent respecter la symétrie CPT.

---

[3] De même masse, de même spin, de nombres quantiques (charge électrique…) opposés

Le produit CPT associe à chaque phénomène son symétrique constitué d'antimatière, observé dans un miroir à trois dimensions d'espace et se déroulant à l'envers du temps.

Les lois physiques sont invariantes par rapport à différentes opérations de symétrie. La symétrie est le principe unificateur, la brisure de symétrie est la fécondité de l'univers.

L'interaction faible viole la symétrie P, C, et la symétrie CP.

A toute opération de symétrie est associée une entité constante au cours du mouvement selon le théorème d'Emmy Noether (« **monument de la pensée mathématique** » selon Albert Einstein).

Au déplacement d'un système dans l'espace correspond la conservation de l'impulsion ou de la quantité de mouvement dans la même direction.

Au décalage dans le temps correspond la conservation de l'énergie.

Au mouvement de rotation correspond la conservation du moment angulaire.

Au mouvement de changements de phases associés aux champs de force correspond la conservation de la charge électrique ou de la charge de couleur.

Ère de Planck (de 0 à 10-43 secondes)
Ère de Planck

En 1900 Max Planck établit la plus petite distance possible, indivisible, entre deux points de l'univers : 10^{-33} cm d'où il déduit la plus petite durée entre deux instants de l'univers 10^{-43} secondes.

L'ère de Planck est le temps qui s'écoule dans la création de l'univers entre le temps 0 et le temps 10^{-43} secondes. Pendant cette durée de Planck, les données physiques n'existent pas. Avant 10^{-43} secondes, il y a un mur pour notre connaissance d'où l'expression le mur de Planck.

A l'échelle 0, nous avons le temps imaginaire et de l'information. À l'échelle de Planck 10^{-43} secondes, nous avons le temps réel et l'énergie.

Le mur de Planck se caractérise par sa longueur 10^{-33} cm, par sa durée de l'ordre de 10^{-43} secondes. Les caractéristiques physiques sont astronomiques : température de $1,42*10^{+32}$ degrés Kelvin[4], énergie de 10^{+19} GeV, densité 10^{+94} fois supérieure à celle de l'eau.

Pour comprendre la discontinuité du temps, il faut faire appel à une analogie, le DVD contenant un film. Au repos le DVD est une somme d'informations, de 0 et de 1, matérialisés sur des pistes. Il n'y a pas de déroulement du temps, pas de causalité. Il n'y a pas de changement, pas de mouvement, tout est immuable. Lorsque l'on met le DVD dans le lecteur l'utilisation de l'énergie matérialise les 0 et 1 d'informations en images et sons. Les images fixes se succèdent l'une après l'autre. Chaque scène diffère légèrement de la précédente. La succession réelle rapide des images nous donne un mouvement apparent, un écoulement du temps, une logique causale d'enchaînement. Nous passons ainsi du contenu d'informations de 0 et de 1 fixées sur un DVD, au continu d'un film s'écoulant dans la durée avec une évolution causale.

Il en va de même lors de la création de notre univers, nous passons d'une somme d'informations hors du temps à une création d'un univers de matière-énergie dans un espace-temps avec une histoire causale. Nous passons de la réalité d'un temps discontinu avec des états fixes, à l'apparence d'un temps continu avec une évolution causale.

État KMS

Pendant l'ère de Planck, nous savons peu de chose sur le temps, l'espace, l'énergie, la matière, le principe de causalité.

Nous avons alors un temps complexe (mélange entre temps imaginaire et temps réel), conséquence de l'état KMS (des initiales des physiciens mathématiciens Kubo – Martin – Schwinger), et un mélange entre information et énergie.

L'état KMS relie l'équilibre thermique d'un système et son évolution. Lorsqu'un système quantique est en état KMS (son équilibre et son évolution sont réunis) alors son temps propre, au sens strict, cesse d'exister. Le temps devient complexe.

---

[4] Le zéro absolu de température correspond à 0 degré Kelvin soit -273 degré Celsius, et l'eau gèle à 0° Celsius soit à 273° Kelvin

Les coordonnées temporelles du cosmos sont soumises à des fluctuations quantiques entre la direction réelle et la direction imaginaire. Le temps est flou, il ralentit (une seconde devient une heure), ou accélère (un mois devient une minute).

Equilibre thermique (à partir de 10^{-43} secondes)
Equilibre thermique et temps

« **Il est raisonnable de penser que durant la période où la température est de l'ordre de 10 puissance 19 GéV un équilibre thermique entre les composants de l'univers – en particuliers les gravitons- est réalisé.** » Peter Coles[5]

Au début de l'univers à partir de ce temps de Planck marquant le début du « Big-bang », les lois physiques s'appliquent.

A l'échelle de Planck, l'équilibre thermique suit l'état KMS.

Un champ scalaire complexe (force avec une partie réelle et une partie imaginaire) pourrait être la source des fluctuations du temps. L'équilibre KMS est brisé au début du Big Bang. La partie imaginaire du champ deviendrait le temps ordinaire. La partie réelle du champ deviendrait une constante (la constante cosmologique ou énergie sombre) qui accélère l'expansion de l'univers.

Les fluctuations de la métrique engendrent des ondes gravitationnelles (relativité générale relation matière et espace-temps). Ces ondes gravitationnelles donneront les variations de température vues sur le fond diffus cosmique en 380.000 ans après le Big-bang.

Temps et espace (à partir de 10-43 secondes)
Origine temps et espace

Le temps ordinaire est le temps réel pur. C'est le temps qui s'écoule et que nous connaissons. Ce temps est en profondeur lié à l'existence de l'énergie dans le monde. L'énergie est le moteur du mouvement. Le temps mesure le changement. Sans ce temps, pas de changement, pas d'énergie.

---

[5] Professeur d'astrophysique théorique à l'université de Cardiff

L'espace n'a pas toujours existé. Il est créé après le Big-bang au moment de la grande inflation.

Le temps est-il une propriété fondamentale de l'univers ou le produit de notre observation, de notre perception ? Le temps est-il une propriété fondamentale de l'univers où se déduit-il d'une dimension de l'espace ? Le temps est-il lié au principe de causalité ?

La mécanique quantique, partie de la physique traitant de l'échelle atomique et subatomique, admet une réversibilité des évènements dans le temps. Le reste de la physique est spécialement la thermodynamique met en exergue une flèche du temps qui transparaît aussi en biologie. Le temps s'écoule dans un seul sens. L'évolution n'est pas réversible.

L'anglais Stephen Hawking et l'américain James Hartle considèrent que le temps vient d'une quatrième dimension de l'espace au temps de Planck.

Déploiement de la métrique de l'espace-temps
Au début la singularité initiale est comme un point sans dimension qui contient toute l'énergie de l'univers. Les trois dimensions de l'espace et la dimension du temps sont courbées à l'infini.

La singularité, point origine de l'univers, n'est pas à chercher dans un point précis de l'univers. L'univers n'a pas grandi à partir de ce point, c'est le point lui-même qui s'est dilaté et qui englobe l'espace, le temps, la matière, l'énergie.

Au début de l'univers, en absence de matière et d'énergie dans l'univers, il n'y avait pas à proprement parler d'espace et de temps. Ces dimensions ou ces métriques n'étaient pas déployées. L'espace et le temps se déploient dans l'univers en fonction de la grande inflation de l'énergie contenue dans l'univers.

Selon la théorie de la relativité générale d'Einstein, la courbure de l'espace-temps est fonction de la matière et de l'énergie. En d'autres termes, il y a une équivalence entre d'un côté le tenseur d'espace-temps et de l'autre la matière et l'énergie. La gravité n'affecte pas le contenu de l'univers mais le contenant.

Discontinuité de l'espace et du temps

En physique classique nous pensions jusqu'à présent que le monde était continu. Avec l'avènement de la physique quantique nous apprenons que l'espace, le temps, la matière et l'énergie sont discontinus. L'espace est discontinu, sa plus petite valeur est la longueur de Planck 10^{-33} cm. Le temps est discontinu, sa plus petite valeur est le temps de Planck 10^{-43} secondes. Cette discontinuité de l'espace-temps a, comme nous le verrons, des implications métaphysiques.

Causalité (à partir de 10^{-43} secondes)

D'où vient le rapport cause-effet, fondement de la science ? Pour la science la cause précède toujours l'effet. Ce principe nécessite donc que l'écoulement du temps existe.

Aucune substance matérielle n'existe encore.

Seul le rayonnement primitif est déployé et avec ce déploiement le début de la structure causale de l'univers émerge selon la théorie de Roger Penrose.

Ni information, ni énergie ne peut se déplacer dans un référentiel galiléen à une vitesse supérieure à la vitesse limite d'information de la cause correspondant à la vitesse de la lumière.

La cause précède l'effet et l'écoulement du temps détermine les liens possibles ou non de causalité. Le savant Penrose[6] a établi les liens de causalité en prenant les particules qui se déplacent à la vitesse de la lumière. L'ensemble des rayons de causalité passant par un point déterminera l'évènement, point de l'espace-temps. L'espace-temps se déduirait alors de la structure causale de l'univers. Les rayons de lumière sont les propagateurs de la causalité.

Énergie (à partir de 10^{-43} secondes)

L'univers est créé à partir de rien. Au tout début de l'univers il y a une énergie phénoménale qui peut être concentrée dans un espace très limité. En effet la théorie de la mécanique quantique permet une superposition d'états quantiques identiques pour les particules d'énergie.

---

[6] Théorie des twisteurs

Ceci permet d'avoir une énergie théoriquement illimitée en un point de l'espace-temps. Le vide quantique explose à la fin de l'ère de Planck et engendre un univers en expansion rapide.

Au temps de Planck, une énergie colossale apparaît avec une température extrêmement élevée. Dans cette chaleur les particules sont indifférenciées, sans masse.

Au début, l'univers n'est constitué que d'une seule force. Les quatre forces que nous connaissons sont unies en une seule force. C'est la super symétrie, le rêve de tout savant et plus spécifiquement le rêve des savants de la théorie physique ou des mathématiciens physiciens. La super symétrie, c'est la symétrie parfaite, la conjonction des opposés. C'est la symétrie parfaite et la non différentiation. La super symétrie unifie les particules d'interaction et de matière, bosons particules de force de spin entier et fermions particules de matière de spin demi-entier.

L'histoire de l'univers est une succession de changements d'états, de brisures spontanées de symétrie permettant la fécondité de l'univers. La brisure de symétrie va permettre la différenciation des particules et des ondes de l'univers, une croissance de l'organisation et de la complexification, une augmentation de l'information contenue.

A la fin de l'ère de Planck, la gravitation se sépare. Les trois forces restantes forment la force électronucléaire (interactions électromagnétiques et nucléaires fortes et faibles). C'est l'ère de la grande unification qui débute. Selon la théorie de la relativité générale cette énergie va créer une force de répulsion phénoménale entre tous les points de l'univers.

Inflation cosmique (de 10^{-43} à 10^{-35} secondes)
Inflation cosmique

C'est le début de l'ère inflationniste[7] rapide et brutale où la taille de l'univers est multipliée par un facteur gigantesque. Cette inflation dure jusqu'à ce que l'univers réalise sa transition de phase. Il retrouve alors un état stable en ayant libéré une très grande quantité d'énergie.

L'inflation concerne une dilatation de l'espace et non des corps le constituant. L'augmentation de la distance entre deux particules est

---

[7] Phase d'expansion très violente

effrénée non pas du fait du déplacement des particules, mais du fait de la dilatation de l'espace lui-même (exemple de deux points tracés immobiles sur un ballon que l'on gonfle).

Homogénéité et isotropie
L'inflation résout le problème de l'homogénéité et de l'isotropie de l'univers.

L'argument majeur en faveur du Big-bang est la découverte d'un rayonnement électromagnétique « fossile » qui remplit l'univers et reste détectable dans toutes les directions. Ce rayonnement est semblable à celui d'un corps noir avec une température de 2,7°K et à intensité maximale dans les micro-ondes. La température du rayonnement est la même dans tout le ciel avec une variation relative inférieure au cent millième. Ces petites hétérogénéités sont les germes des grandes structures astrophysiques. Le rayonnement est isotrope (identique dans toutes les directions).

Avant la grande inflation, l'univers est 10^{-50} fois plus petit que maintenant, soit minuscule, bien plus petit qu'un atome. Dans cette époque l'ensemble de l'univers observable était causalement lié. Les échanges d'informations entre toutes les parties de l'univers à cette époque expliquent l'homogénéité et l'isotropie de l'univers.

La découverte du rayonnement fossile, de son homogénéité et de son isotropie, conforte l'idée d'une grande inflation de l'univers, un déploiement de l'espace.

Platitude et Sphère
L'univers est une sphère, mais apparaît localement quasiment plat.

Fluctuations de densité
L'inflation est due à la présence dans l'univers d'une grande quantité d'énergie. L'énergie, selon la mécanique quantique, est soumise au principe d'incertitude d'Heisenberg et subit donc des fluctuations. Avec l'inflation ces fluctuations vont augmenter. À la fin de l'inflation, la libération de l'énergie permet la naissance de la matière avec des variations de densité selon les fluctuations d'énergie.

Si l'univers était complètement homogène dans sa densité, la gravitation ne pourrait pas agir et les étoiles et galaxies ne pourraient exister. Heureusement, ce n'est pas le cas. Donc les zones à densité de matière légèrement supérieure vont attirer à elle par la gravité la matière au détriment des autres.

1.1.3 Ère de la matière
Généralités sur la matière
Généralités

L'univers est constitué de douze particules fondamentales et de quatre forces. C'est ce modèle qui explique la physique des particules depuis le début des années 70. Les bosons sont les particules d'interaction des forces. Les fermions sont les particules de matière.

Fermions élémentaires

Les fermions, particules de matière, sont constitués de deux grandes familles les quarks et les leptons. Chaque groupe comprend six particules classées en paires ou générations. La matière stable de l'univers est composée de la première génération, elle-même constituée des particules les plus légères et les plus stables. Les particules des deuxième et troisième générations se désintègrent rapidement en particules stables. Les fermions ont tous un spin de ½.

Les quarks sont les constituants de particules composées comme le proton et le neutron qui constituent le noyau de l'atome. Les quarks sont chargés électriquement à raison soit d'une charge positive représentant 2/3 de la charge de l'électron soit d'une charge négative représentant 1/3 de la charge de l'électron. Les quarks prennent une charge de couleur (de façon à satisfaire au principe d'exclusion de Pauli).

Les leptons sont des particules élémentaires et se divisent en 3 particules chargés électriquement négativement comme l'électron (électron, muon, tau) ; et en trois particules électriquement neutres (Neutrino e, Neutrino µ, Neutrino τ)

Fermions composés

Les quarks concepts de particules élémentaires ne sont pas détectés par les accélérateurs de particules. Ils demeurent confinés à l'intérieur de particules dites composées. Mais ce concept explique remarquablement bien le modèle standard. Les quarks n'existent pas de façon isolée. Ils restent confinés en hadrons.

La première condition d'assemblage des quarks est que la somme de leurs charges électriques soit un multiple entier de la charge élémentaire de l'électron (0 pour le neutron, 1 pour le proton). La deuxième condition d'assemblage des quarks est que la somme de leurs charges soit blanche.

La première possibilité est l'assemblage d'un quark d'une couleur avec un anti quark de l'anti couleur opposée, donnant un méson (instable) de nombre baryonique nul. La deuxième possibilité est l'assemblage de trois quarks de trois couleurs différentes, donnant un baryon de nombre baryonique +1 (par exemple un proton de charge électrique +1, un neutron de charge électrique nulle...). La troisième possibilité est l'assemblage de trois antiquarks de trois anti-couleurs différentes, donnant un anti-baryon de nombre baryonique -1.

Particules d'antimatière

La matière et l'antimatière ont la même masse mais des charges électriques opposées.

A chaque particule de matière correspond une particule d'antimatière (le positron pour l'électron). La rencontre d'une particule de matière et de son antiparticule se termine par la disparition de celles-ci au profit de photons, particules de lumière. L'annihilation transforme leur masse en énergie.

A chaque quark correspond un antiquark, de même masse, mais de charge électrique opposée et de charge de couleur opposée appelée anti-couleur.

Atome

Un atome est la plus petite partie d'un corps simple pouvant se combiner chimiquement avec un autre. Un atome est composé d'un noyau concentrant 99,9% de la masse autour duquel se distribuent les électrons pour former un nuage 40.000 fois plus étendu que le noyau.

Le noyau est constitué de protons chargés positivement et de neutrons électriquement neutres qui sont maintenus ensemble par la force nucléaire forte en couches nucléaires.

L'électron, comme toute particule, est dual onde et corpuscule.

Dans son aspect ondulatoire, l'électron n'est pas localisé à un endroit précis d'une trajectoire autour du noyau. Il est sur une orbitale de l'atome avec une probabilité de présence égale au carré de la norme de sa fonction d'onde, avec un état quantique et une phase.

Dans son aspect corpusculaire, l'électron est pourvu d'une quantité de mouvement et d'un moment angulaire orbital.

Les électrons sont chargés négativement. Ils occupent des orbitales atomiques d'énergies quantifiées (en couches et sous-couches électroniques) en interaction avec le noyau par la force électromagnétique.

La configuration électronique des atomes découle du nombre de protons de leur noyau. Ce nombre ou numéro atomique définit un élément chimique. Dans un atome, neutre électriquement, il y a autant d'électrons que de protons.

Généralités sur les nombres quantiques

Les nombres quantiques intrinsèques sont des caractéristiques de chaque type de particules élémentaires. L'électron est défini par quatre nombres quantiques (n, l, m, s) satisfaisant l'équation de Schrödinger.

La couche électronique est définie par le nombre quantique principal n.

La sous-couche électronique est définie par le nombre quantique secondaire l.

L'orientation de l'orbital atomique est définie par le nombre quantique tertiaire m.

Le spin est le moment angulaire (ou cinétique) intrinsèque. Aujourd'hui on dit que le spin caractérise le comportement du champ associé à une particule sous l'effet de la symétrie de rotation de l'espace.

Généralités sur le principe d'exclusion de Pauli

Les particules de spin demi-entier, les fermions ou particules de matière, satisfont au **principe d'exclusion de Pauli**. Ce principe stipule que deux fermions (par ex électron) appartenant au même système de fermions (par ex atome) ne peuvent avoir leurs nombres quantiques égaux. En d'autres termes les fermions occupent chacun un espace-temps différent.

Les particules de spin entier, les bosons ou particules d'énergie, ne satisfont pas **au principe d'exclusion de Pauli**. Plusieurs bosons peuvent occuper simultanément un même état quantique. À température nulle, toutes les particules occupent le même état quantique, celui de plus basse énergie.

Le **principe d'exclusion de Pauli** stipule que deux fermions (ici électrons) appartenant au même système de fermions (ici au même atome) ne peuvent avoir leurs nombres quantiques égaux. Donc les électrons s'empilent dans l'atome avec chacun un état quantique distinct des autres. Les orbitales sont progressivement occupées de la plus liée à la moins liée au noyau.

Le tableau périodique des éléments chimiques se constitue ainsi de telle sorte que chaque atome possède un nombre d'électrons égal au nombre de protons dans le noyau afin que cet atome soit électriquement neutre.

Création de la matière de 10^{-35} à 10^{-6} secondes
Matière et antimatière

La matière et l'énergie ont à la fois un aspect corpusculaire et ondulatoire.

L'énergie, les photons (particules de lumière) donnent naissance à la matière et à l'antimatière en quantités équivalentes. C'est le principe de la relativité restreinte qui nous précise l'équivalence matière-énergie, c'est-à-dire que tout corps peut donner de l'énergie par perte de sa masse et réciproquement.

La matière et l'antimatière ont la même masse, le même spin, mais des charges électriques opposées (et pour le quark et l'anti-quark, en plus des couleurs opposées).

A chaque particule de matière correspond une particule d'antimatière[8]. La rencontre d'une particule de matière et de son antiparticule se termine par la disparition de celles-ci au profit de particules d'énergie. L'annihilation transforme leur masse en énergie.

Grande unification

Les interactions électrofaible et nucléaire forte sont regroupées à haute température ou énergie. C'est la théorie de grande unification.

Avec la baisse de température, la force forte se sépare et les deux forces restantes forment l'unification électrofaible.

Brisure électrofaible

Avec une nouvelle baisse de température, la transition électrofaible est la séparation de l'interaction faible et de l'interaction électromagnétique.

C'est à ce moment là que l'hypothétique boson de Higgs pourrait apparaître et donner son inertie à la matière.

Symétrie et interaction électrofaible

Comment l'asymétrie matière-antimatière peut apparaître si l'univers à sa création est parfaitement symétrique ? L'asymétrie est la fécondité de l'univers.

Des quantités équivalentes de matière et d'antimatière sont créées. Mais une asymétrie dans les transformations permet à la matière de devenir prépondérante dans l'univers au détriment de l'antimatière.

La radioactivité Beta ne respecte pas la symétrie P. C'est-à-dire que l'image dans un miroir de cette désintégration n'est pas possible dans la nature. La violation de la symétrie C compense la violation de P, de sorte que la symétrie CP n'est globalement pas violée. Comme la symétrie CPT est conservée par principe, alors la symétrie T est conservée.

---

[8] L'antiquark pour le quark, le positron pour l'électron ...

Les atomes radioactifs de **Cobalt 60** se désintègrent de façon asymétrique. L'électron est éjecté dans un sens précis par rapport à la rotation du noyau (spin) de telle sorte que l'image de la réaction dans le miroir est impossible. La radioactivité béta (β), manifestation de l'interaction faible, viole la parité P. De même la symétrie C d'une désintégration béta, (où l'anti cobalt 60 éjecte un antiélectron) est une réaction impossible. La force faible viole la symétrie de charge.

L'Univers n'est pas 100 % identique à son image dans un miroir. Il viole la symétrie de parité. La désintégration du **muon** produit mille fois plus d'électrons qui tournent « vers la gauche » que « vers la droite ».

La désintégration du **méson neutre K0** libère plus souvent un positron qu'un électron. La force faible révèle ici une petite dissymétrie vis-à-vis de l'antimatière.

Le phénomène se manifeste clairement dans le fait que les **neutrinos**, cousins légers et électriquement neutres de l'électron, apparaissent avec le seul sens de rotation gauche. Les neutrinos n'ont pas d'image dans un miroir !

La force faible effectue un distinguo droite-gauche. Elle discrimine la matière de l'antimatière.

L'anomalie droite-gauche à l'échelle microscopique pourrait être une cause des particularités du règne vivant. Les molécules biologiques, hélice de l'ADN (acide désoxyribonucléique, porteur du code génétique), sont dissymétriques.

Rayonnement du fond diffus cosmique (+380.000 ans)
Recombinaison et rayonnement

Le couplage du rayonnement électromagnétique avec la matière rend le parcours libre moyen du photon très petit.

Les rencontres entre noyaux et électrons donnent les premiers atomes stables d'hydrogène et d'hélium. C'est l'époque de la recombinaison, de la nucléosynthèse primordiale. Les atomes, électriquement neutres, se forment par captation des électrons libres par les noyaux. La matière devient dominante dans l'univers.

La baisse du nombre d'électrons libres, suite à la recombinaison, permet le découplage du rayonnement électromagnétique d'avec la matière. La baisse d'opacité permet à l'univers de devenir transparent au rayonnement électromagnétique. La période du découplage est l'époque la plus lointaine où nous pouvons voir le rayonnement électromagnétique.

Ce rayonnement subsiste à l'expansion de l'univers mais se refroidit progressivement. Il est encore visible actuellement et s'appelle le fond diffus cosmique. La température de cet écho lumineux du Big Bang est de 2,726 °Kelvins. L'observation du fond diffus cosmique est la photographie de l'univers au moment du découplage. La région qui a émis ce rayonnement est appelée la surface de dernière diffusion.

Le rayonnement du découplage des photons et de la matière emplit l'univers. La taille de l'univers depuis cette époque a été multipliée par 1000. La température a été également divisée par un facteur 1000. Ce rayonnement fossile est observé dans les années 1960. Cette radiation est un bain thermique de photons par rapport auquel les galaxies se déplacent. Le fond diffus cosmologique est un rayonnement qui représente 96% de l'énergie électromagnétique existant sous forme de photons.

Âges sombres (cosmologie)

L'âge sombre de l'univers se situe entre l'émission du fond diffus cosmique (ou la recombinaison) et l'allumage de la première génération d'étoiles. Aucun processus astrophysique ne produit de rayonnement électromagnétique d'où l'appellation d'âges sombres. À cette époque l'univers baigne dans le fond diffus cosmique à 3.000°Kelvin, le fond du ciel est lumineux.

Le spectre thermique du fond diffus se décale vers le rouge et l'infrarouge par l'expansion en se refroidissant jusqu'à descendre sous les 273°K. Le fond du ciel devient noir pour la première fois. Le fond du ciel devient sombre et froid.

Les premières grandes structures de l'univers apparaissent. L'univers est un gaz diffus d'hydrogène et d'hélium qui forme les premières galaxies. L'allumage des premières étoiles crée la ré-ionisation et la fin des âges sombres.

Formation des galaxies et étoiles (200 millions à 13,7 milliards)
Formation des structures de l'univers

Le rayonnement fossile a une température moyenne de 2,73 °K avec des fluctuations infimes de l'ordre de 1 cent-millième. Ces fluctuations sont le résultat de faibles variations de densité de l'univers primordial. Ce sont ces fluctuations qui vont donner naissance aux galaxies.

Avec la domination de la matière, l'effondrement gravitationnel de l'univers commence et amplifie les défauts d'homogénéité visible sur le fond diffus. La densité et la rareté de la matière s'intensifient selon les régions.

Les structures à grande échelle de l'univers se forment suite à l'accroissement de la fluctuation primordiale de densité. Avec le refroidissement de l'univers, les fluctuations primordiales créent par gravitation des zones denses de matière et de gaz, graines des futures galaxies. L'univers est constitué alors essentiellement d'hydrogène, d'hélium.

Les petites fluctuations isothermes se condensent en premier formant des structures de 1 million de masses solaires (galaxies naines). La plupart s'agglomèrent par la force de gravité et forment des galaxies. Les galaxies s'agglomèrent en amas, et les amas en superamas. Notre galaxie est la voie lactée.

Formation des étoiles

Les premières étoiles apparaissent au bout de 200 millions d'années. En 2007 les astronomes ont découvert 6 étoiles en formation dans une galaxie située à 13, 2 milliards d'années-lumière soit datant de 500 millions d'années après le Big-bang.

Des nuages de gaz froids et denses, d'hydrogène et d'hélium, se contractent sous l'action de la gravité. Ils s'effondrent sur eux-mêmes et s'allument donnant naissance aux étoiles. Les étoiles brillent du feu de la fusion thermonucléaire qui chauffe leur cœur. Dans ce feu se constituent les éléments chimiques plus lourds que l'hydrogène, l'hélium, le lithium. Le carbone, l'azote et l'oxygène, nécessaires à la vie, proviennent de ces astres.

A la fin de leur combustion, les étoiles meurent. Elles se dilatent sous forme de géantes, s'éteignent comme de faibles naines ou explosent en supernovae cataclysmiques qui créent des étoiles à neutrons et des trous noirs.

Dans notre galaxie, une étoile se crée par an.

Formation du système solaire

Le soleil naît voici 4,55 milliards d'années. Cet astre est à l'origine de la vie sur terre. Il est entouré de huit planètes, Mercure, Vénus, la Terre, Mars, Jupiter, Saturne, Uranus et Neptune. Depuis 2006, sur décision de l'Union Astronomique Internationale, Pluton n'est plus considérée comme une planète mais une planète-naine du système solaire.

Trous noirs

Les trous noirs sont le résultat de l'évolution des étoiles géantes. Ces objets sont très massifs et rien n'échappe à leur attraction pas même la lumière, d'où l'appellation de trous noirs.

Connaissance et univers
Limite de notre connaissance

L'univers est composé de 4% de matière connue, 25% de matière noire inconnue (non baryonique) et 71% d'énergie sombre.

La densité de matière est déterminée par la matière noire non-baryonique.

Energie sombre

Aujourd'hui, l'univers est peu dense (quelques atomes par mètre cube), froid (2,73 °K).

L'accélération de l'expansion de l'univers se mesure par l'augmentation au cours du temps de la vitesse d'éloignement des galaxies par rapport à la voie lactée. L'interprétation de l'expansion de l'univers est expliquée par l'influence gravitationnelle d'une forme d'énergie appelée énergie noire ou sombre, ou constante gravitationnelle. La nature de cette énergie atypique est mesurable à très grande échelle. La densité moyenne d'énergie du vide calculée à partir de l'expansion de l'univers est de 10^{-29} g/cm3.

70% de l'énergie de l'univers (densité d'énergie du vide ou constante cosmologique) se présente sous la forme d'une énergie du vide et force l'univers à s'étendre en s'opposant au 30% d'énergie due à la matière.

Cette accélération indique que le destin de l'univers est éternellement en expansion, de plus en plus froid et vide.

Matière noire

80% de la matière contenue dans l'univers n'est pas composée d'atomes, mais d'une forme mystérieuse de matière appelée matière noire. La matière noire interagit avec la force de gravité mais n'est pas composée de baryons et n'émet ni n'absorbe aucun rayonnement. Elle joue un rôle clé dans la formation des structures.

La plus grande partie de l'univers est constitué de substances invisibles qui n'émettent aucun rayonnement électromagnétique. Elles ne sont donc pas détectables directement au moyen du télescopes ou des antennes. Nous ne pouvons les détecter que par leurs effets gravitationnels.

L'effet gravitationnel de la matière noire fait tourner les galaxies plus vite que ne le prévoit le calcul de leur masse apparente. Le champ gravitationnel de la matière noire dévie la lumière des objets qui sont placés derrière par rapport à l'observateur. La mesure de ces effets permet de déterminer la densité de cette matière.

Une des théories considère que cette matière pourrait contenir des particules « supersymétriques », particules hypothétiques du modèle standard.

Onde et particule

Nous ne savons toujours pas ce qu'est la matière. Elle présente tout à la fois et simultanément des aspects d'onde et de particule. La matière et l'énergie sont à la fois ondes et corpuscules. Le corpuscule indique une individualité, l'onde indique une liaison avec le tout.

1.2 Comportement du minéral
1.2.1 Minéral et déterminisme
Matière - énergie

L'énergie s'est complexifiée en évoluant d'une seule énergie dans la super symétrie à quatre forces fondamentales.

La matière s'est progressivement complexifiée depuis sa création à partir de l'énergie. Elle démarre avec les briques de bases les quarks et les leptons. Trois quarks regroupés constituent des protons ou des neutrons. Les protons et neutrons regroupés forment les noyaux. L'atome est constitué ensuite par un noyau autour duquel gravitent les électrons. Les molécules se créent par des liaisons entre atomes.

Cause- effet

La chaîne des causes effets des évènements énergie-matière se multiplient, et s'inscrivent dans la durée du temps.

Espace - temps

L'énergie et la matière s'étendent dans l'espace et le temps. Elles sont liées à l'espace-temps selon la théorie de la relativité générale.

L'espace est en accroissement depuis le point d'origine du Big-bang. Il est actuellement en expansion et même en expansion accélérée ce qui n'est pas sans poser question aux physiciens qui ont inventé l'énergie sombre pour respecter la relativité générale.

Le temps s'écoule, la durée de l'univers augmente, depuis l'instant 0 du Big-bang jusqu'à aujourd'hui 13,7 milliards d'années plus tard. Le temps n'est pas commutatif, il a un sens, une direction.

Liberté et minéral

La matière naît de l'énergie, mais la matière est soumise aux quatre forces fondamentales, aux lois de la physique. La matière est passive. La matière n'a pas de liberté, pas de mobilité par elle-même, pas de possibilité d'auto-évolution volontaire.

L'objet matériel est une portion d'espace dont les parties élémentaires sont fortement liées, mais qui reste lié de façon ténue au Tout. En l'absence de force extérieure, l'objet reste ce qu'il est immuable dans l'espace et dans le temps. Il reste constant dans ses parties.

La matière est également rapport entre des objets. La matière obéit à des lois. Les objets sont liés aux objets par des forces d'attraction ou de répulsion. Les 4 forces fondamentales réalisent l'unité du tout.

En physique classique, la matière est inerte et immobile en elle-même, complètement assujettie aux forces extérieures, et l'énergie est mouvement dans l'univers et entraîne dans son mouvement la matière. En physique quantique l'énergie et la matière ont tout à la fois un aspect corpusculaire et ondulatoire, matière et mouvement.

La matière est soumise aux liens de causalité. Ce que l'on trouve dans l'effet est déjà dans la cause.

La matière est prisonnière de l'espace et du temps. La matière, par la transformation de l'énergie en matière, occupe l'espace. C'est la grande inflation de l'univers après le big bang. En effet les bosons (particules d'énergie) peuvent se superposer en ayant le même état quantique. Alors que chaque fermion (particule de matière) a un état quantique déterminée qu'il est seul à avoir. Donc chaque particule de matière occupe une place et une seule, distincte d'une autre particule. Chaque particule de matière a un état quantique donc une identité propre en fonction de la place occupée.

1.2.2 Thermodynamique

Premier principe de thermodynamique

Le premier principe de la thermodynamique, principe de conservation de l'énergie, affirme que l'énergie est toujours conservée. L'énergie totale d'un système isolé est constante.

La question est, le système est-il isolé ? L'univers est-il isolé, ou de l'énergie, de la matière ou autres choses apparaissent-elles dans l'univers ?

Second principe de la thermodynamique, définition

L'entropie correspond en thermodynamique classique à la variation d'une fonction égale à la quantité de chaleur Q échangée par un système à la température T. Le transfert de chaleur (travail mécanique, frottement) d'un corps chaud à un corps froid est irréversible. Les transformations réelles sont irréversibles à cause des phénomènes dissipatifs de dégradation de l'énergie en chaleur.

Le deuxième principe de la thermodynamique, principe d'évolution irréversible du système, affirme la dégradation de l'énergie, passage de formes concentrées et potentielles à des formes diffuses et cinétiques (frottement et chaleur).

L'entropie d'un système isolé augmente ou reste constante dans le temps. Ce principe stipule qu'un système isolé évolue vers le désordre, vers la diminution des liens entre ses éléments. Un système évolue vers la perte d'information.

Le second principe de la thermodynamique impose l'irréversibilité du temps.

L'univers évolue d'un ordre complet vers un désordre total.

Entropie et information

En 1894, Ludwig Boltzmann remarque que l'entropie est liée à de l'information à laquelle on n'a pas accès. La croissance de l'entropie, ou croissance du désordre est concomitante avec une perte d'information. Une analogie simple est le morceau de sucre et la tasse de café. Dans le morceau de sucre, les grains sont ordonnés, la description de l'agencement et de la forme nécessite de l'information. Quand le sucre est mélangé au café, il n'y a plus d'ordre et il n'y a plus besoin d'information pour décrire le sucre. Nous avons perdu de l'information.

Ludwig Boltzmann exprime l'entropie statistique en fonction du nombre d'états microscopique (ou nombre de complexions) définissant l'état d'équilibre au niveau macroscopique.

Second principe de thermodynamique, du réversible à l'irréversible

L'évolution est réversible si aucune entropie n'est produite.

En général les particules interagissent de façon rigoureusement symétrique par rapport au temps. En mécanique quantique, les équations sont réversibles. Mais la mesure (ou l'interaction avec l'environnement) fait passer le système quantique d'un grand nombre d'états possibles à un seul état réel. L'interaction du système avec l'environnement le fait devenir irréversible.

La structure macroscopique est irréversible alors qu'elle est composée d'éléments microscopiques réversibles. Au niveau microscopique des particules (mécanique quantique) les phénomènes sont réversibles, au passage de la limite thermodynamique ils deviennent irréversibles.

En simplifiant, la physique quantique considère les phénomènes indéterminés réversibles, la physique classique considère les phénomènes déterminés et irréversibles.

L'entropie correspond en thermodynamique statistique à la mesure du degré de désordre d'un système au niveau microscopique. La croissance de l'entropie est un phénomène statistique. L'entropie croît car le système évolue d'un état initial improbable vers un système final beaucoup plus probable.

Le grand nombre d'atomes d'un système nécessite un traitement statistique. La physique statistique et la théorie du chaos expliquent l'irréversibilité d'une transformation appliquée à une multitude d'objets microscopiques en évolution individuelle réversible.

L'interprétation statistique de l'entropie et la théorie de l'information (entropie de Shannon) interprètent l'irréversibilité des transformations.

L'irréversibilité correspond :

- à une évolution spontanée de tous systèmes vers l'uniformité (grandeurs intensives uniformes) et donc in fine l'arrêt de l'évolution spontanée du système ;
- à une perte d'information sur l'état du système jusqu'à atteindre le plus grand désordre possible ;
- à une augmentation de l'entropie de l'univers conformément à la théorie de l'expansion de l'univers (l'augmentation de volume de l'univers depuis le Big-bang le rend de plus en plus désordonné).

Flèche du temps

L'irréversibilité signifie qu'il y a une flèche du temps. L'univers est en évolution. L'évolution a un but. La flèche du temps existe suite à l'irréversibilité de phénomènes macroscopiques. Le temps nous semble s'écouler toujours dans la même direction.

Les équations fondamentales de la physique sont souvent invariantes si on renverse la direction du temps. La physique microscopique est réversible. La physique macroscopique est irréversible.

Comment expliquer la flèche du temps, la direction du temps dans un seul sens ?

Comment expliquer ce passage du réversible vers l'irréversible ?

Le second principe de la thermodynamique impose que la flèche du temps est orientée vers une entropie grandissante. Pour Boltzmann, une faible entropie est liée à une faible probabilité. Le temps augmente comme l'entropie.

Les choses évoluent allant des moins probables au plus probables, des moins déterminées au plus déterminées, des réversibles aux irréversibles.

Une multitude de « choix » nous entraîne vers un univers futur déterminé.

Mais ce second principe s'applique au minéral et non au vivant. Depuis le Big-bang l'univers se refroidit progressivement en même temps qu'il s'étend dans l'espace. L'évolution nous montre une augmentation de l'ordre dans le monde au niveau du vivant et du pensant.

Les processus irréversibles et la flèche du temps permettent l'apparition des organismes avec les plus hautes fonctionnalités à partir de structures délicates et complexes.

1.2.3 Organisation et information
Système dissipatif et auto-organisation

La thermodynamique explique l'irréversibilité des phénomènes temporels.

Ilya Prigogine a étudié les structures dissipatives et l'auto-organisation modifiant les approches sur l'entropie.

Un système dissipatif est un système qui échange de l'énergie ou de la matière avec son environnement. C'est un système ouvert. Le système dissipatif ingère de l'énergie et s'oppose à l'augmentation de l'entropie (désordre). Le système se caractérise par une brisure spontanée de symétrie spatiale qui peut évoluer vers une structure complexe chaotique. D'une certaine façon, l'indétermination quantique microscopique se retrouve dans une indétermination macroscopique.

Les cellules de Bénard sont un cas simple de système dissipatif. Un bac d'eau chauffé à sa base produit des phénomènes de convection, mouvements de liquide verticaux bien séparés les uns des autres et à sens de rotation non déterministe mais s'inversant de cellule à cellule. L'augmentation de température fait apparaître des turbulences. Il y a rupture de symétrie et le système devient chaotique.

Un système dissipatif est un système qui opère des échanges d'énergie et de matière avec son environnement

Un système dissipatif est caractérisé par :
- la balance des échanges (ingestion d'énergie, création d'entropie),
- l'apparition spontanée d'une brisure d'énergie spatiale (ex structure complexe chaotique),
- l'apparition d'une brisure de symétrie temporelle.

Les exemples de ces structures vont des cellules de Bénard à la vie elle-même.

L'auto-organisation est un phénomène local de mise en ordre croissant, en sens inverse de l'augmentation de l'entropie (mesure du désordre), par une dissipation d'énergie servant à maintenir la structure. L'auto-organisation est un processus dans lequel l'organisation interne d'un système augmente automatiquement sans être dirigée par une source extérieure. Les systèmes auto-organisés ont souvent des propriétés émergentes.

Un phénomène est dit émergent dans un système si on ne pouvait pas prédire son apparition (observation) à partir de la seule connaissance de ce système.

A partir d'un seuil critique de complexité, les systèmes peuvent passer :
- d'une croissance lente à une croissance accélérée,
- d'une croissance exponentielle à une croissance logistique avec la déplétion[9] des ressources,
- passer d'une phase instable à une phase stable,
- changer d'état.

Ce principe se trouve pour les processus physiques, chimiques, cellulaires, organismes vivants, systèmes sociaux.

Le principe de complexité par le bruit (niveau de complexité) dit que le bruit d'un niveau constitue en partie l'information de niveau supérieur (diminution de l'information parallèle à l'augmentation de la structure dans un système fermé).

L'accroissement de la complexité n'est pas en contradiction avec le deuxième principe de la thermodynamique, l'accroissement de l'entropie n'est vrai que dans un système clos. Or ni la terre, ni sans doute l'univers ne sont un système clos.

Désordre et ordre

La deuxième loi de la thermodynamique, l'entropie, indique que l'entropie va croissant, que le désordre va croissant, que la tendance naturelle avec l'écoulement du temps est d'aller vers le désordre

---

[9] Diminution progressive

maximum. Mais la nature vivante et non vivante nous montre une capacité spontanée de produire de l'ordre.

L'augmentation de la diversité moléculaire des espèces dans un système amène une transition de phase (mathématique). Celle-ci conduit à une augmentation de la diversité des réactions plus rapide que la diversité des espèces. Le phénomène émergent est une propriété collective qui n'était pas présente dans une molécule individuelle et qui s'étudie en mathématiques dans les lois de transition de phase.

L'étude de l'auto-organisation consiste à comprendre comment de l'ordre peut apparaître spontanément du désordre, du fait des propriétés de la nature, sans intervention apparente d'une volonté. L'étude consiste à comprendre le processus dans lequel l'organisation interne d'un système augmente automatiquement, sans orientation ou direction externe au système, et ce jusqu'à produire des propriétés émergentes.

Système chaotique et phénomènes non linéaires

Au début du XXème siècle Henri Poincaré démontre que les interactions d'un système à trois corps ne peuvent être prédites dans le long terme.

Des systèmes instables non linéaires sont imprédictibles. Une légère modification des données peut avoir des conséquences fortes sur la météo. Un battement d'ailes de paillon peut produire de proche en proche une tornade à des milliers de kilomètres. La théorie du chaos nous fait ainsi entrer dans un monde probabiliste.

Ilya Prigogine (prix Nobel de chimie en 1977) étudie des phénomènes non-linéaires, où une petite modification des conditions initiales provoque une grande divergence des résultats finaux du processus.

L'état d'équilibre est stable s'il revient à sa position après une petite perturbation. L'état d'équilibre est instable si le système ne revient pas à sa position d'équilibre après une petite perturbation.

Pour des systèmes dynamiques, de petites modifications des conditions initiales entraînent des modifications du système s'amplifiant avec le temps.

Les systèmes chaotiques sont des systèmes instables, sensibles aux conditions initiales, et divergeant de manière exponentielle au cours du temps (effet papillon).

Organisation du minéral

Dans les cellules de Bénard, le fait de chauffer un liquide par en-dessous crée des tourbillons dans lesquels des milliards de molécules se suivent. Loin de l'équilibre, des phénomènes ordonnés se produisent.

Les phénomènes ordonnés du minéral sont multiples :
- flocons de neige avec une structure complexe et variée ;
- mouvements oscillatoires avec des changements d'états périodiques et répétitifs ;
- étoile à partir d'un nuage de gaz et de poussière ;
- nuage à partir de vapeur d'eau ;
- cristal à partir d'un dépôt de molécules.

Croissance de l'information

L'univers se complexifie en ajoutant de l'information à l'étape précédente. En informatique pour un ensemble de données, la structure simplifie l'information. Mais ici l'évolution se fait à la fois par une complexification des structures et par une augmentation de l'information globale.

Une étape ne peut pas être toujours expliquée par l'étape précédente. Il y a en plus un souffle, une force vitale ascendante, un sens et une orientation. Cette évolution que nous voyons de plus en plus sous les yeux avec les avancées de toutes les sciences est inventive, créatrice.

L'univers a un sens, le temps n'est pas commutatif à notre niveau, il ne s'écoule que dans un sens. Alors comment expliquer le souffle de l'évolution poussant l'univers vers l'avant et vers le haut ?

L'évolution est comme un fleuve qui coule dans un seul sens. S'écoule t-il avec ou sans apport extérieurs ?

1.3 Sens du minéral

1.3.1 Rien et quelque chose

Saint Augustin : « **L'univers n'est pas né dans le temps mais avec le temps.** »

Aujourd'hui certains scientifiques se disent que quelque chose peut naître de rien.

Stephen Hawking (1942 -), éminent physicien, écrit dans « The Grand Design, 2010 » : « **En raison de la loi de gravité, l'Univers peut et va se créer de lui-même, à partir de rien. La création spontanée est la raison pour laquelle il existe quelque chose plutôt que rien, pour laquelle l'Univers existe, pour laquelle nous existons. Il n'est pas nécessaire d'invoquer Dieu pour déclencher la création de l'Univers.** »

La création spontanée n'est pas sans rappeler la génération spontanée. Des savants pensaient que les petits animaux pouvaient naître spontanément dans certaines conditions. Mais Pasteur démontre que dans tous les cas supposés de génération spontanée, il y avait des germes, des œufs à l'origine de l'apparition d'êtres vivants.
Comment penser la création de quelque chose à partir de rien, d'un être à partir d'un non être ?

Paul Davies (1946 -), physicien, écrit dans « L'Esprit de Dieu » : « **J'appartiens au nombre de ces chercheurs qui ne souscrivent pas à une religion conventionnelle, mais refusent de croire que l'Univers est un accident fortuit. L'Univers physique est agencé avec une ingéniosité telle que je ne puis accepter cette création comme un fait brut. Il doit y avoir, à mon sens, un niveau d'explication plus profond. Qu'on veuille le nommer « Dieu » est affaire de goût et de définition.** »

1.3.2 Constantes fondamentales

Le modèle standard permet de décrire toutes les particules avec une vingtaine de constantes. La valeur des constantes libres de ce modèle standard n'a pas d'explication et n'est déterminée que par l'expérience. Ces constantes devraient être déterminées par une théorie fondamentale qui explique leur valeur. Ne sont-elles que l'expression de notre méconnaissance ?

Le nombre de dimensions de l'univers, la densité de l'univers, le réglage des constantes permettent qu'il y ait un univers. La modification même faible des conditions initiales de l'univers ou des constantes fondamentales ne permet pas à l'univers de se déployer ou à la vie d'apparaître.

Prenons plusieurs exemples avec les quatre forces fondamentales.

Une force de gravitation plus forte que celle qui existe ne créerait que des étoiles massives à durée de vie beaucoup plus courte que le soleil, ce qui ne permettrait pas à la vie évoluée d'apparaître. Une force de gravitation plus faible ne permettrait pas aux étoiles massives d'apparaître, ce qui empêcherait les atomes lourds de se former (autres que l'hydrogène et l'hélium) et donc ne permettrait pas l'apparition de la vie.

Une force électromagnétique plus grande lierait plus fortement les électrons et les noyaux, rendant difficile l'extraction d'un électron pour permettre le partage d'électrons entre atomes pour constituer les molécules. Une force électromagnétique plus faible ne permettrait pas une stabilité des atomes.

Une interaction nucléaire forte plus importante favoriserait l'association de protons et neutrons en éléments lourds, ce qui ne permettrait pas à l'hydrogène donc à l'eau d'exister. Une interaction nucléaire forte plus faible ne favoriserait pas le regroupement des protons et neutrons, ce qui ne permettrait pas à des éléments plus lourd que l'hydrogène d'exister.

Avec une interaction nucléaire faible plus puissante après la naissance de l'univers, davantage de neutrons se transformeraient en protons, ce qui restreindrait la quantité d'hélium et empêcherait la formation d'éléments lourds. Une interaction nucléaire faible plus faible ne désagrégerait pas les neutrons et la nucléosynthèse primordiale favoriserait l'hélium au dépend de l'hydrogène.

1.3.3 L'univers est-il clos ?

1Roi 8, 27 : « **Mais est-il vrai que Dieu habite sur la terre ? Voici que le ciel et le ciel des cieux ne peuvent vous contenir : combien moins cette maison que j'ai bâtie !** »

Sagesse 1, 7 : « **Car l'Esprit du Seigneur remplit l'univers, et lui qui contient tout, sait tout ce qui se dit.** »

Si l'univers est clos, il ne peut se donner à lui-même une information qu'il ne possédait pas à l'origine. Il faut alors remonter dans le temps et admettre une forme de conscience dans la matière minérale. Il faut admettre, comme le Père Teilhard de Chardin, qu'il existe une forme de psyché dans la particule élémentaire. Une forme de conscience non émergée, sous-jacente. Au fil du développement des organismes dans leur complexité, cette conscience est démultipliée par le nombre et par les interconnections entre les psychés élémentaires et devient émergente de façon inconsciente pour les animaux (instinct) et consciente pour l'homme (intelligence).

Mais l'être avec sa conscience d'être peut-il émerger de la matière, et plus loin encore du néant ? L'être peut-il naître du non être ?
Dieu a créé Adam et Ève en Éden. Après le péché originel, au temps fixé ils vont intégrer un corps biologique préparé pour eux. Ce seront le premier homme et la première femme de la terre.

L'univers n'est pas clos, celui qui Est cause de toutes les causes, est non seulement intervenu au début de l'univers, mais continue à intervenir inlassablement dans l'univers si nous lui en donnons la possibilité. Dans un acte d'amour, Il nous a fait libre, à son image. Par là-même, Dieu est prisonnier de la liberté de l'homme. Mais il peut intervenir à notre demande sans altérer notre liberté.

En conclusion

Prigogine, biochimiste, prix Nobel de chimie nous dit : « **Ce qui est étonnant, c'est que chaque molécule sait ce que feront les autres molécules en même temps qu'elle est à des distances macroscopiques. Nos expériences montrent comment les molécules communiquent. Tout le monde accepte cette propriété dans les systèmes vivants, mais elle est pour le moins inattendue dans les systèmes inertes.** »

La matière tend à s'organiser au point de faire émerger la vie. Du minéral surgit voilà 4 milliards d'années une autre forme d'être, le Vivant.

2 Évolution créatrice

2.1 Évolution du vivant (dictionnaire annexe 2)

2.1.1 Émergence du vivant

Généralités sur la cellule

La classification phylogénétique classe les êtres vivants en tenant compte de leur proximité génétique. Elle prend en compte les caractères héritables : l'anatomie, la morphologie, les séquences du génome d'ADN[10], d'ARN[11], d'ADN des mitochondries[12], d'ARN des ribosomes[13] ... Elle détermine des proximités entre les vivants.

Une rupture brusque se produit dans l'évolution créatrice avec le passage au vivant. Le vivant naît du vivant, ce qui rend difficile l'explication de l'apparition de la vie sur terre. La vie est une entité fortement organisée cherchant à se conserver, à se répliquer quasiment à l'identique mais avec des possibilités d'évolution lui permettant de développer une adaptation au milieu.

La cellule est la structure fonctionnelle et reproductrice de base constituant tout ou partie d'un être vivant. Chaque cellule est une entité vivante. Tous les êtres vivants sont constitués de cellules de même structure fondamentale.

La cellule est un système clos et ouvert. La cellule est un système clos qui maintient ses organites et constituants à l'intérieur d'une membrane. La cellule est un système ouvert grâce à une membrane perméable permettant des flux maîtrisés avec l'environnement. L'espace clos de la cellule permet de garder un environnement spécifique intérieur, différent de l'environnement extérieur, mais en constant échange avec celui-ci.

La cellule est un état très organisé de la matière. La cellule crée et maintient de l'ordre. Elle est une entité spatiale délimitée par une

---

[10] Acide DésoxyriboNucléique, molécule support de l'information génétique héréditaire
[11] Acide RiboNucléique, molécule assurant de nombreuses fonctions
[12] Organite des cellules eucaryotes lui fournissant l'énergie
[13] Organite des cellules procaryotes et eucaryote dont la fonction est de synthétiser les protéines en décodant l'information contenue dans un ARN messager

membrane échangeant des flux d'informations, d'énergie et de matière avec l'extérieur.

L'organisme vivant (parfois au niveau de l'espèce ou de la lignée) se caractérise aussi au moins à une période de sa vie par :
- des formes auto-organisées et homéostatiques de la matière, ce qui s'oppose à la matière inerte ou inanimée ;
- un métabolisme, absorption transformation d'énergie et de matière ;
- une durée entre la naissance et la mort ;
- une motricité externe locomotion, et interne circulation ;
- une réponse adaptée à des stimuli externes ;
- un contenu en actions de cette étendue temporelle ;
- un développement ou une croissance ;
- une capacité de reproduction et d'évolution d'entités similaires.

Pour les organismes unicellulaires, la cellule est autonome. Pour les organismes multicellulaires, la cellule fonctionne en autonome mais de manière coordonnée avec les autres cellules. Chez les vivants multicellulaires, les cellules se regroupent en tissu, et les tissus se regroupent en organe pour assurer une fonction au bénéfice de l'organisme entier. La multiplication des cellules permet le maintien de l'organisme et de sa reproduction.

Les cellules sont de deux types : - procaryotes avec un ADN libre dans le cytoplasme (eubactéries et archéobactéries), - eucaryotes avec un ADN dans le noyau entouré d'une membrane nucléaire.

Émergence du vivant
L'expérience de 1953 d'Urey-Miller et l'origine des molécules organiques, monomères

En 1953, Urey et Miller reconstituent en laboratoire les conditions de la terre primitive avant le début de la vie. Ils enferment dans un ballon une atmosphère réductrice (méthane CH_4, ammoniac NH_3, hydrogène H_2 et eau H_2O) et soumettent le mélange à des décharges électriques pendant sept jours. Ils obtiennent des molécules biologiques d'acides animés (composants des protéines[14]). Ces molécules se forment à partir de composés inorganiques.

Codage génétique - Reproduction

La cellule est une structure dont le but est sa conservation et sa reproduction. À la vie est associée la mort y compris pour la cellule. Pour durer au-delà d'une vie de cellule, la Vie a mis en place un cycle de reproduction de sa propre structure en utilisant un code génétique. La reproduction consiste à transmettre une structure de base et un programme génétique (un message). Le code génétique est un fil conducteur de la vie au-delà du cycle de vie et de mort des organismes. Chaque cellule de l'organisme pluricellulaire a le même matériel génétique.

Les procaryotes[15] (archées et bactéries) se multiplient par division cellulaire. Les eucaryotes se reproduisent de façon sexuée ou asexuée.

La reproduction asexuée des eucaryotes transmet le codage génétique en même temps que la structure de base au cours des divisions cellulaires. La division cellulaire permet d'obtenir à partir d'une cellule mère, deux cellules filles contenant le même génome.

La reproduction sexuée des eucaryotes permet un brassage génétique au sein des populations grâce au processus méiose et de fécondation.

La reproduction sexuée est une caractéristique des eucaryotes. Cependant d'autres mécanismes de brassage existent chez les procaryotes.

Codage génétique - Invention de l'ARN et de l'ADN
ARN et ADN

Le génome du plus ancien ancêtre commun à tous les êtres vivants, appelé par les scientifiques **LUCA** comme Last Universal Common Ancestor, devrait être un génome à ARN.

---

[14] Constituants essentiels des êtres vivants avec les lipides et les glucides, assurant la majorité des fonctions cellulaires (structure, mobilité, catalyse, expression des gènes)
[15] Cellule sans noyau et avec un ADN libre dans le cytoplasme

Les scientifiques pensent que l'ARN a précédé l'ADN car les trois grandes lignées du vivant (bactérie, archea, eucaryotes) partagent le même système de synthèse des protéines par le biais de l'ARN, alors qu'elles diffèrent sur le système de réplication de l'ADN. L'ARN est la forme de vie avant l'émergence de la première cellule à ADN. L'ARN est moins spécialisé que l'ADN. L'ARN joue le rôle d'enzyme, assure des tâches métaboliques et constitue le support d'une information génétique.

Toute protéine est une chaîne d'acides aminés qui se replie sur elle-même. Presque tout ce que font les organismes est fait grâce aux protéines. Elles pompent des éléments à l'extérieur, elles contractent, elles lient, elles fabriquent des structures rigides, des fibres, catalysent toute forme concevable de réactions.

Différents ARN

Les ARN accomplissent un grand nombre de tâches différentes : lien entre acide nucléique et acide animé, véhicule d'information génétique de l'ADN vers les ribosomes, composant structuraux et fonctionnels des ribosomes. Les trois grands types d'ARN transfert, messager, ribosome sont présents dans l'ensemble du monde vivant des procaryotes aux eucaryotes.

Un grand nombre d'ARN sont impliqués dans des fonctions de catalyses, de régulation de l'expression de gènes, de contrôles, de défenses antivirales, d'extinctions de gènes, d'inhibitions et de synthèses de protéines, de restaurations génomiques. La répartition des ARN permet de retrouver le découpage du vivant dans le sens du simple généraliste vers le complexe spécialisé.

Codage ADN

L'ADN est une longue molécule en forme de double hélice, support de notre patrimoine génétique. Le génome est l'ensemble de l'information héréditaire d'un organisme qui se trouve en totalité dans chaque cellule de l'organisme. Le codage ADN contient toutes les données personnelles de l'individu, les instructions pour construire les organes, l'histoire des ancêtres, la propension à certaines maladies. Ce code génétique est universel dans tout le règne du vivant de la cellule à l'homme.

En 1953, la structure de l'ADN est découverte. Dans les années 60, le codage génétique est découvert

En 1965, les biologistes font la liaison entre codage ADN et codage protéine. Le groupage de trois lettres de la séquence ADN correspond à un acide animé. Un gène constitué de plusieurs de ces codages de trois lettres correspond à une protéine constituée de l'enchaînement d'acides animés. Ce code à trois lettres de l'ADN contient les instructions pour construire toutes les protéines.

En 2001 la séquence des bases est connue. L'ADN humain est constitué de trois milliards de base qui spécifient une vingtaine de milliers de gènes.

Universalité du système et quantité d'informations

L'ADN est beaucoup plus stable que l'ARN ce qui permet une sécurité dans la conservation du patrimoine génétique et donc un avantage sélectif. La conséquence observée de l'évolution est la conservation des acquis au-delà des générations. L'ADN est plus spécialisé que l'ARN dans la conservation du patrimoine génétique. Il marque l'évolution vers le spécialisé et le complexe. L'évolution a un sens.

Le système de codage entre l'ADN et les acides aminés est utilisé par l'immense majorité des êtres vivants de la bactérie à l'homme. Cette universalité du code s'explique car un changement de codage n'apporterait rien en gain évolutif. Le système de codage est resté inchangé durant les milliards d'années d'évolution de la vie se fixant très tôt dans l'histoire de la vie, probablement avant LUCA (Last Universal Common Ancestor ou dernier ancêtre universel commun).

Une corrélation existe entre la taille du génome d'un organisme et sa position dans l'arbre phylogénétique. Cependant des exceptions existent car des organismes simples dupliquent certaines parties de leur code génétique et les organismes évolués utilisent une technique complémentaire de codage qui s'exprime lors du passage de l'ADN à l'ARN messager (découverte des scientifiques canadiens).

La quantité d'informations est variable suivant les espèces. Le virus contient un génome avec quelques dizaines de milliers de bases, la bactérie contient un génome avec quelques millions de bases, l'homme possède un génome avec 3 milliards de paires de bases.

Cependant le blé contient un génome avec 16 milliards de bases, la fleur japonaise Paris Japonica contient 150 milliards de paire de bases et l'amibe microscopique polychaos dubium contient un génome avec 675 milliards de paires de bases.

Les plus longs gènes n'utilisent qu'une faible portion de leur séquence pour coder l'information nécessaire à l'expression en protéines. Les régions codantes sont appelés exons et les séquences non codantes introns. En général plus l'organisme est complexe, plus la quantité et la taille des introns est importante.

Super codage

Il faut noter qu'il n'existe pas de corrélation simple entre la complexité d'un organisme et la taille de son génome. Les organismes complexes ont en effet développé la structuration qui leur permet de limiter l'information. Les gènes eucaryotes sont formés d'exons (partie codante) et d'introns (séquences non-codantes éliminées avant la traduction de l'ARNm en protéine) contrairement aux procaryotes qui n'ont pas d'introns.

Une équipe d'informaticiens et de biologistes canadiens de Toronto, dirigée par les professeurs Brendan Frey et Benjamin Blencowe, est parvenue en 2010 à un nouveau décryptage biologique.

L'ADN contient les gènes pour la production de protéines. À partir d'une même séquence d'ADN, la cellule produit jusqu'à plusieurs milliers d'ARN messagers différents. C'est ainsi qu'à partir d'un seul gène d'ADN, le corps conçoit différentes protéines d'activité spécifique.

Un gène particulier de l'ADN est transcrit en ARN pré-messager. Cet ARN est constitué d'exons (séquences utiles à la fabrication des protéines) et d'introns (séquences porteuses d'informations de découpage de l'ARN). Les introns, agencement des bases, sont des instructions pour l'épissage. Ces instructions vont indiquer la suppression des introns et le choix des exons à conserver.

Pendant l'étape d'épissage, l'ARN pré-messager porteur de l'information du gène est découpé en morceau, puis réassemblé sur la base du code précis de l'épissage. Dans les cellules, l'épissage de l'ARN est différent selon la nature des tissus. L'ARN donne donc des protéines différentes suivant les endroits du corps.

L'ARN pré-messager est décodé dans chaque tissu (par ex cérébral, musculaire, osseux, digestif, embryonnaire...). Dans le tissu, la cellule reconnaît dans la séquence du premier intron des mots de code (basée sur les 4 bases A, U, C, G), qui selon le tissu conduisent à la conservation ou à la suppression de l'exon suivant. Intron après intron, l'ARN est décodé et selon le tissu les exons conservés sont raboutés entre eux. Dans chaque tissu, l'ARN pré-messager de départ donne naissance à un ARN adapté au tissu. La cellule traduit ensuite l'ARN en protéine.

L'ADN humain contient une vingtaine de milliers de gènes comme pour certains animaux. Mais la complexité d'un individu ne se mesure pas seulement à son nombre de gènes. En fait plus un animal est complexe, plus il fait appel à l'épissage.

Chez les animaux unicellulaires l'épissage est quasi-inexistant. Les bactéries ne connaissent pas l'épissage. Pour la levure, les gènes épissés se comptent sur les doigts d'une main. Chez les animaux pluricellulaires, comme le ver et la mouche, l'épissage est rare bien que la mouche a un gène champion de l'épissage alternatif avec 38.000 messages différents. Les mammifères sont le genre qui exploite le mieux l'épissage, machine à créer de la diversité.

L'homme est le champion de l'épissage. Chez l'homme 95% des gènes sont épissés. Comment la cellule choisit-elle d'épisser un ARN ? Quelles règles respecte-t-elle selon les circonstances et les moments ?

L'épissage alternatif révèle que des séquences d'ADN non traduites en protéine sont importantes. 98% de l'ADN semblent ne porter aucun gène.

Procaryotes (3800 millions d'années)
Généralités

Les organismes vivants utilisent de préférence l'isotope de carbone le plus léger qui nécessite moins d'énergie pour être absorbé par le métabolisme. Le rapport isotopique des carbones, des roches d'Isua au

Groenland datées de 3.800 Ma, indique vraisemblablement une origine photosynthétique, donc une origine biologique ou a minima pré-biotique. À cette période l'atmosphère contient trois fois plus de gaz à effet de serre. L'énergie thermique du soleil est 30% plus faible qu'aujourd'hui. L'activité volcanique est intense. Il y a très peu d'oxygène dans l'atmosphère.

LUCA (Last Universal Common Ancestor) est le dernier organisme vivant commun dont sont issues toutes les espèces du vivant. À partir de LUCA, le vivant se divise en procaryotes et eucaryotes.

Les procaryotes possèdent une paroi cellulaire (polypeptides, polysaccharides), un matériel génétique ADN circulaire unique regroupé dans une zone appelée nucléotide non physiquement séparée du reste de la cellule. Ils pourraient exister depuis 3.600 millions d'années. Les procaryotes sont unicellulaires, et se subdivisent en bactéries (ou eubactéries) et en archées (ou archéobactéries).

Métabolisme avant la photosynthèse

L'évolution organique a nécessité des mécanismes métaboliques pour fournir une grande quantité d'énergie aux cellules. Le carburant organique universel est l'adénosine triphosphate ou ATP. La propriété de l'ATP est de libérer de l'énergie lors de sa transformation en adénosine diphosphate ADP. Dans le milieu naturel primitif, les protobiontes (microglobules d'une solution de polymère entouré d'une micelle de lipides), puis les premières cellules ont dû capter l'ATP abondant dans la soupe primordiale) et casser ces molécules pour libérer l'énergie nécessaire et rejeter l'ADP.

L'ATP libre de l'environnement s'épuisant, le métabolisme va évoluer. L'accroissement des vivants et la diminution de la ressource ATP a nécessité pour le vivant le recyclage de l'ADP en ATP. Cette réaction endothermique nécessite un apport d'énergie, la glycolyse, obtenue par dégradation du glucose abondant dans le milieu primitif. En l'absence d'oxygène, la glycolyse se fait par voie anaérobie (sans oxygène - fermentation), ce qui se continue aujourd'hui chez quelques organismes qui vivent dans des niches marginales, à l'abri de l'oxygène.

Métabolisme de la photosynthèse

Les ressources en sucre spontanément formées dans l'environnement se sont épuisées à leur tour. Le vivant n'eut d'autre issue que de fabriquer lui-même ce sucre nécessaire ce qui exige une quantité relativement importante d'énergie.

La solution a été la photosynthèse qui permit aux cellules, grâce à certains pigments capables de capter l'énergie transportée par les rayons du soleil, de fabriquer des sucres à partir de molécules simples et abondantes. Ces molécules sont le carbone et l'oxygène extraits du gaz carbonique, et l'hydrogène extrait du gaz sulfhydrique. La photosynthèse bactérienne primitive consiste en l'absence d'oxygène libre, d'une réaction du gaz carbonique avec le gaz sulfure d'hydrogène et l'eau pour donner du méthanol et de l'acide sulfurique.

Une série de mutation amènent la formation de nouveaux pigments chlorophylliens pour une photosynthèse des cyanobactéries en présence d'oxygène, la source d'hydrogène étant l'eau. La réaction consiste en une réaction du gaz carbonique avec l'eau ce qui va donner du glucose et de l'oxygène. Les cyanobactéries sont les premiers organismes à posséder les deux photosystèmes leur permettant de réaliser la photosynthèse. Le photosystème est un ensemble formé par des protéines et des pigments dont la chlorophylle. Il se trouve dans les membranes thylakoïdes des cyanobactéries et dans les chloroplastes des cellules végétales. Les photosystèmes interviennent dans les mécanismes de la photosynthèse en absorbant les photons de la lumière. C'est une grande innovation de la nature par les cyanobactéries qui rejette de l'oxygène dans l'atmosphère tout en récupérant de l'énergie sous forme de glucose.

Le passage d'un métabolisme anaérobie à un métabolisme aérobie, de la fermentation à la respiration, représente une avancée dans le sens de l'efficacité et de l'économie des moyens. La formation d'une molécule de glucose fournit 2 ATP, la respiration 36 ATP. L'aérobiose présente un rendement 18 fois plus élevé que l'anaérobiose. Le passage à l'aérobiose a complété l'ancien processus en prolongeant les chaînes de dégradation par des mécanismes oxydants.

Bactéries

Les stromatolithes sont des fossiles découverts dans des roches du Nord-Ouest Australien et aux Bahamas, datées de 3.465 Ma. Ils sont constitués de trois communautés microbiennes, une couche fine de cyanobactéries en surface, une couche intermédiaire de bactéries photosynthétiques, et une couche inférieure de bactéries anaérobiques. Les plus anciennes bactéries cyanobactéries, photosynthétiques productrices d'oxygène, remonteraient à 3.800 millions d'années. Elles sont procaryotes, unicellulaires, immobiles sans flagelle. Ce sont les premiers organismes à posséder les deux photosystèmes leur permettant de réaliser la photosynthèse.

La vie la plus simple est la bactérie constituée d'une sphère limitée par une membrane, contenant entre 2.000 et 5.000 gènes capables de produire une quantité similaire de protéines. La plus ancienne forme de vie est une bactérie endormie depuis 250 millions d'années sous forme de spore.

Les bactéries sont présentes dans tous les biotopes rencontrés sur terre. Leur nombre est considérable 40 millions de cellules bactériennes dans un gramme de sol et 1 million de cellules bactériennes dans un millilitre d'eau douce. Le corps humain contient dix fois plus de cellules bactériennes que de cellules humaines.

Les autotrophes sont des organismes vivants qui produisent la matière organique en procédant à la réduction de matière inorganique (carbone, azote). Les hétérotrophes sont des organismes vivants qui se nourrissent de constituants organiques préexistants.

Archées

Les archées sont unicellulaires et procaryotes (absence de noyau et d'organites intracellulaires), de même taille que les bactéries. Les archées constituent environ 20% de la biomasse. Les archées proviendraient d'une bactérie. L'archée se rapproche de la bactérie par sa structure cellulaire et son métabolisme.

D'un point de vue nutritionnel, elles se répartissent en de très nombreux groupes, depuis les chimiolithoautotrophes (tirant leur énergie de gradients chimiques d'origine non biologique) aux organotrophes (tirant leur énergie de substances organiques). D'un point de vue physiologique, elles peuvent être aérobies, anaérobies facultatives ou strictement anaérobies.

Les archées utilisent une plus grande variété de source d'énergie que les eucaryotes : sucres, ammoniac, ions métalliques, lumière solaire. Certaines archées peuvent fixer le carbone et certaines utiliser l'hydrogène gazeux comme nutriments. Mais seules les plantes et les cyanobactéries réalisent la photosynthèse en utilisant l'énergie du soleil pour fixer le carbone.

Les archées sont diversifiées et capables pour certaines de vivre dans des conditions extrêmes (pH proche de 0, température supérieure à 100 C, salinité élevée....).

Eucaryotes (-2.700 millions d'années)

Les dérivés des stéroïdes[16], caractéristiques des eucaryotes, remontent à 2,7 milliards d'années, à comparer aux traces des membranes cellulaires de procaryotes plus anciennes d'au moins 1 milliard d'années.

Les cyanobactéries vont permettre la grande oxygénation de l'atmosphère. Les eucaryotes apparaissent grâce à la grande Oxydation. Ils sont en effet tous aérobiques ce qui donne un gros avantage énergétique. Les eucaryotes, contrairement aux procaryotes, ont leur patrimoine génétique protégé dans le noyau de la cellule. Les eucaryotes vont, avec l'endosymbiose, récupérer des éléments intéressants d'autres cellules comme les mitochondries, les chloroplastes, les flagelles. Les eucaryotes peuvent être unis ou pluricellulaires.

Les cellules eucaryotes possèdent un cytosquelette complexe composé essentiellement d'actine et de myosine, un matériel génétique ADN divisé en plusieurs chromosomes contenu dans le noyau, des organites (mitochondries, réticulum endoplasmique, appareil de Golgi, ribosomes, peroxysomes, chloroplastes et vacuoles chez les plantes). Les eucaryotes réalisent l'endocytose (mécanisme de transport de molécules, de particules virales ou bactériennes vers l'intérieur de la cellule).

Les eucaryotes réalisent la division cellulaire appelée mitose (faisant intervenir centrioles et fuseau mitotique) et une véritable

---

[16] Groupe de lipides

reproduction sexuée, où chaque type sexuel apporte une part égale de matériel génétique.

Le sens de l'évolution est d'aller vers une protection du code génétique, vers l'économie des moyens, vers le multicellulaire pour développer les fonctionnalités. Le sens de l'évolution est donc d'aller des procaryotes aux eucaryotes.

Les eucaryotes se rapprochent des archées pour les processus de réplication, de transcription et de traduction de l'ADN (mécanismes et protéines). Les archées se seraient diversifiées, puis une des espèces aurait évolué en eucaryote.

L'espèce d'archées Thaumarchaea est particulièrement proche des eucaryotes. Elle ne vit pas dans les conditions extrêmes mais dans des environnements modérés, dans les sols ou dans les océans tempérés. Les eucaryotes proviennent de cette archée. Ils vivent dans les mêmes conditions de température et ils possèdent des caractéristiques génétiques similaires, en autres dans le moyen de répliquer l'ADN. Les Thaumarchaea jouent un rôle important dans le cycle de l'azote.

La plupart des gènes informationnels, codant les ARN des ribosomes, indiquent une parenté entre eucaryotes et archées. En revanche, les gènes opérationnels, codant des protéines impliquées dans le métabolisme ou la perception du milieu, montrent une parenté des eucaryotes avec les bactéries.

En 1998 une équipe de l'université de Californie démontre que les gènes informationnels sont moins sujets aux transferts interspécifiques que les gènes opérationnels. Les eucaryotes viennent donc d'archées comme l'indiquent les gènes informationnels. Ces archées auraient reçu des gènes opérationnels des bactéries.

L'hypothèse à retenir dans l'arbre évolutif est l'émergence des bactéries en premier. Les archées, proches des bactéries, apparaissent plus tard. Les ressemblances des eucaryotes avec les archées (pour les gènes informationnels) et avec les bactéries (pour les gènes opérationnels) seraient en fait des vestiges de l'ancêtre commun.

Avec les travaux de phylogénie, le vivant a été classé en trois domaines qui sont les bactéries, les archées, les eucaryotes. Les archées et les eucaryotes présentent des similitudes dans la structure cellulaire et dans les mécanismes biochimiques. Les arbres phylogénétiques groupent les archées et les eucaryotes ensemble. Il est très probable que l'ancêtre des eucaryotes a divergé tôt à partir de l'ancêtre commun avec les archées.

2.1.2 Vie multicellulaire(s)
Émergence de la vie multicellulaire (-2.100 millions d'années)
Vie multicellulaire(s)

Les eucaryotes développent la vie multicellulaire permettant des organismes plus complexes avec une spécialisation des fonctions des cellules au bénéfice de l'organisme.

L'approche d'une explication du passage de la vie cellulaire à la vie multicellulaire peut être faite avec certains organismes, bactéries, archées ou eucaryotes actuels, fonctionnant en pluricellulaires (algue Volvox, bactérie Myxococcus xanthus, eucaryote amibe « Dictyostelium discoideum »).

Certains eucaryotes s'associent en ensembles pluricellulaires définitifs, capables de se multiplier par leur matériel génétique, la richesse de leur cytoplasme, leur mobilisation rapide par la voie aérobique. Les métazoaires sont des organismes eucaryotes pluricellulaires dont les cellules s'organisent en tissus et organes, orientés vers des fonctions spécialisées très précises.

Les premiers eucaryotes pluricellulaires apparaissent avec les plus anciens fossiles d'eucaryotes pluricellulaires vieux de 2.100 Ma (groupe fossile de Franceville au Gabon). Il s'agit d'organismes dotés d'un noyau contenant de l'ADN. Une quinzaine d'organismes de formes différentes sont identifiés. Ces organismes mobiles, gélatineux, évoluaient entre 30 et 40 mètres sous la surface dans un delta fluvial.

Les fossiles du Tonien (-1000 à -850 Ma) indiquent la radiation évolutive des acritarches. Ce sont des fossiles à paroi organique dont l'affinité biologique est incertaine, dinoflagellés, algues vertes. Les acritarches sont marins et la plupart sont supposés être du phytoplancton à la base de la chaîne alimentaire de l'écosystème marin. Le plus ancien date de 1.500 Ma (Paléoprotérozoïque). Ils sont abondants au Paléozoïque et régressent très fortement ensuite.

Métabolisme de l'organisme pluricellulaire

La cellule comme tout vivant, se nourrit, se développe, se reproduit, et meurt. Le métabolisme se décompose en catabolisme, activité de dégradation des molécules complexes en molécules de base (production d'énergie ou de molécules de bases pour l'anabolisme), et en anabolisme, activité de synthèse à partir de molécules de bases.

Dans un organisme pluricellulaire chaque cellule exprime un programme génétique particulier qui permet une spécialisation. Les cellules s'organisent alors en tissu et en organites réalisant des fonctions particulières. Cette division des tâches nécessite une coordination et donc un système de communication intercellulaires.

La respiration se fait dans l'organite mitochondrie et crée de l'ATP (adénosine triphosphate) qui est la molécule réserve d'énergie.

L'embryogénèse est le processus de développement d'un organisme pluricellulaire(s) végétal ou animal à partir de la cellule œuf, elle-même issue de la rencontre des gamètes parentaux, jusqu'à la formation d'un être vivant autonome.

La synthèse protéique se déroule en plusieurs phases : transcription de l'ADN en ARN, traduction de l'ARN en chaîne polypeptidique, repliement de celle-ci (chez les eucaryotes, insertion de phases de maturation pour couper et modifier la séquence synthétisée).

Le développement d'organismes pluricellulaires peut s'accompagner de la mort de certaines cellules. L'apoptose est un mécanisme qui permet à une cellule de s'autodétruire sur un signal de l'environnement. Un exemple chez l'homme est le passage de la main palmée à la main aux doigts individualisés par mort de cellules.

<u>Invention de l'endosymbiose</u>

Une endosymbiote est un organisme qui vit à l'intérieur d'une autre cellule ou d'un autre organisme, l'association est une endosymbiose. La théorie endosymbiotique considère que deux composantes des cellules eucaryotes proviennent de l'endocytose de procaryotes (relations symbiotiques). Il s'agit des mitochondries pour presque tous les eucaryotes et des choroplastes pour les plantes.

Ces composantes auraient pour origine plusieurs organismes procaryotes, naguère englobées par une autre cellule. Cette association symbiotique s'est transformée, par fusion totale, en un seul individu, mais d'un niveau supérieur, la cellule eucaryote. Ceci explique pourquoi les eucaryotes ont presque toujours un volume supérieur à celui des bactéries. Il s'agit d'un processus évolutif par coopération, d'origine polyphylétique.

Les mitochondries et les plastes disposent d'un patrimoine génétique ADN différent de l'ADN du noyau cellulaire. Ils se divisent indépendamment de la cellule. Ils sont entourés de deux membranes au minimum avec une membrane interne de composition différente des autres membranes cellulaires. Ces organites pourraient avoir une origine cellulaire. Les mitochondries et chloroplastes se forment par division.

Invention de la reproduction sexuée (- 1.500 Millions d'années)

Vers -1.200 Ma, la présence d'eucaryotes multicellulaires capable de reproduction sexuée, les algues rouges Bangiomorpha pubescens, est attestée par les fossiles de la formation de Hunting dans l'île de Somerset au Canada.

Chez les premiers eucaryotes, les cellules se reproduisent surtout par mitose[17], la méiose[18] (gemmation) demeurant plus rare. L'apparition de la sexualité explique l'accélération du processus évolutif.

En effet, dans les premières étapes le vivant évolue lentement :
- - 3.800 Ma premiers procaryotes ;
- - 2.500 Ma premiers eucaryotes ;
- - 2.100 Ma premiers organismes multicellulaires ;
- - 1.500 Ma première reproduction sexuée ;
- - évolution rapide du vivant ;
- - 0,1 Ma apparition de l'homo sapiens.

---

[17] Reproduction non sexuée par division d'une cellule mère en deux cellules filles
[18] Reproduction sexuée par production de cellules sexuelles ou gamètes

C'est la sexualité qui a permis d'accélérer et d'amplifier le phénomène évolutif chez les plantes et les animaux qui se diversifient en multiples phylums. La plupart des animaux et des végétaux se reproduisent de façon sexuée pour assurer la pérennité de l'espèce en évitant l'accumulation de mutations nuisibles dans leur génome. Cette reproduction permet la diversification du patrimoine génétique avec la rencontre d'un mâle et d'une femelle, et donc la rencontre d'un spermatozoïde et d'un ovule, et à la méiose.

Invention de la spécialisation du végétal et de l'animal (1.500 millions d'années)
Séparation végétal et animal

Les cyanobactéries, productrices d'oxygène, sont visibles dans les stromatolithes et sont maximales en diversité et en abondance il y a 1.200 Ma.

Les premières formes vivantes existent avant la différentiation végétale et animale : captation de l'énergie solaire, transformation et utilisation pour la motricité.

L'euglène est un protiste flagellé présent dans l'eau douce. L'euglène possède un chloroplaste ramifié en forme d'étoile de couleur le plus souvent vert clair permettant la photosynthèse. En ajoutant un antibiotique dans une culture d'euglènes la division des chloroplastes est affectée. Au bout d'un certain nombre de divisions cellulaires les cellules filles ne possèdent plus de chloroplastes. Ces cellules sont hétérotrophes et se comportent comme des cellules animales.

Les êtres pluricellulaires nécessitent pour fonctionner de l'énergie. Le vivant a trouvé deux solutions, soit fabriquer lui-même la matière organique en développant des fonctions de photosynthèse (végétaux, autotrophe), soit prendre la matière organique aux végétaux (champignons et animaux, hétérotrophe).

La séparation du végétal et de l'animal à partir de l'organisme primordial est une conséquence d'une spécialisation.

La plante s'est perfectionnée dans son système de stockage continu d'énergie sur place. Les végétaux sont des organismes peu différenciés au niveau des types de tissus et d'organes. Leur capacité de régénération est importante par la multiplication végétative. Les plantes ont besoin de la lumière du soleil et du dioxyde de carbone de l'air pour réaliser la photosynthèse qui apporte l'énergie. Les végétaux ont besoin de nutriments à partir de l'eau et de la terre.

L'animal s'est perfectionné dans son système de dépense discontinu d'énergie libre afin d'assurer sa mobilité. Les animaux sont des organismes différentiés au niveau des organes qui leur permettent de développer des fonctionnalités. Les animaux utilisent l'énergie stockée pour se déplacer.

L'impulsion de la vie semble contenir tout le potentiel nécessaire au développement des organes semblables sur des branches différentes de l'arbre des espèces, de la reproduction sexuée des végétaux et des animaux, de la tendance à la complexité et à la spécialisation des organes pour améliorer les fonctionnalités.

Évolution parallèle végétal et animal

Le développement du végétal et de l'animal va se faire en parallèle et même en synergie.

C'est ainsi que la vie commence dans l'eau et que la différentiation végétal et animal se fait dans ce milieu. Les thallophytes sont des végétaux vivants en milieu aquatique, possédant un appareil végétatif, le thalle, en forme de lames (algues). La faune est marine, éponges, poissons…

La vie quitte en partie le milieu aquifère et évolue vers les milieux humides. Les bryophytes sont des végétaux, vivants en milieu humide, possédant un appareil végétatif se différentiant en tiges et feuilles (mousses, hépatiques). La faune va préparer sa sortie de l'eau avec les tétrapodes et les amphibiens….

La vie s'installe sur la terre ferme. Les tracheophyta sont des plantes, vivant en milieu terrestre, possédant un appareil végétatif différentié en racine, tige, feuille avec des vaisseaux conducteurs pour la sève. Ces vaisseaux conducteurs sont dressés et rigides formant un squelette de « bois » pour l'adaptation de la plante au milieu terrestre (synthèse de la cellulose dans l'espace intercellulaire des vaisseaux). Les végétaux conquièrent la terre ferme, suivis de près par les animaux. Les végétaux vont développer une reproduction sexuée par pollinisation dans de nombreux cas grâce aux insectes, mais aussi à d'autres animaux (oiseaux mouches, petits rongeurs..). Les plantes carnivores, installées dans des milieux trop pauvres et ne pouvant se déplacer, résolvent le problème en faisant se déplacer leur nourriture par d'astucieux pièges. Les animaux se déplacent pour trouver leur nourriture.

Invention des grands règnes

Les eucaryotes se divisent en biconte et en **uniconte**. Un organisme biconte est un organisme eucaryote unicellulaire possédant deux flagelles (végétal). Un organisme uniconte est un organisme eucaryote unicellulaire possédant un flagelle (champignon et animal).

Bicontes (flore)

Les bicontes (végétaux) sont des organismes autotrophes produisant leur matière organique à partir du minéral. La photosynthèse transforme les matières premières dans le sol (eau, sels minéraux) et dans l'air (dioxyde de carbone), en matière organique, par la récupération de l'énergie du soleil. Les végétaux sont des organismes peu différenciés, avec peu de types de tissus ou d'organes. Les végétaux ont ainsi une capacité de régénération par la multiplication végétative.

L'évolution des végétaux est marquée par l'émancipation progressive du milieu aqueux. Les plantes terrestres s'adaptent à la gravité. Elles vont passer des mousses (fausses racines) aux plantes vasculaires herbacée, prêles et fougères (vaisseaux conduisant la sève, lignine, feuilles à nervure).

Après la fécondation, l'embryon végétal comprend un pied suçoir, un suspenseur et une tête qui se développe en sporophyte (racine, tige, feuille). L'embryon dépend pour les premiers stades de la plante mère. L'évolution commence à prévoir un accompagnement de la mère au développement de l'embryon. Les générations ne sont plus indépendantes, un premier lien inter-génération est créé.

Les plantes à graines s'émancipent de la reproduction aquatique avec les graines (Spermatophyta). Certaines plantes sont cependant retournées à la vie aquatique (de même que les cétacés chez les mammifères). Les plantes à graines, comprennent les gymnospermes (ovule à nu, cas des conifères et des cycadophytes) et les angiospermes (ovule enclos dans un ovaire, cas des plantes à fleurs, protection des graines dans des fruits).

Unicontes

Les unicontes comprennent Amoebozoa (protozoaires principalement unicellulaires et aquatiques) et Opisthokonta (-1 Ma, champignons et animaux). La vie des unicontes commencent dans l'eau comme pour les plantes.

Les **Opisthocontes** apparaissent il y a 1 milliard d'années et se caractérisent par :
- des cellules propulsées par un flagelle ;
- l'utilisation de la chitine ;
- le stockage des réserves carbonées sous forme de glycogène…

Mycètes (fungis ou champignons)

Le nombre d'espèces de champignons pourrait être de 1.000.000. Seules 90.000 espèces de champignons sont décrites. La plupart des champignons sont pluricellulaires, mais les levures sont unicellulaires.

Les organismes du règne fongique sont eucaryotes, hétérotrophes à cause du carbone qu'ils absorbent par les molécules carbonées fabriquées par d'autres êtres vivants. Ils sont absorbotrophes se nourrissant par décomposition-absorption (et non par ingestion comme le règne animal). Ils sont dépourvus de racines – tiges- feuilles, pourvus d'une paroi de chitine (comme les insectes, à l'inverse de la paroi cellulosique des végétaux). Ils sont équipés d'un appareil végétatif mycélium diffus, ramifié, tubulaire, constitué de filaments fins (hyphes) permettant la nutrition par absorption et la croissance apicale, fabricant des substances spécifiques, (tréhalose, mannitol…). Ils ont pour premier polymère glucidique, le glycogène.

La reproduction de l'organisme fongique est asexuée ou sexuée, au moyen de cellules spéciales, les spores, portées par le sporophore. Le sporophore est souvent constitué d'un pied et d'un chapeau, appelé champignon au sens commun. Le reste de l'organisme, le mycélium, est invisible car souterrain, ou dans le bois ou dans l'animal.

Holozoaires (animaux, - 600 Ma,)

L'union internationale pour la conservation de la nature estime qu'il y a 1.500.000 espèces d'animaux dont 30.000 espèces unicellulaires.

À partir de l'évolution des **holozoaires**, les choanobionta se développent. C'est un groupe d'organismes comprenant les animaux et leurs parents unicellulaires.

Invention des Métazoaires

À partir de l'évolution des **choanobionta**, les **métazoaires** se développent. Ce sont les animaux multicellulaires. A partir de là, l'évolution va prendre un chemin pour arriver aux « hommes ».

2.1.3 Bilatériens

Inventions des bilatériens (-600 Ma)
Invention des trois feuillets cellulaires fondamentaux

À partir de l'évolution des métazoaires, les **bilatériens** se développent.

Ces organismes sont caractérisés par une symétrie latérale, par la présence de trois feuillets cellulaires fondamentaux (ectoderme, mésoderme, endoderme), par un tube digestif à deux orifices et des organes différentiés. Le système nerveux n'est plus constitué d'un plexus nerveux, mais les neurones sont regroupés dans des structures (ganglions, chaînes nerveuses ou cerveau).

Les bilatériens sont triploblastiques, c'est-à-dire des organismes à trois feuillets. Ce sont des animaux dont l'embryon s'organise en trois feuillets au cours de la gastrulation : l'ectoderme, l'endoderme et le mésoderme.

Chacun des feuillets constitue des organes différents :
- L'ectoderme produit l'épiderme et le système nerveux ;
- L'endoderme produit le tube digestif et ses glandes annexes (pancréas…) ;
- Le mésoderme produit les muscles, le squelette, les vaisseaux sanguins.

Invention de la symétrie bilatérale au moins à l'état embryonnaire

Les bilatériens sont pourvus d'une structure bilatérale de l'organisme avec un ventral et un dorsal, un devant et un derrière, une gauche et une droite. L'existence de gènes homéotiques détermine le plan d'organisation, la place des organes les uns par rapport aux autres, selon les axes de polarité antéro-postérieur et dorsal-ventral. Les bilatériens sont orientés dans un sens, ce qui aura sans doute une influence dans la manière d'être et plus tard dans la manière de se penser par rapport au monde.

Invention du tube

Tous les bilatériens s'organisent autour du schéma du tube avec deux axes tête / queue et dos / ventre. Ils ont tous des gènes de développement HOX qui régulent le développement différencié des organes d'avant en arrière et leur coordination avec le système nerveux. Ce système amène l'apparition d'une anatomie différenciée, et la coordination opérationnelle de l'activité par le traitement du flux d'informations préparant la céphalisation évolutive. Les cellules nerveuses s'organisent en un système cohérent qui permet le déplacement et la réaction à l'environnement.

L'organisation de type « ver » est une réponse simple pour trouver la nourriture en se déplaçant. Le ver est organisé avec un canal alimentaire et digestif depuis la bouche pour absorber la nourriture, jusqu'à l'anus pour excréter les déchets. Entre le tube extérieur formant la peau (ectoderme) et le tube intérieur formant le canal alimentaire (endoderme), un tissu intermédiaire forme les organes internes complexes (mésoderme).

Invention d'un système nerveux central

Les bilatériens ont un système nerveux central.

Invention de la segmentation (métamérie)

L'évolution va utiliser une technique de développement de l'organisme économe. La segmentation consiste à multiplier des parties d'organisme de façon identique puis à assurer si nécessaire une modification de certaines parties. La segmentation est une technique econome de multiplication des types d'espèces.

La segmentation a été acquise par un ancêtre autour de -600 millions d'années par la modulation de l'expression des gènes architectes gouvernant le développement embryonnaire.

Cette technique va être utilisée par les 3 groupes les plus prospères et les plus diversifiés du monde animal :
- multiplication d'anneaux pour les annélides (vers) ;
- multiplication de pattes pour les arthropodes (insectes, crustacés) ;
- multiplication de vertèbres (mammifères, serpents).

Inventions majeures bilatériens deusterostomia

Les bilatériens se divisent en deux ensembles, les proto-stomiens et les deutéro-stomiens.

Les proststomia développent la bouche avant l'anus. Lors de l'embryogénèse, le blastopore devient la bouche. L'anus nécessite le percement d'un pore secondaire à la mise en place des tissus. Les proststomia se divisent en deux groupes, type ver et type exosquelette. Les proto-stomiens sont par exemple les mollusques avec une structure rigide à coquille et les arthropodes avec un exosquelette.

Les **deusterostomia** développent l'anus avant la bouche. Lors de l'embryogénèse, le blastopore devient un anus. La bouche nécessite le percement d'un pore secondairement à la mise en place des tissus. Les deutéro-stomiens sont par exemple les échinodermes avec un endosquelette et les vertébrés avec un squelette interne.

Invention des chordés (Cambrien -500 MA)

À partir de l'évolution des bilatériens deusterostomia, les **chordés** se développent.

L'invention consiste en une lamelle cartilagineuse, la notochorde, d'origine mésodermique située du côté dorsal de l'animal. Elle a un rôle de soutien et de protection du tube nerveux chez les chordés primitifs. Avec les vertébrés, la notochorde est remplacée par la colonne vertébrale.

Invention des vertébrés
Invention des vertébrés cambrien ordoviciens 530 Ma)
À partir de l'évolution des chordés, les **vertébrés** se développent. Ils possèdent un squelette osseux ou cartilagineux internes avec une colonne vertébrale qui protège le système nerveux.

Invention des Eutéléostomi (-470 Ma)
À partir de l'évolution des vertébrés, les **Eutéléostomi** se développent. Ce groupe comprend tous les vertébrés à squelette minéralisé, les poissons osseux et les tétrapodes. C'est un groupe diversifié qui a conquis tous les milieux aquatiques, continentaux, aériens.

Les **Eutéléostomi** se divisent en actinopterygii et sarcopterygii.

Invention des Sarcopterygii (-444 à -416 Ma)
Les **sarcoptérygiens** présentent les premiers éléments d'une évolution vers les tétrapodes (par opposition aux poissons osseux à nageoires rayonnées).

Conquête de la terre ferme
Invention des rhipidistiens (-416 à -359 Ma)
A partir de l'évolution des sarcopterygii, les **rhipidistiens** se développent. Ils constituent le groupe des vertébrés à poumons alvéolés.

Invention de la respiration aérienne
Au dévonien le développement de la flore, entraîne une accumulation de feuilles caduques et de morceaux de bois dans les eaux. Le pourrissement de la végétation consomme l'oxygène de l'eau. Les eaux chaudes sont moins oxygénées que les eaux froides. Les poissons doivent s'adapter à ces changements.

La respiration aérienne avec un poumon est une préparation à la sortie du milieu aquatique. Cette innovation est antérieure à 400 Ma.

Invention des pattes (chiridium) pour les tétrapodes (fin du dévonien moyen 375 à 380 Ma)

A partir de l'évolution des rhipidistiens, **les tétrapodes** se développent. Un tétrapode est un vertébré avec deux paires de membres et dont la respiration est pulmonaire. Les premiers tétrapodes sont aquatiques, les proto-pattes servent aux déplacements dans les végétaux des berges immergées. Les tétrapodes comprennent les amphibiens et les amniotes (reptiles, oiseaux et mammifères).

Les tétrapodes ont développé les membres pour la conquête de la terre ferme avec les sauriens. Les tétrapodes, animaux à quatre membres, ont eu une **explosion radiative**[19] après avoir acquis la capacité à **se déplacer sur la terre ferme**. Les pattes avant (chiridium antérieur) se sont transformées en ailes pour les oiseaux.

Invention de l'œuf amniotique des amniotes (-220 Ma)

A partir de l'évolution des tétrapodes, les **amniotes** se développent. Ils s'émancipent du milieu aquatique avec l'œuf amniotique pour la reproduction, marquant une radiation évolutive[20] (contrairement aux amphibiens). L'œuf amniotique incorpore à l'œuf des annexes embryonnaires créant un micromilieu aquatique nécessaire au développement de l'embryon. L'embryon est protégé du dessèchement par le liquide amniotique et du milieu extérieur par la coquille. L'œuf peut alors être pondu dans un milieu aérien.

Ces nouveautés vont permettre l'explosion radiative des amniotes sur la terre ferme. Les premiers amniotes sont les reptiles. Ils vont se protéger par une peau écailleuse sèche et d'une certaine étanchéité pour éviter la perte d'eau.

Les amniotes sont des vertébrés tétrapodes dont les œufs se développent dans un milieu aqueux à l'intérieur de l'amnios, protégés par une coquille dure ou par l'utérus maternel.

La **Lignée synapside** (-228 à – 216 Ma) des **cynodontes**, reptiles mammalien, donnent naissance aux premiers **mammifères** ovipares. Cette lignée va conduire aux mammifères à l'origine petit groupe atypique ressemblant à des rats insectivores.

---

[19] Forte augmentation du nombre des espèces
[20] Évolution rapide d'espèces à partir d'un ancêtre commun

Codage génétique et diversité

Les mammifères sont les organismes qui ont développé la structuration du codage génétique pour limiter l'information et donc les risques d'erreurs. Les mammifères sont le genre qui exploite le mieux l'étape d'épissage, machine à créer de la diversité (voir code génétique, supercodage).

Homéothermie et poïkilothermes (sang chaud et sang froid)

L'invention par la nature de l'homéothermie, conservation d'une température corporelle constante par les organismes, est un atout dans le développement. La thermorégulation est réalisée, indépendamment des influences externes, par un muscle en brûlant des réserves de graisse.

La régulation en température permet la conservation d'une activité normale indépendante des températures externes, l'autonomie plus grande par rapport au milieu et conséquemment une possibilité d'occuper davantage de milieux, le sommeil paradoxal et la gestation intra-utérine.

Les homéothermes ont un métabolisme plus simple que les poïkilothermes. Ces derniers, pour une réaction chimique importante, peuvent avoir des systèmes de 4 à 10 enzymes adaptés selon la température du corps. Ce fait rend le génome de ces organismes plus complexe. Cependant la régulation en température nécessite un apport d'énergie supplémentaire. Les animaux homéothermes sont les dinosaures et leurs survivants, les oiseaux et les mammifères.

Cette régulation en température prépare les chemins de liberté par rapport au climat et donc par rapport à l'espace. Les homéothermes sont adaptés pour développer des systèmes complexes dont les besoins énergétiques sont exigeants tels que le cerveau.

Alimentation du petit par le lait maternel

Les mammifères, issus des cynodontes avant l'explosion radiative des dinosaures, se développeront après l'extinction des dinosaures, et feront l'objet également d'une explosion radiative.

L'invention de l'alimentation par le lait maternel permet de développer une relation de la mère au petit. La nourriture peut être ainsi adaptée à la période de développement du petit et la mère peut transmettre au petit des anticorps pour le protéger. Les mammifères sont couverts de poils. Ils sont dotés d'un cœur à quatre compartiments, la mandibule est formée d'un seul os et il y a trois osselets dans l'oreille. Ce sont des animaux à sang chaud.

Invention des Theria

A partir de l'évolution des mammifères, les **thériens** se développent. Ce sont des animaux qui portent leurs petits durant leur développement. Ils ne pondent pas d'œufs et disposent d'un ombilic.

Le fait de porter le petit pendant le développement :
- le protège des agressions du milieu extérieur ;
- concentre les dépenses énergétiques du petit à son développement ;
- favorise les échanges entre générations.

Les therias comprennent les métathériens qui portent leurs petits dans une poche externe et les euthériens.

Invention des eutherias (165 Ma)

A partir de l'évolution des theria, les **eutheria** se développent. Ces animaux portent leurs petits en interne grâce à un placenta. Ceci présente l'avantage de préparer en amont des potentialités plus importantes, sans avoir à affronter directement l'environnement extérieur.

Invention des primates (85 Ma à 65 Ma)

À partir de l'évolution des euthérias, les primates se développent.

L'invention avec les **primates** va consister à libérer la main. C'est le début de la locomotion bipède. Cette locomotion laisse libre la main pour un autre usage. La mobilité du radius par rapport au cubitus dans l'avant bras va permettre la mobilité de la main. Le pouce devient opposable aux autres doigts permettant une préhension affinée.

Le développement de la vision binoculaire comme sens essentiel va préparer la préhension des objets puis par la suite avec l'homme, la modification de ces objets.

La mère va pourvoir allaiter son petit en le tenant dans les bras développant ainsi une relation mère enfant propice à préparer la transmission de savoir.

2.2 Complexification du Vivant
2.2.1 Vivant et déterminisme

Matière - énergie

La vie s'étend dans la matière vivante. L'organique prend le pas sur le minéral progressivement. Le monde végétal transforme la matière minérale en matière vivante. Les animaux utilisent cette matière vivante pour faire une matière vivante plus élaborée.

Cause- effet

La vie s'étend dans la causalité. L'augmentation de la cascade causes effets est vraie pour une vie mais aussi pour l'ensemble du vivant. La succession des générations par la reproduction multiplie les cascades causes effet de création du vivant. Le vivant se multiplie et s'étend dans la causalité.

Le vivant est soumis au principe de causalité. Les causes peuvent être externes ou internes à lui-même et produire un effet. Le vivant peut donc être cause de sa propre évolution, mais en partie seulement et de façon inconsciente.

Espace - temps

La vie se répand sur la terre en s'adaptant. Elle s'efforce d'occuper toutes les niches écologiques :
- de l'aérien, du terrestre, du souterrain, de l'aqueux ;
- des pôles à l'équateur ;
- des déserts aux forêts équatoriales ;
- des milieux acides, sulfureux, arsenic, sans oxygène...

Cette règle pour la terre peut valoir pour l'univers entier bien que nous n'ayons pas de preuves d'une vie extra-terrestre.

La vie s'étend dans le temps. La vie s'étend par l'augmentation de la durée de chaque vie qui s'écoule et par la multiplication des vies par reproduction.

Liberté et vivant

Dans un organisme évolué des milliers de cellules de l'organisme et des milliers de bactéries hôtes se partagent les tâches à réaliser et travaillent ensemble de façon coordonnée pour un but commun.

La vie, par la transformation de la matière inorganique en matière organique, se métamorphose sans cesse. Elle se libère de l'état constant de la matière. Elle s'individualise pour rechercher la meilleure adaptation au milieu, et pour une finalité à découvrir. Le végétal emmagasine l'énergie du soleil qu'il extrait de la matière inerte. L'animal puisse dans les végétaux cette énergie emmagasinée se dispensant de la tâche fondamentale des végétaux.

Le vivant, contrairement au minéral, n'est pas complètement assujetti aux forces fondamentales de l'univers. Il accumule de l'énergie de façon à pouvoir s'opposer aux quatre forces fondamentales. Cette énergie peut lui servir par exemple à grimper dans un arbre en luttant contres la force de gravité, à tirer une charge en luttant contre les forces de frottement. L'impulsion de la vie est un effort pour vaincre les forces physico-chimique minérales, pour s'adapter à l'environnement et aux autres vivants. La vie se libère de l'espace par la mobilité.

Le vivant se libère en partie du temps. Il accumule de l'énergie pour une utilisation ultérieure. La vie, par la reproduction, se libère en partie de la mort pour assurer une continuité à l'information génétique. Le vivant mémorise les situations présentes dans leur aspect positif ou négatif et les restitue ultérieurement par l'activité réflexe de l'instinct (réflexe conditionné - chien de Pavlov).

La liberté nécessite un choix. Le choix nécessite un recul par rapport aux évènements, il nécessite une durée. L'animal n'a pas de recul par rapport aux évènements. Son instinct déclenche immédiatement un réflexe, conditionné par le vécu de l'espèce, dans une situation environnementale donnée.

Instinct
Généralités

L'instinct joue un rôle de coordination pour la réponse de l'organisme suite à une sollicitation interne ou externe.

L'instinct est connaissance de son environnement et action inconsciente de l'organisme. Dans la même situation, l'organisme réagira instinctivement de la même façon, par réflexe conditionné (expérience du chien de Pavlov). L'instinct est la faculté naturelle d'utiliser un mécanisme inné. Lorsqu'un évènement mémorisé se produit, l'activité réflexe automatique est déclenchée pour assurer la survie de l'individu.

Connaissance et Mémorisation

L'instinct prend sa source dans la somme d'évènements accidentels cumulés, mémorisés par l'espèce. Ces évènements sont fixés, mémorisés automatiquement par l'évolution.

L'instinct est une connaissance acquise par les sens. L'instinct d'un animal est inné dans sa connaissance des situations sans qu'il en soit conscient. Cette connaissance est inscrite, mémorisée dans l'organisme. L'instinct est attaché à une perception par les sens d'un évènement, il n'est pas libre. L'instinct se rapporte à une connaissance immédiate, intuitive. Elle est connaissance de l'objet ou de la matière. Elle connaît de l'intérieur, ce qui est. Cette connaissance est limitée car sans extension. Elle connaît un objet ou une partie d'objet.

L'animal (singe) regarde les rapports entre les objets. Lorsque qu'il voit les deux objets (bâton et fourmilière), il se souvient inconsciemment d'une situation identique avantageuse. Il lit inconsciemment l'action mémorisée et la réalise. Il se sert d'un des deux objets, le bâton, pour agir sur l'autre, la fourmilière, et ainsi récupérer des fourmis.

Réaction

L'animal réalise donc des actes répétitifs liés à une association automatique des évènements arrivant et des évènements mémorisés dans l'inconscient.

L'instinct est orienté vers l'inconscient. Il est efficace pour l'automatisme et la rapidité de réaction et agit pour la vie de façon particulièrement performante. Il est immédiatement déterminé vers une action unique et immédiate.

L'instinct c'est le succès immédiat, la sauvegarde de l'individu et au-delà de l'espèce, il s'inscrit localement dans l'espace et dans le temps et permet donc un succès immédiat mais une fois dans un point d'espace-temps.

L'instinct permet la connaissance inconsciente du monde extérieur et l'action inconsciente sur la matière vivante intérieure, il adapte la vie au monde extérieur, sans modifier celui-ci et gère le présent avec l'espace, il réagit plus qu'il n'agit.

Performance et limites de l'instinct

L'instinct est une perfection pour la vie. Il est une perfection dans le nourrir, le développer, le conserver, le réparer, le reproduire, le réagir aux risques.

L'instinct connaît la vie mais de façon inconsciente. L'instinct est intérieur à l'organisme et répond à une sollicitation extérieure. Il s'extériorise en action et ne s'intériorise pas en connaissance. Il agit pour la vie de façon particulièrement performante dans la rapidité de réponse.

L'instinct est une forme de conscience universelle inconsciente pour le vivant. L'instinct est coexistent et coextensif au vivant et au pensant.

L'instinct limite le champ d'actions où l'animal va agir automatiquement, il s'inscrit dans l'espace et non dans la durée. Il permet donc un succès immédiat mais limité dans la durée.

L'instinct n'a pas de solution face à une situation nouvelle jamais rencontrée donc non mémorisée par l'organisme.

2.2.2 Mécanismes d'évolution des espèces

Présentation

Le minéral s'adapte passivement en subissant le milieu. Le vivant s'adapte activement au milieu en se modifiant lui-même.

L'évolution du vivant est un processus d'adaptation à l'environnement pour survivre et procréer. L'évolution montre des essais d'adaptation, des chemins sans suite, des reculs, des stagnations (cas des fossiles vivants : nautile, limule, triops, cœlacanthe, dipneuste, sphénodon...). L'évolution se fait aussi avec des rythmes généralement lents, mais ponctués de cataclysmes anéantissant des pans entiers d'espèces (dinosaures).

L'adaptation à l'environnement comprend le milieu (terre, air, mer, caverne...) et le climat (ensoleillement, humidité...), mais aussi les autres vivants (prédateurs, concurrents, parasites, microbes, virus).

Les êtres vivants présentent de nombreux points communs dans l'anatomie, la physiologie, la biochimie. Les organismes se ressemblent par le partage de caractères hérités d'un ancêtre commun. Tous les êtres vivants fonctionnent sur des bases moléculaires communes (ADN, ARN, protéine...) et utilisent le même code génétique.

La ressemblance des organismes s'explique par le partage de caractères hérités d'un ancêtre commun par les liens de la généalogie. Les différences dans la structure des chromosomes et dans la séquence des gènes (suite à des mutations et des réarrangements chromosomiques) expliquent les différences entre espèces et individus.

Les espèces d'un embranchement partagent un plan d'organisation invariable, malgré des aspects extérieurs différents et des fonctions différentes. Par exemple les os des mammifères sont organisés de la même façon avec des formes et des fonctions différentes entre baleine, lion, chauve-souris et homme. Cependant les individus au sein d'une même espèce présentent une variabilité des caractères.

La génétique étudie les variations de fréquence des différentes versions d'un gène (allèles) au cours du temps sous l'influence des pressions évolutives qui sont les mécanismes de l'évolution.

Évolution des espèces et théorie neutraliste

Charles Darwin considère que l'externe élimine, par la sélection naturelle, les espèces non adaptées au milieu et à son évolution. Dans cette théorie la nature doit créer « au hasard » tous les cas possibles et la sélection naturelle ne doit retenir que la meilleure adaptation. L'évolution n'est alors que le fruit du hasard et de la nécessité (Jacques Monod).

La théorie neutraliste considère que les mutations se font au hasard et sont pour la plupart neutre. Quelques mutations sont favorables ou défavorables pour l'adaptation à l'environnement. Dès lors l'évolution ou l'involution se fait au hasard des quelques mutations ayant un effet adaptatif.

Il existe beaucoup de caractères neutres pour l'adaptation qui n'apportent pas d'avantages adaptatifs dans l'immédiat. Mais ils sont une potentialité qui un jour peuvent faire la différence.

Heureusement la nature ne fonctionne pas au hasard. Elle est animée par un élan vital. La nature ne crée pas tous les cas possibles pour que l'environnement élimine les inadaptés ce qui serait un gaspillage de moyen. La théorie de la sélection naturelle est dispendieuse en temps et en moyen.

Évolution des espèces revisitée

L'évolution des espèces est un processus complexe d'interactions entre les populations du vivant et l'environnement. Les évolutions de l'environnement peuvent être brutales ou lentes, et avoir pour cause le biotope[21] ou la biocénose[22].

L'environnement agit par les catastrophes écologiques entrainant des extinctions massives[23], mais permettant des radiations évolutives[24] et

---

[21] Lieu de vie défini par ses caractéristiques
[22] Ensemble des êtres vivants coexistant dans un espace défini
[23] Évènement au cours duquel une proportion significative d'espèces (20 à 95%) disparaît de la Terre permettant ensuite une radiation adaptative (ou évolutive)
[24] Évolution rapide à partir d'un ancêtre commun d'un ensemble d'espèces caractérisées par une grande diversité écologique et morphologique adaptée à un biotope particulier (niche)

la spéciation[25] dans les niches écologiques libérées. Les espèces répondent aux variations rapides des courtes périodes par la spéciation, par les gènes architectes et géomètres, par les mécanismes d'adaptation par le stress, par le niveau d'expression des gènes, par les mécanismes épigénétiques[26].

Les longues périodes à évolution lente sont marquées principalement par le flux génétique et l'échange de gènes, par le mécanisme d'adaptation provenant de la dérive génétique issue de la méiose.

La variabilité des caractères de la population, portée par la variation des allèles, permet une sélection des individus et des espèces les plus adaptés. Les individus et les espèces les plus aptes à la survie et à la reproduction des organismes les possédant (survie par rapport au milieu écosystème, concurrence entre espèces, concurrence au sein de l'espèce).

Les pressions de sélection (parasites, prédateurs, environnement, ressources....) vont amener une sélection des espèces et des individus. Le processus d'évolution est une compétition entre espèces, entre proies et prédateurs, entre espèces concurrentielles pour la survie. C'est aussi une compétition à l'intérieur de l'espèce pour la reproduction et même parfois pour la survie. Les individus les plus adaptés survivent, se reproduisent et transmettent le caractère avantageux.

La sélection naturelle a favorisé des organismes complexes avec un système nerveux et un instinct développés.

L'évolution s'explique t'elle uniquement par l'état de l'environnement et de la population à un instant donné ? La sélection des espèces et des individus se fait-elle au hasard ? L'environnement est-il seul le moteur et le seul chemin de l'évolution des espèces ?

---

[25] Processus évolutif par lequel de nouvelles espèces vivantes apparaissent suite à l'occupation d'une nouvelle niche écologique (sélection naturelle et/ou dérive génétique)
[26] Incidence de l'histoire individuelle et de l'environnement sur l'expression des gènes, et sur les modifications transmissibles

Évolution orientée

La plupart des mutations concernant des micromutations sont aléatoires. Mais il existe aussi des macroévolutions qui ne semblent pas aléatoires.

Ils existent des mécanismes différents du hasard et de la sélection naturelle. L'évolution a un sens et progresse toujours. Les études embryologiques et paléontologiques suggèrent une évolution orientée vers certaines formes et directions. La nature produit des formes manifestant un intelligible les dépassant. Le hasard ne saurait expliquer la similitude des formes animales en segmentation (tête, tronc, etc) en doublement d'organes (yeux, oreilles, etc). Bergson dans l'évolution créatrice s'était déjà étonné de la similitude des yeux entre des espèces éloignées.

L'évolution ne s'est pas faite de façon continue mais avec des sauts brusques. D'Arcy Thompson, biologiste mathématicien, montre que les formes animales sont portées pas une logique interne. Le changement de plan d'organisation du vivant se fait de façon non graduelle.

2.2.3 Comportement du vivant
Évolution créatrice
Développement des fonctionnalités

Malgré des régressions et des stagnations, l'évolution montre globalement une tendance au développement de nouvelles fonctionnalités. Ces fonctionnalités passent par une complexification des organismes.

L'objectif de l'évolution est de développer la vie par l'adaptation des individus et des espèces au milieu et de transmettre une partie du patrimoine génétique par la reproduction. L'objectif de l'évolution est de faire évoluer ce patrimoine génétique permettant l'augmentation des fonctionnalités individuelles par le développement de la complexité.

L'évolution est une dynamique interne à la création, un élan vital vers le haut.

Séparation flore et faune

Le végétal et l'animal sont les règnes qui ont le plus évolué en raison de leur complexité et leur diversité.

Le végétal emmagasine l'énergie du soleil sous forme d'énergie chimique dans des molécules complexes, et l'animal le dépense notamment dans sa motricité. L'énergie est stockée dans la partie des cellules nommée mitochondrie où le passage de l'acide tri-phosphoriques en acide di-phosphoriques permet de récupérer de l'énergie.

Les hétérotrophes sont contraints de se procurer leur matière organique en la prélevant sur d'autres organismes, soit vivants (prédateurs, parasites, commensaux), soit morts (nécrophages), soit sur des restes d'autres êtres vivants (Saprophytes : végétaux morts, téguments, excréments…).

La nature est donc constituée d'un étonnant et performant système de recyclage.

Comportement du règne végétal

Le **végétal** a développé la fonction chlorophyllienne pour développer la sensibilité au soleil, l'énergie, la chimie organique, la fabrication de nourriture. Le végétal se nourrit sans cesse par ses racines et récupère l'énergie par la photosynthèse pour rompre les liaisons carbone oxygène du gaz carbonique récupéré dans l'air.

Le Végétal emprunte l'énergie du soleil et les éléments minéraux à l'air, à l'eau, à la terre. Il réalise la photosynthèse et crée de la matière organique à partir de la matière minérale pour l'entretien de la vie (notamment le carbone et l'azote).

Les plantes carnivores ont développé des pièges mobiles pour récupérer par le biais des animaux (insectes, petits rongeurs) les nutriments qu'elles ne pouvaient tirer du sol.

Le végétal par sa chlorophylle a une sensibilité à la lumière mais il a une faible sensibilité au monde extérieur. Le végétal est fixé sur ses racines et a une mobilité très limitée. Il réalise un effort faible et continu pour se développer.

Le comportement végétal est limité. Le mouvement végétal dépend essentiellement du mécanisme hydrodynamique de la turgescence (état cellulaire associé à l'élongation de la cellule végétale, causée par une entrée d'eau dans cette cellule par osmose).

Ces variations de turgescence de cellules produisent des mouvements d'organes :
- fermetures de pétales de fleurs (liseron) ;
- fermetures de folioles (diverses papilionacées ou sensitive) ;
- mouvements d'étamines (épine-vinette autogame) ;
- redéploiement des tentacules-pièges de plantes carnivores ou fermeture de pièges plantes carnivores (dionées, droséras…) ;
- fermeture de pièges de Nepenthes attenboroughii sur le Mont Victoria aux Philippines, une des plus grandes plantes carnivores jamais découverte capable de capturer et digérer des rongeurs.

Le **champignon** emprunte sa nourriture à des substances organiques déjà formées. Le champignon est fixé sur ses racines et a une mobilité très limitée. Le champignon réalise un effort faible et continu pour se développer.

Caractéristiques du règne animal
Caractéristiques des animaux

On estime à 1.750.000 le nombre d'espèces vivantes actuellement décrites par les scientifiques. Il est possible qu'il en existe de 2 à 40 fois plus non-décrites vivant actuellement. Les scientifiques estiment que nous ne connaissons que 20 à 30% des espèces animales vivant sur Terre. Ils sont incapables d'évaluer leur nombre mieux qu'à un facteur dix près. (..) On enregistre chaque année, tous animaux confondus, 15.000 nouvelles espèces. Le nombre d'espèces disparues est très important.

Les animaux sont des organismes :
- eucaryotes (contrairement aux procaryotes Bacteria et Archea),
- pluricellulaires,
- dépourvus de chloroplastes (hétérotrophes) (contrairement aux végétaux et algues),
- se distinguant des Fungi (ou Mycota).

La classification classique considère l'animal (du latin animus, principe vital) comme un être vivant hétérotrophe (se nourrissant de substances organiques). La classification phylogénétique en vigueur, remplace le taxon des animaux par celui des métazoaires, organismes eucaryotes pluricellulaires mobiles hétérotrophes.

Le terme animal est réservé à des êtres complexes et pluricellulaires alors que l'on a longtemps considéré les protozoaires comme des animaux unicellulaires.

Besoins de l'animal

Les animaux sont des organismes vivants. Leurs besoins sont l'eau, le dioxygène, les matières organiques provenant d'autres organismes (plantes, ou champignons et animaux l'ayant acquis des plantes). L'animal a développé, pour l'assimilation des besoins vitaux, un système digestif et d'excrétion. En entrée de l'animal le dioxygène, l'eau et les diverses substances sont amenées vers les cellules, et en sortie les sous-produits inutiles sont évacués.

La nourriture sert à fournir de l'énergie, à produire des substances pour créer des molécules et les structures de l'organisme (os, poils, larmes, odeurs...),

L'eau sert à fournir l'essentiel des cellules, à constituer un solvant pour les réactions biochimiques, à éliminer des déchets azotés produits par le métabolisme des protéines. L'acquisition de l'eau est plus facile (moindre dépense d'énergie) pour un organisme aquatique.

Le dioxygène sert à produire de l'énergie chimique. Les espèces disposent d'un système respiratoire pour absorber le dioxygène. L'acquisition de l'air est plus facile pour un organisme terrestre.

Pour l'acquisition des substances nécessaires à la vie, l'animal développe des organes de perception, de commandes, de motricité.

La perpétuation de l'espèce passe par des fonctions de reproduction principalement sexuée. Cependant certaines espèces comme l'hydre peuvent aussi se reproduire d'une manière asexuée (par bourgeonnement).

Mobilité

Avec l'aide du soleil, le monde végétal emmagasine l'énergie qu'il extrait de la matière inerte. L'animal puise dans les végétaux cette énergie emmagasinée, se dispense ainsi de la tâche fondamentale des végétaux et récupère le travail réalisé par les végétaux. Il pourra ainsi récupérer davantage d'énergie que les plantes et développer des organes et des fonctionnalités plus performantes que celles-ci.

L'animal acquiert la liberté du déplacement par le développement de la motricité. Ceci nécessite un effort supplémentaire compensé par les possibilités accrues de nourriture. L'échelle de la vie animale marque une tendance à la mobilité et donc une possibilité d'attraper des proies animales.

La faune des temps primaires est souvent enfermée dans une enveloppe qui gêne sa mobilité (mollusques avec une coquille, crustacées avec une carapace, les premiers poissons avec une enveloppe osseuse...). Les Échinodermes, les mollusques en s'enfermant dans une citadelle mettaient un frein à leur mobilité et par la même à leur développement.

Cependant certains animaux ont dégénéré en limitant leur effort et en perdant leur mobilité comme parasite (rhizocéphales). Ils sont aptes au mouvement, parfois seulement sous forme larvaire (cas des éponges et de nombreux invertébrés benthiques fixés au substrat).

Les arthropodes et les vertébrés échappent à cet immobilisme et épanouirent la vie.

L'animal se caractérise par l'utilisation d'une énergie potentielle accumulée. Au début les mouvements se font sans direction comme pour l'amibe qui lance ses pseudopodes dans toutes les directions ce qui n'est pas très économique. Lorsque l'on s'élève dans le mode animal, les éléments nerveux se constituent pour amener l'influx nerveux là ou le mouvement spécifique est utile.

L'évolution des espèces montre un développement du système nerveux permettant des fonctionnalités de mobilité en précision, en possibilité et en rapidité. L'animal a développé des organes sensoriels, des organes locomoteurs, un système nerveux pour coordonner les mouvements aux sensations. Le système nerveux est né comme les autres organes d'une spécialisation, d'une répartition des activités nécessaires au développement de la vie. Le système nerveux ne crée pas la fonction mais la porte à un degré jamais atteint par l'activité réflexe.

L'animal est mobile dans l'espace pour chercher son alimentation et assurer sa sauvegarde. L'animal réalise un effort important mais intermittent pour se développer. La mobilité entraîne une course en avant. Le changement d'environnement favorise de nouvelles connaissances, une évolution pour s'adapter à un nouvel environnement.

Les animaux évolués peuvent utiliser certains outils s'ils voient en même temps le problème et l'outil solution du problème (bâton et nid de fourmi pour des chimpanzés – réflexe de Pavlov chez le chien). L'instinct est inventé pour la sauvegarde. L'animal a une sensibilité au monde extérieur qui lui permet de réagir par instinct.

L'organisme le plus simple a t-il une forme de conscience qui dirige la locomotion ? L'organisme se meut-il librement ? Es-ce une conscience ou n'est-ce que la réaction à l'environnement ? Peut-on créer un robot programmé ayant les mêmes réactions que cet organisme ?

Organisation du vivant

Un être vivant est un ensemble ordonné avec des rythmes cardiaques, hormonales, ondes cérébrales, division cellulaire.

La nature nous montre dans la vie une capacité exceptionnelle à produire de l'ordre. En permanence des cellules se spécialisent, se distribuent des rôles.

L'exemple emblématique biologique d'auto-organisation est l'établissement de fuseau mitotique qui réalise la ségrégation des chromosomes lors de la division cellulaire. Le fuseau est un assemblage dynamique de filaments, les microtubules, dont le temps de demi-vie est de dix minutes.

Les autres exemples sont les colonies de bactéries, les systèmes prédateur-proie, les fourmilières, le déplacement de poissons en bancs, les vols et migrations d'oiseaux.

Comportement chez les animaux
Comportement

Le comportement est la manière d'agir ou de fonctionner de façon habituelle ou dans un but précis. Le comportement est prévisible et est la conséquence de quelque chose. C'est la réponse à un stimulus intérieur ou extérieur. Son but est la sauvegarde l'espèce et de l'individu.

Le comportement peut être étudié au niveau :
- physiologique en étudiant l'interaction des sens, des nerfs, des muscles des animaux pour donner un comportement particulier répondant à la stimulation interne ou externe ;
- de l'individu en étudiant la performance du comportement par rapport à l'intérêt de survie ;
- de l'espèce en étudiant la performance du comportement pour la sauvegarde du groupe, de la colonie, ou de l'espèce.

Le comportement est fonction de l'environnement. Un confinement d'un groupe d'individus chez des souris entraîne une montée importante de l'agressivité. Comme si les individus savaient qu'il existe un minimum vital et qu'en deçà un ou plusieurs individus doivent être éliminés. Le confinement pendant des périodes prolongées induit la répétition de comportements stéréotypes par les individus. Ces comportements stéréotypés peuvent être nuisibles et engendrer des dommages physiques aux animaux.

Adaptation en groupe

La spécialisation peut se faire non seulement entre les organes au sein d'un organisme, mais aussi entre les individus d'une même espèce.

Les insectes « sociaux » ont un polymorphisme d'adaptation de la structure à la fonction (fourmi, termites, abeilles…). La division du travail est naturelle, instinctive.

Les hyménoptères ont extériorisé la spécialisation de leurs organes en allant au-delà de la limitation de l'individu. Ils ont inventé le corps social avec des individus spécialisés dans leurs fonctions et qui se spécialisent dans leurs formes pour assurer au mieux leurs fonctions (fonction de reproduction, de soldats, d'ouvrières….). L'individu seul n'aurait pu survivre dans un milieu hostile, le groupe social, lui, pourra survivre et se développer.

Le succès des hyménoptères et leurs instincts se vérifient par la capacité à s'adapter à tous les milieux et à toutes les circonstances de l'environnement.

Coopération entre des espèces différentes

Cette coopération concerne l'utilisation par une espèce des compétences développées par une autre espèce. Nous avons vu le cas de phagocytage dans le cas des plastes et des mitochondries. Il y a des cas d'harmonies évolutives dans le cas des insectes et des plantes à fleurs pour la pollinisation. Il y a le cas des bactéries qui aident à la digestion chez l'homme (200 espèces de bactéries pour 1 Kg de biomasse).

Les cas de coopération entre espèces sont si nombreux qu'elles peuvent être classées en :
- symbiose obligatoire parasitisme, cas où un partenaire trouve profit (nourriture, gîte, reproduction) aux dépens d'individus d'autres espèces ;
- symbiose obligatoire mutualisme, cas où deux partenaires d'espèces différentes tirent chacun profit de cette relation ;
- symbiose non obligatoire commensalisme concerne le cas où une seule espèce trouve intérêt dans la relation avec l'autre sans affecter l'hôte ;
- symbiose non obligatoire coopérative concerne l'interaction entre deux partenaires où chacun trouve son intérêt propre.

Coopération des animaux d'une même espèce

Cette coopération est particulièrement aboutie avec les insectes sociaux (fourmis, termites, abeilles...) sur le plan de la spécialisation et sur le plan du sacrifice individuel au bénéfice de la collectivité.

La spécialisation de l'individu va jusqu'à une adaptation physique : reine procréatrice, mâles,

2.3 Sens du Vivant
2.3.1 Vivant et Instinct
Sens de la création du vivant

Charles Darwin (1809 – 1882), naturaliste inventeur de la théorie de l'évolution, écrit dans son autobiographie en 1876 : « **Je me sens contraint de regarder la cause première comme dotée d'un esprit intelligent en quelque façon analogue à celui de l'homme ; et je mérite d'être appelé théiste.** »

Francis S. Collins (1950 -), généticien, écrit en 2010 : « **Si on accepte l'idée selon laquelle Dieu est quelque chose que les hommes peuvent souhaiter, cela exclut-il la possibilité que ce Dieu existe ? Absolument pas.** »

Quel est le sens de l'évolution du minéral au vivant ?
Qu'es-ce que la vie ? Quelle est son essence ? La vie est-elle le but de l'univers ou une étape vers une finalité plus haute ?

L'être vivant, par l'attention à l'être vivant qu'il contient et qui le suit, montre que l'essentiel de la vie tient dans le mouvement qui la transmet. C'est le mystère de la vie, la vie au-delà de la mort.

De l'unicellulaire au pluricellulaires

Le vivant est constitué de matériaux physico chimique mais il n'est pas que cela. Les êtres vivants ne s'expliquent pas uniquement par un assemblage des parties. La genèse d'un vivant demande de grandes quantités d'éléments et un important enchaînement de causes. Une force vitale rend cela possible et fait que dans de nombreux cas une réparation vient corriger les erreurs rarissimes, vu la complexité de l'entreprise.

Un jour une première cellule se constitue. Mais la vie ne s'arrête pas à cette forme simple bien adaptée qu'elle aurait pu perpétuer. Cette première cellule marque le début d'un souffle puissant, d'une force de vie qui va amener aux formes complexes et organisées. La vie se dédouble par division cellulaire plutôt que de croître à partir d'un certain point.

99% des êtres vivants sont des bactéries. Les micro-organismes restent à l'état rudimentaire, gardent la mémoire du passé dans leurs organismes.

Seules quelques lignées sont devenues plus complexes. Plutôt que d'accroître la dimension de la cellule, l'élan vital s'est engagé vers le regroupement des cellules. Le regroupement de cellules, ébauche d'organismes pluricellulaires, s'est avéré plus efficace qu'une bactérie isolée pour la survie et pour l'évolution.

La progression du vivant va se faire par le développement de formes complexes en multipliant les cellules et en assurant une solidarité des cellules entre elles au bénéfice du tout (de l'organisme). Ce développement va permettre la spécialisation des activités des constituants (organes) au bénéfice du tout (organisme).

Cette marche en avant cherche à se soustraire aux contingentements de la matière. La vie se caractérise par une volonté d'extension, extension par la reproduction asexuée ou sexuée et extension par le développement de formes organisées et complexes.

L'impulsion vitale va se multiplier dans la profusion et la divergence des espèces. Cette profusion des espèces permet une expansion spatiale vers tous les milieux et tous les climats. Cette profusion des espèces augmente les possibilités d'exister dans le temps malgré les variations de l'environnement.

2.3.2 Développement des potentialités

Accroissement des fonctionnalités

La nature dans son évolution tend à l'individualité, à l'individualisation des organismes.

La nature tend à créer des systèmes isolés et clos, de taille croissante permettant de développer de nouvelles fonctionnalités (longueur de Planck 10^{-35} m, électron inférieur à 10^{-22} m, quark inférieur à 10^{-18} m, noyau de 10^{-14} m, atome de 10^{-10} m, molécule de 10^{-9} m, protéine de 10^{-8} m, virus de 10^{-7} m, procaryote de 10^{-6} m à 10^{-5} m, eucaryote de 10^{-4} m à 10^{+1}).

Le sens de l'évolution est une évolution vers la spécialisation des fonctions pour augmenter les capacités de chaque fonction au service de l'organisme. C'est ainsi que les organismes vont devenir de plus en plus mobile. Cette évolution entraîne une complexité croissante des organismes. L'accroissement des complexités permet une augmentation des potentiels d'organismes différents. Dans ce potentiel la nature va pouvoir puiser pour créer des organismes individualisés. La montée des complexités va de pair avec l'individualisation des individus.

La nature tend à développer des fonctionnalités performantes dans les organismes ce qui crée des systèmes complexes à organes spécialisés. La tension du vivant est orientée vers le développement, au sein d'un organisme des organes hétérogènes de plus en plus spécialisés se complétant et permettant d'acquérir et d'améliorer des fonctionnalités spécialisées.

La vie cherche à agir le plus possible avec le minimum d'effort possible. La transformation du vivant consiste à la recherche de la meilleure efficacité fonctionnelle par rapport à la simplicité de l'organe.

Reproduction identité et différence

La succession des vivants est presque identique avec des tentatives de progrès par la modification périodique de gènes. L'hérédité transmet non seulement les caractères mais un élan vital de modification des caractères en vue de développer des fonctionnalités nouvelles.

Le plus complexe sort du plus simple dans l'histoire des espèces, de la première cellule à l'animal évolué. De même tout vivant vient d'une première cellule de son espèce. L'embryon passe par des étapes de transformation stupéfiantes parfois dans leur ampleur.

La reproduction des organismes simples est asexuée par division cellulaire. La reproduction des organismes complexe est sexuée. Certains organismes (daphnés) se reproduisent de façon asexuée dans des conditions difficiles, et sexuée dans des conditions normales. La reproduction sexuée coûte plus chère mais est plus riche et tend à développer les individualités.

L'existence consiste à changer. La vie d'un organisme se définit par une modification incessante et continuelle de cet organisme pour croître en échangeant des substances avec le milieu extérieur.

L'évolution de l'être vivant, de l'embryon à la mort, opère des changements selon l'inscription biologique de la durée dans le vivant. Le passé est inscrit dans le présent. Le vivant a une mémoire biologique inscrite au plus profond de son corps.

Le vivant développe des organismes de plus en plus uniques par la complexité croissante du code génétique.

2.3.3 Sens de l'évolution

Essence de l'irrésistible dynamisme de l'élan vital

Une question va se poser tout au long de cette évolution, du minéral au vivant, du vivant au pensant, c'est la question du déterminisme et de la liberté. La constitution du monde vivant au fil de ces milliards d'années montre t-il un dessein, un sens, un but ? L'évolution créatrice est-elle due au hasard et à la nécessité ?

L'élan vital est une oscillation entre unicité et multiplicité.

La vie cherche à percer partout où se trouve le minéral, le non organique. Dans les villes la végétation s'infiltre partout sur les rues en macadam, sur les immeubles utilisant le moindre espace pour « nicher ». Les îles volcaniques sont colonisées par la flore et la faune qui développent souvent des espèces endémiques.

La caractéristique de la vie est le changement, son évolution propre. Le vivant transforme la matière minérale en matière organique et se modifie lui-même. Le corps organisé a pour caractéristiques de croître, de se modifier sans cesse, de se développer, de se multiplier. Cet essor et cependant limité par les autres corps organisés. Le corps organisé trouve sa limite dans les lois de la matière des corps inorganisés et dans les lois biologiques des corps organisés.

La vie est active. La vie a la possibilité de l'instinct, une mobilité, une auto-évolution volontaire (lézard qui sectionne sa queue prisonnière). La vie maîtrise en partie l'espace.

L'évolution marque le passage d'une matière inerte qui subit le milieu à une matière organique (organisme) qui s'adapte et tire des avantages du milieu pour son but. L'évolution tend vers des organismes complexes ayant développé des fonctionnalités, dont la mobilité.

Un élan originel, une poussée intérieure porte la vie vers des organismes plus complexes à des fonctions plus hautes et même à des destinées plus hautes. L'évolution est une création renouvelée, une création continue. La création se continue à partir d'un élan initial, l'univers a un sens et n'est pas réversible. L'évolution est une transformation visible par la flèche du temps.

L'élan premier de la vie se divise en se communiquant. La vie s'éparpille dans l'espace et le temps en une multitude d'espèces, certaines complémentaires, d'autres antagonistes. Dans ce fourmillement d'espèces certaines disparaissent, rétrogrades mais des rameaux progressent.

L'univers a un sens dans son histoire manifesté par une force vitale. Cette force développe des individualités vivantes complexes et mobiles. Ces individualités se libèrent de l'assujettissement de la matière par l'instinct, le système sensitif et la mobilité. La complexité va croissante du minéral au vivant, de la cellule aux mammifères, des animaux guidés par l'instinct à l'homme guidé par l'intelligence.

Chaque espèce, chaque individu, retient de l'impulsion générale de la vie l'élan qui lui convient et tend à utiliser cette énergie dans son intérêt propre pour exister en s'adaptant.

L'évolution est une arborescence avec des ramifications :
- s'arrêtant ;
- régressant dans les fonctionnalités (virus, parasites,...) ;
- ayant arrêté leur évolution à une étape antérieure ;
- continuant à évoluer vers la complexité et de nouvelles fonctionnalités.

Sens de l'évolution du vivant

Parmi les six règnes actuellement reconnus (animal, végétal, champignon, protiste, archéobactérie, eubactérie), on observe des comportements essentiellement chez les animaux, et de manière beaucoup plus limitée, chez les protistes[27]. Néanmoins, quelques cas de mouvements spécifiquement organisés pour agir à l'extérieur de l'organisme peuvent être observés dans les autres règnes.

L'évolution du vivant est marquée par l'acquisition du mouvement. La possibilité de changer d'environnement par le déplacement.
L'évolution est globalement orientée et n'est pas le simple fruit du hasard ou d'une adaptation à un environnement changeant.
En effet certaines espèces ne cherchent pas l'effort de l'évolution et régressent. C'est le cas du virus, des parasites, des espèces qui ont troqué leurs mobilités pour une défense passive.
En effet certaines espèces panchroniques se sont arrêtées dans l'effort évolutif et sont restées à peu près semblables jusqu'à nos jours (comme le cœlacanthe).
Le hasard, la sélection naturelle et l'impact de l'environnement n'expliquent pas à elles seules l'évolution.

Pierre Grassé (zoologue français de 1895 à 1985) considère que l'évolution n'est pas un processus nécessaire liée à la contrainte extérieure à l'être vivant. L'évolution pour lui s'explique par la dynamique interne propre aux êtres vivants. À partir de l'examen des archives fossiles, il en conclut que l'évolution est orientée vers un accroissement de la complexité des êtres vivants. Il faudrait dire d'ailleurs un accroissement des fonctionnalités qui se traduit par un accroissement de la complexité.

En conclusion

Stephen Hawking : « **Les lois de la science, telles que nous les connaissons actuellement, contiennent certains nombres fondamentaux, comme la charge électrique de l'électron ou encore le rapport des masses du proton et de l'électron... Ce qui est**

---

[27] Eucaryotes à organisation simple unicellulaires parfois pluricellulaires mais sans tissus spécialisés

remarquable, c'est que la valeur de ces chiffres semble avoir été très finement ajustée pour rendre possible le développement de la vie. »
(A Brief History of Time, Bantam Books, 1988, Flammarion, 1989)

Francis Crick, prix Nobel de biologie pour la découverte de l'ADN, nous dit : « **Un honnête homme armé de tout le savoir à notre portée aujourd'hui se devrait d'affirmer que l'origine de la vie paraît actuellement tenir du miracle, tant il y a de conditions à réunir pour la mettre en œuvre.** »

La vie est durée, créativité, invention.

Dans l'ascendance évolutive, les strates se complexifient et se libèrent progressivement de l'enchaînement de la matière et de ses lois.

L'évolution est buissonnante et comme expérimentale, elle cherche sa voie. L'évolution est orientée, et non pas dirigée, vers un accroissement des fonctionnalités des êtres vivants. La vie tend à se complexifier en développant ses fonctionnalités au point de préparer l'étape clé de l'insertion de la conscience. Les fonctionnalités ont pour but de préparer l'arrivée de la conscience. L'évolution vers le pensant dégagera des marges de temps et de liberté.

Du vivant surgit voilà 100.000 ans une autre forme d'être, le pensant.

3 Insertion ontologique

3.1 Évolution vers l'homme

3.1.1 De la lignée humaine au premier homme

Historique

La vie apparaît sur la terre il y a 3,8 milliards d'années sous forme unicellulaire. La vie prend des formes plus complexes mais toutes aquatiques.

La vie colonise la terre sous la forme des plantes et des arthropodes. Les premiers animaux à quatre pattes, les amphibiens, commencent à coloniser la terre. Les reptiles sont issus des amphibiens. Les mammifères sont issus des reptiles.

Les primates, mammifères arboricoles apparaissent. La plupart des primates sont frugivores avec une vision en couleur leur permettant de repérer les fruits murs. Parmi les primates les singes avec queue préhensile et les grands singes sans queue préhensile forment la famille hominoïdes.

La séparation entre la lignée humaine et la lignée des chimpanzés remonterait à au moins 6 à 7 millions d'années. Le plus ancien fossile de primate bipède date de 7 millions d'années. Il a été découvert au Tchad en 2001 et surnommé Toumaï. L'étude de son crâne a déterminé qu'il était bipède.

Inventions majeures « pré-humain »
Bipédie

David Raichlen, professeur d'anthropologie à l'université d'Arizona, a mené une étude sur la bipédie. Cette étude vise à comparer la consommation d'énergie (donc d'oxygène) par des chimpanzés marchant à 4 pattes puis sur 2 pattes, et la consommation des humains.

L'être humain marchant sur 2 jambes consomme ¼ de l'énergie nécessaire aux chimpanzés avançant à 4 pattes. Les chimpanzés consomment autant d'énergie en marchant à 4 pattes ou à 2 pattes. Avec une morphologie adaptée, la marche bipède consomme beaucoup moins d'énergie.

Libération de la main

La motricité sur les deux membres inférieurs a libéré les membres supérieurs. La main est libre pour appréhender le monde extérieur (connaissance) et pour agir sur ce dernier (avec ou sans outils).

Primates

Les primates, mammifères placentaires, sont caractérisés par :
- une vie arboricole ;
- la locomotion bipède permanente ou partielle ;
- l'aptitude à la préhension par le pouce en opposition aux doigts et pour certains par la mobilité du radius et du cubitus ;
- le remplacement des griffes par des ongles plats ;
- la vision binoculaire au détriment de l'olfaction.

Hominina

Dans ce groupe les individus ont 46 chromosomes. Ce groupe comprend les hominidés non arboricoles. La proximité génétique avec les chimpanzés et les bonobos conduise à penser que la séparation a eu lieu il y a 7 Ma. Ce groupe comprend Australipithécus et **Homos**.

Inventions majeures Homo-Neandertalensis (-250.000 à -28.000 ans)
Intelligence

L'invention majeure de l'intelligence va définir l'homme ; cette capacité de penser le monde et de se penser, cette capacité de conceptualiser et de manier intellectuellement des concepts. Cet homme a une capacité crânienne est de 1500 cm3.

Les caractéristiques de ce groupe sont :
- des préoccupations esthétiques avec des dessins d'animaux dans les cavernes ;
- des préoccupations spirituelles avec des rites funéraires ;
- une riche culture matérielle.

D'après les études basées sur l'ADN mitochondrial l'homo sapiens et l'homme de Neandertal descendraient d'un homo Erectus il y a 500.000 ans.

Technique

Neandertal est capable de fabriquer des outils élaborés nécessitant des capacités d'abstraction. Il fabrique des outils de pierre ou d'os emmanchés, utilise de l'adhésif naturel bitume et résine, réalise des épieux en bois, débite des lames.

Art

L'homme de Neandertal fait la collecte de fossiles ou de minéraux, Il réalise des lignes ou des signes géométriques sur des os et des pierres.

Langage

La morphologie de l'os hyoïde est importante pour l'élocution. C'est un os qui maintient la base de la langue. Cet os pour Neandertal est proche dans sa morphologie de celui de l'homo sapiens. La complexité de l'outillage retrouvé montre des capacités cognitives devant inclure un langage articulé. L'analyse en 2007 de l'ADN a permis de retrouver sur Neandertal le même gène que celui d'homo sapiens utilisé pour le développement des parties du cerveau servant à la maîtrise du langage.

Sépultures

L'homme de Neandertal est le premier à avoir un comportement particulier pour les morts (-100.000 ans au Proche-Orient). Les sépultures contiennent parfois des outils lithiques et des fragments de faune). L'homme sait qu'il est mortel, alors que l'animal ne le sait pas.

Extinction

La disparition de Neandertal date de -29.000 ans et a été progressive. Neandertal a souffert d'une croissance plus rapide qu'Homo Sapiens et donc d'un temps d'apprentissage plus court. Comme Neandertal, des branches du genre homo n'ont pas survécu jusque notre époque : Homo sapiens idaltu (-195.000 à -154.000), Homo rhodesiensis (-125.000 à -30.000), Homo floresiensis (-95000 à -12.000 ans).

Inventions majeures Homo-Sapiens
Spécificités

L'homo sapiens se distingue principalement par sa bipédie et le volume de son cerveau.

Il se distingue aussi par :
- la maîtrise du feu ;
- la fabrication des outils ;
- la domestication de nombreuses espèces végétales et animales ;
- le développement des relations sociales ;
- l'utilisation d'un langage articulé transmis par apprentissage ;
- le développement de l'écrit pour la transmission des savoirs ;
- l'importance de l'apprentissage entre parents enfants ;
- l'importance des transformations sur les écosystèmes ;
- la faculté de mémorisation, d'abstraction et d'introspection ;
- la capacité de connaissance ;
- la réalisation artistique et culturelle.

L'homme se caractérise par des aptitudes physiques à la bipédie, marche et course. Mais il a aussi des aptitudes à ramper, grimper, sauter, nager.

L'aptitude cognitive de l'homme est celle qui explique le mieux le développement et la suprématie de l'espèce. L'évolution du volume crânien et de la structure du cortex est continue depuis 2 millions d'années.

L'homme développe une culture. Les plus anciennes représentations humaines datent de l'homo sapiens de -40.000 à -10.000 ans.

Le comportement social de l'homme est important. Il présente des aptitudes à communiquer par le langage, l'expressivité de son visage, la dextérité de sa main. L'homme dispose du sourire et du rire, réflexe nerveux, pour exprimer sa joie. L'homme dispose des pleurs pour exprimer sa tristesse.

Spécificités

Au sein du règne animal surgit l'homme. Un être commence à s'extraire des préoccupations environnementales, à interrompre les informations de ses sens, à prendre du recul avec l'environnement. Un être commence à se penser lui-même, à se penser indépendant de l'environnement, à se penser dans l'environnement.

Un être commence à penser au-delà de l'apparence des choses et des êtres, un être commence à penser au sens de ce qui est, à un transcendant qui donne sens à ce qui est.

L'homme se caractérise par rapport au simple vivant par :
- sa liberté, son recul par rapport à l'environnement par la pensée ;
- ses connaissances, ses créations, ses actions vers les autres contenues dans sa durée ;
- ses rites funéraires et sa conscience d'une transition de la vie à la mort.

Codage génétique

Les ADN des cellules d'un être humain mis bout à bout représentent une longueur de 15 milliards de km soit le diamètre du système solaire.

Un homme et un chimpanzé partagent 98 à 99% du patrimoine génétique.

L'analyse génétique de l'ADN montre que l'homo Sapiens possède des gènes spécifiques absent dans l'homme de Neandertal.

Les modifications concernent :
- la capacité de stockage des protéines ;
- le battement du flagelle du sperme ;
- l'adhésion intercellulaire ;
- la régulation de la transcription des ribosomes ;
- l'épiderme.

L'ADN humain contient 3 milliards de bases et une vingtaine de milliers de gènes, ce qui ne le distingue pas de certains animaux. Mais la complexité d'un individu ne se mesure pas seulement à son nombre de bases et à son nombre de gènes. En effet les organismes complexes ont développé un super-codage. Plus un animal est complexe, plus il va faire appel à ce super-codage. Ce super-codage se caractérise par la transcription d'un gène d'ADN en gène d'ARN pré-messager. Puis ce gène d'ARN pré-messager subit l'épissage pour devenir un ARN messager adapté au tissu de destination.

L'homme est le champion de l'épissage. Chez l'homme 95% des gènes sont épissés.

Expansion de l'homme

L'homo sapiens naît il y a 200.000 ans en Afrique avec beaucoup de diversités génétiques par rapport à aujourd'hui. L'Homo Sapiens va montrer des qualités inégalées pour s'adapter à tous les milieux.

Les Bushman en Namibie représentent le plus ancien lignage connu à ce jour avec une grande diversité génétique.

Il y a 70.000 ans un groupe d'Homo Sapiens noir quitte l'Afrique par le Moyen-Orient. Il n'emporte qu'une partie du patrimoine génétique de l'ensemble du groupe, c'est l'effet fondateur. Entre deux européens il y a 20 différences dans l'ADN mitochondrial, entre deux bushmen il y a 85 différences.

L'Homo Sapiens rencontre l'homme de Neandertal qui s'est implanté en Moyen-Orient, en Europe et en Asie. L'interfécondité permet que l'Homo Sapiens ait dans son patrimoine entre 1 à 4% d'origine Neandertal. Mais l'ADN est à 95% non codant. Le matériel Neandertal dans Homo Sapiens ne s'exprime pas dans son phénotype.

Un groupe va longer l'océan indien atteindre l'Asie du Sud-Est et le Laos (- 63.000) puis l'Australie en (- 40.000). Un groupe va aller en Europe (- 40.000). Un groupe va aller jusqu'en Sibérie, passer par le détroit de Béring puis atteindre les Amériques (- 20.000) pour descendre jusqu'en terre de feu.

La fin de la dernière période glaciaire s'arrête il y a 12.000 ans. C'est le début de l'agriculture. Un km^2 nourrit un homme par la chasse et la cueillette, mais cinquante fois plus d'hommes par l'agriculture. En l'espace de 10.000 ans, la population va passer de 200.000 individus à 200 millions d'individus.

3.1.2 Datation d'Adam et Ève
Principes de la génétique des populations humaines
Généralités

L'étude de l'ADN entre populations constitue la base de la génétique des populations. Les chromosomes homologues ne permettent pas de faire d'arbre généalogique car ces chromosomes se mélangent lors de la méiose. De plus ces chromosomes sont sujets à la sélection naturelle ce qui crée des difficultés de comparaison des populations vivant dans des écosystèmes différents.

La femme possède 23 paires de chromosomes homologues (ou autosomes). L'homme possède 22 paires de chromosomes homologues (ou autosomes) et deux chromosomes sexuels (gonosomes) appelés X et Y. Le chromosome sexuel Y se transmet du père au fils et le chromosome sexuel X se transmet du père à la fille. L'ADN mitochondrial (de la mitochondrie) ADN-mt se transmet intégralement de la mère à ses enfants quel que soit le sexe.

L'ADN peut muter au cours de sa recopie. Les ADN-Y et ADN-mt sont peu sujets à la sélection naturelle et sont bien adaptés pour suivre l'évolution d'une population. La mutation concerne un élément de base sur 58 millions de paires de bases pour l'ADN-Y, et se produit une fois toutes les 25 à 500 générations. La mutation concerne un élément de base sur 16.000 paires de base pour l'ADN-mt.

L'arbre phylogénétique de l'espèce humaine est buissonnant. Plusieurs espèces ont vécu simultanément (homme de Neandertal, homme de Flores, Homo Sapiens).

Spencer Wells[28] conclut au début des années 2000, que tous les êtres humains vivants avaient au moins un ancêtre mâle commun appelé Adam Y-chromosomique et un ancêtre femelle commun appelé Ève mitochondrial.

Adam Y-Chromosomique

---

[28] Généticien américain

Le chromosome Y de cet Adam s'est transmis à ses descendants mâles. Certains des chromosomes Y de ses descendants ont subi une mutation. Cette mutation définit une nouvelle branche à laquelle on peut associer un nouvel ancêtre commun. Si le chromosome Y d'un des descendants de cette branche subit une nouvelle mutation, cela crée une nouvelle sous-branche et ainsi de suite. On peut ainsi définir l'arbre de la filiation paternelle de l'humanité.

Il existe un homme ayant engendré une lignée ininterrompue de mâles. C'est le plus récent ancêtre patrilinéaire commun qui a transmis son chromosome Y à tous les hommes vivants. Cet homme aurait vécu en Afrique de l'Est il y a 60.0000 ans à 90.000 ans.

Ève mitochondriale

Il est possible de faire de la même façon l'arbre de la filiation maternelle de l'humanité à partir de l'ADN mitochondrial.

Les mitochondries sont des organites cellulaires transmis par l'ovule de la mère. Scientifiquement, nous savons que tous les ADN mitochondriaux humains ont une origine commune.

En tenant compte de la vitesse de mutation dans cet ADNmt, la plus récente ancêtre commune par lignée maternelle de l'humanité aurait vécu il y a 150.000 ans. Cette Ève mitochondriale aurait vécu en Afrique (Éthiopie, Kenya ou Tanzanie). Cette Ève mitochondriale n'est pas la première femme, ni la seule femme de son époque. C'est cependant la seule femme à laquelle tous les humains sont reliés par une ascendance exclusivement féminine.

Le squelette humain le plus ancien présentant des os comparables aux humains actuels date de l'époque où vécut Ève.

<u>Ancêtres de l'humanité</u>

Le génome de l'espèce humaine est identique à 99,9% entre les individus. Ceci s'expliquerait par la jeunesse de l'espèce environ 60.000 ans qui ne permettrait pas de grandes variations génétiques.

Le comportement particulier pour les morts date de -100.000 ans.

L'Ève mitochondriale et l'Adam Y-Chromosomique datent de 150.000 à 60.000 ans.

L'ancêtre de l'humanité viendrait d'Afrique. Par l'étude de l'ADN et de ses mutations, les savants ont identifié les Bushmen comme les représentants actuels les plus proches de nos ancêtres génétiquement.

Tous ces éléments conduisent à penser que l'homme moderne serait apparu dans la période de -100.000 années à -200.000 années. À ce moment deux corps biologiques sont prêts à recevoir les êtres d'Adam et Ève créés par Dieu, mais exclus du jardin d'Éden après la chute.

La filiation humaine donne l'espèce, l'enveloppe de chair et de sang, liée au mauvais choix originel. En un instant, l'esprit d'Adam et d'Ève entre en humanité dans un corps humain d'homo xxx.

Diversité génétique
Études

Une équipe de chercheurs dirigée par Stephan Schuster (Pennsylvania State University, Etats-Unis) et Vanessa Hayes (University of New South Wales, Australie) a examiné le patrimoine génétique des Bushmen.

Une équipe de chercheurs de l'Université de Stanford en Californie a étudiée la diversité génomique des populations d'Afrique (Brenna Henn et le Pr Marcus Feldman).

Les Bushmen d'Afrique australe sont chasseurs et cueilleurs. Ils vivent au Botswana en Namibie et en Afrique du Sud.

Les Bushmen parlent une langue Khoïsan, à base de clic sonores (consonnes inspirées).

Les variations en génétique reposent sur des combinaisons de gènes. Chaque combinaison forme une chaîne de nucléotides. La reproduction avec le croisement entre individu casse ces chaînes en segments plus petits qui sont des variantes secondaires. L'ancienneté de la population se mesure aux segments courts et donc à la grande variabilité génétique (polymorphismes mono-nucléotides).

Le polymorphismes mono-nucléotides est la variation d'une seule paire de bases du génome entre individus d'une même espèce. Ces variations sont très fréquentes (environ une paire de bases sur mille chez l'homme). Si elles se trouvent au sien de régions codantes, elles ne vont pas forcément modifier la séquence d'acide animé de la protéine produite grâce à la redondance du code génétique.

Diversité Génétique

Une scission déterminante sépare les Bushmen du reste de l'humanité.

Ces différences génétiques se sont conservées. Les Bochimans se sont peu mêlés à d'autres populations suite à leur isolement géographique. Leur territoire est bordé à l'Est par le désert du Kalahari à l'est, au nord par le désert d'Etosha, et à l'Ouest par l'océan Atlantique.

L'étude a révélé qu'il y a plus de différences entre deux Bushmen qu'entre un Européen et un Asiatique.

La plupart des variations des plus brefs segments sont survenues en Afrique. Au fur et à mesure que l'Homo sapiens s'est déplacé, le niveau de variation a diminué, atteignant son minimum dans les Amériques de peuplement récent.

Il y a un effet fondateur. Le déplacement d'une petite partie de population correspond au départ d'un patrimoine génétique restreint.

Origine de l'humanité

L'origine génétique des humains correspond au patrimoine génétique des Bushmen.

Dans le génome d'un Bochiman, les chercheurs ont identifié plus d'un million d'infimes variations jamais observées chez l'homme. Ces variations ne sont apparues qu'après la scission de leur lignée dans l'arbre généalogique humain. Pour Sarah Tishkoff, généticienne des populations, celle-ci aurait eu lieu il y a environ 35000 ans.

Les Bushmen, ayant la plus grande variabilité génétique, seraient la population d'origine à partir de laquelle toutes les autres populations d'Afrique et de monde ont divergé.

Les plus anciens crânes d'Homo sapiens ont été découverts en Afrique de l'Est. Les génomes du monde entier dérivent de ce continent.

Consanguinité
La variabilité génétique des premiers hommes et donc leur richesse patrimoniale génétique a pu éviter tout problème de consanguinité.

Sélection naturelle, sélection culturelle
Le pensant est comme le vivant soumis à la sélection naturelle, mais le pensant n'y est soumis que partiellement. Le pensant, en effet, possède la faculté d'agir sur son environnement et sur lui-même.

Au-delà de la sélection naturelle qui agit sur le biologique, l'homme est concerné par la sélection culturelle. Avec l'homme le développement technique et culturel dépasse le développement biologique.

Le comportement a une composante génétique et héréditaire.

La culture ne se transmet pas par l'ADN mais par l'apprentissage. Elle fait l'objet également d'une forme de sélection liée au corpus social. La théorie de la sélection naturelle fait alors place à la théorie de la mémétique de Richard Dawkins et les gènes sont remplacés par les mêmes.

L'environnement influe sur le génome par la sélection naturelle. Le génome va permettre l'expression culturelle des individus. La culture va influer sur l'environnement, et l'environnement sur la culture par la sélection culturelle. La culture peut entraîner de nouvelles conditions de vie et donc influer sur la sélection naturelle (utilisation du lait de vache dans l'alimentation favorisant les génotypes tolérants à la digestion du lactose).

3.1.3 Insertion de la présence sur la terre
Adam et Ève premiers humains
Un jour dans l'enchaînement des hominiens, une rupture brusque se produit dans l'histoire de l'évolution.

Genèse 1, 26a : « **Puis Dieu dit : « faisons l'homme à notre image et selon notre ressemblance...** ».

Dans le premier récit de la création, Dieu crée l'homme à son image et à sa ressemblance, après avoir créé les anges. L'homme est donc distinct de l'ange. Il est créé avec des dons qu'il perd suite au péché originel (dons préternaturels).

Genèse 2, 7 : « **YaHWeH Dieu forma l'homme de la poussière du sol, et il souffla dans ses narines un souffle de vie, et l'homme devint un être vivant.** »

Dans le deuxième récit de la création Dieu crée l'homme à partir de la matière de la terre (homme biologique) en y insufflant un souffle de vie (présence d'être). Ce deuxième récit correspond au début de la vie d'Adam et Ève sur la terre après la chute.

Actes des apôtres 17, 26-28 : « **[26]D'un seul homme il a fait sortir tout le genre humain pour habiter sur toute la face de la terre, ayant fixé des époques prescrites et les frontières pour l'habitation des hommes, [27]afin qu'ils cherchent Dieu, si toutefois ils le peuvent trouver en tâtonnant, et vraiment il n'est pas loin de chacun de nous. [28]C'est en lui en effet que nous avons la vie, le mouvement et l'être, comme l'ont dit aussi quelques-uns de vos poètes : « Car nous sommes aussi de sa race.** »

Tous les humains descendent d'un premier homme et d'une première femme comme nous le confirme les études de Spencer Wells sur l'ADN-Y et l'ADN-mt. Les hommes sont sur la terre pour chercher Dieu.

Les deux premiers humains engendrent toute l'humanité. Il y a une unité absolue de toute l'humanité. Le monogénisme est scientifiquement hautement probable (patrimoine génétique commun Bushmen, Adam Y-chromosomique 60.000 ans, Ève mitochondriale 150.000 ans).

La sortie de l'animalité de l'homme marque une étape de liberté et donc de responsabilité.

Le pape Pie XII a pris en compte les découvertes scientifiques sur l'évolution. Il faut cependant admettre une intervention explicite de Dieu pour créer l'âme et sortir l'homme de l'animalité.

Connaissance de son origine par l'homme
Connaissance de son origine par Adam

Adam sur la terre a été mis dans l'oubli du jardin d'Éden, du péché originel, et de la chute. Ainsi Adam est mis en autonomie par rapport à Dieu selon sa volonté manifestée par le péché originel.

Connaissance de sa divinité par Jésus

Jésus par son incarnation va prendre complètement notre humanité hormis le péché.

Dès lors on peut penser que Jésus ne savait pas qu'il était Dieu. Il va le découvrir progressivement avec les Écritures. Il en aura une confirmation éclatante par l'intervention directe de son Père lors de son baptême et lors de la transfiguration.

Naissance d'un humain

1 Cor 15, 44b-47 ; « **^{44b} S'il y a un corps animal, il y a aussi un corps spirituel. ^{45}C'est en ce sens qu'il est écrit : « Le premier homme, Adam, a été fait âme vivante » ; le dernier Adam a été fait esprit vivifiant. ^{46}Mais ce n'est pas ce qui est spirituel qui a été fait d'abord, c'est ce qui est animal ; ce qui est spirituel vient ensuite. ^{47}Le premier homme, tiré de la terre, est terrestre ; le second vient du ciel.** »

Lors de la procréation d'un être humain par un homme et une femme, nous réalisons la partie biologique (animale). La partie spirituelle est donnée par Dieu. Dieu est le seul en effet qui peut donner l'être car il est l'Être. Un étant, hormis Dieu, a l'être il ne peut donc donner l'être.

Dieu est Celui qui est, c'est-à-dire le Tout. L'homme est le Rien qui devient une partie du Tout par l'âme que lui infuse l'Éternel. Notre âme est une parcelle de Dieu enfermée dans un corps engendré par nos parents.

Maria Valtorta rapporte les paroles de Jésus :

« La vie n'est pas l'existence. L'existence n'est pas la vie. La vie qui s'attache à cette colonne existe, mais elle n'a pas de vie dont je parle. Cette brebis qui bêle, attachée à cet arbre, au loin, existe aussi, mais elle n'a pas la vie dont je parle. La vie, dont je parle, ne commence pas avec l'existence et ne prend pas fin en même temps que la chair. La vie, dont je parle, ne commence pas dans un sein maternel. Elle commence quand, dans la Pensée de Dieu, naît, créée par Lui, une âme faite pour habiter une chair. Elle prend fin quand le péché la tue.

D'abord, l'homme n'est qu'une semence qui se développe, semence de chair au lieu de gluten ou de moelle comme l'est celle des blés ou des fruits. Tout d'abord, ce n'est qu'un animal qui se forme un embryon animal pas différent de celui qui maintenant grossit dans le sein de cette brebis. Mais, à partir du moment où dans cette conception humaine pénètre cette partie incorporelle et qui cependant est la plus puissante dans son incorporéité qui l'élève, voilà qu'alors l'embryon animal, non seulement existe avec les pulsations de son cœur, mais « vit » selon la Pensée Créatrice, et devient homme, créé à l'image et à la ressemblance de Dieu, fils de Dieu, futur citoyen du Ciel. Mais ceci arrive si la vie dure. L'homme peut exister en gardant sa figure d'homme, mais n'étant déjà plus un homme, mais devenu un tombeau où la vie se décompose.

Voilà pourquoi je dis : « La vie ne commence pas avec l'existence et ne se termine pas quand la chair prend fin ». La vie commence avant la naissance. La vie, ensuite, n'a plus de fin, car l'âme ne meurt pas, c'est-à-dire ne s'anéantit pas. Elle meurt à son destin qui est céleste mais survit à son châtiment ; Elle meurt à ce bienheureux destin quand elle meurt à la Grâce. Cette vie, atteinte par une gangrène qui est la mort à son destin, se prolonge le long des siècles dans la damnation et le tourment. Cette vie, au contraire conservée telle qu'elle a été créée, atteint la perfection de la vie en devenant éternelle, parfaite, bienheureuse comme son Créateur.[29] »

Maria Valtorta rapporte les paroles de Jésus :
« L'homme est engendré comme tous les animaux par une union entre mâle et femelle. Mais l'âme, c'est-à-dire cette chose qui différencie

---

[29] « L'Évangile tel qu'il m'a été révélé » Maria Valtorta, Centre Editoriale Valtortiano, Tome 2 pages 486 et 487

l'animal-homme de l'animal-brute vient de Dieu. Il la crée toutes les fois qu'un homme est engendrée, ou plutôt : qu'il est conçu dans un sein et il la greffe en cette chair qui autrement serait seulement animale.[30] »

Maria Valtorta rapporte les paroles de Jésus : « Tout âme est une âme revêtue d'un corps, et l'âme ne peut vivre que dans les cieux.[31] »

Maria Valtorta rapporte les paroles de Jésus : « …dans l'homme-animal a été incorporée par Dieu une âme unique.[32] »

Maria Valtorta rapporte les paroles de Jésus :
« D'où vient l'âme ? Toute âme humaine ? De Dieu. Qui est Dieu ? L'Esprit très intelligent, très puissant, parfait. Cette chose admirable qu'est l'âme, chose créée par Dieu pour donner à l'homme son image et sa ressemblance comme signe indiscutable de sa Paternité très Sainte, résulte des qualités propres de Celui qui l'a créée. Elle est donc intelligente, spirituelle, libre, immortelle comme le Père qui l'a créée. Elle sort parfaite de la pensée divine et, à l'instant de sa création, elle est semblable, pour un millième d'instant, a celle du premier homme : une perfection qui comprend la Vérité par suite d'un don gratuitement donné. Un millième d'instant. Puis, une fois formée, elle est blessée par la faute d'origine.[33] »

Maria Valtorta rapporte les paroles de Jésus :
« Quand nous avons une chair animale dans le sein de notre mère, Dieu dans les Cieux a créé l'âme pour faire à sa ressemblance l'homme futur et il l'a placée dans la chair qui se formait dans le sein. Et l'homme, arrivé au moment de naître, est né avec son âme qui jusqu'à l'âge de raison a été comme une terre laissée en friche par son maître. Mais, arrivé à l'âge de raison, l'homme a commencé à raisonner et à distinguer le Bien et le Mal. C'est alors qu'il s'est aperçu qu'il avait une vigne à

---

[30] « L'Évangile tel qu'il m'a été révélé » Maria Valtorta, Centre Editoriale Valtortiano,, Tome 3 page 382
[31] Ibid, Tome 3 page 487
[32] Ibid, Tome 4 page 454
[33] Ibid, Tome 4 page 455

cultiver à son gré. Et il s'est aperçu qu'il avait un vigneron chargé de cette vigne : son libre arbitre.

En effet la liberté de se conduire, laissée par Dieu à l'homme son enfant, c'est comme un serviteur capable donné par Dieu à l'homme, son enfant, pour l'aider à rendre fertile la vigne, c'est-à-dire l'âme.[34] »

Maria Valtorta rapporte les paroles de Jésus :

« L'âme n'est pas la pensée, homme. L'âme, c'est l'esprit, le principe immatériel de la vie, le principe impalpable, mais vrai, qui anime tout homme et dure après l'homme. C'est pour cela qu'elle est dite immortelle. C'est une chose tellement sublime que la pensée, même la plus puissante, n'est rien en comparaison. La pensée a une fin, mais l'âme, bien qu'elle ait un commencement n'a pas de fin. Bienheureuse ou damnée, elle continue d'exister. Bienheureux ceux qui savent la garder pure ou la rendre pure après l'avoir rendue impure, pour la rendre à son Créateur comme Lui l'a donnée à l'homme pour animer son humanité…

Dans la pensée éternelle, l'âme, l'esprit est la chose qui règne dans l'homme, dans l'animal créé que l'on appelle : homme. Elle est venue du Roi et Père de tous les rois et pères, son souffle et son image, son don et son droit, et elle a pour mission de faire de la créature appelée homme un roi du grand royaume éternel, de faire de la créature appelée homme un dieu au-delà de la vie, un « vivant » dans la Demeure du très sublime, unique Dieu, elle a été créée reine, et avec l'autorité et le destin d'une reine. Ses servantes ce sont toutes les vertus et facultés de l'homme, son ministre la bonne volonté de l'homme, son serviteur la pensée, servante et élève la pensée de l'homme. C'est par l'esprit que la pensée acquiert puissance et vérité, acquiert justice et sagesse, et peut s'élever à une perfection royale…[35] »

---

[34] « L'Évangile tel qu'il m'a été révélé » Maria Valtorta, Centre Editoriale Valtortiano, Tome 6 page 278
[35] Ibid, Tome 7 page 438-439

3.2 Monde et humanité
3.2.1 Monde pour l'homme
Principe anthropique

Trinh Xuan Thuan, astrophysicien commente le dilemme[36] dans lequel nous laisse le principe anthropique (univers unique avec un créateur ou infinité d'univers parallèles où règne le hasard) : « **Je rejette l'hypothèse du hasard parce qu'en dehors du non-sens et de la désespérance qu'elle entraîne, je ne puis concevoir que l'harmonie, la symétrie, l'unité, la beauté que nous percevons dans le monde, des contours délicats d'une fleur à l'architecture majestueuse des galaxies, mais aussi de manière beaucoup plus subtile et élégante, dans les lois de la nature, soient le fait du hasard.**

Si nous acceptons l'hypothèse d'un seul univers, le nôtre, nous devons postuler l'existence d'une cause première qui a réglé d'emblée les lois physiques et les conditions initiales pour que l'univers prenne conscience de lui-même. La science ne pourra jamais distinguer entre ces deux possibilités : l'univers unique avec un créateur ou une infinité d'univers sans créateur. Jamais elle ne pourra aller au bout du chemin. Le résultat magique de Gödel nous a montré les limites de la raison. Il nous faut donc faire appel à d'autres mode de connaissance comme l'intuition mystique ou religieuse, informée et éclairée par les découvertes de la science moderne. Quoi qu'il en soit, une chose est sûre : l'univers ne nous est plus distant, étranger, mais intime et familier. ».

Les lois de la physique sont telles qu'elles permettent à la vie d'apparaître. Les lois physiques sont très finement ajustées[37] pour permettre l'émergence de structures biologiques complexes dans l'univers.

Le principe anthropique fort dit : « l'univers est créé pour l'homme par Dieu ». Le physicien britannique Brandon Carter précise :

---

[36] « Le chaos et l'harmonie »
[37] Le prix Nobel de physique Paul Dirac dans les années 30 sur les valeurs très précises et uniques des constantes sans lesquelles la vie n'est pas possible.

l'univers doit avoir des lois et des paramètres fondamentaux afin que des êtres évolués puissent y apparaître à un certain moment.

Le principe anthropique faible indique : « les constances et les phénomènes de l'univers sont des réglages fins ajustés pour faire apparaître la vie. » Le physicien britannique Brandon Carter donne la formulation : Une forme de vie s'interrogeant sur son environnement ne peut que constater l'existence d'un univers permettant l'apparition d'une telle forme de vie.

Adam et Ève, après le péché originel au jardin d'Éden, doivent vivre indépendamment de Dieu. Le but de l'univers, c'est de permettre à Adam et Ève de vivre et de procréer. Dieu crée donc l'univers en dehors de lui, pour qu'il produise cette nature unique l'homme. La raison d'être du pensant est dans l'Être nécessaire pour donner le sens. Le but de l'homme, c'est Dieu.

Adaptation du monde à l'intelligence de l'homme

Einstein disait : « **Ce qui est éternellement incompréhensible, c'est que le monde soit compréhensible.** ».

L'adéquation entre la complexité de l'univers et la possibilité pour l'intelligence humaine de le connaître, mais de ne l'appréhender que très progressivement, est un mystère insondable. Ce qui est merveilleux ce n'est pas que l'univers soit compréhensible, mais qu'il puisse l'être.

Le merveilleux c'est ce dosage fin et subtil entre la complexité de l'univers et la capacité de l'intelligence humaine de le connaître. Moins complexe, l'univers aurait déjà tout dit et où serait la liberté de l'homme ? Trop complexe, la connaissance nous amènerait à un seuil infranchissable et toute quête perdrait son intérêt, disparaîtrait. Or cette soif de connaissance est le propre de l'homme, connaître pour comprendre, comprendre pour aimer….

La vérité c'est l'adéquation de la chose et de l'esprit selon Saint Thomas. L'adéquation du réel et de l'intelligence est un cadeau de Dieu qui fait la joie des scientifiques, des explorateurs, des découvreurs. Les choses cachées sont comme un cadeau dans un emballage, ils représentent un acte d'amour.

Temps causalité (cause & effet), espace matière et énergie

Dieu, en sa prescience, connaît chaque évènement de chaque instant de l'univers passé, présent et futur. Cette préscience ne remet pas en cause la liberté partielle de l'homme.

C'est ainsi qu'avant la création de l'homme, Dieu sait qu'il y aura la chute de l'humanité et son rachat par son propre fils.

Après la chute du péché originel, Dieu crée l'univers tel que nous le connaissons pour accueillir l'homme.

Dieu crée la matière, le corps biologique mortel pour recevoir l'homme déchu, et déçu de son mauvais choix en Éden.

Dieu crée l'énergie pour permettre aux hommes d'agir sur eux-mêmes et leur environnement.

Dieu crée l'espace pour permettre aux êtres une indépendance les uns par rapport aux autres et en même temps la possibilité d'une relation les uns avec les autres.

Dieu crée le temps pour permettre l'évolution créatrice. Dieu crée le temps pour permettre l'usage progressif de la liberté. Dieu crée le temps pour permettre à l'homme de changer.

Avec le temps, est créée la causalité. La liaison cause-effet permet la mesure de la conséquence de ses choix et de ses actes et donc une éducation progressive.

Création des simultanés

Dieu crée tous les étant (terre, plante, animal, Adam et Ève) dans son monde. Avec la chute, ces étant sont objectivés dans le monde sensible.

L'apparition simultanée ou non, des instants passés du temps, réalise l'histoire de l'univers, tandis que l'homme (présence du jardin d'Éden) revêt son vêtement de peau (homme biologique passible de notre monde).

La création de l'univers matériel a précédé l'homme biologique pour nous. La création de l'univers est apparue en même temps que l'homme biologique pour Dieu. Il est apparu lorsque l'homme a été exclu de l'Éden après le péché originel.

Dieu accorde l'existence à ce qu'il crée dans l'instant de son éternité dans le monde des présences. Ce que crée Dieu apparaît à des moments et des lieux différents dans notre monde car le temps de Dieu n'est pas le temps des hommes.

Dieu peut créer tous les instants du monde en un instant, car Dieu est au-delà du temps. Dieu sérialise le temps pour laisser la liberté à l'homme. Dieu se cache en sa création. Dieu ne s'impose pas, il se propose. Comment pourrait-il en être autrement ? L'amour s'impose t-il ?

Évolution et liberté

Après la chute, l'espace-temps, la causalité et la matière-énergie sont créés en un instant. En un instant, le monde précédant les premiers homos sapiens est créé comme une multitude d'univers statique correspondant à chaque instant du temps discontinu. Le passage de chaque état statique au suivant, l'intervalle étant le temps de Planck, se définit par un lien de causalité.

Dieu matérialise alors le monde de l'Éden en lui donnant une histoire pour permettre à l'homme d'être libre. En effet si Dieu crée l'univers instantanément tel que nous le voyons aujourd'hui, il serait par trop présent, s'imposant lui-même à l'homme à travers son œuvre.

Dieu crée donc l'univers avec une histoire même s'il le crée instantanément dans toute son histoire car pour Dieu le temps n'existe pas, un instant est comme mille ans et mille ans comme un instant.

L'histoire de l'univers créée par Dieu permet la liberté de l'homme. La logique de l'évolution de l'univers allant du Bigbang à l'homme permet la liberté de l'homme par rapport à Dieu. Dans l'univers, Dieu se retire et s'efface devant l'homme, puisque telle est la volonté de l'homme en Éden.

Dieu a créé l'homme d'origine à son image. L'homme, cette merveilleuse créature, est libre. Cette liberté fait que l'homme devra poser un acte libre en demandant à Dieu de se révéler. Dieu permet à sa créature d'aller dans sa liberté jusqu'à renier son Créateur.

Participation de l'homme à la création

La création est racontée en 7 jours au début de le Bible dans le livre de la Genèse. Au début du livre de la Genèse, Dieu par son Verbe et son Esprit crée. Les cieux et la terre furent créés ensemble. Dieu crée les cieux et la terre, le monde supérieur et le monde inférieur dans le principe d'unité.

En Éden, la création était bonne car Dieu possède toutes les perfections et aucune ne lui manque (« **Et Dieu vit tout ce qu'il avait fait, et voici cela était très bon.** » Genèse 1, 31). Tous les vivants vivent en harmonie et tous les animaux se nourrissent de végétaux selon le plan de Dieu (Genèse 1, 29). Avant la chute, dans la Genèse, aucun vivant ne mange un autre vivant (après la deuxième venue du Seigneur il en sera de même dans le paradis retrouvé).

Dieu a voulu faire participer le créé à la création (Genèse 1, 11). Dieu a voulu la liberté de l'homme. Les deux premiers humains devaient faire le choix de Dieu et de son plan avant d'être divinisés et de se retrouver au paradis. Mais le mauvais choix d'Adam et Ève, que nous assumons tous comme pécheur, a entraîné la transformation du jardin d'Éden en notre monde physico-biologique.

Si notre univers émanait uniquement de Dieu, il serait parfait et achevé. Il serait parfaitement unifiée, tout en un dans l'harmonie des parties. Mais le mal est entré dans le monde. Et dès lors, le monde est tiraillé entre le bien et le mal, entre ordre et désordre, entre unité et division, liberté et esclavage.

Ceci explique que de nombreuses espèces disparaissent, que d'autres évoluent vers de nouvelles espèces (5 extinctions massives dont celle des dinosaures suite à l'impact d'une météorite, extinctions suivies par une forte augmentation d'espèces nouvelles).

Ceci explique que l'évolution soit chaotique avec des lignées d'évolution s'arrêtant, d'autres régressant, d'autres progressant.

Ceci explique que l'apparition de « monstres préhistoriques », d'êtres vivant au détriment d'autres êtres.

Ceci explique les systèmes de coopérations entre espèces, vital ou non. Ceci explique les systèmes de parasites entre espèces vital, ou non.

Ce dérèglement de la volonté divine trouve son sommet dans l'homme capable de meilleur et du pire.

L'unité (l'harmonie) de la vie est dans l'élan, dans l'impulsion première. Ensuite la création se fait avec la Terre.

L'élan premier de la vie se divise en se communiquant. La vie s'éparpille dans l'espace et le temps en une multitude d'espèces, certaines complémentaires, d'autres antagonistes. Dans ce fourmillement d'espèces certaines disparaissent, rétrogrades mais des rameaux progressent.

L'univers est inscrit dans la durée. La création est un processus lent et laborieux. Cette durée est invention, création, nouveautés incessantes. L'univers est la réalisation d'un plan mais l'évolution nous montre ordre et désordre, harmonie et non harmonie, progrès et régression.

Dès lors l'histoire du monde est l'histoire d'un enfantement lent et laborieux, de tentatives multiples et de lignées abandonnées.

La création se fait avec la Terre comme nous l'indique la Genèse. C'est un processus participatif de Dieu avec les hommes, commencé en Éden dans le monde des présences, mais qui se poursuit après la chute dans le monde des hommes.

Comparaison être présence et homme biologique

L'homme et la femme dans le jardin ont voulu se libérer de Dieu. Dieu a répondu à leurs demandes.

L'aventure humaine est l'objectivation, par l'homme, de la création originelle. L'être du monde des présences s'est mué en existence sensible et éphémère du monde des sens. La présence des choses en leurs essences du monde des présences s'est muée en choses présentes pour les sens.

L'être nous vient de Dieu. Il est notre vraie nature. L'être, après la chute, perd ses dons préternaturels. Le corps nous vient de l'animal et est l'objet de la science naturelle.

La génération biologique fournit à l'enfant, depuis et à cause de la faute originelle, la « tuniques de peau » accordée par Dieu après la chute. L'homme biologique, limité par son corps et ses 5 sens, naît de la chute.

Les parents sont procréateurs en fournissant à l'enfant son substrat biologique dans le spatio-temporel. Seul Dieu est créateur donnant l'être. A chaque naissance humaine par le processus horizontal de la génération biologique, Dieu crée verticalement l'être le revêtant de la « tuniques de peau » consécutive à la chute.

La transcendance divine nous crée, à son image et à sa ressemblance, de l'être qui est à celui qui en vient. Elle crée en chaque instant verticalement l'être à chaque « ici et maintenant » spatio-temporel. Dieu est présent en chaque instant et en chaque lieu les englobant dans son Éternité et dans sa transcendance par sa Présence créatrice et par sa grâce rédemptrice.

La chair rebelle n'est pas créée par la volonté de Dieu. Elle n'est pas celle de la création de l'origine en Éden. Elle est la conséquence de la chute. Il nous faut maintenant porter le poids de la matière avant la libération par la résurrection de notre corps à la suite du Christ.

Liberté et choix, les deux voies

L'homme va devenir libre dans un monde où il ne trouvera Dieu que s'il le cherche et le désire. Sinon où serait la liberté de l'homme ?

L'homme est en situation de choix multiples et successifs.

Romains 8, 5 : « **Ceux, en effet, qui vivent selon la chair ont des aspirations d'ordre charnel ; ceux qui vivent selon l'esprit en ont d'ordre spirituel.** »

Le monde est tiraillé entre deux courants. L'un d'eux, le mal (les mauvais anges) tire le monde vers l'esclavage, vers la mort, vers le mensonge, vers le laid, le désordre et la division. L'autre le bien (Dieu et les bons anges) tire le monde vers la liberté, vers la vie et sa force créatrice (la vie appelle à la vie nouvelle), vers la vérité, vers le beau, l'ordre et l'harmonie.

Ces deux voies du bien et du mal sont clairement expliquées dans la Didachè.

3.2.2 Extension de l'homme au corps social

Sélection naturelle et sociale

L'espèce humaine, comme les espèces animales, est le produit au moins en partie de l'évolution naturelle. Mais l'évolution de la lignée humaine ne s'explique pas que par la sélection naturelle, il faut prendre en compte également l'incidence sociale étudiée par la sociobiologie.

Dans l'espèce humaine, et bien que complexe à étudier, il faut prendre en compte le rôle de la sélection de groupe. Ce mécanisme favorise la survie du groupe au détriment de la survie de l'individu.

De même que les cellules sont spécialisées dans le corps humain, les hommes sont spécialisés dans la société. Ils forment des sociétés hiérarchisées basées sur la répartition des tâches. Le travail de chacun doit être valorisant et respecter son humanité (inverse du taylorisme).

La société sera harmonieuse si personne ne se considère supérieur aux autres, et si personne ne cherche à dominer autrui.

Extension de l'homme au corps social
Extension dans l'espèce

L'individu cherche à s'adapter à son environnement pour développer la vie. La vie cherche à mémoriser le passé, à conserver les acquis du passé inscrits dans les gènes. Pour évoluer vers le haut il faut garder les acquis du passé et en acquérir de nouveaux.

La sauvegarde du patrimoine génétique se trouve dans les procaryotes avec l'ARN, puis avec l'ADN qui garantie une meilleure préservation du patrimoine, puis avec les eucaryotes qui sécurise l'ADN en le gardant dans un noyau protecteur à l'intérieur de la cellule.

Le vivant cherche à se perpétuer dans ses gènes au-delà de la mort à travers la reproduction. Les organismes unicellulaires se reproduisent en se scindant en deux. Une individualité devient deux individualités distinctes même si le patrimoine génétique est le même. Chaque entité a une étendue, elles sont donc distinctes car leur rapport au monde est distinct. Les organismes plus évolués ont une reproduction sexuée. Un organisme doit trouver un organisme complémentaire pour la reproduction.

Extension humaine par le corps social

La phase embryonnaire de l'homme, allongée par rapport au singe, permet le développement des neurones. La mère enceinte est protégée par le corps social ce qui lui permet de développer des potentialités chez son petit pendant la gestation.

Le petit de l'homme est le seul petit être aussi démuni à la naissance. Le fait que le corps social prenne soin de lui au début, évite d'avoir à mettre en œuvre des moyens de survie immédiats et lui permet de développer des possibilités potentielles qui se manifesteront avec la maturité.

Le petit de l'homme est le plus immature de tous les vivants, mais celui qui a le plus de potentialité de développement jusqu'à l'âge adulte.

Par nécessité vitale, le petit de l'homme est celui qui a le plus développé la faculté d'attirer l'attention sur lui. Le corps social facilite l'acquisition d'une base de connaissance. À partir de cette base l'individu pourra s'élever.

L'être humain au fil de son histoire a recherché à vivre en famille, en tribu, en société. Le but est pluriel dans la vie en famille et en tribu. C'est d'abord pour mon existence propre : par le retour que me font les autres de la manifestation de mon être, j'ai conscience d'exister. C'est ensuite pour ma sécurité : on est plus fort à plusieurs pour défendre l'individu. C'est enfin pour ma raison d'être : je contribue à l'élan vital même inconsciemment, à la perpétuation ascendante de l'espèce.

La vie en société va permettre à l'individu de s'étendre en partageant les tâches basiques de vie et de survie entre les membres de la société. La réalisation de ces tâches va être plus performante et le temps qui y est consacré va se réduire d'autant. À travers ce gain, un double mouvement se dessine, d'une part l'homme va se consacrer à sa « vocation », d'autre part le corps social va croître du développement de chaque individu.

Dans la société, chaque individu peut jouer plusieurs rôles. Les fonctions assumées par les individus ne sont pas prédestinées par leur structure et peuvent évoluer dans le temps. Cependant chaque individu doit jouer un rôle qui correspond à un besoin du corps social. L'idéal est que ce rôle corresponde à sa vocation. À défaut, il pourra réaliser en partie sa vocation propre grâce au temps libre que lui dégage la vie en société.

Dans ce développement historique de la vie, d'abord en groupe familial, puis en tribu, enfin en société vont se développer l'individu certes, mais aussi un corps social de plus en plus évolué. Le corps social va devenir d'une certaine façon une extension de l'individu. Cette extension peut se faire, soit en permettant le développement en parallèle de l'individu, soit en réalisant l'aliénation progressive des individus.

Paradoxes du progrès
Les règles sont indispensables à la constitution du corps social et à la garantie d'une liberté individuelle, mais elles doivent permettre le développement de l'individu dans un cadre préétabli. Le développement de l'individu va permettre le développement de la société.

Si les règles aboutissent à la dictature, l'absence de liberté ne permet pas aux individus de se développer et donc de développer la société. La société perd de sa richesse, régresse en devenant progressivement monolithique.

Le développement du corps social est non linéaire, il se fait à travers différents ordres de crise. Les crises proviennent de la gouvernance et des règles de fonctionnement du corps social. L'équilibre est à trouver pour permettre le développement harmonieux du corps social, pas trop de directives pour ne pas être en dépendance d'un dictateur, suffisamment de directives pour ne pas être en dépendance d'individus ne respectant pas la liberté des autres. C'est dans cet équilibre fragile que le progrès de l'individu dans une liberté conditionnée peut permettre le progrès de la société.

Les crises proviennent du progrès non suffisamment adapté. Le progrès doit être accessible par les individus du corps social en évitant un cloisonnement par la technicité, par les moyens financiers ou autres, cloisonnement préjudiciable à l'harmonie et donc à la survie de la société.

Le progrès insuffisamment maîtrisé entraîne parfois des crises paradoxales. L'hôpital censé soigner donne des maladies nosocomiales. La voiture censé faire gagner du temps peut en faire perdre (panne, embouteillage). Les moyens de communication (écrit, téléphone, internet) censés multiplier les échanges, les amenuisent en les banalisant et en les rendant superficiels.

La convergence des nourritures par l'uniformisation en cherchant la plus rentable (sur quels critères ?) peut s'avérer à long terme catastrophique. Pour les céréales l'épeautre et la multitude d'espèces de blé, sont remplacés par une espèce de blé de plus en plus sophistiqué. Mais ce blé ne présente-t-il pas des risques quand à sa résistance dans le temps aux maladies et aux insectes ?

Les agriculteurs mettaient de côté une partie de la récolte pour les semences de l'année suivante, mais aujourd'hui, ils sont obligés d'acheter les semences à une multinationale de l'industrie agro-alimentaire, ce qui montre la fragilité de notre système.

Quelle valeur nutritive ces nouvelles céréales ont-elles réellement ? Sainte Hildegarde de Bergen défend les valeurs pour la santé de l'épeautre. Et nous que pouvons nous dire des nouveaux modes alimentaires et du développement des maladies ?

La multiplication des espèces par exemple de pommiers, de porcs domestiques, tout en constituant la richesse d'un terroir, était une garantie pour l'avenir en conservant un patrimoine susceptible de faire face aux différents aléas de l'environnement. La perte d'espèces de végétaux ou d'animaux est une bombe à retardement pour notre alimentation et pour notre santé.

La dictature de l'économie est néfaste pour l'Afrique. En voulant implanter du blé au lieu du millet adapté au milieu on a dégradé l'indépendance alimentaire de certains pays.

3.2.3 Culture et pensée

Richesse et développement

La nature est du domaine de l'inné, de l'instinct, de l'animal. La culture est du domaine de l'acquis, de l'intelligence, de l'homme.

Le développement technique et culturel s'explique davantage par le social que par le biologique.

Pour le sociologue Québécois Guy Rocher : « **La culture est un ensemble lié de manières de penser, de sentir et d'agir plus ou moins formalisées qui, étant apprises et partagées par une pluralité de personnes, servent, d'une manière à la fois objective et symbolique, à constituer ces personnes en une collectivité particulière et distincte** ».

La culture est un ensemble de caractéristiques concernant la manière de penser pour être, d'agir pour manifester son être et son essence, de sentir son être et le ressenti par les autres de la manifestation de son être. En ce sens la culture caractérise l'homme comme caractérisant l'être. Ces caractéristiques sont apprises et partagées par un ensemble de personnes qui constituent une collectivité ou un corps social.

La culture ne concerne que la race humaine qui est la seule à avoir la conscience d'exister, la seule à avoir un recul par rapport aux évènements, la seule à dégager du temps, de la liberté. La culture individuelle est évolutive toute la vie. La culture collective fixe par une stabilité une identité collective.

La culture est portée par la société et se transmet par l'apprentissage. Le petit de l'homme, avant sa maturité, dispose d'une durée conséquente pour acquérir les données culturelles de son groupe.

De même qu'il y a une évolution naturelle du vivant ; il y a pour le pensant en plus d'une évolution naturelle, une évolution culturelle. La culture peut être sujette à sélection. La culture qui donne satisfaction sera transmise.

Ainsi l'homme non seulement modifie son environnement mais se modifie lui-même. Les sélections culturelle et naturelle interagissent. En parallèle la culture humaine suit une évolution continue. La culture, singularité de notre espèce, est le résultat d'une évolution avec une indépendance croissante de l'environnement.

Richesse du partage ou uniformisation

L'avenir est à la gestion de deux tendances, la convergente et la fédératrice.

La tendance convergente d'une culture mondiale qui retient de façon planétaire un socle commun réduit. Cette tendance impose de façon dirigiste la base des acquis à retenir, et impose les acquis à transmettre (culture totalitaire).

La tendance fédératrice d'une culture mondiale qui accepte, à partir de principes généraux, un partage libre de l'ensemble des acquis culturels. Cette tendance doit laisser une liberté à des groupes dans le partage et la transmission des acquis culturels.

La convergence des cultures est une chance pour la communication et la compréhension entre les humains. Elle est aussi un risque d'appauvrissement par une uniformisation, destructrice d'un patrimoine et d'une potentialité.

Quel est l'impact de la multiplication des moyens de communications mondialisés sur la culture ?

La convergence des architectures est un exemple affligeant que l'on observe dans toutes les villes importantes du monde. On y retrouve le béton, le fer et le verre. C'est l'uniformisation, la banalisation qui n'élève pas l'âme, mais aurait tendance à l'endormir.

Le développement des moyens de mémorisation peut cependant garantir la sauvegarde du patrimoine de l'humanité.

La culture est en lien étroit avec le langage et les mathématiques. La culture est en lien étroit avec les symboles et les mythes.

Communication et développement

L'extension de la zone d'influence de certaines langues est facilitatrice dans la communication entre les humains. Malheureusement, elle va de pair avec la restriction d'influence d'autres langues et même avec l'extermination de certaines langues.

Ceci a un impact, le langage est non seulement un vecteur culturel mais il est partie prenante de la culture. Une centaine de langues disparaissent chaque année… Avec cette disparition peuvent disparaître des concepts spécifiques.

Sens des civilisations

L'homme au cours de son histoire s'est constitué en famille puis en tribu ou village. Progressivement l'histoire nous montre un regroupement des hommes en nations et civilisations. L'homme devient ainsi au corps social de plus en plus mondialisé, ce que la cellule est à l'homme.

Cette évolution des civilisations montre des branches qui se développent, d'autres qui régressent, d'autres qui s'arrêtent comme pour le développement des espèces.

Mais globalement, un élan vital tire vers le haut malgré les épiphénomènes, un élan vital tire vers la convergence des civilisations.

L'humanité habitait un village et nous ne le savions pas !

L'humanité ne tend-t- elle pas vers un point Omega[38], fin et finalité de toute chose ?

Le sens de l'humanité est-il Dieu en son Verbe incarné ?

Évolution collective de la pensée, Problématique des deux visions

L'homme doit choisir, se positionner entre deux visions. La vision matérialiste qui considère la vie comme manifestation émergente de la matière. La vision idéaliste qui sépare la matière et la vie.

Une vision moniste qui pense l'univers comme seule réalité fondamentale. Une vision matérialiste qui considère que seule la matière existe, que la conscience dérive d'une transformation de la matière. Une vision du monde moniste et causale où les phénomènes sont produits par les forces physico-chimiques de la matière. Une vision matérialiste moniste qui explique tout par les causes efficientes. Les matérialistes prennent les faits en faveur de l'évolution mais ajoute le hasard et la nécessité.

Pour le mécaniste, l'évolution est une suite d'adaptations des organismes aux circonstances extérieures. Cette vision clôt l'avenir, tout se déduit des évènements matériels mathématisables.

---

[38] Teilhard de Chardin

C'est une vision déterministe pour laquelle les formes sont le résultat de causes efficientes. Pour cette vision, il n'y a pas d'âme, pas de dieux, pas d'au-delà.

Une vision dualiste qui sépare dans l'univers le matériel et le spirituel. Une vision spiritualiste qui considère l'univers avec une nature spirituelle supérieure à la matière.
Une vision dualiste qui explique pour le vivant un plan de développement avec une finalité, une décision d'un créateur. Les finalistes prennent les faits en faveur de l'évolutionnisme mais ajoutent une force organisatrice qui conduit de la matière à la conscience.
C'est une vision finaliste qui tire l'évolution des formes par le but final. Pour le finaliste, l'évolution est la réalisation d'un plan d'ensemble. Cette vision clôt également l'avenir, tout est prévu à l'avance par un plan.

L'homme doit se positionner entre deux visions. L'idéalisme considère qu'il n'y a pas de réalité indépendamment de la pensée. Le monde réel n'existe que par les idées et les états de conscience. Le monde et l'être se réduisent à nos représentations. Le réaliste connaît les choses dans leur réalité et elles n'existent pas en dehors de leur matérialité.

Entre ces deux approches diamétralement opposées, y a-t-il de la place pour une approche raisonnée de la vérité ?
La succession causale des interactions et des évènements permet-elle de déterminer si l'évolution est le fruit du hasard et de la nécessité ou si l'évolution a une orientation et un but ? Dans l'évolution de leurs structures et de leurs performances, les organismes poursuivent-ils un projet qui les dépasse ?

Ces deux visions enferment l'homme. Elles ne permettent pas l'exercice de la liberté. Heureusement ces deux visions sont également fausses ou plutôt incomplètes. En effet dans la Genèse nous voyons que la terre participe à la création des végétaux.

L'évolution s'explique par un élan vital divin et une participation de la terre. De ce mariage de l'imparfait avec le parfait, de l'infini avec le fini va naître un processus évolutif qui a globalement un sens, qui est tiré par le haut. Mais ce processus, par la participation de la terre n'est pas linéaire. Il est une succession de tentatives avortées, d'essais non aboutis, de régressions même parfois ; mais malgré ces vicissitudes, un progrès se réalise, une montée s'opère, la création s'achève.

3.3 Liberté du pensant
3.3.1 Pensant et Intelligence
<u>Matière - énergie</u>
Matière

L'évolution physique des pré-humains vers l'homme est la progression vers la bipédie. La bipédie a permis de se déplacer debout et de libérer les mains. La main est libérée de son utilisation pour la locomotion avec la marche sur quatre membres ou avec le déplacement dans les arbres. La libération des mains amène un degré de liberté. Elle permet même de se déplacer tout en utilisant ses mains pour se défendre, pour porter, pour saisir.

L'extension des fonctionnalités du corps peut être trop lourde à porter par rapport à la durée d'usage pour que l'organisme développe lui-même cette possibilité à l'intérieur de lui-même. L'extension du corps en propre trouve sa limite dans l'utilisation fréquente ou non de l'extension par rapport aux enjeux pour l'organisme.

Grâce à son intelligence, l'homme va utiliser sa main libérée (de la marche et des limites du mouvement avec l'opposabilité du pouce) pour d'autres usages dont celui essentiel et libérateur de la fabrication d'outils. Par la réalisation et l'utilisation d'outils, l'homme fait donc sauter une limite et étend son extension. L'homme acquiert ainsi une liberté par rapport au simple vivant. Les outils peuvent être vus comme une extension externe du corps humain. L'outil développé pour un usage peut être changé sans être à charge pour l'organisme.

L'homme transforme la matière minérale en instrument d'action. L'homme par son intelligence fabrique des outils, des outils à fabriquer des outils, des instruments fabriqués pour servir à plusieurs usages. L'intelligence pour fabriquer compare sa représentation mentale de la forme de l'objet à fabriquer avec la matière disponible. L'intelligence travaille sur l'étendue (l'espace) de l'objet et peut le décomposer et le recomposer pour arriver à l'objet représenté. L'homme va au-delà de la spécialisation de ses propres organes. Il crée des outils plus spécialisés pour démultiplier ses possibilités, outils qui sont comme une spécialisation poussée de certains de ses organes.

L'homme assujettit la matière inorganique pour en faire un prolongement de son organisme, pour démultiplier ses possibilités de connaissance et pour améliorer son appréhension du monde. La meilleure connaissance de l'environnement permet un meilleur choix. L'homme va agir avec ses outils pour adapter son environnement. La main de l'homme avec l'outil permet de façonner le monde extérieur.

L'intelligence est obligée d'extraire une partie du tout pour connaître. L'intelligence ne peut pas appréhender le tout. Elle fait un extrait d'un système isolé, matière et énergie, supposé à tort indépendant du tout et veut étudier son fonctionnement, son équilibre pour en déduire son avenir. L'intelligence ne peut appréhender que la finitude de la matière et de l'énergie.

L'intelligence, malgré tous les progrès de la science, n'arrive toujours pas à comprendre ce qu'est fondamentalement la matière et l'énergie. Notre intelligence est prisonnière d'une dualité de la lumière qui se présente selon les expériences sous son aspect corpusculaire ou sous son aspect ondulatoire. Dans des expériences récentes, elle de présente simultanément sous un aspect ondulatoire et corpusculaire. Cette caractéristique est généralisable à l'énergie et à la matière, le français de Broglie ayant montré l'aspect ondulatoire de la matière.

Énergie

L'homme recherche des systèmes dé-multiplicatifs pour l'utilisation de sa propre énergie : le palan, le vélo, les palmes. L'homme maîtrise l'énergie externe pour éviter de se limiter à sa propre énergie et pour éviter de consommer son énergie interne. L'homme utilise l'énergie solaire, le vent, l'hydraulique, la vapeur d'eau, le charbon, le pétrole, le gaz, le feu, le nucléaire…

Le pensant comme le vivant, contrairement au minéral, n'est pas assujetti entièrement aux forces fondamentales de l'univers. Il accumule de l'énergie de façon à pouvoir s'opposer aux quatre forces fondamentales. Le pensant est moins assujetti que le vivant non-pensant par les forces fondamentales car il est inventif. Il réalise des outils et des machines, extension de lui-même, qui lui permettent d'aller plus loin, plus haut, plus vite… Le pensant est donc plus libre que le minéral et le vivant non-pensant.

C'est la quête de liberté, afin de ne plus subir mais d'agir sur la matière.

Cause - effet

Le développement de la connaissance des enchaînements cause-effet permet à l'homme d'agir sur son devenir et sur celui de l'univers à moindre coût.

L'intelligence extrait une partie du tout (matière et énergie) pour connaître et par la même se limite pour comprendre globalement l'ensemble des causes menant à un effet donné. L'intelligence appréhende le principe de causalité de façon très partielle. Dans beaucoup d'évènements la quantité de causes à prendre en compte ne lui permet pas de déterminer à l'avance l'effet.

L'intelligence n'appréhende le principe de causalité qu'en appréhendant le temps dans son sens d'écoulement et dans son sens de durée. Pour l'intelligence la ou les causes précèdent l'effet.

Le pensant, contrairement au vivant non pensant, n'est pas entièrement soumis au principe de causalité. Comme pour celui-ci les causes peuvent être externes ou internes. Pour les causes externes, énergie matière, l'homme s'en libère par l'énergie emmagasinée en lui, mais aussi en soumettant la matière et l'énergie, par exemple avec les moyens de transport. Pour les causes internes, l'homme n'est pas dépendant uniquement de son instinct. Certes dans certains cas d'urgence l'instinct fonctionne avec ses réflexes conditionnés, mais dans la plupart des cas l'homme a la possibilité de déterminer la cause pour atteindre l'effet désiré. Cette liberté est donnée à l'homme, par le recul qu'il peut prendre sur les évènements, pour poser un choix.

Les faits sont liés aux faits par des rapports de causalité. Le principe de causalité s'exprime dans le temps, la cause précède l'effet. Ce que l'on trouve dans l'effet est déjà au moins pour partie dans la cause. L'avenir est donc partiellement prévisible.

Espace - temps
Espace
La vie humaine s'est étendue sur l'ensemble de la terre dans toutes les niches écologiques en montrant une adaptabilité exceptionnelle.

Les moyens de locomotion (vélo, moto, auto, train, avion, fusée, bateau) permettent d'aller, soit là où l'homme ne pourrait pas aller avec ses propres moyens, soit de gagner du temps sur ses propres moyens de déplacement (marche à pied). Les moyens de visions permettent soit de voir plus loin (télescope), soit de voir plus près (microscope).

L'homme réalise une extension de son être par les outils lui permettant soit de se déplacer dans l'espace (moyens de transport) soit de ramener l'espace à lui (télescope et microscope)

L'intelligence ne peut pas appréhender le tout. L'intelligence ne peut appréhender que la finitude. Elle isole dans l'espace l'objet ou les objets.

L'homme maîtrise l'espace mieux que les autres formes de vie car il décuple ses possibilités de déplacement par ses inventions. Par son intelligence, il va au-delà de l'adaptation du corps au besoin de survie et de développement de la vie. L'homme prolonge son corps avec ses outils et son intelligence avec ses ordinateurs. L'instrument en prolongeant l'organisme pousse le champ des investigations possibles et ouvre l'étendue des possibilités d'actions. Il fait croître la liberté d'action.

L'instrument ne nécessite pas d'être porté continuellement par le corps, ni d'être nourri pour fonctionner. C'est donc une extension économique du corps.

Le pensant se libère en partie de l'espace par la mobilité physique de l'observateur ou de l'observé. Le pensant se libère du temps par la mémorisation et par les simulations.

Temps

L'homme est le seul vivant qui s'inscrit dans la durée. Par sa mémoire, l'homme garde trace de son passé, par son imagination et son intelligence il se projette dans des scénarios du futur.

L'homme réalise une extension de son être en créant les ordinateurs avec leurs mémoires centrales et secondaires développant les possibilités de calcul et de stockage de données. Avec les ordinateurs il réalise des calculs d'évolutions du futur.

L'intelligence cherche à trouver l'aspect répétitif des choses pour les soustraire à la durée et prévoir l'avenir à partir du passé. L'intelligence est statique dans sa réflexion. Elle recherche le stable et l'immuable. Elle ne se représente que l'immobilité. L'homme n'existe que dans l'instant. L'intelligence est obligée de décomposer le mouvement en instantanés juxtaposés comme les images d'un film. C'est ce que fait le calcul différentiel. Or il existe une infinité de fonction ayant même différentielle… Ceci étant, si le temps est discontinu la méthode de la science pour appréhender le mouvement s'approche de la réalité.

La science étudie dans le mouvement l'état arrêté, la succession d'états arrêtés. Elle présuppose la discontinuité du temps. Dans ce temps, il n'y a pas d'évolution au sens de continuité, mais une juxtaposition d'états. Le mathématicien s'intéresse davantage à la position d'arrivée en fin de mouvement plutôt qu'au mouvement lui-même. Le temps mathématique est le temps des horloges. C'est une application de la forme d'espace. Il est représenté en mathématique comme une dimension de l'espace.

La science ne peut pas maîtriser l'irréductible et l'irréversible, l'espace qui est tout et le temps qui s'écoule. L'intelligence appréhende cependant plus facilement l'espace que le temps, sans doute parce que l'humain a davantage conscience d'être inscrit dans un espace que d'être inscrit dans une durée. La vie est constituée d'instantanés qui se succèdent. La vie n'est qu'un présent, le passé n'est plus existant et le futur n'est pas encore existant.

Notre intelligence n'arrive pas à saisir sa propre causalité. Elle ne travaille que sur des éléments anciens ou actuels recomposés. Mais le nouveau, la vie, la mobilité de la vie, l'évolution lui échappent. L'intelligence ne s'attache qu'à la matérialité des choses dans l'espace à un instant donné.

L'intelligence est à l'aise dans l'immobile, dans le statique, dans le minéral. L'intelligence n'est pas à l'aise dans le vivant et encore moins dans le pensant car un sous-jacent qui donne le sens à l'évolution la dépasse.

Évolution créatrice de fonctionnalités
Essence du transformisme

Quel est le liant entre les vivants ?

L'évolution est un progrès continu et orienté dans un sens. Elle est marquée par une liaison organique dans la succession des vivants. L'évolution est créatrice et développe des fonctionnalités de plus en plus importantes.

La vie part de la bactérie, se développe en multiple branches et fonctionnalités. Cependant une branche va se développer au-delà de toutes les autres pour aboutir à l'homme, seul capable de liberté.

L'évolution fait émerger des êtres de plus en plus compliqués organiquement et de plus en plus centrés psychiquement, manifestant un retour sur soi de la pensée avec une question fondamentale existentielle : le sens, le pourquoi de mon existence.

La perception de l'existence et de la durée (écoulement du temps et impact du temps sur l'être), la réflexion sur l'irréversibilité et sur le sens de l'histoire amènent la question du futur, et donc du devenir de l'être. Quelle solution pour la continuité de l'évolution créatrice ?

Accroissement des fonctionnalités

La matière inerte s'adapte passivement en subissant le milieu. Le vivant s'adapte activement au milieu en se modifiant lui-même. Le pensant s'adapte activement au milieu en se modifiant lui-même et en modifiant le milieu. L'élan vital cherche l'indétermination et la liberté.

Le vivant dans l'animal évolué est un système organique assurant la pérennité et les besoins (fonction digestive, respiratoire, circulatoire) du système sensoriel et moteur. Le système organique apporte les besoins en énergie et l'indépendance au système sensoriel et moteur.

L'évolution est le développement du système nerveux et cérébral et des fonctions d'activités automatiques et volontaires. Cette évolution va libérer du temps et permettre la liberté.

L'évolution permet l'arrivée de l'homme. Cet être est le plus complexe de la nature, ce qui lui donne une panoplie de fonctionnalités considérables. Par exemple sa main lui donne une faculté d'agir sur l'environnement avec une précision inouïe. L'homme est l'organisme potentiellement et réellement le plus individualisé. La rencontre d'un homme et d'une femme, compte tenu de l'ensemble des potentialités de rencontre, limite la potentialité des enfants. Mais au niveau d'un homme et d'une femme les différentes combinaisons possibles entre les deux ADN est de l'ordre de plusieurs milliards. C'est dire la potentialité d'individus différents.

L'homme, identité unique, a seul la possibilité de se penser soi-même, d'agir sur son environnement et sur les autres, de ressentir l'impact de son action. Il a seul la possibilité de rechercher la connaissance en quête de vérité, de créer par l'art en quête de beau, de donner et se donner en quête de charité. Ces trois quêtes sont la quête d'un absolu qui est tout le sens de l'être de l'homme.

L'homme est le plus universel de toutes les créatures car il a conquis toute la terre et il cherche à connaître l'univers et à agir sur celui-ci. L'homme est le plus individuel, le plus libre, le plus indépendant de son environnement. En l'homme coïncident universalité et individualité.

Liberté, connaissance et créativité
La liberté augmente au rythme du temps libéré par l'homme sur les nécessités de la vie.

La connaissance va croissante de la connaissance de l'univers, à la connaissance du vivant et à la connaissance du pensant. L'information va croissante de l'instinct à l'intelligence.

La création va croissante dans les arts.

Et l'amour ?

De l'énergie à la matière, de la matière à la vie reproductrice avec le code génétique, des unicellulaires aux pluri cellulaires, des pluricellulaires à la flore, de la flore à la faune, de la faune à l'homme, tout est accroissement d'espace et temps, de causes et d'effets, de complexité et d'informations, de liberté et de créativité.

Conclusion
L'homme est le seul vivant ayant acquis autant de liberté avec l'espace, le temps, la matière, l'énergie, la causalité. Cette liberté est manifestée par l'homme, sommet et non fin de l'évolution créatrice. Cette liberté permet à l'homme de maîtriser en partie son évolution.

3.3.2 Comportement du pensant
Acte réflexe et acte volontaire
Le système nerveux est né comme les autres organes d'une spécialisation, d'une répartition des activités nécessaires au développement de la vie. Le système nerveux ne crée pas la fonction mais porte à un degré jamais atteint la précision mécanique de l'activité réflexe. Avec le vivant l'instinct apparaît pour réagir par un acte réflexe à l'environnement de façon à assurer la sauvegarde du vivant Avec l'humain le système nerveux amène la temporisation de réflexion, la décision, et le déclenchement de l'acte du volontaire.

L'instinct existe avec le vivant et le pensant. L'intelligence existe avec le pensant.

Intelligence et instinct

Chez l'homme, l'intelligence et l'instinct se complètent. Dans l'immédiat l'instinct prend le dessus sur l'intelligence pour les activités réflexes nécessaires à la sauvegarde de la vie. Dans la durée l'intelligence prend le dessus sur l'instinct.

L'instinct permet la connaissance et l'action inconsciente sur la matière vivante. L'instinct donne une réponse automatique, immédiate. L'instinct se limite à l'acquisition de connaissance dans l'instant et avec son corps, à décider par réflexe conditionné sans recul de la réflexion, à réagir en utilisant son corps. L'intelligence est la connaissance consciente et l'action consciente sur la matière minérale ou vivante. L'intelligence donne une réponse réfléchie, différée. L'intelligence n'est pas limitée dans l'acquisition de connaissances par l'instant (mémorisation par mémoire propre ou secondaire) et par son corps (outils microscope, télescope…), dans la réflexion avant décision (réflexion par développement de capacités propres ou d'outils ordinateurs…), dans la réaction (transport, outil, machine….).

L'instinct n'a pas de solution face à une situation nouvelle jamais rencontrée donc non mémorisée par l'organisme. L'intelligence face à une situation nouvelle cherche à la décomposer, à établir des rapports entre les parties et utilise sa connaissance des relations cause-effet. L'intelligence n'a pas besoin d'avoir déjà rencontré la situation pour trouver une solution.

L'instinct gère le présent avec l'espace, et réagit. L'intelligence gère le présent avec l'espace et le temps, et agit.

L'instinct adapte la vie au monde extérieur sans toucher à celui-ci. L'instinct d'un animal est la faculté de s'adapter aux nouvelles pressions de l'environnement et à s'y adapter pour essayer d'en tirer profit. L'intelligence va au-delà de l'organisme et cherche à utiliser la matière minérale à son profit. L'intelligence adapte le monde extérieur à la vie.

L'instinct animal analyse les relations entre les objets dans un cadre spatial limité à la vision. L'intelligence humaine analyse les rapports entre les objets dans un cadre spatio-temporel étendu par des fonctions de mémorisation élaborées.

L'intelligence est innée dans sa capacité à mettre des relations entre les objets, contenant et contenu, cause et effet. L'intelligence est unification par sa quête des relations entre les objets (matière, énergie, vivant, pensant). L'intelligence recherche ce qui unit les phénomènes observés. L'intelligence est la faculté de comparer.

L'intelligence va chercher dans une situation donnée les rapports possibles avec des situations antérieures ou avec une somme de situations élémentaires antérieures pour trouver une solution posée par le problème de l'instant. Avant d'agir, nous nous fixons un objectif et déterminons le mécanisme permettant de l'atteindre sur la base du principe de causalité que nous avons pu déduire de notre expérience avec des cas similaires.

L'intelligence humaine se réfère à la production de concept et d'idées. L'intelligence humaine analyse les relations entre des objets pour en extraire un concept caractérisant un groupe d'objets, et étudie les rapports entre concepts. L'intelligence humaine se libère ainsi de la matière et peut faire acte de création en représentations à partir de concepts. Elle peut ensuite réaliser cette représentation à partir de la matière. L'homme peut communiquer ces concepts à l'aide du langage parlé ou des mathématiques.

Intelligence et intuition

L'intelligence se rapporte à une connaissance différée, géométrique. Elle est connaissance de l'objet dans ses rapports avec les autres objets et son environnement. Elle connaît l'objet de l'extérieur dans ses rapports avec ce qui n'est pas lui-même et de ce fait obtient la connaissance de l'observé (l'objet) par la manifestation de son être. Cette connaissance est étendue car elle connaît l'objet et les objets présentant un rapport avec l'objet observé. La faiblesse de cette connaissance réside dans la profondeur de la connaissance.

L'intuition est une connaissance directe immédiate sans intervention du raisonnement. Lors d'une rencontre les sentiments de sympathie ou d'antipathie relève de la connaissance immédiate, de l'intuition, de l'esprit de finesse, de la connaissance par identification avec l'intérieur, avec l'être intérieur. L'intuition est connaissance directe par l'identification du moi avec l'objet ou l'être. Elle est connaissance ressentie intime, de l'intérieur.

La conscience chez l'homme est essentiellement intelligence, l'intuition a été sacrifiée. L'intelligence appréhende la matière, l'intuition appréhende la vie. L'intuition est vague et discontinue mais se réveille lorsque l'intérêt vital est en jeu.

Langage

La langue est un véhicule de communication entre les individus. La langue permet de véhiculer la culture.

Le langage est attaché dans un premier temps à un objet, à une opération. Puis le langage devient inventif. Sa richesse permet de décrire les nouvelles connaissances et d'entreprendre des nouvelles actions.

L'intelligence est libre et mobile. Elle fait des comparaisons, découvre des similitudes ou des analogies plus ou moins importantes entre les objets, les évènements...

La mobilité du mot lui permet de passer d'une chose, à plusieurs, puis au concept.

Le langage permet à la conscience de s'incarner, de conceptualiser et d'aller au-delà de l'objet et de la matière.

Christian de Duve, prix Nobel de médecine, nous dit : « **Selon la théorie que je défends, il est dans la nature même de la vie d'engendrer l'intelligence, partout où (et dès que) les conditions requises sont réunies. La pensée consciente appartient au tableau cosmologique, non pas comme un quelconque épiphénomène propre à notre biosphère, mais comme une manifestation fondamentale de la matière.** »

3.3.3 Sens du pensant, temps et liberté

Temps de Dieu

Le temps de Dieu est son Éternité, son Être même, car Il est sa propre manière d'être, et donc vivante Éternité.

Le temps du monde de Dieu est unique et indivisible, toujours présent (ici et maintenant) au temps du monde des hommes, le fondant. Rien n'y est successif, tout y est distinct sans confusion.

Le monde de Dieu est tout entier dans « l'Instant éternel ».

Il n'y a pas un temps où Dieu est seul, puis un temps d'origine de la création en Éden, puis un temps des hommes dans l'univers matériel, puis un temps de parousie et de retour à Dieu après la fin des temps. L'Éternité de Dieu contient tout en son Instant éternel.

L'acte créateur d'Origine se trouve hors du temps. Il le transcende et l'englobe en le fondant, lui et son contenu ontologique. Le temps n'est jamais qu'une question d'être ou d'exister.

Dieu ne vit et n'agit que dans son éternel présent.

Temps des hommes après la chute

Le monde des hommes est celui de nos perceptions et de l'univers de la science (matière-énergie, spatio-temporel, causalité). C'est le monde voulu par l'homme et accordé par Dieu en respect de la liberté de l'homme.

Le temps des hommes se caractérise par le passé, le présent et l'avenir. Par une succession de moments d'existence limités à un instant.

Chaque moment s'insère dans le monde de l'existence (celui des hommes) comme une successivité.

Cette successivité permet le principe de causalité.

Cette successivité permet les décisions multiples et successives.

La décision et la causalité permettent à l'homme de connaître l'impact de ses décisions.

La tragédie d'homme se déroule dans le nouveau monde matériel où l'homme progressivement connaît, se libère, décide.

Coexistence des deux temps (Monde des présences et monde de l'homme)

Saint Thomas dans la « Somme contre les Gentils » : « **l'Éternité coexiste avec chacun des moments du temps, sans que ceux-ci coexistent entre eux** »

Les deux mondes, leur temps associé, leur manière d'être ou d'exister, sont distincts et imbriqués depuis la chute au début du temps, jusqu'à la parousie fin des temps.

À la mort, l'homme corruptible dévoile l'homme incorruptible. La partie physique passible de l'homme disparaît et seul demeure l'homme spirituel en attendant la résurrection des corps libérés des lois physiques et biologiques (immortalité).

Les choses coexistent à l'éternité divine. Chaque moment du temps est présent réellement, dans son être, à la divine éternité. L'éternité toute entière est présente à chaque instant du temps de l'histoire. L'Éternité souveraine contient tout en son Instant éternel.

Avant la chute, liberté

Dieu est libre. L'homme voudrait avoir une emprise sur Dieu. L'homme voudrait lui dicter ce qu'il doit faire, lui dicter l'histoire du monde. Mais heureusement Dieu est libre, complètement libre. Il ne doit rien à personne, pas même l'existence.

Les anges et démons créés vivent éternellement. Plus précisément pour eux le temps, ou la dimension du temps n'existe pas. Le problème c'est que quand le temps n'existe pas, il n'y a pas de changement. Les bons sont toujours bons et les méchants toujours méchants. Les anges bons ou mauvais sont hors du temps. Ils ont fait leur choix en pleine liberté, en parfaite connaissance et donc, ils ont choisi une fois pour toute.

Dieu crée l'homme libre. L'homme aurait pu par création être tourné vers Dieu. Mais alors où serait la grandeur de l'homme ? En quoi serait-il à l'image de Dieu ?

Dieu crée Adam et Ève libres (l'humanité à travers eux), libres d'écouter et d'obéir (sh'ma) ou de se détourner de Dieu, libres de choisir entre le bien et le mal, de choisir entre l'être et le néant.

Adam et Ève goûtent du fruit de l'arbre de la connaissance du bien et du mal. Ils choisissent de désobéir à Dieu est donc de se centrer sur eux-mêmes au lieu de se centrer sur Dieu. Ils ont fait le mauvais choix en refusant le plan de Dieu.

Mais Dieu permet que ce choix ne soit pas définitif comme celui des anges. Dieu chasse Adam et Ève de l'Éden pour leur permettre de faire des choix multiples consécutifs et éducatifs. Dieu décide d'initier un processus éducatif pour sauver l'homme. Il ne donne pas une connaissance suffisante à l'homme pour faire un choix définitif. Sur la terre, l'homme aura une connaissance progressive. Il aura des choix progressifs à faire dont il pourra mesurer les conséquences.

<u>Après la chute, Liberté progressive et éducative</u>
Connaissance et liberté partielle

« **… Je pense que la plus haute faculté de l'homme est la liberté, et que Dieu la respecte.** » Jean Guitton dans « Un siècle, une vie ».

Dieu respecte trop l'homme pour lui imposer quoi que ce soit. L'amour n'impose jamais, mais propose toujours. Dieu laisse la liberté à l'homme, malgré son erreur, car il n'y a pas d'être sans liberté.

Dieu crée l'homme libre en partie, pour lui permettre un apprentissage progressif de la liberté avec la durée. L'homme peut choisir ou non Dieu. Il peut choisir entre le bien et le mal. Il peut choisir entre deux voies (Didaché). Mais une voie est la voie du bien qui rend libre, qui nous fait être avec Dieu. L'autre voie est la voie du mal qui rend esclave, qui nous fait non être. L'esclavage vient de la dette envers Dieu et envers l'homme par manque d'amour. Le non être vient que seul Dieu est l'Être.

L'aventure humaine, en Éden et en ce monde, est un passage le temps d'un choix libre pour le monde du bonheur, en Dieu et avec Dieu.

L'homme n'étant pas complètement libre et n'ayant pas une connaissance suffisante, fait des choix multiples. Il peut corriger un choix antérieur en mesurant les conséquences de celui-ci.

Invention du temps

L'expression de la liberté de l'homme est rendue possible par le monde espace-temps, matière-énergie, causes-effets. Le temps découpe des successions d'instants ou succession de choix. L'énergie donne les moyens de l'action. La matière est l'objet de l'action. L'espace localise l'action. Les causes-effets déterminent les conséquences des choix.

Dieu après l'égarement de l'humanité naissante, par amour, invente la manière de sauver l'homme. Dieu invente le temps, manifestant son amour, en permettant une issue à la chute d'Adam et Ève.

Le temps permet la merveilleuse histoire du salut (venue historique du Verbe - rachat par le sang de l'agneau) et permet à tout homme de changer. Dieu invente l'histoire du salut pour que les conséquences de la faute de l'homme ne retombent pas sur l'homme mais sur son propre Fils, le Verbe de Dieu qui se fait chair en Jésus.

Dieu crée le temps, permettant ainsi à l'homme d'exercer sa liberté pour faire un nouveau choix. Il peut vivre un avant mauvais (pour son malheur) et un après bon (pour son bonheur).

Le temps permet la liberté. Le temps permet d'inscrire la liberté dans la durée. Le temps permet des choix multiples et progressifs. Le temps permet l'éducation de l'homme par Dieu.

Le temps est une invention merveilleuse de Dieu. Le temps ne se remonte pas pour l'homme. Mais ce qui a été fait peut être défait. La mémoire que l'on a du temps passé témoigne certes de l'impuissance que l'on a à agir sur lui, mais aussi de la faculté que l'on a de corriger le tir dans le présent et le futur. Le passé est hors de prise pour l'homme. Mais pour Dieu le rachat, par le sacrifice de Jésus, permet tout parce que tout est accompli.

Dieu permet un espace de liberté à l'homme et construit donc le futur avec l'homme. La réalisation du futur ne dépend pas que de Dieu. Mais elle dépend d'autant plus de Dieu, que l'homme le souhaite.

Ecclésiaste 3, 1-11 :
**« Dieu a fait toute chose belle en son temps,
il a mis aussi dans leur cœur l'éternité,
mais sans que l'homme puisse connaître l'œuvre
que Dieu fait, du commencement à la fin. »**

Avec Einstein nous savons que l'univers se décrit à l'aide de trois dimensions d'espace et une dimension de temps. Nous savons aussi grâce à la relativité restreinte que la matière peut se transformer en énergie et donc qu'il y a équivalence entre d'un côté la matière et de l'autre l'énergie. Avec la relativité générale nous avons équivalence entre d'un côté la matière – énergie et de l'autre l'espace-temps. La matière crée un champ de gravitation, et le champ de gravitation définit un espace-temps.

La création de la matière a été concomitante avec le déploiement de l'espace-temps.

Certains physiciens, à la suite de travaux de mathématiciens (géométrie non commutative d'Alain Connes), en étudiant le début de l'univers, se demandent si le temps ne viendrait pas d'une transformation d'une quatrième dimension de l'espace.

D'autres physiciens se demandent, si à l'échelle microscopique l'espace a plus de 3 dimensions. Cette dimension supplémentaire d'espace supprime-t-elle le temps ? Explique-t-elle certains problèmes de causalité où l'effet semble précéder la cause ? Explique-t-elle la transmission instantanée d'informations entre deux particules liées dans leur histoire ?

Grâce au temps l'homme peut changer. Le moi qui dure, est le moi qui change. Tout changement est une création. Le temps inscrit une création, une évolution créatrice.

Dieu décide d'initier un processus éducatif pour sauver l'homme. Il ne donne pas une connaissance suffisante à l'homme pour faire un choix définitif.

Sur la terre, l'homme aura une connaissance progressive. Des choix progressifs à faire dont il pourra mesurer les conséquences.

Dieu connaît et approuve, de son regard créateur, dans sa Présence, toutes les réalités contingentes et libres. Le futur est présent à Dieu avec sa contingence et sa liberté. La présence d'une chose est sa réalité ontologique fondatrice. L'existence spatio-temporelle est sa manifestation sensible et historique.

La liberté ne vient à nos actes que par le temps, succession d'instants, permettant la causalité. La causalité permet de prendre en compte la portée de nos décisions.

2 Corinthiens 3, 17 : « **Or le Seigneur, c'est l'esprit, et là où est l'esprit du Seigneur, là est la liberté.** »

En Éden nous avons le choix entre le oui et le non de l'offre divine.

Dans le monde il s'agit de choisir entre le bien et le mal.

La vraie liberté est verticale alors que le conditionnement est toujours horizontal.

Amour, être, liberté, vérité

Il n'y a pas de liberté sans Vérité.
Il n'y a pas d'être pensant sans liberté.
Il n'y a pas d'amour sans être.

Dieu est celui qui possède en perfection et infinité ;
- la Vérité de la connaissance,
- la Liberté autonome,
- l'Être, sans avoir quoi que ce soit d'autre que ce qu'il est, ayant en lui sa propre raison d'Être,
- l'Amour dans le don total de lui-même, explicité par la Trinité, l'union hypostatique, l'incarnation-rédemption.

Le pensant n'est pas abandonné à lui-même dans son monde. Dieu n'a de cesse de se révéler à l'homme.

4 Communication de Dieu en son Verbe

4.1 Alliance et annonce prophétique

4.1.1 Alliance avec les patriarches

Volonté de communication de Dieu

L'homme, à travers Adam, a rejeté Dieu en ne lui obéissant pas en mangeant du fruit de l'arbre de la connaissance du bien et du mal. Dès lors Dieu va n'avoir de cesse d'établir à nouveau une alliance avec l'homme.

La Bible est tout entière l'histoire de la communication de Dieu avec l'homme. Elle manifeste l'amour de Dieu.

Dans l'ancien testament, Dieu se communique aux hommes par la loi et les prophètes. Dieu prépare le peuple hébreu à la venue du « Messie », de l'envoyé (du grec Christ). Ce Messie doit délivrer l'homme du péché.

Dans le nouveau testament, Dieu se révèle aux hommes par le Verbe incarné en Jésus qui est Dieu, et par le Saint-Esprit qui est Dieu. Jésus dira d'ailleurs aux docteurs de la loi que les Écritures de l'Ancien Testament lui rendent témoignage.

« **Vous scrutez les Écritures, parce que vous pensez avoir en elles la vie éternelle ; or, ce sont elles qui rendent témoignage de moi...** » Jn 5, 39.

Incommunicabilité du nom et du visage de Dieu

La Bible manifeste la volonté de Dieu de se communiquer à l'homme, mais Dieu est au-delà de tout être et de toute intelligence. La difficulté c'est que Dieu ne peut montrer son visage et ne peut donner son nom. Comment Dieu va-t-il révéler son Être ?

Dieu ne peut révéler son visage car étant Dieu, il ne peut être enfermé dans un visage. Montrer son visage c'est montrer son être. Or Dieu est infini, un visage ne peut révéler son Être.

Voir la face de Dieu nécessite une certaine correspondance entre celui qui voit et celui qui est vu. À travers les regards échangés passe une connaissance de l'autre. Dieu étant infini dans ses perfections ne peut être vu tel qu'il est par un être fini et imparfait. Personne ne peut voir Dieu sans mourir instantanément nous dit la Bible. L'homme ne peut supporter la présence de la sainteté de Dieu car tout homme est pécheur. L'homme ne peut supporter la révélation de l'amour de Dieu car tout homme est trop limité en amour.

Dieu est au-delà de tout. Il ne peut être contenu dans un nom. Dieu ne peut pas révéler son nom, car étant Dieu, il ne peut être enfermé dans un nom. Dieu est au-delà de tout et ne peut être enfermé dans une fonction, une vocation, une essence, un être. Dieu est infini, un nom ne peut révéler son Être. Il n'est pas possible d'attribuer un nom à Dieu. Dieu dans ses infinitudes ne peut pas être enfermé dans un nom. Car qui peut prendre autorité sur Dieu ? Qui peut enfermer Dieu dans un nom ? Qui est comparable à Dieu ?

Cependant si Dieu veut entrer en relation avec l'homme, il doit s'identifier, montrer qu'il est une personne, un être. Le sommet de la communication de Dieu est l'incarnation du Verbe. Dieu se communique pleinement à l'homme en le rejoignant dans son humanité par l'incarnation du Verbe, en révélant son nom et son visage dans sa nature humaine.

Saint Paul nous le dit dans l'épître aux Col 1, 15 : « **Il (Jésus) est l'image du Dieu invisible, né avant toute créature** »

Adam

Un rédempteur est annoncé au premier homme.

Gn 3,15 : « **Et je mettrai une inimitié entre toi (le serpent) et la femme, entre ta postérité et sa postérité ; celle-ci te meurtrira à la tête, et tu la meurtriras au talon.** »

La femme est Ève et sa postérité. C'est aussi Marie, la nouvelle Ève et sa postérité à travers son Fils, Jésus. Nous sommes en effet de la postérité de Jésus. L'univers a été fait par lui, pour lui et en lui.

Le serpent vient de pousser Adam et Ève à pécher. Le texte du verset 3, 15 nous parle d'une femme mystérieuse et de sa postérité, qui écrasera la tête du serpent. La postérité de la femme est une appellation inhabituelle. Mais Marie attendra Jésus sans intervention de l'homme, parce que le Saint-Esprit la couvre de son ombre (Lc 1, 26-38).

Ga 4,4 : « **Mais, quand les temps furent accomplis, Dieu**

envoya son Fils, né d'une femme, né sous la Loi, pour racheter ceux qui étaient sous la Loi, afin que nous recevions la qualité de fils. »

Noé

Gn 6, 3 : « **Et YaHWeH dit : « Mon Esprit ne demeurera pas toujours dans l'homme, car l'homme n'est que chair, et ses jours seront de cent vingt ans. ».**

Les erreurs de l'homme montrent qu'il n'écoute pas l'Esprit de Dieu. Dieu est fatigué de l'homme qui n'écoute pas son Esprit à un point tel qu'il se repend d'avoir fait l'homme sur la terre. Et Dieu veut effacer l'homme de la surface de la terre. Mais un homme, Noé, trouve grâce aux yeux de Dieu. Dieu veut le sauver et passer une alliance avec lui.

Gn 6, 18a : « **Mais j'établirai mon alliance avec toi…** »

Noé met sa famille dans l'arche qu'il a construite selon les directives de Dieu avec un couple de tout être vivant. Dieu envoie le déluge pendant 40 jours et toute chair qui remuait sur la terre expira.

Après ces évènements le Seigneur dit au chapitre 8 au milieu du verset 21 : « **Je ne maudirai plus désormais la terre à cause de l'homme…** »

Dieu nous apparaît dans ce passage humain. Il se lasse d'essayer de diriger l'homme pas son Esprit, alors que celui-ci n'en fait qu'à sa tête. Heureusement pour l'homme, après le déluge, Dieu décide de ne plus maudire le sol à cause de l'homme.

Gn 9, 13 : « **J'ai mis mon arc dans la nue, et il deviendra signe de l'alliance entre moi et la terre.** »

Gn 9, 17 : « **Et Dieu dit à Noé : « Tel est le signe de l'alliance que j'ai établie entre moi et toute chair qui est sur la terre.** »

Abraham
Alliance avec Abraham

Dieu demande à Abram (Abraham) de quitter son pays.

« **¹Le Seigneur dit à Abram : « Pars de ton pays, de ta famille et de la maison de ton père vers le pays que je te ferai voir. » ²Je ferai de toi une grande nation et je te bénirai.** » (Gn 12, 1-2)

A travers la demande du Seigneur à Abram, nous pouvons voir

une demande qui nous est faite. Quitte tes intérêts du monde terrestre et préoccupe-toi du royaume de Dieu.

Il y a un temps d'exode, ou temps de purification avant d'atteindre le pays de Dieu.

Dieu promet à Abram (Abraham) son alliance en Gn 12, 3 : « **Je bénirai ceux qui te béniront, et celui qui te maudira, je le maudirai, et toutes les familles de la terre seront bénies en toi.** »

Dieu annonce à Abram qu'il aura une prospérité très abondante en Gn 15, 5 : « **Et, l'ayant conduit dehors, il dit : « Lève ton regard vers le ciel et compte les étoiles, si tu peux les compter. » Et il lui dit : » Telle sera ta postérité.** » Abram deviendra une grande nation, père d'une multitude.

Dieu passe une alliance avec Abram pour lui donner un pays en Gn en 15, 18 : « **En ce jour-là, YaHWeH fit alliance avec Abram, en disant : « Je donne à ta postérité ce pays, depuis le fleuve d'Égypte jusqu'au grand fleuve, au fleuve de l'Euphrate…** »

Dieu demande à Abram de marcher en sa présence et d'être intègre. Dieu explique sa volonté de faire alliance avec Abram et de lui assurer une descendance en Gn 17, 2 : « **J'établirai mon alliance entre moi et toi, et je te multiplierai à l'infini.** »

Dieu donne à Abram son nouveau nom Abraham, père d'une multitude. Le signe de l'alliance c'est la circoncision des mâles, c'est un signe de fécondité.

Le nom d'Abram et de Saraï est modifié par Dieu par l'introduction du hé qui inscrit en eux le nom de Dieu, qui inscrit leur appartenance à Dieu. Ceci scelle l'alliance entre le Créateur et le père des croyants.

Les juifs donnent le nom du garçon à son huitième jour au moment de la circoncision. La circoncision est le signe de la vie créative. C'est le signe de l'identification de l'homme au Dieu créateur. Pour la fille le nom est donné durant l'office du shabbat qui suit la naissance.

Gn 17, 7 : « **J'établis mon alliance, entre moi et toi et tes descendants après toi, d'âge en âge, en une alliance perpétuelle, pour être ton Dieu et le Dieu de tes descendants après toi.** »

Annonce du juste qui sauve les pécheurs et sacrifice d'Isaac

Abraham intervient pour sauver Sodome qui a fait de lourds

péchés. Dieu veut détruire Sodome et Gomorrhe pour l'énormité de leurs péchés. Abraham obtient que ces villes ne soient pas détruites s'il s'y trouve cinquante justes, puis de négociation en négociation, obtient que la ville ne soit pas détruite s'il s'y trouve dix justes (Genèse 18,16- 33).

La parole de Dieu annonce donc qu'un ou plusieurs justes peuvent sauver des pécheurs.

Dieu prévient Abraham que c'est d'Isaac que viendra la postérité.

Gn 21, 12 : « **car c'est d'Isaac que naîtra la postérité qui portera ton nom.** »

Gn 22, 1-2 : « ¹**Après cela, Dieu mit Abraham à l'épreuve et lui dit : « Abraham ! »** ²**Il répondit : « Me voici. » Et Dieu dit : « Prends ton fils, ton unique, celui que tu aimes, Isaac, et va-t-en au pays de Moria, et là offre-le en holocauste sur l'une des montagnes que je t'indiquerai.** »

L'ange du Seigneur arrête Abraham avant que ce dernier n'égorge Isaac.

Gn 22, 12 : « **Et l'ange dit : « Ne porte pas la main sur l'enfant et ne lui fais rien ; car je sais maintenant que tu crains Dieu et que tu ne m'a pas refusé ton fils, ton unique.** »

Un sacrifice eut quand même lieu mais avec un bélier. Dans Abraham nous pouvons voir l'image du Père éternel qui va sacrifier son Fils unique Jésus.

Paul dans Romains 9 reprend le rapprochement entre Jésus et Isaac.

Promesse messianique à d'Abraham

L'ange du Seigneur appelle Abraham. Il parle pour YaHWeH et annonce des bénédictions à Abraham parce que ce dernier ne lui a pas refusé son fils, son unique.

Gn 22, 18 : « **En ta postérité seront bénies toutes les nations de la terre, parce que tu as obéi à ma voix.** »

Dieu promet à Abraham que sa postérité (semence) serait une bénédiction pour le monde entier et que ses descendants allaient devenir extrêmement nombreux.

Le Messie sera lui-même un descendant d'Abraham. À travers lui, les promesses faites à Abraham pour son peuple vont s'étendre à toutes les nations. Des millions de personnes vont connaître le Dieu d'Israël par le Messie d'Israël. Ces personnes recevront les bénédictions spirituelles promises à Abraham et deviendront chrétiens.

Mt 1, 1 : « **Généalogie de Jésus-Christ, fils de David, fils d'Abraham.** »

Ga 3, 16 : « **Or, c'est à Abraham que les promesses ont été faites et à sa descendance. On ne dit pas : « et à ses descendants » comme pour plusieurs, mais comme pour un seul : « et à ta descendance, »** qui est le Christ. »

Isaac

Comme en Gn 22, 18 pour Abraham, YaHWeH renouvelle sa bénédiction pour Isaac.

Gn 26, 4 : « **Je multiplierai ta postérité comme les étoiles du ciel, et je donnerai à ta postérité toutes ces contrées, et en ta postérité seront bénies toutes les nations de la terre…** »

Gn 26, 24 : « **YaHWeH lui apparut cette nuit-là et dit : « Je suis le Dieu d'Abraham, ton père ; ne crains point, car je suis avec toi ; je te bénirai et je multiplierai ta postérité, à cause d'Abraham, mon serviteur.** »

Isaac est le fils de la promesse de Dieu faite à Abraham malgré son âge, et celui de Sarah. Son nom signifie : « fils de l'impossible ».

Jacob
Échelle de Jacob

Gn 28, 12 : « **Il (Jacob) eut un songe : et voici, une échelle était posée sur la terre et son sommet touchait au ciel ; et voici, sur elle des anges de Dieu montaient et descendaient, et au haut se tenait YaHWeH.** »

L'échelle que Jacob vit en songe allait de la terre au ciel, terre demeure des hommes, ciel demeure de Dieu. L'échelle qui relie l'homme à Dieu c'est le Verbe, car le Verbe est pleinement homme et pleinement Dieu. Le Verbe est descendu sur terre pour nous proposer de monter avec et par lui par cette échelle vers le Père. Les anges sont chargés d'accompagner les hommes dans cette montée vers le ciel.

Alliance

Gn 28, 13-14 : « **[13]Il dit : « Je suis YaHWeH, le Dieu d'Abraham, ton père, et le Dieu d'Isaac. Cette terre sur laquelle tu es couché, je te la donnerai, à toi et à ta postérité. [14]Ta postérité sera comme la poussière de la terre ; tu t'étendras à l'occident et à l'orient, au septentrion et au midi, et toutes les familles de la terre seront bénies en toi et en ta postérité.** »

Jacob devient Israël, « Dieu fort ou fort contre Dieu », après avoir combattu Dieu. Le Dieu d'Abraham, Isaac et Jacob va continuer au fil de l'ancien testament de montrer qu'il veut faire alliance avec l'homme et avec son peuple.

Prophétie de Jacob

Jacob, fils d'Isaac, bénit ses douze fils avant de mourir. Jacob prédit que le sceptre ne sortira point de Juda

Gn 49, 10 : « **Le sceptre ne s'éloignera point de Juda, ni le bâton de commandement d'entre ses pieds, jusqu'à ce que vienne Schiloh (ou celui auquel il appartient) ; c'est à lui que les peuples obéiront.** »

Le passage de la Genèse indique qu'un mystérieux « **Schiloh** » se lèvera de la tribu de Juda et règnera sur son peuple. Ce mystérieux Schiloh fait référence au Messie. D'autres traductions indiquent « **Celui auquel il (le sceptre) appartient** » faisant ainsi plus explicitement référence à Jésus. Mt 11, 27a : « **Toutes choses m'ont été remises par mon Père…** ». L'homme a été créé par Dieu et pour Dieu. L'homme appartient donc au Verbe (Dieu et Homme) et les peuples lui doivent obéissance. Ce passage représente l'annonce de la venue du messie.

La domination de la maison de Juda ne cessera pas jusqu'à ce que le Messie vienne. David et ses successeurs sont issus de la tribu de Juda.

Hérode Ier édomite converti au judaïsme, fils d'une nabatéenne, est nommé roi de Judée de 37 av. J.C. à 4 av. J.C. Il met fin ainsi à la dynastie hasmonéenne juive. La Judée devient alors une province vassale de Rome rattachée à la grande province romaine de Syrie-Palestine.

Le signe messianique de la Genèse s'accomplit avec Hérode Ier puisque le sceptre s'éloigne définitivement de Juda. L'autorité passe aux romains. Mais Jésus descendant de Juda (« **Jésus …fils de Juda** » - Lc 3, 23a …..33b) n'est pas venu instaurer un royaume en Israël, mais annoncer le royaume de Dieu.

Promesse messianique
« **Je le vois, mais non comme présent ; je le contemple, mais non de près. Un astre sort de Jacob, un sceptre s'élève, issu d'Israël.** » (Nb 24,17a)

Dans cet oracle de Balaam, fils de Béor il est confirmé qu'un astre (la lumière, le Messie) sort de Jacob. Il brandira le sceptre d'Israël.

« **Jésus…fils de Jacob, fils d'Isaac, fils d'Abraham…** » (Lc , 23a ….. 34)

Moïse, Naissance et vocation (Exode 3 et 4)
Naissance
En ces temps anciens les hébreux sont réduits en servitude en pays d'Égypte. Pharaon craignant la multiplication des fils d'Israël décide de noyer les garçons nouveau-nés.

Un homme et une femme de la famille de Lévi ont un fils. Ils décident de le confier dans une caisse au fleuve. La fille de pharaon recueille l'enfant, et adopte ce Moïse comme son fils. À l'âge adulte, Moïse prend la défense d'un hébreu et tue un Égyptien. L'apprenant, Pharaon veut alors tuer Moïse. Ce dernier s'enfuit pour s'établir en terre de Madian. Là, il se marie et a un fils.

Rencontre et mission
Moïse est appelé à travers le buisson ardent sur la montagne de Dieu au mont Horeb. C'est là que Dieu révèle à Moïse sa mission : il doit faire sortir son peuple de la maison de servitude en Égypte. Moïse demande alors son nom à Dieu, et celui-ci répond : « Je Suis ».

Fléaux d'Égypte
Pour faire plier Pharaon, Dieu fait tomber 10 plaies sur l'Égypte : l'eau changée en sang, les grenouilles, les moustiques, la vermine, la peste du bétail, les furoncles, la grêle, les sauterelles, les ténèbres, la mort des premiers-nés d'Égypte.

Dieu annonce à Moïse que tout premier né en Égypte mourra, mais que les hébreux seront épargnés.

Rites de la Pâque

Le quatorzième jour du mois entre les deux soirs l'agneau sans défaut est immolé. Son sang est mis sur les deux montants et le linteau de la porte. L'agneau est mangé rôti avec des pains sans levain et des herbes amères. Il est mangé à la hâte, les reins ceints, les sandales aux pieds, et le bâton à la main.

La mort passe pour frapper de mort les premiers-nés d'Égypte, mais épargne les fils d'Israël à cause du sang de l'agneau.

Ex 12, 23a : « **Le sang sera un signe en votre faveur sur les maisons où vous êtes : je verrai le sang et je passerai par-dessus vous...** »

Guide

YaHWeH guide son peuple dans le désert.

Ex 13, 21 : « **YaHWeH allait devant eux, le jour dans une colonne de nuée, pour les guider dans leur chemin, et la nuit dans une colonne de feu, pour les éclairer, afin qu'ils pussent marcher le jour et la nuit.** »

Passage de la mer rouge

Pharaon se ressaisit après le départ des hébreux. Il poursuit les fils d'Israël avec ses chars. Moïse fait alors ce que YaHWeH lui a dit. Il étend la main sur la mer qui s'ouvre pour laisser passer Israël. Moïse étend à nouveau la main et les eaux se referment sur l'armée de pharaon.

Désert, Eau et manne

Dieu fournit à son peuple élu, l'eau, la manne, et des cailles pour le nourrir dans le désert.

Alliance - décalogue

Dieu donne sa loi à Moïse sous la forme du décalogue sur le mont Sinaï.

Ex 20, 1-17 :

« **¹Et Dieu prononça toutes ces paroles en disant :**
²Je suis YaHWeH, ton Dieu, qui t'ai fait sortir du pays d'Égypte, de la maison de servitude.

³Tu n'auras pas d'autres dieux devant ma face.

⁴Tu ne feras pas d'image taillée, ni aucune figure de ce qui est en haut dans le ciel, ou ce qui est en bas sur le terre, ou de ce qui est dans les eaux au-dessous de la terre. ⁵Tu ne te prosterneras pas devant elles et tu ne les serviras point. Car moi YaHWeH, ton Dieu, je suis un Dieu jaloux, qui punis l'iniquité des pères sur les enfants, sur la troisième et sur la quatrième génération pour ceux qui me haïssent, ⁶et faisant miséricorde jusqu'à mille générations, pour ceux qui m'aiment et gardent mes commandements.

⁷Tu ne prendras point le nom de YaHWeH, ton Dieu, en vain, car YaHWeH ne laissera pas impuni celui qui prendra son nom en vain.

⁸Souviens-toi du jour du sabbat pour le sanctifier. ⁹Pendant six jours tu travailleras, et tu feras tout ton ouvrage. ¹⁰Mais le septième jour est un sabbat consacré à YaHWeH, ton Dieu : tu ne feras aucun ouvrage, ni toi, ni ton fils, ni ta fille, ni ton serviteur, ni ta servante, ni ton bétail, ni l'étranger qui est dans tes portes. ¹¹Car pendant six jours YaHWeH a fait le ciel, la terre, la mer et tout ce qu'ils contiennent, et il s'est reposé le septième jour ; c'est pourquoi YaHWeH a béni le jour du sabbat et l'a sanctifié.

¹²Honore ton père et ta mère, afin que tes jours soient prolongés dans le pays que YaHWeH, ton Dieu, te donne.

¹³Tu ne tueras point.

¹⁴Tu ne commettras pas d'adultère.

¹⁵Tu ne déroberas point.

¹⁶Tu ne porteras pas de faux témoignage contre ton prochain.

¹⁷Tu ne convoiteras point la maison de ton prochain ; tu ne convoiteras point la femme de ton prochain, ni son serviteur, ni sa servante, ni son bœuf, ni son âne, ni rien de ce qui appartient à ton prochain. »

Le décalogue est repris en Dt 5, 6-18.

Rupture de l'alliance avec le veau d'or

Ne voyant pas Moïse revenir, le peuple se fait avec Aaron un veau d'or.

En descendant de la montagne Moïse voit la perversion de son peuple. Il brise alors les tables de la loi au pied de la montagne.

Renouvellement de l'alliance
   Malgré la conduite des hommes, Dieu renouvelle son alliance. Il permet de nouvelles tables de la loi.
   Lv 19, 1-2 : « **¹YaHWeH parla à Moïse, en disant : « ²Parle à toute l'assemblée d'Israël, et dis-leur : « Soyez saints, car je suis saint, moi YaHWeH, votre Dieu. »**

Médiateur entre Dieu et les hommes
   À chaque faute du peuple Moïse intervient pour que la colère de Dieu ne s'enflamme pas contre son peuple. Dieu impose à son peuple 40 ans dans le désert. Ceux qui ont vécu les merveilles du Seigneur avec la sortie d'Égypte mourront dans le désert car ils ont douté de Dieu de nombreuses fois. Même Moïse voit seulement la terre promise mais ne peut y entrer.

4.1.2 Prophéties et attentes messianique
<u>Postérité de David dans l'ancien testament</u>
Samuel
   2S 7, 16 : « **Ta maison et ta royauté seront pour toujours assurées devant toi ; ton trône sera affermi pour toujours.** »
   Le Seigneur prévient David à travers son prophète Nathan qu'il aura un successeur dans sa descendance qui établira une royauté stable. C'est ce descendant qui construira une maison pour Dieu.

Psaumes
   Ps 132, 11 : « **YaHWeH a juré à David la vérité, il ne s'en départira pas : « C'est du fruit de tes entrailles, que je mettrai sur ton trône.** »
   Ps 132, 13-14 : « **¹³Car YaHWeH a choisi Sion, il l'a désirée pour sa demeure. ¹⁴ « C'est le lieu de mon repos pour toujours ; j'y habiterai, car je l'ai désirée.** »
   Ps 132, 17 : « **Là je ferai germer pour David une corne, je préparerai un flambeau à mon Oint.** »

Siracide (ou Ecclésiastique)

Au chapitre 24 de Siracide, l'auteur fait l'éloge de la sagesse. La sagesse c'est le Verbe. Au verset 3, l'auteur nous dit que la sagesse est sortie de la bouche du Très-Haut. Dieu se dit et son « dit » est le Verbe.

Si 24,3 : « **Je suis sortie de la bouche du Très-Haut, Et, comme une nuée, je couvris la terre.** »

Si 24, 8 : « **Alors le créateur de toutes choses me donna ses ordres, et celui qui m'a créée fit reposer ma tente ; et il me dit : « Habite en Jacob, aie ton héritage en Israël.** »

Isaïe – Postérité de Jessé

Is 11, 1-2 : « **¹Un rameau sortira du tronc de Jessé, et de ses racines croîtra un rejeton. ²Sur lui reposera l'Esprit de YaHWeH, esprit de sagesse et d'intelligence, esprit de conseil et de force, esprit de connaissance et de crainte de YaHWeH ;** »

Jésus, le messie, est le rameau qui descend dans son humanité de Jessé (père du roi David). David inaugure la royauté terrestre, Jésus la royauté spirituelle.

Jésus, est le rejeton dans son humanité. Il s'incarne comme un petit, un enfant dans une crèche, un mendiant d'amour.

Mais le tronc de Jessé dépend de ses racines. Jessé dépend de Dieu qui donne vie et qui permet la continuité de la vie. Jésus, le messie, dans sa divinité est engendré du Père. Jésus, le rejeton, est rattaché directement aux racines de Jessé, c'est-à-dire à Dieu. Jésus est Fils de Dieu.

Sur lui reposera l'Esprit de YaHWeH, c'est-à-dire l'Esprit-Saint. Jésus, le messie annoncé, recevra l'Esprit-Saint de façon visible sous la forme d'une colombe le jour de son baptême dans le Jourdain.

Jérémie

Jr 23,5-6 : « **⁵Voici que des jours viennent,- oracle de YaWHeH, où je susciterai à David un germe juste ; il régnera en roi et il sera sage, et il fera droit et justice dans le pays. ⁶Dans ses jours, Juda sera sauvé, Israël habitera en assurance, et voici le nom dont on l'appellera : YaHWeH-notre-justice.** »

Le prophète évoque un descendant de David qui sera un germe juste et un roi, et qui sauvera Juda et Israël. Ce descendant sera appelé

« YHWH Notre Justice » et sera le Messie.

Jésus est présenté comme le descendant de David à travers les mots utilisés : rejeton, germe, fils. David est le roi qui a fait Israël. C'est le roi emblématique du peuple élu. Jésus est présenté dans la filiation de David comme un rejeton, un germe. Il est présenté comme un petit, mais il régnera en roi. Il sera juste et sage, fera droit et justice.

Derrière cette humilité se cache un grand roi, dont la royauté n'aura pas de fin. Derrière cette petitesse se cache sainteté et amour. Derrière cet abaissement se cache la puissance de Dieu.

Jésus, sauveur, accomplit cette prophétie en Fils de David venant sauver son peuple de ses péchés.

Ézéchiel

Ez 34, 24 : « **Moi, YaHWeH, je serai leur Dieu, et mon serviteur David sera prince au milieu d'elles (les brebis) ; Moi, YaHWeH, j'ai parlé.** »

Osée

Os 3, 5 : « **Après cela les enfants d'Israël se convertiront et chercheront de nouveau YaHWeH, leur Dieu, et David, leur roi ; ils reviendront en tremblant vers YaHWeH et vers sa bonté, à la fin des jours.** »

Confirmation de la filiation de Jésus dans le nouveau testament

Les auteurs confirment la filiation humaine de Jésus avec David.

Mt 1, 1 : « **Généalogie de Jésus-Christ, fils de David, fils d'Abraham.** »

L'ange dit à Marie au moment de l'annonciation :

Lc 1, 32 : « **Il (Jésus) sera grand et sera appelé fils du Très-Haut ; le Seigneur Dieu lui donnera le trône de David son père…** »

Ac 13, 22-23 : « **²²Puis, l'ayant rejeté, il (Dieu) leur suscita pour roi David, auquel il a rendu témoignage en disant : j'ai trouvé David, le fils de Jessé, homme selon mon cœur, qui fera toutes mes volontés. ²³C'est de sa postérité que Dieu, selon sa promesse, a amené pour Israël un sauveur, Jésus.** »

Rm 1, 3 : « **… et qui concerne son Fils (de Dieu) issu pour la** chair de la race de David... »

Ap 5, 5 : « **Alors un des vieillards me dit : « Ne pleure point ; voici que le lion de la tribu de Juda, le rejeton de David, a vaincu, de manière à pouvoir ouvrir le livre et ses sept sceaux.** »

Ap 22, 16 : « **C'est moi, Jésus, qui ai envoyé mon ange vous attester ces choses, pour les Églises. C'est moi qui suis le rejeton et le fils de David, l'étoile brillante du matin.** »

Première prophétie de Daniel

La première prophétie de Daniel évoque le moment de la venue du Messie. Elle se trouve dans le livre de Daniel. Au temps de la Vierge, ce livre était composé et lu dans sa forme actuelle depuis déjà deux siècles.

Le livre rapporte au chapitre 2, 31-35 le songe de Nabuchodonosor, dans lequel le roi voit une pierre qui brise une grande statue d'or, d'argent, d'airain (bronze), de fer et d'argile mêlés. La pierre qui avait brisé la statue devient une grande montagne et remplit toute la terre. Le roi est troublé et empêché de dormir jusqu'à ce que Daniel puisse lui donne la juste interprétation.

Dn 2, 39-41 : « **^{39}Après toi, il s'élèvera un autre royaume, moindre que toi, puis un troisième royaume d'airain (bronze), qui dominera sur toute la terre. ^{40}Un quatrième royaume sera fort comme le fer ; de même que le fer écrase et brise tout, et comme le fer qui met en pièces, il écrasera et mettra en pièces tous ceux-là. ^{41}Si tu as vu les pieds et les orteils en partie d'argile de potier et en partie de fer, c'est que ce sera un royaume divisé ; il y aura en lui de la solidité du fer, selon que tu as vu le fer mêlé à l'argile.** »

Dn 2, 44-45 : « **^{44}Dans le temps de ces rois, le Dieu du ciel suscitera un royaume qui ne sera jamais détruit, et dont la domination ne sera point abandonnée à un autre peuple ; il brisera et anéantira tous ces royaumes-là, et lui-même subsistera à jamais, ^{45}selon que tu as vu qu'une pierre a été détachée de la montagne, non par une main, et qu'elle a brisé le fer, l'airain, l'argile, l'argent et l'or.** »

Après Nabuchodonosor, le royaume inférieur est celui des perses aidés par les mèdes. Le troisième royaume, de bronze, est celui des grecs, qui ont dominé toute la terre avec Alexandre. Le quatrième royaume, dur comme le fer, est celui des romains qui réduisirent leurs adversaires. Enfin le royaume d'Israël au 1er siècle viendra divisé entre le fer de Rome et l'argile d'Hérode. La pierre qui brise la statue deviendra une grande montagne qui remplira toute la terre. Malgré des débuts modestes le règne messianique jamais ne sera détruit, subsistera éternellement et remplira toute la terre.

Le prophète Daniel a vu d'avance la venue du Messie. Il parle d'une pierre détachée sans l'intervention d'une main. La venue du Messie dans le monde se fait sans le travail de mains humaines. C'est-à-dire sans l'intervention d'un homme travailleur manuel, autrement dit sans l'action de Joseph. Marie est seule à coopérer à l'économie du salut en se laissant « couvrir de l'ombre du Saint-Esprit ». La pierre mentionnée vient de la terre par Marie, mais du ciel par le Saint-Esprit.

Prophétie de Jérémie et Esdras
Déportation du peuple juif

Le siège de Jérusalem par l'armée Babylonienne se déroule en 587 et 586. Il se termine par la destruction de Jérusalem et du premier temple de Salomon. Une importante partie de la population est déportée à Babylone. La destruction du temple est commémorée annuellement par quatre jeûnes selon Zacharie 8, 19.

Jr 25, 11 ; « **Tout ce pays sera une solitude, un désert, et ces nations seront asservies au roi de Babylone pendant soixante-dix ans.** »

Jr 29, 10 : « **Car ainsi parle YaHWeH : C'est lorsque soixante-dix ans se seront accomplis pour Babylone que je vous visiterai et que j'exécuterai pour vous ma bonne parole, en vous ramenant en ce lieu.** »

Retour à Jérusalem

Esdras 1, 1-2 et 6, 3 précise que la première année de Cyrus[39] en

---

[39] 559- 529 av J.C

559, le roi de Perse ordonne au peuple de Juda d'aller bâtir un temple à Jérusalem. La prophétie de Jérémie s'accomplit, les juifs peuvent revenir dans leur pays.

Esd 6, 15 : « **On acheva cette maison le troisième jour du mois d'Adar, dans la sixième année du règne du roi Darius.** » Le règne de Darius[40] débute en –521. Le temple est achevé en -516.

La prophétie de Jérémie s'accomplit donc. Entre la déportation des juifs à Babylone en 586 et l'achèvement du temple en 516, soixante-dix années s'écoulent.

Derniers prophètes
Aggée

Le Messie viendra dans la période du second temple de Jérusalem.

Ag 2, 9 : « **Grande sera la gloire de cette maison, la dernière plus que la première ; et en ce lieu je mettrai la paix, oracle de YaHWeH des armées.** »

Zacharie

Za 2, 9: « **Et moi, je serai pour elle, - oracle de YaHWeH, - une muraille de feu à l'entour, et je serai en gloire au milieu d'elle.** »

Za 2, 12 : « **Car ainsi parle YaHWeH : pour sa gloire il m'a envoyé vers les nations qui vous ont pillés ; car qui vous touche touche la prunelle de son œil.** »

Za 2, 14-15 : « **14Pousse des cris de joie et sois dans l'allégresse, fille de Sion ; Car voici que je viens et j'habiterai au milieu de toi, -oracle de YaHWeH. 15Beaucoup de nations s'attacheront à YaHWeH en ce jour-là, et elles seront mon peuple ; et j'habiterai au milieu de toi, et tu sauras que YaHWeH des armées m'a envoyé vers toi.** »

Dieu vient au milieu de son peuple dans la personne de Jésus, pleinement Dieu et pleinement Homme, deux natures en une seule personne.

Za 3, 8b: « **Voici que je vais faire venir mon serviteur**

---
[40] 521- 486 av J.C.

Germe. »

Germe est la désignation du messie attendu.

Za 13, 1 : « **En ce jour-là, il y aura une source ouverte à la maison de David et aux habitants de Jérusalem, pour laver le péché et la souillure.** »

Par sa mort et sa résurrection Jésus ouvre une source pour laver nos péchés dans le sang de l'agneau immolé.

Malachie

Le Messie viendra dans la période du second temple de Jérusalem.

Ml 3, 1 : « **Voici que j'envoie mon messager** (Jean-Baptiste)**, et il préparera le chemin devant moi ; et soudain viendra dans son temple le Seigneur** (Jésus) **que vous cherchez, l'ange de l'alliance que vous désirez. Voici, il vient, dit YaHWeH des armées.** »

Attentes messianique
Sibylle de Cumes

Virgile, qui vécut au Ier siècle av. J.-C, rapporte dans la 4ème Églogue de ses « Buccoliques » : « Voici les derniers temps marqués par l'oracle de la Sibylle de Cumes : la longue série des siècles recommence. Voici venir la Vierge, et le règne de Saturne. Voici descendre du ciel une race nouvelle. Un enfant nouveau né sous le règne de l'Empereur Auguste éliminera la génération de fer et suscitera par tout le monde une génération d'or ».

La Vierge Marie en qui descendra le Fils de Dieu ne devait certainement pas connaître cet oracle, mais Jésus, qui est bien né sous le règne de l'Empereur Auguste a effectivement transformé le fer de l'oppression, dans l'or qui symbolise l'amour.

Romains

Les juifs n'étaient pas le seul peuple en attente d'un messie. Les autres peuples vivaient dans l'attente d'une personne qui devait venir de Judée.

Tacite et Suétone, deux historiens latins, nous apprennent que les romains étaient en attente à l'approche du premier siècle après Jésus-

Christ.

Tacite écrit dans les « Historiae » : « La plupart étaient persuadés qu'il se trouvait écrit dans les anciens livres des prêtres, que, vers ces temps, l'Orient grandirait en puissance. Et que de Judée viendraient les dominateurs du monde. »

Suétone écrit dans la « Vie de Vespasien » : « Par tout l'Orient, une idée gagnait les esprits : l'opinion constante et fort ancienne selon laquelle il devait être écrit dans le destin du monde que de la Judée viendraient en ce temps-là les dominateurs du monde ».

Ces deux historiens écrivaient à la fin du premier siècle et au début du second, sans pouvoir connaître le triomphe, encore à venir, de Celui qui serait effectivement un jour le « dominateur » du monde.

Israël au temps de la Vierge Marie

Le Talmud explique la venue du Messie, prince de la paix, quand le monde aurait cessé de se battre. Au temps de Marie, 25 années de paix sont appelées la longue « Pax Romana » d'Auguste. Israël cherche dans l'Écriture le moment de la venue du Messie annoncée par les prophètes. Les juifs se demandent d'ailleurs si Jean le Baptiste n'est pas le Messie attendu.

Luc 3, 15 : **« Comme le peuple s'y attendait, et que tous se demandaient dans leurs cœurs, relativement à Jean, s'il n'était pas le Christ… »**

Quand Jean-Baptiste paru, tous lui demandaient en Luc 7, 19b : **« Êtes-vous celui qui doit venir, ou devons-nous en attendre un autre ? »**

Cette période est unique dans l'histoire du monde. Cette attente forte du Messie d'Israël à ce moment là est une caractéristique de l'attente du Judaïsme, attente qui se réalise dans le Christianisme.

Les juifs ne reconnaîtront pas le Messie. Le Talmud dit : « toutes les dates qui ont été calculée pour la venue du Messie sont désormais passées » (Traité Sanhédrin 97).

Les temps sont échus

« Le temps de la venue du Messie a été prédit par l'état du peuple juif, par l'état du peuple païen, par l'état du Temple, par le nombre des années : il fallait que les quatre monarchies, le sceptre ôté de Juda et les soixante-dix semaines[41] arrivassent en même temps, et le tout avant que le deuxième Temple ne fut détruit » (Blaise Pascal - pensée 708 et 709).

Il est désormais certain, en effet, qu'entre le Tigre et l'Euphrate, non seulement on attendait comme dans tout l'Orient, un Messie qui devait venir d'Israël, mais que l'on avait également établi avec une sûreté stupéfiante qu'il devait naître en un moment déterminé.

Cette attente à l'époque où Jésus apparut n'a pas d'équivalence dans l'histoire du monde.

Cette attente unique est celle que Marie porte plus que tout autre en son cœur, dans sa prière auprès du Saint des saints. Elle s'accomplira pour elle et pour tous les chrétiens dans la venue du Sauveur, à la plénitude des temps fixés.

4.1.3 Marie
Conception sans péché de Marie

Le protévangile de Jacques est un apocryphe.

Extraits à partir de Wikisource.org :

« **IV. — Et voici que l'ange du Seigneur vola vers elle en lui disant : Anne, Dieu a exaucé votre prière ; vous concevrez et vous enfanterez, et votre enfant sera célèbre dans tout le monde ; mais Anne dit : Le Seigneur mon Dieu est vivant : soit que j'engendre garçon ou fille, je l'offrirai au Seigneur notre Dieu, et il servira dans les choses sacrées tous les jours de sa vie. Et voici que deux anges vinrent en lui disant : Joachim, votre mari, vient avec ses troupeaux ; car l'ange du Seigneur est descendu vers lui, disant : Joachim, Joachim, le Seigneur a exaucé votre prière, descendez d'ici. Voici que Anne votre femme a conçu (ou concevra) dans son sein ; et Joachim descendit, et il appela ses bergers, disant : Apportez-moi ici dix agneaux femelles [pures et sans taches], et elles seront pour le Seigneur mon Dieu ; et amenez-moi douze veaux purs, et ils seront pour les prêtres et pour le clergé, soit pour l'assemblée des vieillards ; et apportez-moi cent boucs, et les cent boucs seront pour tout le peuple. Et voici que Joachim vient avec ses troupeaux, et**

---
[41] Prophétie de Daniel en 9, 24-27

Anne se tenait debout sur la porte, et elle vit Joachim qui venait avec ses troupeaux ; et, accourant, elle s'attacha à son cou, disant : À présent je connais que le Seigneur Dieu m'a extrêmement bénie ; car moi qui étais veuve, je ne suis plus veuve, et moi qui étais stérile, j'ai conçu dans mon sein. Et Joachim se reposa dans sa maison le premier jour.

V. — Le lendemain il offrit ses dons, disant en soi-même : Si le Seigneur Dieu me bénit, la lame du prêtre me le fera connaître ; [et Joachim offrit ses dons], et fit attention à la lame [soit à l'éphod ou au rational] du prêtre, lorsqu'il fut admis à l'autel du Seigneur, et il ne vit point de péché en soi ; et Joachim dit : À présent j'ai connu que Dieu a eu pitié de moi, et m'a remis tous mes péchés ; et il descendit justifié de la maison du Seigneur, et il vint dans sa maison. Ainsi, Anne conçut, et ses six mois furent accomplis ; mais au neuvième mois, Anne enfanta, et dit à la sage-femme : Qu'est-ce que j'ai enfanté ? Elle dit : Une femme ; et Anne dit : Mon âme est magnifiée à cette heure-ci, et elle se recoucha. Or, les jours étant accomplis, Anne fut purifiée, et elle allaitait sa fille, et nomma son nom Marie. »

La conception de Marie peut être comprise comme miraculeuse sans contact avec Joachim (« a conçu »). Elle explique alors la conception sans péché de Marie. Cependant après la chute, l'homme est revêtue « d'un vêtement de peau » qui lui donne la corporalité que nous connaissons. Dès lors la procréation se fait par amour de l'homme et la femme incluant l'union physique. Cette union donne un nouvel être biologique auquel Dieu donne l'être, la présence intérieure.

La conception de Marie peut être comprise comme humaine union d'Anne et Joachim (« concevra »). Marie est cependant conçue sans péché. Elle est exemptée du péché originel. Le nom des parents de Marie signifie pour Anne : « la Grâce » et pour Joachin : « Préparation du Seigneur ». Marie reçoit d'ailleurs de l'ange de l'annonciation le qualificatif de : « Pleine de grâces »

Marie, par son « fiat » à l'ange lors de l'annonciation, montre qu'elle est toute à Dieu. Elle ne prend pas du fruit de l'arbre de la connaissance du bien et du mal. Dès lors, Marie aurait pu être exemptée des conséquences de la chute. Mais Marie doit descendre dans notre humanité pour permettre que le Verbe s'incarne dans notre corporalité.

Exemption de la chute et de ses conséquences

Ève n'a pas été toute tournée vers Dieu, elle a pris du fruit de l'arbre de la connaissance interdit par Dieu. Elle a entraîné avec elle Adam dans la chute consécutive au péché originel.

Le fiat éternel, et inconditionnel de Marie à Dieu, la rend capable directement du royaume de Dieu. Elle ne porte pas en elle le poids du péché originel. Son fiat est une kénose : « Je suis la servante du Seigneur, qu'il me soit fait selon sa volonté. »

Sans le péché originel (et le péché), le monde spatio-temporel (avec matière-énergie, espace-temps, et principe de causalité) n'aurait pas existé.

Le dogme de l'immaculée conception est attaché à la Maternité divine et partant à l'union hypostatique. Ce privilège donné par Dieu ne peut être assujetti à la décision de nos premiers parents en Éden.

Dogme de l'Immaculée Conception de Marie

Le 27 novembre 1830, la Très Sainte Vierge apparaît à sœur Catherine Labouré de la rue du Bac à Paris. Marie demande à la sœur de Saint Vincent de Paul de faire frapper des médailles avec l'inscription : « **Ô Marie conçue sans péché, priez pour nous qui avons recours à vous.** »

Le 25 mars 1858 Bernadette Soubirous affirme que la dame qui lui est apparue à Lourdes s'est présentée par ces mots : « Que sòi era Immaculada Concepcion » (« Je suis l'immaculée conception »).

Le dogme de l'Immaculé conception (**Annexe 3**) est défini le 8 décembre 1854 par le pape Pie IX dans la bulle « Ineffabilis Deus ». Le pape définit le Dogme de l'Immaculée Conception de Marie qui, par un privilège de Dieu le Père et en regard des mérites de Son Fils Rédempteur, fut préservée, dès sa conception, de la tache du péché originel.

La constitution dogmatique « Lumen gentium » de 1964 précise qu'elle a été « rachetée de façon éminente en considération des mérites de son Fils » et que « indemne de toute tache de péché, ayant été pétrie par l'Esprit-Saint, elle a été formée comme une nouvelle créature. »

Le dogme signifie que Marie fut conçue exempte du péché originel. Ce dogme évoque l'âme de la mère de Dieu. Il est le pendant de la virginité du corps, et de la conception virginale de Jésus.

Marie, créature

Dieu décide de créer l'humanité du Verbe non pas à partir de rien mais à partir d'une créature humaine, Marie. La très-sainte Vierge et Mère fut désignée et prévue avant tous les siècles dans l'entendement divin.

Dans sa sagesse l'Éternel a donc prévu en même temps que l'humanité du Verbe le moyen de cette humanité, par Marie la toute sainte, la toute pure. Dieu enrichit la mère du Verbe de ses attributs autant que possible pour une pure créature et autant que nécessaire pour la Mère du Verbe (cet enrichissement en dons et grâce est une volonté de Dieu pour chaque homme mais qui reçoit ici un niveau élevé, rendu possible par la pureté de Marie toute tournée vers Dieu).

La première créature est dans le cœur de Dieu, la Mère du Dieu homme. Marie est une créature sainte, pure et la plus immédiate à Jésus-Christ, et en lui à la Divinité. Dieu crée donc une créature d'exception, qui devait donner l'humanité à son Fils.

Marie est exempte de tout péché, y compris du péché originel. Jésus, étant le saint de Dieu, la femme choisie pour être sa mère devait être sainte, sans tache.

Marie est la nouvelle Ève. Elle est tournée vers Dieu comme le Verbe (prologue de Jean). Elle fait en toute chose la volonté de Dieu. Marie par son fiat temporel à l'archange Gabriel rejoint son fiat éternel à Dieu. Elle est possédée entièrement par Dieu.

Marie est l'arche de la nouvelle alliance. L'alliance de Dieu avec les hommes est réalisée en Jésus, à la fois pleinement Dieu et pleinement homme.

Marie et la Trinité

Marie est d'une certaine façon au cœur de la Trinité. Elle est fille du Père de façon éminente car soumise à la volonté du Père. Marie est l'épouse du Saint-Esprit se laissant posséder par le Saint-Esprit dans son fiat à l'archange Gabriel. Elle est la mère du Verbe incarné en raison de l'union hypostatique[42] disant à Cana : « Faites tout ce qu'il vous dira ».

Dieu est le Père digne d'avoir pour Fils le Verbe dans sa divinité. Marie est la mère digne d'avoir pour Fils le Verbe dans son humanité. Marie est ainsi la seule créature à pourvoir appeler le Verbe : mon Fils, et à être appelée par lui seul : ma Mère.

Le Verbe a dans son humanité une Mère sans père, et dans sa divinité un Père sans mère.

L'Amour « intérieur » de Dieu est la relation pure du Père vers le Fils, et du Fils vers le Père, « procédant » l'Esprit.

L'Amour « extérieur » de Dieu est la relation pure de Dieu vers Marie, et de Marie vers Dieu par son fiat inconditionnel et éternel.

La relation-offrande pure de la Vierge répond à la relation-offrande pure de Dieu. Cette relation pure partagée devient féconde sous l'ombre de l'Esprit. C'est alors que le Verbe se fait Christ au premier matin des temps éternels.

L'Esprit-Saint est l'Immaculée Conception du Père et du Fils. Il reçoit d'eux son Être propre, comme leur élan réciproque d'Amour « intérieur » à Dieu. Il leur permet d'être chacun pleinement soi-même, achevant dans son Être la perfection et la plénitude relationnelle trinitaire.

La Vierge est l'Immaculée Conception. Elle est l'analogue de l'Esprit dans l'Amour « extérieur » à Dieu. Le fiat inconditionnel de la Vierge permet au Christ d'être lui-même par l'adombration[43] de l'Esprit, Verbe incarné en son union hypostatique.

---

[42] L'union hypostatique est qu'en la personne de Jésus-Christ la nature humaine et la nature divine sont présentes. Jésus est une personne à la fois pleinement Dieu et pleinement homme.
[43] Vieux français, action d'adombrer, de couvrir d'ombre, de voiler, de cacher

Marie historique et Marie éternelle
JeanPaul II (dans Rédemptoris Mater, 8) :
« Dans le mystère du Christ, Marie est présente dès avant la fondation du monde »

La pré existence du Christ et de la Vierge avant les temps historiques n'est sans doute pas tant une antériorité qu'une réalité éternelle, intemporelle. C'est un instant éternel au-delà de la successivité des instants consécutifs au péché originel.

Le Christ et la Vierge sont exemptés du monde historique mais ils font le « choix » de vivre dans ce monde historique pour sauver les hommes. Ils vivent alors pleinement notre humanité hormis le péché. La présence de chacun est alors voilée dans un corps biologique passible.

4.2 Venue de l'envoyé de Dieu

4.2.1 Date de naissance et de ministère de Jésus

Signe dans le ciel
Mt 2, 1 : « ¹**Jésus étant né à Bethléem de Judée, aux jours du roi Hérode, voici que des mages d'Orient arrivèrent à Jérusalem, disant : « ²Où est le roi des Juifs qui vient de naître ? Car nous avons vu son étoile à l'orient, et nous sommes venus l'adorer. »**

Astrologues babyloniens
En 1925 un calendrier stellaire en terre cuite avec des inscriptions cunéiforme est publié. Il s'agit d'une tablette provenant de Sippar, antique cité située sur l'Euphrate. La ville était le siège d'une importante école d'astrologie babylonienne.

Selon les astrologues babyloniens la conjonction de Jupiter et Saturne ne s'observe que tous les 794 ans. Cependant cette conjonction se produit 3 fois en 7 avant J-C : le 29 mai, le 1er octobre et le 5 décembre. Une quatrième conjonction se produit à la fin du mois de janvier de l'an -6.

Il est donc probable que la naissance de Jésus ait eu lieu en l'an 7 ou 6 avant JC. Le rabbin Arbabanel voit la venue du messie dans la constellation du poisson avec l'alignement de Jupiter et Saturne.

Les babyloniens considèrent Jupiter comme la planète des dominateurs du monde, et Saturne comme la planète des protecteurs d'Israël, et la constellation des Poissons comme le signe du commencement de l'ère messianique.

Les astrologues babyloniens attendaient la naissance du « dominateur du monde » à partir de l'an 7 avant Jésus-Christ.

Dans la tradition, les mages qui sont venus d'Orient pour adorer le nouveau-né étaient des astronomes, et en même temps des astrologues.

Égypte

En 1902 un papyrus égyptien conservé à Berlin est publié. Il s'agit d'une table planétaire portant avec exactitude les mouvements des planètes de 17 avant J-C à 10 après J-C. Le document indique en 7 avant J-C la conjonction de Jupiter et Saturne, visible sur toute la méditerranée.

Kepler

L'astronome Kepler observe en décembre 1603 la conjonction très lumineuse de Jupiter et Saturne dans la constellation des poissons. Il calcule une conjonction identique en 7 avant J-C.

Kepler découvrit alors un commentaire du rabbin Abarbanel rappelant que, selon une croyance des juifs, le Messie devait apparaître lorsque, dans la constellation des poissons, la lumière de Jupiter et de Saturne ne ferait plus qu'une.

Recensement de la population

Luc 2, 1-2 : « **¹Or, en ces jours-là, fut publié un édit de César Auguste, pour le recensement de toute la terre. ²Ce premier recensement eut lieu pendant que Quirinius était gouverneur de Syrie.** »

L'empereur César Auguste fait réaliser 3 recensements (**Annexe 4**) en -28, -8 et 14. Le seul recensement pouvant correspondre à celui de l'évangile est celui de l'an 8 av. J.-C.

L'empereur romain Auguste prescrit un recensement de

population alors que le gouverneur de Syrie est Quirinius (Luc 2, 1-7).

Le recensement cité par Luc est un fait historique. Il a eu lieu en l'an 8 avant J.-C., mais a dû s'étaler sur plusieurs années. Le gouverneur Quirinius avait autorité sur la Syrie incluant une partie de l'Israël actuel, la Judée. Le légat romain qui administrait la Syrie d'après Luc est parfaitement connu des historiens, et nous savons par une inscription conservée au musée de Latran, qu'il fut deux fois légat en Syrie.

Cette opération est évoquée également par Tertullien (155-222), qui détaille la procédure étalée sur plusieurs années avec des interruptions. La réalité de trois recensements réalisés au temps d'Auguste est aussi confirmée par Suétone.

Marie et Joseph se sont rendu à Bethléem pour le recensement car Joseph est un descendant de David.

Date de conception et naissance de Jean-Baptiste
Jour et mois de naissance de Jean le Baptiste

Luc nous relate l'époque ou Zacharie et Elisabeth vont attendre un enfant qui s'appellera Jean le baptiste (Lc 1, 5-25).

Lc 1, 5 : **« Aux jours d'Hérode, roi de Judée, il y avait un prêtre nommé Zacharie, de la classe d'Abia ; et sa femme, qui était des filles d'Aaron, se nommait Élisabeth. »**

La découverte du calendrier[44] de Qumrân[45] en 1947 apporte des précisions sur la date de naissance de Jésus.). Plusieurs calendriers donnent la chronologie des tours de garde des prêtres au Temple de Jérusalem.

Les prêtres auxquels incombe le service du Temple de Jérusalem se répartissent en vingt-quatre classes sacerdotales (1 Chr. 24, 1-28). Chaque classe assure son service deux fois par an, pour la durée d'une semaine et quatre familles assurent un troisième service pour compléter l'année. Ce troisième service provoquait un décalage régulier d'une année sur l'autre sans modifier l'ordre des familles. Il fallait six années pour que toutes les familles remplissent le même nombre de gardes.

---

[44] « La Terre Sainte », novembre-décembre 1999 -
[45] « Les Manuscrits de la Mer Morte » Michael Wise, Martin Abegg, Jr., Edward Cook, Plon, 2001

Zacharie, le père de Jean-Baptiste, est de la classe d'Abia (Lc 1, 5). Luc précise que l'ange lui apparaît pendant qu'il est de service.

Le fragment de manuscrit de Qumrân 4Q 320-330 comprend le calendrier des services du Temple. Ce dernier précise pour chaque semaine la classe sacerdotale qui assure le service.

Cycle de 6 ans	An I	An II	An III	An IV	An V	An VI
Semaine 1er garde Abia	10e	6e	2e	22e	18e	14e
Semaine 2e garde Abia	34e	30e	**26e fin 09**	46e	42e	38e
Semaine 3e garde Abia			50e			

La garde de Zacharie mentionnée dans Luc se situe la troisième année du cycle de six ans des gardes sacerdotales au Temple, la dernière semaine complète de septembre, soit la 26e semaine du calendrier solaire. Les anciennes Églises d'Orient fêtent d'ailleurs la conception de Jean-Baptiste entre le 23 et le 25 septembre. Le précurseur est né neuf mois plus tard, soit vers le 24 juin, qui est le jour de la fête de la Saint Jean.

Le document 4Q328 de Qumrân[46], rend compte du service pontifical selon les années et les saisons (ou trimestres). Nous y lisons en ligne 4 : « Pour la troisième année, Miyamin, Petahia, Abiah et Yakhin ». La famille Abiah était donc en tête (chef) du troisième trimestre de la IIIe année du cycle de VI ans. Ce document vient confirmer que la garde du cycle de VI ans échoit bien quelques jours avant la fin du mois de septembre de l'année III à la famille Abiah.

---

[46] « Les Manuscrits de la Mer Morte » Michael Wise, Martin Abegg, Jr., Edward Cook, Plon, 2001, page 402

Calage du calendrier avec les années

Le document 4Q321 fr.1, col.1 de Qumrân[47] fournit plusieurs indications en ce qui concerne explicitement la première année du cycle des Gardes pour les mois 7 à 12 (cal. solaire).

Fin de la ligne 1 et début de la ligne 2, nous lisons : « La pleine lune (selon Martin Abegg) tombe le deuxième jour (lundi) du service de Abiah, le vingt-cinquième jour du huitième mois (solaire), et le duqah[48] tombe le troisième jour (mardi) du service de Miyamin, le douze du (même) mois » (soit 13 jours avant cette Pleine Lune).

Ces données correspondent au lundi 17 novembre de l'an 757 de Rome dans le calendrier Julien. En effet la pleine lune apparaît, de visu, deux nuits d'affilée. Une pleine lune s'est présentée la nuit du samedi 15 au dimanche 16 et la nuit du dimanche 16 au lundi 17 novembre de l'an + 4 de JC ou 757 de la fondation de Rome), selon les phases très précises de la lune renseignées par la Nasa[49]. C'est la seule année où cela se présente entre 63 avant JC (709 de Rome / 3716 des Hébreux) et 70 après JC (823 de Rome / 3830 des Hébreux).

Le service d'Abiah dont il est ici question se fit du shabbat 23e jour jusqu'au shabbat 30e jour du 8e mois solaire, autrement dit du samedi 15 au samedi 22 novembre du calendrier Julien, le 25 jour du 8e mois solaire correspondant avec précision au lundi 17 novembre, en n'oubliant pas que dans le Judaïsme, le jour commence la veille au soir à 18 heures.

L'année + 4 de JC fut bien une année I du cycle de VI ans des Gardes.

En confirmation un ancien document rabbinique affirme que l'an 70 après JC était une année I sur VI au moment de l'incendie du Temple de Jérusalem avec la garde de Jojarib.

---

[47] « Les Manuscrits de la Mer Morte » Michael Wise, Martin Abegg, Jr., Edward Cook, Plon, 2001, pages 390 et 391
[48] Ibid, pages 374 et 375 selon les chercheurs 1er croissant ou « nouvelle lune ».L'étude avec les lunaisons de la NASA, la liste des gardes et le calendrier solaire, indiquerait qu'il s'agit d'un lendemain de l'observation du 1er croissant, et 1er jour ouvrable du mois lunaire.
[49] http://sunearth.gsfc.nasa.gov/eclipse/phase/phasecat. html, Espenak F., Moon Phases from -1999 to +3000

Récapitulatif

An	Astro.	Garde	Rome	Hébreux
7 av JC	-6	**III**	747	3754/55
6 av JC	-5	IV	748	3755/56
5 av JC	-4	V	749	3756/57
4 av JC	-3	VI	750	3757/58
3 av JC	-2	I	751	3758/59
2 av JC	-1	II	752	3759/60
1 av JC	0	**III**	753	3760/61
1 de JC	+1	IV	754	3761/62
2 de JC	+2	V	755	3762/63
3 de JC	+3	VI	756	3763/64
4 de JC	+4	I	757	3764/65

Pour des nécessités purement mathématiques, les astronomes se voient contraints d'introduire dans leurs calculs une année 0. L'an 0 des astronomes correspond à l'an 1 avant JC, l'an – 1 à l'an 2 avant JC…

Dans ce tableau, en remontant depuis l'an 4 de JC., nous découvrons que l'an 7 avant JC correspond à une année III du cycle des Gardes, ce qui signifie qu'une garde de la famille Abiah y a bien eu lieu la 26ème semaine de cette année-là.

Suite à la vision de Zacharie pendant la 26e semaine de l'an solaire, Jean-Baptiste fut conçu fin septembre de l'an 7 avant JC (conception fêtée le 23 septembre dans l'Église orthodoxe). Il est né logiquement à la fin juin de l'an 6 avant JC.

Date de conception et de naissance de Jésus
Détermination des dates

Luc précise que l'Annonciation a eu lieu six mois après la conception de Jean. Lc 1, 26 : « **Au sixième mois, l'ange Gabriel fut envoyé par Dieu dans une ville de Galilée appelée Nazareth…** ».

La conception de Jean-Baptiste a lieu fin septembre, celle de Jésus a lieu 6 mois plus tard, fin mars.

Les liturgies orientales et occidentales s'accordent sur

l'identification de la date de l'annonciation (et donc de la conception de Jésus) au 31 du mois d'Adar, qui correspond à notre 25 mars.

La naissance a lieu neuf mois après la conception du 25 mars, soit le **25 décembre de l'an -6**.

Explication de la veille des bergers

Dans Luc nous lisons que les bergers passent la nuit en plein air avec leurs troupeaux. Les règles relatives à la pureté des races typiques de l'hébraïsme ont été évoquées, rappelant d'anciens traités dans lesquels on distinguait trois types de troupeaux. Les troupeaux composés uniquement de brebis à laine blanche, considérées comme pures et qui après les pâturages pouvaient rentrer dans la bergerie de la ville. Les troupeaux, composés de brebis à laine blanche et partie noire, pouvaient rentrer le soir au bercail mais obligatoirement en dehors de la ville. Les troupeaux, composés de brebis à laine noire jugées impures, ne pouvaient rentrer ni en ville ni dans la bergerie. Ces troupeaux devaient rester toujours dehors avec leurs bergers. L'Évangile pourrait donc se référer à des troupeaux de brebis noires qui devaient forcément rester dehors.

Lc 2, 8 : « **Il y avait dans la même région des bergers qui vivaient aux champs et qui veillaient la nuit sur leur troupeau.** »

En lisant Luc, nous voyons que les bergers vivaient aux champs. Ils restaient donc avec leurs troupeaux de brebis noires, sans les rentrer dans une bergerie et sans eux-mêmes rentrer dans une maison. On peut penser que les bergers faisaient des tours de veille dans un contexte hivernal.

Confirmation de la date de naissance de Jésus
Jour et mois de naissance de Jésus prophète Agée

Ag 2, 18 : « [18]**Portez donc votre attention, de ce jour-ci en arrière ;
Depuis le vingt-quatrième jour du neuvième mois
jusqu'à partir du jour où a été fondé le temple de YaHWeH,
portez votre attention.
[19]La semence était-elle encore dans le grenier ?
Même la vigne, le figuier,**

> **le grenadier et l'olivier n'ont rien produit :
> Mais à partir de ce jour, je bénirai.** »

Dans le calendrier juif le premier mois est Nissan qui correspond à mars, avril. Le neuvième mois correspond à novembre, décembre.

Le prophète Agée demande de faire attention « Depuis le vingt-quatrième jour du neuvième mois », c'est-à-dire un 24 décembre. Jésus naît entre le jour du sabbat et le dimanche, dans la nuit du 24 au 25 décembre à minuit. Le sabbat est le jour de consécration à Dieu pour les Juifs, le dimanche est le jour de consécration à Dieu pour les Chrétiens. Jésus est Juif et Christ (chrétiens = petit Christ).

Cet événement va « jusqu'à partir du jour où a été fondé le temple de YaHWeH ». Le jour où a été fondé le temple de YaHWeH est le jour de la Résurrection. Le vrai temple de Dieu c'est l'homme ressuscité. Jésus inaugure par sa Résurrection le nouveau temple. Le jour de la mort de Jésus le voile du Temple se déchire, le Saint des saints dans le temple n'est plus le lieu de la présence exclusive de Dieu. Le jour de la Résurrection de Jésus montre que l'homme (libéré du péché et de ses conséquences) est le lieu de la présence de Dieu. La Résurrection de Jésus fonde le temple de YaHWeH, c'est-à-dire l'homme.

Agée nous demande de « portez attention » à la vie de Jésus-Christ de sa naissance à sa Résurrection.

Le verset 18 contient « jusqu'à partir » qui paraît ambigüe. « Jusqu'à » ferme une période, alors qu' « à partir » ouvre une période. La Résurrection termine la mission du Verbe incarné, tout a été dit et tout est accompli. La Résurrection ouvre le temps des bénédictions.

Agée indique à la fin du verset 19 « Mais à partir de ce jour, je bénirai. ». A partir du jour de la Résurrection, Jésus a tout accompli. Il est victorieux sur le péché, la souffrance et la mort. Il est source de bénédictions.

Fixation du jour de naissance par l'Église
En l'an 354, le pape Liberus fixe officiellement le jour de la nativité au 25 décembre. Le choix de cette date pourrait correspondre à la volonté de remplacer la fête païenne du solstice d'hiver (nativité du soleil invisible). Noël proviendrait de termes celtes « noio » et « hel » signifiant « renaissance du soleil ».

Le latiniste français Jean Bayet explique le contraire dans son livre de 1957 : « Histoire de la religion romaine ». Pour lui les empereurs romains Aurélien et Julien l'Apostat fixèrent, en l'an 274 et 362, au 25 décembre la fête iranienne du soleil invaincu pour remplacer la fête chrétienne.

Constitutions apostoliques

D'après les constitutions apostoliques, Jésus naquit dans la nuit du 25e jour du 9e mois. Ceci correspond au 25 « cisleu ». Le premier mois du calendrier antique juif est Nisan (Exode 12:2). La Pâque est fêtée le 15 Nisan, entre mars et avril suivant notre calendrier. Le 9e mois se situe vers décembre toujours suivant notre calendrier.

Transitus Mariae

« Vous savez que c'est un dimanche que la bonne nouvelle fut annoncée par l'archange Gabriel à la Vierge Marie ; un dimanche que le Seigneur est né à Bethléem ; un dimanche aussi que les enfants de Jérusalem sortirent à sa rencontre avec des branches de palme en disant : Hosanna, dans les hauteurs des cieux, béni celui qui vient au nom du Seigneur ; un dimanche encore qu'il ressuscita des morts ; un dimanche qu'il doit venir pour juger les vivants et les morts ; et un dimanche enfin qu'il doit venir du ciel pour glorifier et honorer le départ de la glorieuse vierge qui l'a enfanté ».

Confirmation hébraïque

Jésus serait né le 25 décembre d'après les études du professeur Shemarjahu Talmon, de l'Université hébraïque de Jérusalem.

Maria Valtorta

Maria Valtorta donne des éléments dans « L'Évangile tel qu'il m'a été raconté ».

« … ici, le nuit du 25 du mois d'Encénie[50], naquit de la Vierge,

---

[50] Fête d'Hanouka ou Chanukkah, célébrée le 25 du neuvième mois (soit novembre/ décembre) - en mémoire de la purification du Temple par Judas Macchabée, après pillage et profanation par Antiochus Épiphane – en mémoire de la dédicace du Temple de Salomon, et de celle de Zorobzbel après le retour de captivité

Jésus le Christ, l'Emmanuel, le Verbe de Dieu fait chair pour l'amour de l'homme : moi, qui vous parle.[51] »

Le vrai temple c'est Jésus car il est Dieu, il est le Saint des Saints. Il est l'homme purifié, et Dieu. Nous sommes appelés à nous purifier par une nouvelle naissance, et à devenir les Temples De dieu.

« …la Mère qui était déjà sur le point d'enfanter, vint, sur l'ordre de César Auguste, sur l'avis du délégué impérial, Publius Sulpicius Quirinus, alors qu'était gouverneur de la Palestine Sentius Saturninus.[52] »

« Moi, je suis toujours une lampe allumée… et je voudrais que vous aussi le soyez. Je suis l'Encénie Éternelle, Pierre. Sais-tu que je suis né justement le 25 du mois de Casleu ?[53] »

La fête de l'Encénie ou de l'Édification (en hébreu Hanoucca) est la fête juive commémorant la nouvelle inauguration de l'autel des offrandes dans le second Temple de Jérusalem. Selon la tradition rabbinique, au cours de cette consécration se produit le miracle de la fiole d'huile permettant aux prêtres du Temple de faire brûler pendant huit jours une quantité d'huile à peine suffisante pour une journée.

Antiochus IV des Séleucides avait interdit le culte judaïque pendant trois ans. Le culte est rendu après la victoire des Maccabées (premier livre des Maccabées).

Marie d'Agréda

Dans « La cité mystique de Dieu » (Editions Téqui), une religieuse espagnole : Marie Coronel, plus connue sous le nom de Marie d'Agréda écrit :

« C'est dans cet état, en sortant de ce divin ravissement, que notre très-auguste Princesse donna au monde le Fils unique du Père et le sien, notre Sauveur, Jésus, Dieu et homme véritable, à l'heure de minuit, un jour de dimanche, et en l'année de la création du monde que l'Église

---

[51] « L'Évangile tel qu'il m'a été révélé » de Maria Valtorta Tome 2 page 182
[52] Ibid, page 183
[53] Ibid, page 586

romaine, enseigne être cinq mille cent quatre-vingt-dix neuf, et il m'a été déclaré que cette supputation est certaine et exacte [...] »

Jésus naît le 25 décembre de l'an - 6

Période en Égypte pour Jésus et ses parents
Visite des rois mages

Maria Valtorta donne des éléments dans « L'Évangile tel qu'il m'a été raconté ».

L'adoration des mages a lieu à Bethléem. Pour Maria Jésus a entre 9 et 12 mois. Elle précise que l'évènement se situe entre mi octobre et mi décembre. Nous devons être en l'an -5.

Départ en Égypte de Jésus et ses parents

Le Roi Hérode apprend des rois mages la naissance du roi des Juifs. Il décide de tuer l'enfant et réalise le massacre des enfants en bas âge du pays de Bethléem (massacre des saints innocents).

Joseph, Marie et Jésus sont obligés de fuir en Égypte.

Le papyrus de Fayoum[54] date le voyage au 24 du mois copte de Bashons. Cette date correspond au mois de juin dans le calendrier grégorien. L'Église copte fête annuellement la mémoire du voyage de la Sainte Famille à cette date. Le voyage vers l'Égypte a lieu en l'an -5. L'or des mages a servi pour le voyage et le début du séjour.

Mort d'Hérode

Mathieu 2, 1a : « **Jésus étant né à Bethléem de Judée, aux jours du roi Hérode...** »

La date de la mort d'Hérode a pour source l'historien Flavius Josèphe.

La plupart des historiens s'accordent sur une mort d'Hérode le grand en la première semaine de Nisan de l'an -4 avant J.-C. Ceci est confirmé par d'autres indices dont l'éclipse qui eut lieu l'année de la mort

---

[54] Daté du IVe siècle en ancienne langue copte – Bibliothèque de l'université de Cologne

du roi. Dans les évangiles Jésus est né avant la mort d'Hérode, aussi la nativité est antérieure à l'an -4 de notre ère.

Quelques historiens[55] se positionnent sur un décès d'Hérode en l'an 1 avant J.-C.

Flavius Josèphe mentionne une éclipse de lune avant la mort d'Hérode qui eut lieu avant la Pâque juive[56]. L'historien indique qu'Hérode régna 34 ans après avoir tué Antigone lors de la prise de Jérusalem. Il mourut 37 ans après avoir été intronisé par les Romains[57]. Ces événements sont datés à la fois par l'année d'investiture des consuls romains et par les olympiades. La nomination d'Hérode à la royauté[58] est datée en -40 et sa prise de Jérusalem[59] est datée en -37. La mort d'Hérode est datable entre les ans -2 et 2 ans à cause de la difficulté de détermination du début de règne (avec ou sans accession).

L'analyse astronomique des éclipses de lune durant la période allant de -4 à 1, implique de retenir, soit l'éclipse partielle du 13 mars -4, soit l'éclipse totale de 9 janvier -1. L'éclipse totale paraît meilleure, pour sa visibilité par un observateur ordinaire

Flavius Josèphe précise dans son passage sur la mort d'Hérode, qu'un jeûne commémoratif eut lieu peu de temps avant l'éclipse de lune qui marqua la mort du roi[60]. Les Juifs effectuaient chaque année quatre jeûnes commémoratifs.

L'antique rouleau des jeûnes[61] fixe la mort d'Hérode au 2 Shebat.
Le jeûne du 10 Tebeth est le seul correspondant au récit de l'historien juif.

---

[55] Gérard Gertoux Doctorant en Archéologie et histoire des mondes anciens Maison de l'Orient Université Lyon2
[56] Antiquités juives XVII : 167. 213.
[57] Guerre des Juifs I : 665.
[58] Antiquités juives XIV : 389.
[59] Antiquités juives XIV : 487
[60] Antiquités juives XVII : 166
[61] W.E. FILMER - The Chronology of the Reign of Herod the Great in: The Journal of Theological Studies, Vol. XVII. Oxford 1966 p. 284

jeûnes	éclipse	date en -1	date en -4
10 Tebeth	14 Tebeth	5 janvier 10 janvier (éclipse totale)	7 janvier
2 Shebat		26 janvier	29 janvier
Adar	15 Adar		13 mars (éclipse partielle)

Le récit de Flavius Josèphe correspond exactement aux dates en -1: jeûne du 10 Tébeth (5 janvier) suivi de peu par l'éclipse (10 janvier) puis de la mort d'Hérode le 2 Shebat (26 janvier), par contre en -4, il n'y a pas de jeûne avant l'éclipse partielle du 13 mars, de plus, le 2 Shebat (29 janvier) est avant l'éclipse et non après comme l'indique Flavius Josèphe.

Retour d'Égypte

Mt 2, 19-23 : « ¹⁹Hérode étant mort, voici qu'un ange du Seigneur apparut en songe à Joseph en Égypte, ²⁰et lui dit : « Lève-toi, prends l'enfant et sa mère, et va dans la terre d'Israël, car ceux qui en voulaient à la vie de l'enfant sont morts. » ²¹Et lui, s'étant levé, prit l'enfant et sa mère, et il vint dans la terre d'Israël. ²²Mais, apprenant qu'Archélaüs régnait sur la Judée à la place d'Hérode, son père, il eu peur d'y aller, et, ayant été averti en songe, il gagna la région de la Galilée ²³et vint habiter dans une ville nommer Nazareth, afin que s'accomplît ce qui avaient dit les prophètes : *Il sera appelé Nazaréen.* »

Durée du séjour en Égypte

Le papyrus de Fayoum[62] précise que le séjour de la Sainte Famille en Égypte a duré 3 ans et 11 mois.

Les mémoires du pape copte Théophile[63] sont rédigées en langue arabe. Elles sont conservées au Vatican, à la bibliothèque nationale de

---

[62] Daté du IVᵉ siècle en ancienne langue copte – Bibliothèque de l'université de Cologne
[63] 23ᵉ pape de l'Eglise copte (384-412)

Paris, et à la bibliothèque des manuscrits de Deir Al-Moharraq. Le pape Théophile a transcrit la tradition orale du séjour de la Sainte Famille en Égypte. La Sainte Vierge est apparue au pape qui l'avait longuement priée. Elle lui a raconté en détails son voyage et son séjour en Égypte jusqu'à ce que l'Ange de Dieu apparaisse à Saint Joseph pour l'informer de la mort d'Hérode. Joseph devait ramener l'enfant et sa mère en Palestine...Trois ans et onze mois s'étaient déjà écoulés depuis leur arrivée en Egypte. La Sainte Vierge a demandé au pape Théophile d'enregistrer ses dires, qui ont confirmé certains faits et corrigé d'autres...

La durée du séjour en Egypte est d'environ quatre ans selon Maria Valtorta[64]

Jésus est né le 25 décembre de l'an -6.
Le voyage en Egypte a lieu en -5.
La Sainte Famille reste 3 ans et 11 mois et revient donc en Palestine en l'an -1.
La cohérence des dates portent à croire qu'Hérode meurt au début de l'an -1 avant JC.
Jésus a 5 ans.

Majorité religieuse de Jésus

L'examen de la majorité religieuse (Bar Mitzvah) a lieu au Temple de Jérusalem. Les garçons doivent avoir 13 ans.
Jésus a 13 ans en l'an 8.

Début de la vie publique de Jésus
Prophétie des Soixante-dix septénaires de Daniel

Le prophète Daniel rapporte ce que l'ange Gabriel lui a dit concernant le temps de l'avènement du Messie par la prophétie des soixante-dix septénaires.

Le mot hébreu traduit par « semaine » est « Shabuwa » qui signifie « sept ou « période de sept », un septennat d'années. Une

---

[64] « L'Évangile tel qu'il m'a été révélé » Maria Valtorta, Centre Editoriale Valtortiano, Tome 1, page 224

semaine d'années représente donc 7 ans. La moitié d'une semaine d'années, soit 3 ans et demi, représente soit 42 mois, soit 1260 jours. La moitié d'une semaine d'années se dit aussi un temps (une année), des temps (deux années), et la moitié d'un temps (la moitié d'une année).

Esdras 7, 8 : « **Esdras arriva à Jérusalem le cinquième mois de la septième année du roi.** ».

Le roi Artaxerxés a donné une copie d'une lettre à Esdras permettant aux juifs de rejoindre et rebâtir Jérusalem. Cette lettre est précisée dans Esdras 7, 11-26. Le règne du roi Artaxerxés[65] débute en 465 av. J.-C. Le décret d'Artaxerxés est datable en 458 av. J.-C.

Daniel 9, 24 : « **^{24}Soixante-dix semaines (autre traduction : septénaires) ont été déterminées sur ton peuple et sur ta ville sainte pour enfermer la prévarication, pour sceller les péchés et pour expier l'iniquité, et pour amener la justice éternelle, pour sceller vision et prophète et pour oindre le Saint des Saints.** »

Daniel 9, 25-26 : « **^{25}Sache donc et comprends : Depuis la sortie d'une parole ordonnant de rebâtir Jérusalem, jusqu'à un oint, un chef, il y a sept semaines (septénaires), et soixante-deux semaines (septénaires) ; elle sera rebâtie, places et enceinte, dans la détresse des temps.**

^{26}Et après soixante-deux semaines (septénaires), un oint sera retranché, et personne pour lui. Et le peuple d'un chef qui viendra détruira la ville et le sanctuaire, et sa fin sera dans l'inondation (dans un déferlement), et jusqu'à la fin il y aura la guerre, ce qui est décrété touchant la dévastation. »

Daniel 9, 27 : « **^{27}Il conclura une alliance ferme avec un grand nombre pendant une semaine (septénaire) ; et, au milieu de la semaine (septénaire), il fera cesser le sacrifice et l'oblation, et sur l'aile des abominations viendra un dévastateur, et cela jusqu'à ce que la destruction et ce qui a été décrété se répandent sur le dévasté.** »

Le décret d'Artaxerxés pour rebâtir Jérusalem est datable en 458 av. J.-C.

Selon le verset 25, l'oint, le chef viendra au bout de 69 semaines soit 483 ans. En ajoutant à l'an 458 la durée de 483 ans (sans oublier que

---

[65] 465- 424 av J.C.

l'an 0 n'existe pas), nous arrivons à l'an 26. Jésus sera oint au moment de son baptême dans l'automne de l'an 26.

Confirmation par l'évangile de Luc

Le début de la vie publique de Jésus est tracé dans le temps par Luc.

Lc 3, 1-2 : « **¹La quinzième année du règne de Tibère César, Ponce Pilate étant gouverneur de Judée ; Hérode, tétrarque de la Galilée ; Philippe, son frère, tétrarque de l'Iturée et du pays de la Trachonitide, et Lysanias, tétrarque de l'Abilène ; ²au temps des grands prêtres Anne et Caïphe, la parole de Dieu fut sur Jean, fils de Zacharie, dans le désert.** »

Lc 3, 23a : « **Jésus avait environ trente ans lorsqu'il commença son ministère...** »

Jésus serait né sous le règne du roi d'Israël Hérode le Grand (Matthieu 1-2). Jean le Baptiste commença sa prédication la quinzième année de Tibère, alors que Jésus avait environ trente ans (Luc 3, 1-23).

D'après Mommsen[66], Tibère est élevé à la corégence par Auguste en 11 de notre ère. Avec les 15 ans de règne cela nous donne l'an 26.

Confirmation par le signe du Temple

Jn 2, 18-22 : « **¹⁸Alors les Juifs, prenant la parole, lui dirent : « Quel miracle nous montrez-vous, pour agir de la sorte ? » ¹⁹Jésus leur répondit : « Détruisez ce sanctuaire et je le relèverai en trois jours. ²⁰Les Juifs dirent : « C'est en quarante-six ans que ce sanctuaire a été bâti, et vous, en trois jours vous le relèverez ! » ²¹Mais lui parlait du sanctuaire de son corps. ²²Lors donc qu'il fut ressuscité d'entre les morts, ses disciples se souvinrent qu'il avait dit cela, et ils crurent à l'Écriture et à la parole que Jésus avait dite.** »

Jésus monte à Jérusalem pour la première Pâque de son ministère public.

D'après les historiens, la rénovation du mont du Temple et les extensions du second temple de Jérusalem sont réalisés par Hérode Ier le Grand. Ce projet a commencé en l'an 19 av. J-C. Si on ajoute les 46 ans

---

[66] Christian Matthias Theodor Mommsen, historien allemand, éminent spécialiste de la Rome antique, Prix Nobel de littérature 1902

dont parle Jean nous arrivons à l'an 27 (en tenant compte que l'an 0 n'existe pas).

Il s'agit de la première Pâque à laquelle participe Jésus lors de son ministère public Jean 2, 13. Le ministère du Seigneur a donc commencé en l'année 26.

Âge pour un ministère public

L'âge légal pour commencer une mission publique est, selon les hébreux, de 30 ans. Jean-Baptiste et Jésus commencent leur ministère public pour leurs 30 ans.

Jean-Baptiste a 30 ans fin Juin de l'an 25. Jésus peut commencer son ministère 6 mois plus tard. Jésus ne peut commencer son ministère qu'en l'an 26, il a alors 30 ans (depuis le 25 décembre an 25).

Prophétie de Daniel sur l'alliance ferme

Daniel 9, 27a : « [27]Il conclura une alliance ferme avec un grand nombre pendant une semaine (septénaire) ; … »

Les 70 semaines de la prophétie au verset 24 couvrent l'ensemble de la période. Les 70 semaines d'années représentent 490 ans. Cette période est déterminée sur le peuple juif et Jérusalem pour sceller les péchés. Cette période s'étend depuis la sortie d'une parole ordonnant de rebâtir Jérusalem en 458 av. J.-C., jusqu'à la fin de l'annonce exclusive de la bonne nouvelle aux juifs soit l'automne 33.

L'alliance ferme au verset 27 s'étend sur une semaine d'année soit sept Ans. Cette période est déterminée du baptême de Jésus à l'automne 26, jusque la fin novembre 33 début de l'évangélisation des païens.

L'ouverture de l'évangile aux païens est marquée par la conversion du centurion Corneille à Césarée au Chapitre 10 des Actes avec 10, 45 : « **Ce fut de la stupeur parmi les croyants circoncis qui avaient accompagné Pierre : ainsi, jusque sur les nations païennes, le don de l'Esprit Saint était maintenant répandu !** ».

Durée du ministère public de Jésus
Durée du ministère public de Jésus selon le prophète Daniel

Daniel 9, 27b : « ... **et, au milieu de la semaine (septénaire), il fera cesser le sacrifice et l'oblation, et sur l'aile des abominations viendra un dévastateur, et cela jusqu'à ce que la destruction et ce qui a été décrété se répandent sur le dévasté.** »

L'alliance ferme de 7 ans s'étant de l'automne 26 à l'automne 33. L'Oint fera cesser le sacrifice au milieu de la semaine soit 3 ½ ans. En ajoutant à l'automne l'an 26 la durée de 3 ½ ans nous arrivons au printemps de l'an 30. Jésus meurt sur la croix en avril de l'an 30.

La mort de Jésus, agneau immolé, supprime tous les sacrifices. Jésus est l'agneau sans tache car il n'a pas péché. Il est l'offrande pure, éternelle.

Le ministère public de Jésus dure de fin 26 à début 30.

Confirmation de la durée du ministère selon l'évangile de Jean

Le ministère de Jésus dura trois ans et demi, de son baptême par Jean-Baptiste à l'automne de l'an 26, jusqu'à sa crucifixion au printemps de l'an 30 de notre ère. Son ministère public s'étant sur quatre Pâques.

Après les noces de Cana (Jn 2, 1-12), Jésus monte à Jérusalem pour la première Pâque en 27. Jn 2, 13 : « **[13]La Pâque des Juifs était proche, et Jésus monta à Jérusalem.** » La première Pâque donne un message d'amour de Dieu et d'explication sur la rédemption (annonce de la passion et de l'amour de Dieu lors de l'entretien avec Nicodème (Jn 3, 14, 16).

Après le second signe de Cana, Jésus monte à Jérusalem pour la fête des Juifs en 28. Jn 5, 1 : « **[1]Après cela, c'était la fête des Juifs, et Jésus monta à Jérusalem.** » Lors de cette deuxième Pâque, les disciples effectuent la traversée des champs de blé et arrachent des épis le jour du sabbat (Mt 12, 1-8 ; Mc 2, 23-28 ; Lc 6, 1-5). D'après Marc et Luc, l'évènement est au début du ministère de Jésus. Luc précise l'évènement « un jour de sabbat appelé second-premier » Le terme grec utilisé est « sabbato deuteroproto » se réfère au second sabbat du premier « rang », soit le dernier Jour saint de la Fête des pains sans levain. La seconde Pâque explique que la miséricorde vaut mieux que les sacrifices.

Avant la troisième Pâque en 29, ont lieu l'épisode de la multiplication des pains (Mt 14, 13-21 ; Mc 6, 30-44 ; Lc 9, 10-17 ; Jn 6, 1-15) et de la marche de Jésus sur les eaux où les disciples le reconnaissent comme Fils de Dieu (Mt 14, 22-27 ; Mc 6, 45-52 ; Jn 6, 16-21). Jésus enseigne qu'il est le pain de vie. L'évangéliste Jean nous apprend que la multiplication des pains eut lieu immédiatement avant la Pâque. Jn 6, 4 : « **Or la Pâque, la fête des Juifs, était proche.** »

La dernière Pâque est celle où Jésus est l'agneau immolé, c'est la Pâque du Seigneur en l'an 30. Jn 12, 1 : « **[1]Six jours avant la Pâque, Jésus vint à Béthanie, où était Lazare, celui que jésus avait ressuscité d'entre les morts.** »

Confirmation de la durée du ministère selon Maria Valtorta

Dans son œuvre : « L'évangile tel qu'il m'a été révélé », Maria Valtorta mentionne que Jésus participe à 3 pâques à Jérusalem en l'an 27, 28 et 29. Il vivra en l'an 30 sa propre Pâque comme « agneau immolé ».

De la mort à l'ascension de Jésus

La détermination des dates est précisée en 5.2.1.

La mort de Jésus a lieu le vendredi 7 avril 30. La Résurrection de Jésus a lieu le dimanche 9 avril 30. L'ascension a lieu 40 jours après la Résurrection soit le 17 mai 30. La Pentecôte se produit 50 jours après la Résurrection soit le 27 mai 30

Conclusion

Le début du ministère public de Jésus est en l'an 26. La fin de son ministère public est trois ans et demi plus tard. Sa mort a lieu à Pâques de l'an 30, et marque la cessation du sacrifice au temple.

La fin du verset 27 de Daniel 9 évoque le dévastateur romains et la destruction du temple en l'an 70.

4.2.2 Incarnation du Verbe

Éternité du Verbe
Psaume

Ps 2, 7 : « **Je vais publier le décret : YaHWeH m'a dit : Tu es** mon Fils, Moi-même, aujourd'hui, je t'ai engendré. »

Le Psaume 2 fait référence à l'Oint du Seigneur (le Messie) et au Fils de YaHWeH au verset 2 et au verset 12.

Proverbes

Pv 8, 22-31 :

« ²²Yahweh m'a possédée au commencement de ses voies, avant ses œuvres les plus anciennes. ²³J'ai été fondé dès l'éternité, dès les commencements, avant les origines de la terre. ²⁴Il n'y avait point d'abîmes quand je fus enfantée, point de sources chargées d'eaux. ²⁵Avant que les montagnes fussent affermies, avant les collines, j'étais enfantée ; ²⁶lorsqu'il n'avait encore fait ni la terre, ni les plaines, et les premiers éléments de la poussière du globe. ²⁷Lorsqu'il disposa les cieux, j'étais là, lorsqu'il traça un cercle à la surface de l'abîme, ²⁸lorsqu'il affermit les nuages en haut, et qu'il dompta les sources de l'abîme, ²⁹lorsqu'il fixa une limite à la mer, pour que les eaux n'en franchissent pas les bords, lorsqu'il posa les fondements de la terre, ³⁰j'étais à l'œuvre auprès de lui, me réjouissant chaque jour, et jouant sans cesse en sa présence, ³¹jouant sur le globe de sa terre, et trouvant mes délices parmi les enfants des hommes. »

La Sagesse évoquée est le Fils, le Verbe de Dieu.

Pv 30, 4 : « **Qui est jamais monté au ciel et qui en est descendu ?**
Qui a recueilli le vent dans ses mains ?
Qui a lié les eaux dans son vêtement ?
Qui a affermi toutes les extrémités de la terre ?
Quel est son nom et quel est le nom de son fils ?
Le sais-tu ? »

Le proverbe évoque le Père et le Fils.

<u>Annonce du prophète Isaïe</u>

En 735 av. J.C., le prophète Isaïe promit un signe à Achaz, roi de Juda.

Is 7, 14 : « C'est pourquoi le Seigneur lui-même vous donnera un signe : Voici que la jeune Vierge a conçu, et elle enfante un fils, et elle lui donne le nom d'Emmanuel. »

Le prophète Isaïe nous annonce la merveille des merveilles, l'incarnation du Verbe dans une chair humaine.

L'article « la » dans « la Vierge » est conservée dans toutes les anciennes versions Chaldaïque, syriaque, arabe, et dans les septante. Saint Chrysostôme s'exprime ainsi : « Dès le début de cette prophétie, il ne dit pas simplement « voici qu'une Vierge », mais « voici que la Vierge », avec l'article ; une vierge fameuse et unique ; celle qui nous a été annoncée. »

Le mot hébreu « alma » signifie une jeune femme non mariée, et désigne habituellement une vierge. La traduction grecque « Septante » de l'Ancien Testament, par des juifs d'Alexandrie au IIIème siècle av. JC, enlève l'ambiguïté de l'hébreu. Elle traduit l'hébreu alma par le grec parthenos, qui signifie « vierge ».

Emmanuel signifie Dieu avec nous ou Dieu au milieu de nous. Comment Dieu peut-il être plus avec nous qu'en se faisant homme ? Le Dieu avec nous c'est Jésus, pleinement Dieu et pleinement Homme. Le Verbe, Fils de Dieu et Dieu lui-même, s'est fait chair et il a habité parmi nous.

L'annonce d'Isaïe se réalise avec l'annonciation par l'archange Gabriel à Marie (Lc 1, 30-35).

Is 16, 1 : « **Envoyez l'agneau du dominateur du pays, de Pétra, à travers le désert, à la montagne de la fille de Sion.** »

L'agneau du souverain du pays, c'est le fils unique de Dieu Père qui est le vrai souverain. Il vient par la fille de Sion, la vierge Marie. Il vient vers la montagne, la montagne appartient à la terre, mais la montagne c'est ce qui rapproche la terre du ciel. La vierge Marie, sans péché, rapproche la terre du ciel et permet l'incarnation de celui qui est sans péché.

Conchita[67]

Dans son journal, Conchita, la grande mystique mexicaine relate les paroles reçues du Seigneur :

---

[67] Mexicaine (1862-1937)

« Jésus poursuivit : « Le Verbe, la seconde personne de la Très Sainte Trinité est descendu dans le sein très pur de Marie et, par l'opération du Saint-Esprit, qui l'a rendue féconde, le Verbe s'est incarné et Il s'est fait homme ! Abaissement tellement profond que seul l'amour d'un Dieu pouvait le réaliser. »

Is 9, 5 : « **Car un enfant nous est né, un fils nous a été donné ; l'empire a été posé sur ses épaules, et on lui donne pour nom : Conseiller admirable, Dieu fort, Père éternel, Prince de la paix.** »
Isaïe prophétise la naissance d'un enfant, d'un fils. Ce fils est donné à l'humanité. Il est le Fils de l'Homme. L'empire est posé sur ses épaules. Il est le Roi des Rois, le Seigneur des Seigneurs. Son nom est conseiller admirable car il est la Sagesse même. Son nom est Dieu fort car tout a été fait par lui, pour lui, et en lui. Son nom est Père éternel, car il est à l'image parfaite du Père et est venu nous révéler le Père. Son nom est Prince de paix car il est venu réconcilier les hommes avec Dieu et entre eux.
Le messie sera donc tout à la fois Homme et Dieu.

Is 48, 12 : « **Écoute moi, Jacob, et toi, Israël, que j'ai appelé ; C'est moi, moi qui suis le premier, moi aussi qui suis le dernier.** »
Jésus est le premier et le dernier. Jésus est éternel car il est Dieu. Jésus est le premier car il a servi de modèle au premier Adam, car l'homme est à l'image de Dieu. Jésus est le dernier car tout homme est appelé à devenir chrétien, à ressembler à Christ. Nous sommes le corps dont le Christ est la tête.

Prologue Jn 1, 1-18
Jean présente l'incarnation avec un recul théologique dans son prologue en Jean 1, 1-18 : « **¹Au commencement était le Verbe, et le Verbe était auprès de Dieu, et le Verbe était Dieu.
²Il était au commencement auprès de Dieu.
³Tout par lui a été fait, et, sans lui, rien n'a été fait de ce qui a été fait.
⁴En lui était la vie, et la vie était la lumière des hommes,
⁵Et la lumière luit dans les ténèbres, et les ténèbres ne l'ont point reçue.**

⁶Il y eut un homme, envoyé de Dieu, dont le nom était Jean.
⁷Il vint comme un témoin, pour rendre témoignage à la lumière, afin que tous crussent par lui.
⁸Il n'était pas, lui, la lumière, mais pour rendre témoignage à la lumière.
⁹La vraie lumière était celle qui éclaire tout homme venant dans le monde.
¹⁰Il était dans le monde, et le monde par lui a été fait, et le monde ne le reconnut pas.
¹¹Il vint chez lui, et les siens ne le reçurent pas.
¹²Mais à tous ceux qui le reçurent il donna pouvoir de devenir enfants de Dieu, à ceux qui croient en son nom,
¹³qui, non de sang, ni de désir de la chair, ni du désir de l'homme, mais de Dieu sont nés.
¹⁴Et le Verbe s'est fait chair, et il a habité parmi nous, et nous avons contemplé sa gloire,
gloire comme celle qu'un fils unique a de son Père, plein de grâce et de vérité.
¹⁵Jean lui rend témoignage et clame, disant : « C'était celui dont j'ai dit : Celui qui vient après moi, est passé devant moi, parce qu'il existait avant moi. »
¹⁶Et c'est de sa plénitude que nous avons tous reçu, et grâce pour grâce ;
¹⁷car la loi a été donnée par Moïse, mais la grâce et la vérité sont venues par Jésus-Christ.
¹⁸Nul n'a jamais vu Dieu : un Dieu Fils unique, qui est dans le sein du Père, c'est lui qui l'a fait connaître. »

Le messie sera tout à la fois Homme et Dieu (Jean1, 1).

Jn1, 1 : **« Au commencement était le Verbe, et le Verbe était auprès de Dieu, et le Verbe était Dieu. »**

Le messie est de toute éternité car il est non seulement homme, mais Dieu.

Jn 8, 58 : **« Jésus leur dit : « En vérité, en vérité, je vous le dis, avant qu'Abraham fût, je suis. »**

Communication de Dieu, un nom et un visage
Union hypostatique

La divinité de Jésus est un dogme pour l'Église du Christ (catholiques, protestants et orthodoxes). Jésus unit en lui les deux natures, Homme et Dieu, par l'union hypostatique. Il est pleinement Dieu et pleinement Homme. Il n'y a pas fusion, ni confusion entre les deux natures. Il y a union et distinction des deux natures en subsistance.

Communication

Dieu est infini, comment peut-il se communiquer ? Comment l'infini peut-il être contenu dans le fini ? Comment peut-il rejoindre l'homme dans sa finitude ?

Dieu est amour, et l'amour est inventif, et l'amour est créateur. Dieu décide de rejoindre l'homme dans sa finitude.

La première personne divine est l'Être par excellence. La deuxième personne divine est la manifestation de l'Être de Dieu. La deuxième personne est le Verbe. Le Verbe est Dieu. Le Verbe va rejoindre l'homme dans son humanité.

Le Verbe ne peut pas dévoiler sa face et révéler son nom dans sa divinité. Mais le Verbe peut dévoiler sa face et révéler son nom dans son humanité. Car le Verbe s'est fait chair, et il a habité parmi nous.

Dans le nouveau testament, Dieu se révèle directement à l'homme par l'incarnation de la seconde hypostase dans la personne de Jésus. En effet Dieu fait tout le chemin vers l'homme par l'incarnation du Verbe. Dieu se met à la portée de l'homme en se faisant pleinement homme. En devenant un homme, il donne à l'humanité un nom et un visage à Dieu.

Jn 1, 18 : « **Nul n'a jamais vu Dieu : un Dieu Fils unique, qui est dans le sein du Père, c'est lui qui l'a fait connaître.** »

Nom

Dans l'ancien testament nous avons vu que Dieu ne peut révéler son nom, car l'infinitude de Dieu ne peut s'enfermer dans un nom.

Mais Dieu dans son amour veut se communiquer à l'homme. Cette communication va jusqu'à se mettre au niveau de l'homme, jusqu'à l'incarnation. Le Verbe qui est Dieu s'abaissa pour se faire semblable aux hommes dans la personne de Jésus. Dès lors Dieu dans son humanité a un nom et un visage.

Déjà dans l'ancien testament le prophète Isaïe nous annonce la merveille des merveilles, l'incarnation du Verbe dans une chair humaine en Isaïe 7, 14. Marie appelle son enfant d'après le prophète « Emmanuel », c'est-à-dire Dieu avec nous. Comment Dieu peut-il être plus avec nous qu'en se faisant homme ? Le Verbe, le Fils de Dieu et Dieu lui-même, s'est fait chair et il a habité parmi nous.

Dans l'évangile de Luc 1, 31, l'ange Gabriel annonce à la vierge Marie qu'elle va enfanter, et qu'elle donnera à son enfant le nom de Jésus. Yéchoua. Jésus, signifie Dieu sauve. Comment Jésus peut-il être plus sauveur qu'en donnant sa vie, qu'en payant le prix de nos péchés ?

En Mt 16, 16 : « **Simon Pierre, prenant la parole dit : « Vous êtes le Christ, le Fils du Dieu vivant.** » Le mot Christ vient du grec Chrestos qui signifie Oint. Le mot hébreu Messhiah signifie Oint. C'est l'onction royale, sacerdotale et prophétique. Jésus est à la foi le Roi, le Prêtre, et le Prophète.

Jésus est présenté comme le descendant de David à travers les mots utilisés : rejeton, germe, fils. David est le roi qui a fait Israël. C'est le roi emblématique du peuple élu. Jésus est présenté dans la filiation de David comme un rejeton, un germe. Il est présenté comme un petit. Mais il régnera comme pasteur au milieu de ses brebis. Il sera juste et sage, fera droit et justice.

Mais derrière cette humilité se cache un grand roi, dont la royauté n'aura pas de fin. Derrière cette petitesse se cache sainteté et amour. Derrière cet abaissement se cache la puissance de Dieu.

Visage

Dans l'ancien testament nous avons vu que Dieu ne peut révéler sa face sans que l'homme puisse continuer à vivre.

Jésus est l'homme parfait, le représentant de l'humanité libérée du péché. Il est le libérateur attendu. Il sera le ressuscité, libéré des servitudes du corps.

Jésus, durant sa vie terrestre, s'est montré à des foules immenses qui ont vu son visage. Jésus après sa résurrection s'est montré à des centaines de personnes (plus de 500).

Enfin Jésus nous a laissé sur le linceul de Turin son visage après sa mort et sur le voile de Manoppello son visage après sa résurrection. Ces visages du Fils de l'homme ont servi à l'iconographie.

Incarnation biologique passible du Verbe

Malgré le péché originel, le Très-Haut donna sa bénédiction, pour que le genre humain se multiplie. Le premier enfantement d'Ève portait les prémices du premier péché avec l'injuste Caïn. Le second enfantement figurait le réparateur du péché (notre Seigneur Jésus-Christ) avec l'innocent Abel (Genèse 4, 1). La Bible nous montre ce combat entre le bien et le mal à travers deux villes : Jérusalem et Babylone.

L'homme fut créé à l'image de Dieu et donc le premier Adam à l'image du Verbe. Dieu créa pour le Verbe toutes les créatures. Dieu attendit plusieurs siècles avant d'envoyer son Fils unique pour qu'il puisse être le chef, le maître et le roi naturel d'un peuple nombreux. La création du Verbe avait été le premier dans l'intention de Dieu mais non pas dans sa réalisation.

La miséricorde infinie de Dieu a conduit, suite à la chute de l'homme, à l'incarnation du verbe sous une forme passible et à son entrée dans notre monde d'espace-temps.

Maria Valtorta rapporte les paroles de Jésus :

« Car j'ai une chair, Moi aussi, amis. Une vraie chair. Et elle est sujette aux mêmes faiblesses qu'éprouvent toutes les chairs. Et avec la chair, j'ai un cœur. Oui. De l'homme j'ai pris la première et la seconde des trois parties qui constituent l'homme. J'ai pris la matière avec ses exigences et la sensibilité avec ses passions.[68] »

Maria Valtorta rapporte les paroles de Jésus :

« Le Père m'a dit : « Tu seras homme : l'Homme. J'en avais fait un, parfait comme tout ce que je fais. Je lui avais destiné une douce vie, une très douce dormition et un bienheureux réveil, un très heureux et éternel séjour dans mon céleste Paradis. Mais, tu le sais, en ce Paradis ne

---

[68] « L'Évangile tel qu'il m'a été révélé » Maria Valtorta, Tome 2 pages 241-242

peut entrer ce qui est souillé, car en ce lieu, Moi-Nous, Dieu Un et Trine, nous avons notre trône. Et en sa présence ne peut se trouver que sainteté. Je suis Celui qui suis. Ma divine nature, notre mystérieuse essence ne peut être connue que par ceux qui sont sans tache. Maintenant l'homme, en Adam et par Adam est souillé. Va. Purifie-le. Je le veux. Tu seras désormais : l'Homme. Le Premier-né. Car tu entreras le premier ici, avec ta chair mortelle exempte du péché, avec l'âme exempte du péché d'origine. Ceux qui t'ont précédé sur la terre et ceux qui te suivront, auront la vie par ta mort de Rédempteur ». Il ne pouvait mourir que quelqu'un qui était né. Moi je suis né et je mourrai.[69] »

Conception virginale de Jésus

Au sixième mois de la grossesse d'Élisabeth, l'ange Gabriel annonce à la vierge Marie qu'elle va enfanter un fils, et qu'elle donnera à son enfant le nom de Jésus. Yéchoua, Jésus, signifie Dieu sauve. Comment Jésus peut-il être plus sauveur qu'en donnant sa vie, qu'en payant le prix de nos péchés ?

L'ange Gabriel annonce à la vierge Marie qu'elle va enfanter grâce à l'Esprit-Saint qui donne vie, en Lc 1, 26 - 35 : « **[26]Au sixième mois, l'ange Gabriel fut envoyé par Dieu, dans une ville de Galilée appelée Nazareth, [27]vers une vierge qui était fiancée à un homme de la maison de David, nommé Joseph ; et le nom de la vierge était Marie. [28]Etant entré où elle était, il lui dit : « Salut, pleine de grâce ! Le Seigneur est avec vous ; [vous êtes bénie entre les femmes]. » [29]Mais à cette parole elle fut fort troublée, et elle se demandait ce que pouvait être cette salutation. [30]L'ange lui dit : « Ne craignez point, Marie, car vous avez trouvé grâce devant Dieu. [31]Voici que vous concevrez, et vous enfanterez un fils, et vous lui donnerez le nom de Jésus. [32]Il sera grand et sera appelé fils du Très-Haut ; le Seigneur Dieu lui donnera le trône de David son père ; [33]il règnera éternellement sur la maison de Jacob, et son règne n'aura pas de fin. » [34]Marie dit à l'ange : « Comment cela se fera-t-il, puisque je ne connais point l'homme ? » L'ange lui répondit : « [35]L'Esprit-Saint**

---

[69] « L'Évangile tel qu'il m'a été révélé » Maria Valtorta, Centre Editoriale Valtortiano, Tome 2 page 543

viendra sur vous, et la vertu du Très-Haut vous couvrira de son ombre. C'est pourquoi l'être saint qui naîtra sera appelé Fils de Dieu. »

L'Esprit-Saint participe à la conception du messie car il est celui qui donne la vie. L'Esprit-Saint est présent tout au long de la vie de Jésus. Il est présent sous forme corporelle au baptême de Jésus qui marque le début de son ministère public.

Lorsque Dieu prend chair en Jésus, la réunion du ciel et de la terre se réalisent par l'incarnation de la seconde personne de la Trinité dans le nouvel Adam.

L'homme accueille Dieu par la personne de Marie, la nouvelle Ève, « **Marie dit alors : « je suis la servante du Seigneur. Que tout se passe pour moi comme tu me l'as dit « Et l'ange l'a quitta. »**

C'est pourquoi Marie est appelée la porte du Ciel. L'annonciation est souvent représentée sur les portes royales de l'iconostase chez les orthodoxes (cloison qui sépare la nef du sanctuaire) qui symbolisent les portes du royaume des cieux.

La conception de Jésus respecte la virginité de Marie. Marie dans son innocence se demande comment cela va-t-il se faire ? et l'ange lui répond trinitairement : « **L'Esprit-Saint viendra sur vous, et la vertu du Très-Haut (Père) vous couvrira de son ombre. C'est pourquoi l'être saint qui naîtra sera appelé Fils de Dieu.** ». L'incarnation engage la Trinité car il n'y a qu'un seul Dieu en trois personnes.

Marie, conçue sans péché, est la seule non atteinte par le péché originel. Elle ne peut pas être atteinte par le péché, car le Saint-Esprit la couvre de son ombre, et elle porte Jésus, le Saint de Dieu, celui qui n'a pas péché.

Marie, sans péché, aurait pu demeurer dans le monde de Dieu. Mais elle accepte par son « fiat » à Dieu de vivre sa propre kénose. C'est pourquoi tous les âges la diront bienheureuse car elle participe à l'incarnation et à la rédemption.

Naissance virginale de Jésus

Annonce d'Isaïe

Isaïe, environ 766 à 701 avant J.C., annonce la naissance du Messie sans travail et sans douleur.

Is 66, 7-8 : « **⁷Avant d'être en travail, elle a enfanté ; avant que les douleurs lui vinssent, elle a mis au monde un enfant mâle. ⁸Qui a jamais entendu chose pareille, qui n'a jamais rien vu de semblable ? Un pays naît-il en un jour, une nation est-elle enfantée d'un seul coup, que Sion, à peine en travail ait mis au monde ses fils ?** »

Marie, exemptée par grâce spéciale du péché originel, est exemptée d'une conséquence du péché originel, les douleurs de l'enfantement.

Annonce de Michée sur le lieu de naissance du Messie

Le prophète Michée, 740 et 687 avant J.C., annonce la venue en Israël de celui qui doit gouverner Israël. Curieusement Michée nous dit que ses origines remontent aux jours d'autrefois. Ce n'est donc pas un mortel ordinaire qui doit venir, mais quelqu'un sur qui l'emprise du temps n'est pas comparable avec l'emprise du temps sur les hommes.

Mi 5, 1-3 : « **¹Et toi, Bethléem Éphata, petite pour être entre les milliers de Juda, de toi sortira pour moi celui qui doit être dominateur en Israël, et ses origines dateront des temps anciens, des jours de l'éternité. ²C'est pourquoi il les livrera, jusqu'au temps où celle qui doit enfanter aura enfanté ; et le reste de ses frères reviendra aux enfants d'Israël. ³Il se tiendra ferme, et il paîtra ses brebis, dans la majesté du nom de YaHWeH, son Dieu ; et on demeurera en sécurité, car maintenant il sera grand, jusqu'aux extrémités de la terre.** »

La filiation éternelle de Jésus n'est pas une invention du Nouveau Testament mais s'enracine dans l'ancien testament.

Le prophète Michée annonce que le messie d'origine éternelle naîtra à Bethléem et régnera en Israël. Dans le Nouveau Testament, Matthieu et Luc nous précisent que le lieu de naissance de Jésus est Bethléem en Judée.

Bethléem, en hébreu בית לחם bet lechem, « maison du pain ». Or Jésus, né à Bethléem, est le Pain vivant descendu du Ciel.

Dans les Livres de Samuel, le Roi David est le fils de Jessé de Bethléem.

Nb 24,17a : « **Je le vois, mais non comme présent ; je le contemple, mais non de près. Un astre sort de Jacob, un sceptre s'élève, issu d'Israël.** »

Dans cet oracle de Balaam, fils de Béor il est confirmé qu'un astre (la lumière, le Messie) sort de Jacob. Il brandira le sceptre d'Israël.

Le patriarche Jacob s'est arrêté à Bethléem car Rachel sa bien-aimée y mourut.

Is 11, 1 : « **¹Un rameau sortira du tronc de Jessé, et de ses racines croîtra un rejeton.** »

Le Père de David est né à Bethléem

Naissance

Joseph et Marie se rendent à Bethléem pour se faire recenser en conformité avec l'édit César Auguste, accomplissant ainsi les écritures (Michée 5,1).

Lc 2, 1-2 : « **¹Or, en ces jours-là, fut publié un édit de César Auguste, pour le recensement de toute la terre. ²Ce premier recensement eut lieu pendant que Quirinius était gouverneur de Syrie.** »

Lc 2, 4-6 : « **⁴Joseph aussi monta de la Galilée, de la ville de Nazareth, en Judée, à la ville de David, qui s'appelle Bethléem, parce qu'il était de la maison et de la famille de David** », **⁵pour se faire recenser avec Marie son épouse, qui était enceinte. ⁶Or, pendant qu'ils étaient là, le temps où elle devait enfanter s'accomplit...** »

Protévangile de Jacques 19 :

« **Et elle partit avec lui, et ils s'arrêtèrent à l'endroit de la grotte. Et une nuée obscure couvrait la grotte. Et la sage-femme dit : « Mon âme a été exaltée aujourd'hui, car mes yeux ont vu des choses merveilleuses aujourd'hui : que le salut est né pour Israël. » Et aussitôt la nuée commença à se retirer de la grotte et une grande lumière apparut dans la grotte, de sorte que les yeux ne pouvaient la supporter. Et peu à peu cette lumière se mit à se retirer jusqu'à ce qu'apparût un petit enfant ; et il vint prendre le sein de sa mère Marie. Et la sage-femme poussa un cri et dit : « Comme il est grand pour moi, le jour d'aujourd'hui : c'est que j'ai vu cette merveille** inouïe. » Et la sage-femme sortit de la grotte, et Salomé la rencontra. Et elle lui dit : « Salomé, Salomé, j'ai à te raconter une merveille inouïe : une vierge a mis au monde, ce dont sa nature n'est pas capable. » Et Salomé dit : « Aussi vrai que vit le Seigneur mon Dieu, si je n'y mets mon doigt et si je n'examine sa nature, je ne croirai jamais qu'une vierge ait enfanté. »

La naissance de Jésus se produit de façon miraculeuse. Le nouveau-né Jésus passe au travers du corps de Marie par la propriété temporaire de la subtilité.

Maria d'Agreda nous parle parmi les quatre dons reçus par le Christ ressuscité de la subtilité.

« La subtilité le rendit si pur, qu'il pénétrait les autres corps sans aucune résistance, comme s'il eût été un pur Esprit : c'est ainsi qu'il pénétra la pierre du sépulcre, sans la remuer et sans la rompre, en la manière qu'il était sorti du Sein Virginal de sa très-Sainte Mère.[70] »

Maria d'Agreda nous dit : « La subtilité c'est le don de pénétrer les autres corps sans rencontrer aucune résistance. »

Saint Paul nous dit du corps ressuscité en **1 Cor 15, 44 : « semé corps animal, il ressuscite corps spirituel »**

Le corps n'est pas alors soumis aux principes d'exclusion de Pauli. Ce principe explique que deux particules de matière ne peuvent pas occuper le même espace-temps. Ce don est un des quatre dons de Jésus après sa résurrection. Il traverse les obstacles. C'est ce que nous voyons dans les versets 19 et 26 du chapitre 20 de l'évangile de Jean.

Après la naissance de Jésus, Marie est donc toujours vierge.

Marie n'est pas souillée par le péché originel. Elle n'a pas à subir les conséquences du péché originel de Genèse 3, 16 : « **À la femme il dit : « Je multiplierai tes souffrances, et spécialement celles de ta grossesse ; tu enfanteras des fils dans la douleur ; ton désir te portera vers ton mari, et il dominera sur toi. »**

La Sainte Famille est une famille unique. Jésus-Christ est homme sans cesser d'être Dieu. Marie est mère, sans cesser d'être vierge. Joseph

---

[70] « La cité mystique de Dieu » Maria d'Agreda chez Seguin Ainé 1819, Tome second page 119

est époux, sans cesser d'être pur.

Le nom de Jésus provient de l'annonce faite à Marie par l'ange Gabriel. Marie donne donc le nom de Jésus à sa naissance. Ce nom, comme chez les juifs à cette époque, a un sens religieux. Jésus signifie : Dieu sauve.

Jésus sera aussi appelé le Christ, qui signifie Messie en grec, pour montrer que Jésus est le Messie, annoncé par les prophètes et attendu par le peuple juif.

Dogme de la maternité divine de Marie
Lors du Concile d'Éphèse, en 431, le Pape Célestin Ier a défini et proclamé la Maternité divine, car Marie a enfanté Jésus, le Fils de Dieu fait homme. Le concile est convoqué à Éphèse, lieu où Marie se retira avec Jean.

Les mères des humains sont appelées mères de l'homme tout entier corps et âme, alors qu'elles ne forment que le corps. L'âme (ou l'esprit) est donné directement par Dieu pour animer le corps. L'homme n'est homme qu'en tant que son âme est unie à son corps.

Marie est la Mère de l'unique personne de Jésus-Christ. Jésus n'est lui-même, qu'autant que Sa Divinité est unie à Son Humanité. Jésus est une personne avec deux natures, la nature divine et la nature humaine. Marie est appelée mère de Jésus, et par là elle peut être appelée mère de Dieu. Marie n'est pas la mère de la nature divine, même si elle mérite le titre de « Mère de Dieu ».

Par sa Maternité divine, Marie est élevée au-dessus de toutes les créatures. Marie a engendré dans le temps Celui qui est engendré du Père de toute éternité.

« Il y a dans cette maternité, dit saint Thomas, une dignité en quelque sorte infinie, puisqu'Elle a pour Fils Celui que les anges adorent comme leur Dieu et leur Seigneur. Cette suréminente dignité est la raison d'être de Son Immaculée Conception, de Son élévation au-dessus des anges, de la toute-puissance de Son crédit auprès de Dieu. »

Dogme de la virginité perpétuelle de Marie

La virginité perpétuelle de Marie signifie la virginité à la conception de Jésus, la virginité à la naissance de Jésus, et la virginité pendant le reste de sa vie conjugale avec Joseph.

Au Concile du Latran, en 649, le Pape Martin Ier, a proclamé la Virginité perpétuelle de Marie. Marie fut toujours vierge, aussi bien avant la naissance de son divin fils qu'après.

Union hypostatique

Le messie sera tout à la fois Homme et Dieu (Jean1, 1).

Jn1, 1 : **« Au commencement était le Verbe, et le Verbe était auprès de Dieu, et le Verbe était Dieu. »**

Le messie est de toute éternité car il est non seulement homme, mais Dieu.

Jn 8, 58 : **« Jésus leur dit : « En vérité, en vérité, je vous le dis, avant qu'Abraham fût, je suis. »**

Jn 20, 28 : **« Thomas lui répondit : « Mon Seigneur est mon Dieu ! »**

La divinité de Jésus est un dogme de l'Église.

Le Fils de la Vierge Marie est Dieu dès le sein de sa mère. Jésus unit en lui les deux natures, homme et Dieu, par l'union hypostatique. Il est pleinement Dieu et pleinement homme. Il n'y a pas fusion, ni confusion entre les deux natures. Il y a union et distinction des deux natures en subsistance.

Connaissance de sa nature divine par Jésus

Le Verbe, en sa nature divine de Fils, est Surrection éternelle, est immuable.

Le Verbe, en son incarnation ontologique, permet la création. Si l'homme n'avait pas péché, le Verbe serait resté impassible ainsi que l'homme.

Le Verbe s'est incarné sous une forme passible suite au péché originel. Il endosse la condition humaine (sauf le péché) pour la transfigurer par sa mort et sa résurrection. Le Verbe par son incarnation rentre dans le monde historique et va vivre une vie d'homme de la naissance à la mort.

Dans cette condition existentielle humaine, les fonctions mentales (raison, expérience, connaissance, mémoire, conscience) de Jésus sont, comme pour tout enfant, progressives.

Jésus assume, hormis le péché, l'intégralité de la condition humaine. Il va découvrir sans doute progressivement qu'il est Fils de Dieu, envoyé en mission sur la terre des hommes par son Père du ciel.

D'ailleurs en Mt 24, 36, Jésus nous dit que le jour et l'heure du retour du Fils de l'homme dans les nuées du ciel ne lui sont pas connus.

4.2.3 Baptême de Jésus par Jean-Baptiste

Prophétie et témoignage de Jean le Baptiste

Isaïe 40, 3-5 : « **³Une voix crie : « Frayez dans le désert le chemin de YaHWeH, aplanissez dans la steppe une route pour notre Dieu ! ⁴Que toute vallée soit relevée, toute montagne et toute colline ; que la hauteur devienne une plaine, et les roches escarpées un vallon ! ⁵Alors la gloire de YaHWeH apparaîtra, et toute chair sans exception la verra ; car la bouche de YaHWeH a parlé. »**

Cette prophétie se réalise avec Jean, fils de Zacharie, venu prêcher un baptême de repentir pour la rémission des péchés. (Luc 3, 3-6)

Luc 3, 3-6 : « **³Et il (Jean fils de Zacharie) vint dans toute la région du Jourdain, prêchant un baptême de repentir pour la rémission des péchés, ⁴ainsi qu'il est écrit au livre des oracles du prophète Isaïe : Voix de celui qui crie dans le désert : Préparez le chemin du Seigneur, aplanissez ses chantiers. ⁵Toute vallée sera comblée, toute montagne et colline seront abaissées ; les chemins tortueux deviendront droits, et les raboteux unis. ⁶Et toute chair verra le salut de Dieu. »**

Un Rédempteur est annoncé par les prophètes et par le dernier d'entre eux Malachie.

Malachie 3, 1 : « **Voici que j'envoie mon messager, et il préparera le chemin devant moi ; et soudain viendra dans son temple le Seigneur que vous cherchez, l'ange de l'alliance que vous désirez.** »

Jean-Baptiste est le messager annoncé pour préparer le chemin du Seigneur. Le Seigneur vient dans son temple en avril 27. Le temple du Seigneur c'est aussi chaque humain qui cherche Dieu. Car en vérité le Seigneur n'est pas loin de chacun d'entre nous. Il est en nous si nous lui laissons la place. Le Seigneur est l'ange de l'alliance. Il est l'alliance de Dieu avec les hommes. Il est en effet une personne en deux natures divine et humaine.

Jésus reconnaît l'importance de Jean-Baptiste.
Mt 11, 11-12 : « **[11]En vérité, je vous le dis, parmi les fils de la femme, il ne s'en est pas levé de plus grand que Jean le Baptiste ; mais le plus petit dans le royaume des cieux est plus grand que lui. [12]Depuis les jours de Jean le Baptiste jusqu'à présent, le royaume des cieux est forcé, et ce sont les violents qui s'en emparent.** »

Baptême de Jésus au Jourdain
Agneau de Dieu

Jean le Baptiste en voyant Jésus prophétise : « **Voici l'agneau de Dieu, qui doit enlever le péché du monde.** » Jean 1, 29b. L'identification de Jésus à l'agneau se retrouve dans de nombreux textes de la Bible. Le mot hébreu « taljà » signifie agneau, enfant, serviteur.

Baptême

Jésus rejoint le précurseur et demande le baptême. Jean-Baptiste veut se faire baptiser par Jésus. Matthieu 3, 15 : « **Jésus lui répondit : « Laisse faire maintenant ; car il convient que nous accomplissions ainsi toute justice. » Alors Jean le laissa faire.** »

Le baptême de Jean n'est pas prévu dans la Torah, mais Jésus reconnaît ce baptême. Il accepte la volonté de son Père comme il l'acceptera à Gethsémani juste avant sa passion en Mt 26, 39. La « **justice** » dont il est question n'est pas justice humaine, il s'agit de ce qui est juste aux yeux de Dieu, de ce qui est en accord avec son plan d'amour.

La réponse est trinitaire : « Il convient que **nous** » (Père, Fils et Saint-Esprit) … Les pensées justes de Dieu sont les fondements de la création. Le mot « **ainsi** » marque la façon d'accomplir ce qui est juste. Pour sauver l'homme en respectant sa liberté le Verbe prend nature humaine et s'identifie au pécheur (non dans le péché mais dans la solidarité au pécheur). Cet abaissement va tromper Satan qui a trompé l'Homme dans le jardin d'Éden. Le mot « **maintenant** » est le moment de l'abaissement de Dieu (Verbe en Jésus) dans la nature humaine. Le moment viendra où 40 jours après sa résurrection, il sera élevé avec sa nature humaine déifiée au plus haut des Cieux. Celui qui s'est abaissé le plus bas sera élevé au plus haut, accomplissant ainsi toute justice.

Le baptême de Jésus marque le début du salut de la création. Au moment où Jésus est immergé dans le Jourdain, ce n'est pas l'eau qui le purifie, mais Jésus qui purifie les eaux. L'homme, suite au péché originel, a entraîné avec lui dans sa chute toute la création, parce qu'il la porte en lui. En acceptant de descendre dans les eaux, Jésus commence son ministère de purification de la création. Les eaux sont l'image de la création (Genèse).

Kénose

La première kénose du Verbe est réalisée avec la surrection du Verbe permettant la création. La deuxième kénose est l'abaissement du Verbe par son incarnation en un corps passible, par son entrée dans le monde historique dans la nature humaine de Jésus, par son acceptation d'être plongé dans l'eau du baptême en s'identifiant au pécheur (non par le péché, mais en assumant les conséquences du péché). La troisième kénose a lieu le Jeudi Saint au cours du dernier repas. La quatrième kénose est la passion et la mort de Jésus, pour la rémission des péchés. Ces trois sublimes kénoses dans le temps des hommes sont incompréhensibles dans leur profondeur. Elles sont un mystère d'amour du Créateur pour la créature.

<u>Désignation du Fils</u>

Matthieu 3, 16, 17 : « **[16]Jésus ayant été baptisé sortit aussitôt** de l'eau, et voilà que les cieux s'ouvrirent pour lui, et il vit l'Esprit de Dieu descendre comme une colombe et venir sur lui. **17Et voilà que des cieux une voix disait : « Celui-ci est mon Fils bien-aimé, en qui j'ai mis mes complaisances. »**

Après le baptême de Jésus les cieux s'ouvrent pour lui. Les mondes intermédiaires angéliques s'écartent pour laisser le plus haut, le Père, rejoindre celui qui s'est abaissé au plus bas, le Verbe incarné en Jésus, par le Saint-Esprit.

En cet instant solennel, Jésus est reconnu par le Père avant son envoi en mission et son ministère public. Le récit de Matthieu nous laisse comprendre que la parole du Père est pour Jésus et pour toute l'assistance.

Le Père donnera un nouveau signe de sa reconnaissance sur la montagne du Thabor au moment de la transfiguration, avant l'épreuve de la passion et de la mort de celui qui a donné sa vie pour nous.

Le jour du baptême de Jésus, Marc nous dit en 1, 9-11 : « **9Or, il arriva en ces jours-là que Jésus vint de Nazareth de Galilée et se fit baptiser par Jean dans le Jourdain. 10Et, comme il remontait de l'eau, il vit les cieux entr'ouverts et l'Esprit, qui descendait sur lui, comme une colombe. 11Et il y eut une voix des cieux : « Tu es mon Fils bien-aimé, en toi j'ai mis mes complaisances. »**.

Le baptême de Jésus marque sa reconnaissance comme le messie d'Israël. C'est le début de son ministère public et Jésus reçoit l'Esprit-Saint en Luc 3, 21-22 : « **21Or, quand tout le peuple eut reçu le baptême, et que Jésus qui avait été baptisé priait, 22le ciel s'ouvrit, et l'Esprit-Saint descendit sur lui sous une forme corporelle, comme une colombe, et du ciel il y eut une voix : « Tu es mon Fils bien-aimé : en toi j'ai mis mes complaisances. »**

« **Tu es mon Fils bien-aimé : en toi j'ai mis mes complaisances.** » ou « moi, aujourd'hui, je t'ai engendré. »

Le ciel s'ouvrant au-dessus de Jésus montre qu'il est le médiateur entre le ciel et la terre. Le Père parle, du ciel il fait entendre sa voix.

Il y a génération éternelle et continuelle du Verbe. L'aujourd'hui de Dieu est un aujourd'hui d'éternité. Le Père engendre continuellement le Fils. Le Fils n'est pas créé. Créer c'est faire exister à partir du néant, engendrer c'est produire à partir de soi. Jésus est engendré et non pas créé.

Jésus est le Fils bien-aimé choisi par Dieu-Père. En effet par amour Dieu engendre le Fils à partir de lui-même. À partir du meilleur de lui-même dirait-on humainement, mais cela n'a pas de sens, car en Dieu il n'y a que perfection. Il y a une génération en Dieu puisqu'il y a le Père et le Fils.

Le baptême de Jésus nous révèle le mystère de la Trinité.

Et Jean écrit en 1, 32-34 : « **^{32}Et Jean rendit témoignage, disant : « J'ai vu l'Esprit, descendre du ciel comme une colombe, et il est demeuré sur lui. ^{33}Et moi, je ne le connaissais pas ; mais celui qui m'a envoyé baptiser avec de l'eau, celui-là m'avait dit : « Celui sur qui tu verras l'Esprit descendre et demeurer, c'est lui qui doit baptiser avec l'Esprit Saint. » ^{34}Et moi, j'ai vu et j'ai rendu témoignage que celui-ci est, lui le Fils de Dieu.** »

Le baptême de Jésus marque le début de son ministère public et le début d'une re-création.

En Gn 1, 2, l'Esprit plane sur les eaux pour la création.

En Jean 1, 32, Lors du baptême de Jésus, l'Esprit descend du ciel comme une colombe pour une re-création. Il est présent sous forme corporelle marquant l'Oint. Jésus est envoyé en mission, c'est le début de son ministère public.

Le baptême de Jésus marque une confirmation de son identité de Fils par le Père. Déjà l'archange Gabriel a dit à Marie au moment de l'annonciation en Lc 1, 32 : « **^{32}Il sera grand et sera appelé fils du Très-Haut…** ». Une nouvelle confirmation de Jésus en tant que Fils de Dieu sera donnée au moment de la transfiguration.

Onction du Saint-Esprit
En Israël, les rois et les prêtres reçoivent l'onction pour être investis de leur fonction. Cette onction est le signe visible de l'attribution des dons requis pour la fonction.

Pour Jésus ce n'est pas une simple onction. Jésus ne reçoit pas des dons mais l'Esprit lui-même. L'Esprit descend sur lui de façon visible et repose sur lui. Il devient l'Oint (Christ-Messie), par excellence, de la prophétie des soixante-dix septénaires de Daniel, d'Isaïe 11, 2.

Ceci marque le début de sa mission. Jésus est revêtu des dignités royale et sacerdotale.

Matthieu, Marc et Luc précisent que la voix du ciel le présente comme le Fils bien-aimé. Jean ira plus loin en rapportant les paroles du Baptiste en disant en Jean 1, 33 que Jésus doit baptiser avec l'Esprit-Saint.

Signification

Le baptême est la reconnaissance du péché et la demande du pardon. C'est l'immersion dans l'eau du vieil homme signe de la mort, et l'inspiration de vie à la sortie de l'eau signe de la nouvelle naissance.

Jésus, par son baptême, se fait solidaire de l'humanité. Il est le chef de l'humanité et assume sa responsabilité de chef en assumant les péchés des hommes. Jésus prend sur lui le fardeau de la faute de l'humanité.

Jésus s'est identifié à nous, par son incarnation et son baptême, pour que nous nous identifions à lui par notre baptême.

Jésus inaugure sa vie publique en prenant la place des pécheurs. Le baptême de Jésus est une image anticipée de sa mort et de sa résurrection. (Voir Mc 10, 38 et Lc 12, 50). Jésus prend sur lui toutes les fautes du monde, et les endure jusqu'au bout dans l'identité avec ceux qui sont tombés dans le péché.

« **Ce combat est le tournant de l'être, qui opère une nouvelle constitution de l'être, et qui prépare un ciel nouveau et une terre nouvelle.** » Jésus de Nazareth de Joseph Ratzinger-Benoît XVI. La nouvelle constitution de l'être sera physiquement constatable dans le christ ressuscité.

4.3 Royaume de Dieu
4.3.1 Annonce du royaume de Dieu

Début de l'annonce du royaume

Immédiatement après son baptême, Jésus commence son ministère.

Mt 4, 17 : « **Dès lors Jésus commença à prêcher, en disant : « Repentez-vous, car le royaume des cieux est proche. »**

Jésus proclame l'évangile en Galilée. Jésus reprend la prophétie de Jean le Baptiste de Mt 3, 2 : « **Repentez-vous, car le royaume des cieux est proche.** » Cette reprise de la parole de Jean montre aux Juifs qu'il est bien celui qu'annonce le prophète.

Jésus commence son ministère par cette annonce de proximité du royaume des cieux, ou proximité du royaume de Dieu.

Annonce du royaume aux nations

Isaïe 8, 23 et 9, 1 : « **^{23}Mais il n'y a plus de ténèbres pour la terre qui a été dans l'angoisse. Comme le premier temps a couvert d'opprobre le pays de Zabulon et le pays de Nephtali, le dernier temps remplira de gloire le chemin de la mer, le pays d'au-delà du Jourdain et le district des nations.**

^{1}Le peuple qui marchait dans les ténèbres a vu une grande lumière, et sur ceux qui habitaient le pays de l'ombre de la mort, la lumière a resplendi. »

Isaïe annonce l'évangélisation des nations avec la Galilée.

Mt 4, 12-16 : « **^{12}Quand Jésus eut appris que Jean avait été livré, il se retira en Galilée. ^{13}Et quittant Nazareth, il vint demeurer à Capharnaüm, sur les bords de la mer, aux confins de Zabulon et de Nephtali, ^{14}afin que s'accomplît cette parole du prophète Isaïe : « ^{15}Terre de Zabulon et terre de Nephtali, vers la mer, pays au-delà du Jourdain, Galilée des Gentils ! ^{16}Le peuple qui était assis dans les ténèbres a vu une grande lumière ; et pour ceux qui étaient assis dans la région de l'ombre de la mort, une lumière s'est levée !** »

Après l'arrestation de Jean, Jésus se retira en Galilée à Capharnaüm, sur les bords de la mer, aux confins de Zabulon et de Nephtali.

Zabulon et Nephtali sont deux tribus du royaume d'Israël installés à l'Ouest du lac de Kinnésireth et du haut Jourdain. La route de la mer est la route côtière reliant l'Égypte à la Syrie. L'au-delà du Jourdain est la région de Galaad en Transjordanie. Le district des nations est la Galilée.

La Galilée des Gentils, ou Galilée des nations, c'est le lieu où les païens s'étaient fortement mélangés aux juifs contrairement au centre religieux du Judaïsme, Jérusalem.

Après l'arrestation de Jean, Jésus se retira en Galilée à Capharnaüm, sur les bords de la mer, aux confins de Zabulon et de Nephtali.

Urgence de l'annonce du royaume

Jean-Baptiste a prêché dans le désert de Judée.

Mt 3, 2 : « **Repentez-vous, car le royaume des cieux est proche**. »

Au début de son ministère, Jésus prêche l'évangile et la proximité du royaume de Dieu reprenant l'annonce de Jean-Baptiste. Cette proximité est souvent vue temporelle mais n'est-elle que temporelle ?

Mc 1, 14-15 : « [14]**Après que Jean eut été livré, Jésus vint en Galilée, prêchant l'évangile de Dieu et disant :** « [15]**Le temps est accompli, et le royaume de Dieu est proche ; repentez-vous et croyez à l'évangile.** »

Jésus enseigne à Capharnaüm, mais prévient la foule qu'il doit annoncer la bonne nouvelle aux autres villes.

Lc 4, 43 : « **Mais il leur dit :** « **Il faut que j'annonce aussi aux autres villes la bonne nouvelle du royaume de Dieu, car j'ai été envoyé pour cela.** »

Matthieu résume également l'activité de Jésus en Galilée : « **Et Jésus parcourait toute la Galilée, enseignant dans leurs synagogues, prêchant la bonne nouvelle du royaume, et guérissant toute maladie et toute infirmité parmi le peuple.** » Mt 4, 23 (et 9, 35).

Un homme demande à Jésus d'aller d'abord ensevelir son père avant de le suivre. Jésus lui répond sur l'urgence de l'annonce du royaume de Dieu.

Lc 9, 60 : « **Mais il lui dit : « Laisse les morts ensevelir leurs morts ; pour toi, va annoncer le royaume de Dieu. »**

Envoi des douze en mission
Jésus envoie ses douze apôtres en mission.

Lc 9, 2 : « **Et il les envoya prêcher le royaume de Dieu et guérir les malades… »**

Mt 10, 7-8 : « **[7]Sur votre chemin, annoncez ceci : « Le royaume des cieux est proche. [8]Guérissez les malades, ressuscitez les morts, purifiez les lépreux, chassez les démons : vous avez reçu gratuitement, donnez gratuitement. »**

4.3.2 Message du royaume de Dieu
Annonce de Dieu

C'est l'heure de la révélation plénière. Dans l'ancien testament Dieu se révèle à travers son alliance et les prophètes. Mais ici Dieu se révèle directement par lui-même en son Verbe incarné en Jésus. Il quitte son royaume pour rejoindre le monde des hommes.

Jésus est le sommet de l'alliance de Dieu avec l'homme réalisant l'union hypostatique de Dieu et de l'homme. C'est le sommet de la révélation, le Verbe qui est la connaissance du Père, vient nous révéler le Père.

En annonçant le royaume de Dieu, Jésus annonce Dieu. Le royaume de Dieu est Dieu lui-même, car Dieu est tout ce qu'il a.

Jésus annonce l'existence de Dieu. Il annonce Dieu, son Père. Il annonce qu'il est le Fils de Dieu. Il annonce que Dieu est maître du monde consécutif à la chute au jardin d'Éden.

Jésus commande aux éléments physiques de l'univers. Il apaise la tempête, les eaux. Il multiplie les pains et les poissons. Il transforme l'eau en vin. Il transforme le pain et le vin en son corps et en son sang.

Il commande aux éléments biologiques de l'univers. Il guérit les malades. Il rend la vie aux morts, à son ami Lazare. Il mourra lui-même et reviendra à la vie ressuscité.

Signification du royaume de Dieu

Quelle est la relation entre le royaume de Dieu et Jésus-Christ ? Entre le proclamé et celui qui proclame ? Jésus-Christ est-il le messager ou le message lui-même ?

Pour Origène, Jésus est « autobasileía », à savoir le royaume en personne. Jésus dit lui-même que le royaume de Dieu est arrivé : « …**le royaume de Dieu est donc arrivé à vous.** » (Mt 12, 28b).

Le royaume de Dieu est donc une Christologie. Le Verbe, Fils de Dieu, est venu dans notre humanité en Jésus pour guider les hommes vers le Père à travers lui-même. Nous sommes appelés à nous identifier au Christ, à devenir des chrétiens, de petits Christ. En Jésus, Dieu est présent parmi les hommes. Jésus réconcilie en lui-même Dieu et l'humanité, car il est le Fils de Dieu et le Fils de l'Homme. Jésus est pleinement homme et pleinement Dieu. En tant que Dieu il est infini et rien ne peut le contenir. Il est tout ce qu'il a.

Pour Origène, le royaume de Dieu est aussi l'intériorité de l'homme. Jésus dit d'ailleurs : « … **car voici que le royaume de Dieu est au-dedans de vous.** » Lc 17, 21b.

A l'intérieur de l'homme, il y a la présence d'un être qui est à l'image de Dieu. Cet être a soif d'un absolu qui ne trouve son repos qu'en Dieu. Le royaume de Dieu est le devenir individuel de l'homme qui se tourne vers Dieu. Cet homme deviendra membre saint du corps du Christ.

Le royaume de Dieu est aussi l'Église. Mais ce n'est pas l'Église institution telle que nous la connaissons. Elle est constituée de ceux qui suivent le maître et son enseignement. Le royaume de Dieu est le devenir collectif de l'humanité qui se tourne vers Dieu. Cette Église mystique auréolée de sainteté deviendra l'épouse du Christ.

Annonce eschatologique ou annonce d'un deuxième monde

Jésus répond aux pharisiens qui se demandent par qui il chasse les démons.

Mt 12, 28 : « **Mais si c'est par l'Esprit de Dieu que je chasse les démons, le royaume de Dieu est donc arrivé à vous.** »

Le message de Jésus peut être vu comme eschatologique. L'annonce de la proximité du royaume de Dieu est ressentie comme l'imminence de la fin du monde. Mais cette annonce est avant tout l'annonce de l'irruption de Dieu dans le monde, si l'homme le désire.

La proximité du royaume de Dieu n'est pas temporelle. La proximité du royaume est son existence derrière le voile de notre perception sensorielle – matérielle. Ce n'est pas un royaume à venir ou un royaume à instaurer, c'est un royaume déjà là, où la souveraineté de Dieu est manifeste.

Derrière le monde matériel le monde des présences du royaume de Dieu est présent. Malheureusement les anges déchus sont également présents. Dans le monde matériel, le royaume de Dieu se communique autant que nous le voulons et autant que la liberté de Dieu et de l'homme le permet.

Message de l'annonce

Marc et Matthieu utilisent le mot Évangile qui signifie « bonne nouvelle ». L'Évangile de Dieu n'est pas un discours informatif, mais performatif. L'Évangile de Dieu n'est pas seulement communication mais action entrant dans le monde pour le transformer et le sauver.

Jésus est venu annoncer tout simplement Dieu ! Mais Jésus annonce un Dieu vivant qui parle à travers sa parole. Il nous annonce que nous pouvons avoir une relation personnelle avec ce Dieu. Il nous annonce un Dieu qui agit dans l'histoire des hommes.

Le message central de l'Évangile c'est de se convertir car le royaume de Dieu est proche. « Règne » ou « royaume de Dieu » apparaît 122 fois dans le NT...

L'annonce du royaume de Dieu n'est pas qu'une annonce eschatologique. Le royaume de Dieu est présent par Jésus et par son action dans l'Esprit-Saint. Le royaume de Dieu est voilé par notre monde.

Jésus dit explicitement l'existence de deux mondes, le monde d'en bas où nous sommes, et le monde d'en haut où nous serons avec la grâce de Dieu.

Jn 8, 23 : « **Et il (Jésus) leur dit : « Vous, vous êtes d'en bas ; moi, je suis d'en haut. Vous vous êtes de ce monde ; moi, je ne suis pas de ce monde. »**

Royaume de Dieu dans l'homme

Le royaume de Dieu est au-dedans de vous dit le Seigneur. Dieu est au-dedans de nous si, comme des enfants, nous acceptons de dépendre de Dieu…

Lc 17, 20-21 : « **[20]Interrogé par les Pharisiens : « Quand vient le royaume de Dieu ? » il leur répondit disant : « Le royaume de Dieu ne vient pas avec des signes à observer ; [21]et on ne dira pas : « Il est ici ! » ou : « Il est là ! » car voici que le royaume de Dieu est au-dedans de vous. »**

Mt 13, 24 : « **Il leur proposa une autre parabole disant « Le royaume des cieux est semblable à un homme qui avait semé de la bonne semence dans son champ. »**

Lc 13, 19 ou Mt 13, 31 : « **Il leur proposa une autre parabole : « Le royaume des cieux est semblable à un grain de sénevé, qu'un homme a pris et a semé dans son champ. »**

L'homme doit laisser le grain de sénevé germer en lui et prendre toute sa dimension

Lc 13, 21 ou Mt 13, 33 : « **Le royaume des cieux est semblable au levain qu'une femme prit et mélangea dans trois mesures de farine, jusqu'à ce que le tout eût fermenté. »**

L'homme doit laisser le levain faire son œuvre en lui.
L'homme est participant dans sa liberté à sa transformation par Dieu.
Le royaume de Dieu existe et est Dieu. L'homme est en devenir par la grâce sanctifiante. L'homme est appelé à faire partie du royaume de Dieu.

4.3.3 Conditions pour le royaume de Dieu

<u>Appelés et élus au royaume</u>
Tri à faire

Mt 13, 47-48 : « **⁴⁷Encore : le royaume des cieux est semblable à un filet qu'on a jeté dans la mer et qui a ramené des poissons de toute sorte. ⁴⁸Lorsqu'il fut rempli, les pêcheurs le tirèrent au rivage, et, s'étant assis, ils recueillirent les bons dans un panier et rejetèrent les mauvais.** »

Pour accéder au royaume de Dieu, il faut faire préalablement le tri entre le bien et le mal en nous. Dieu est étranger au mal. Il est tout ce qui est bien et bon dans le monde, contenant toutes les perfections. Seul le bien en nous est appelé à l'union avec Dieu dans l'unique Essence.

Remise des dettes

Mt 18, 23 : « **C'est pourquoi le royaume des cieux est semblable à un roi qui voulut régler ses comptes avec ses serviteurs.** »

Dieu veut régler ses comptes avec les hommes. Dieu est Saint, amour gratuit. Il n'a aucune dette envers l'homme. Chaque homme a une dette envers Dieu, car nous ne sommes pas centrés vers Dieu notre créateur, car nous sommes pécheurs. Mais cette dette nous est remise par la passion, la mort de Jésus. Il a donné sa vie pour que nous puissions renaître libéré du péché et de ses conséquences.

Nous devons également n'avoir aucune dette avec nos prochains.

Ouvrier de la dernière heure

Mt 20, 1 : « **Car le royaume des cieux est semblable à un maître de maison qui sortit de grand matin afin d'embaucher des ouvriers pour sa vigne.** »

Mt 20, 16 : « **Ainsi les derniers seront premiers, et les premiers derniers.** »

L'ouvrier de la onzième heure, servi en premier, reçoit autant que l'ouvrier de la première heure !

Appel et liberté

Mt 22, 2 : « **Le royaume des cieux est semblable à un roi qui fit les noces de son fils.** »

Mt 22, 14 : « **Car il y a beaucoup d'appelés, mais peu sont élus.** »

Les invités sont libres de répondre à l'invitation. Pour assister à la fête il faut revêtir l'habit de noces. Il faut être purifié par le sang de l'agneau. Il faut reconnaître le sacrifice de Jésus venu nous laver de tout péché, reconnaître sa mort et sa résurrection, et donc qu'il est Dieu.

Se tenir prêt
Mt 25, 1 : « **Alors le royaume des cieux sera semblable à dix vierges qui, ayant pris leurs lampes, sortirent à la rencontre de l'époux.** »

Mt 25, 13 : « **Donc veillez, car vous ne savez ni le jour, ni l'heure.** »

<u>Exemple de l'enfant</u>
Mc 10, 15 : « **Je vous le dis, en vérité, qui ne recevra pas comme un enfant le royaume de Dieu, n'y entrera point.** »

Mt 18, 1-3 : « **¹En ce moment-là, les disciples s'approchèrent de Jésus et lui dirent : « Qui donc est le plus grand dans le royaume des cieux ? » ²Alors ayant fait venir un enfant, il le plaça au milieu d'eux et dit : « ³Je vous le dis, en vérité, si vous ne changez pas et ne devenez pas comme les enfants, vous n'entrerez point dans le royaume des cieux.** »

Mt 19, 13-14 : « **¹³Alors on lui amena de petits enfants pour qu'il leur imposât les mains et priât pour eux. Or les disciples les gourmandèrent. ¹⁴Mais Jésus leur dit : « Laissez les petits enfants, et ne les empêchez pas de venir à moi, car le royaume des cieux est à ceux qui leur ressemblent.** »

Les enfants dépendent de leurs parents. Ils le savent et l'acceptent.

Nous devons être comme les enfants, et accepter de dépendre de Dieu. En Vérité nous dépendons de Dieu car il est le seul à être l'Être. Il nous donne la vie et nous maintient en vie.

Mais nous avons la possibilité, dans notre liberté, d'être tourné vers Dieu à l'image du Verbe (prologue de Jean). Si nous dépendons de Dieu comme des pauvres d'esprit, alors le royaume de Dieu est à nous, comme le précise la première béatitude.

Pauvreté
Mt 19, 24 : « **Je vous le dis, il est plus aisé pour un chameau d'entrer par le trou d'une aiguille, que pour un riche d'entrer dans le royaume de Dieu.** »

Pour entrer dans le royaume de Dieu, il est nécessaire d'être détaché de tout bien matériel. Il ne faut pas s'attacher aux biens matériels dans un souci de sécurité pour le lendemain. La vraie sécurité est en Dieu, et la bonne conduite est de lui faire confiance pour tout lendemain.

Primauté à Dieu
La découverte du royaume de Dieu, c'est-à-dire de Dieu lui-même, occulte tout le reste. Cette découverte conduit à aimer Dieu en le connaissant, et aimer la création à travers Dieu.

Mt 13, 44 : « **Le royaume des cieux est semblable à un trésor caché dans un champ ; un homme, l'ayant trouvé le recacha et, dans sa joie, s'en alla vendre tout ce qu'il avait et acheta ce champ.** »

Mt 13, 45-46 : « [45]**Encore : le royaume des cieux est semblable à un marchand qui cherchait de belles perles.** [46]**Ayant trouvé une perle de grand prix, il s'en alla vendre tout ce qu'il avait, et il l'acheta.** »

Lc 9, 62 : « **Jésus lui dit : « Celui qui, ayant mis la main à la charrue, regarde en arrière, n'est pas propre au royaume de Dieu.** »

Mt 6, 33 : « **Cherchez premièrement le royaume de Dieu et sa justice, et tout cela vous sera donné en plus.** »

Mt 7, 21 : « **Ce n'est pas celui qui m'aura dit : « Seigneur, Seigneur ! » qui entrera dans le royaume de cieux, mais celui qui aura fait la volonté de mon Père qui est dans les cieux. »**

Naître d'en haut

Nicodème est un docteur de la Loi. Il est droit et cherche la vérité. C'est un maître à penser et un responsable du peuple juif. Jean rapporte l'entretien nocturne de Jésus avec Nicodème.

Jn 3, 1 : « **[1]Il y avait, parmi les Pharisiens, un homme nommé Nicodème, qui était un chef des Juifs. [2]Il vint de nuit vers lui (Jésus) et lui dit : « Rabbi, nous savons que c'est de la part de Dieu que vous êtes venus comme docteur, car personne ne peut faire les miracles que vous faites, si Dieu n'est avec lui. » [3]Jésus lui répondit : « En vérité, en vérité, je te le dis, nul, s'il ne naît d'en haut, ne peut voir le royaume de Dieu. » [4]Nicodème lui dit : « Comment un homme, quand il est âgé peut-il renaître ? » [5]Jésus répondit : « En vérité, en vérité, je te le dis, nul, s'il ne renaît de l'eau et de l'esprit, ne peut entrer dans le royaume de Dieu. [6]Ce qui est né de la chair est chair, et ce qui est né de l'esprit est esprit. »**

Un autre monde existe en plus du monde capté par nos sens, le royaume de Dieu.

Le monde de Dieu était proposé en Éden à Adam et Ève. Leur refus du plan de Dieu les a fait naître de la chair. Ce qui est né de la chair est chair, finitude, sans gratuité, souffrant et mortel. Ce qui est né de l'esprit est esprit, vie, bonheur, gratuité et infinitude en Dieu.

Le personnage de chair est né d'en bas. Le personnage d'esprit est né d'en haut. Il faut « renaître », naître à nouveau mais de Dieu, en acceptant Dieu dans notre vie. Il nous faut recevoir une identité divine en Christ pour devenir héritier du royaume de Dieu.

Le Père envoie son Fils préparer une nouvelle création en annonçant le royaume de Dieu. Jésus nous montre la route à suivre car il est le chemin, la vérité et la vie. Ce chemin le mènera à la mort et à la résurrection.

Sermon sur la montagne, Béatitudes

Dans le sermon sur la montagne, Jésus parle du royaume des cieux. Ce royaume des cieux est le royaume de Dieu. Parler des cieux évite de parler de Dieu. Dieu est pour les juifs et pour l'ancien testament l'innommable, car Dieu ne saurait être limité par un nom.

Dans l'énoncé des béatitudes, Jésus utilise un futur sauf pour ce qui concerne le royaume de Dieu.

Cette béatitude est au présent pour les « sans avoir ». Ce sont ceux qui reconnaissent qu'ils ne peuvent pas connaître et qui s'en remettent à Dieu pour tout et surtout pour la conduite de leur vie. N'ayant pas d'avoir, ils dépendent de Dieu. N'ayant pas d'avoir, ils peuvent être davantage en plénitude. Ils se rapprochent des origines lorsque l'homme fut créé à l'image de Dieu (Mère Theresa, l'abbé Pierre…).

Jésus est venu nous révéler le chemin du bonheur par les béatitudes en Matthieu 5, 1-11 : « **¹Voyant les foules, il monta sur la montagne, et lorsqu'il fut assis, ses disciples s'approchèrent de lui. ²Alors, prenant la parole, il se mit à les enseigner, en disant :** « **³Heureux les pauvres en esprit, car le royaume des cieux est à eux ! ⁴Heureux ceux qui sont affligés, car ils seront consolés ! ⁵Heureux ceux qui sont doux, car ils posséderont la terre ! ⁶Heureux ceux qui ont faim et soif de justice, car ils seront rassasiés ! ⁷Heureux les miséricordieux, car ils obtiendront miséricorde ! ⁸Heureux ceux qui ont le cœur pur, car ils verront Dieu ! ⁹Heureux les pacifiques, car ils seront appelés enfants de Dieu ! ¹⁰Heureux ceux qui souffrent persécution pour la justice, car le royaume des cieux est à eux ! ¹¹Heureux serez-vous, lorsqu'on vous insultera, qu'on vous persécutera, et qu'on dira faussement toute sorte de mal contre vous, à cause de moi. ¹²Réjouissez-vous et soyez dans l'allégresse, parce que votre récompense est grande dans les cieux ; car c'est ainsi qu'ils ont persécuté les prophètes qui ont été avant vous.** »

Moïse a apporté les dix commandements au peuple d'Israël après sa rencontre avec Dieu sur la montagne du Sinaï. Jésus amène la nouvelle Torah au peuple du monde sur la « montagne » de Galilée.

Nous passons d'un puissant massif de pierre en plein désert avec vue sur le désert, à un mont de pré peuplé d'arbres avec vue sur le lac de

Tibériade. Nous passons de l'aridité de la première loi, à la fertilité de la nouvelle loi.

Accomplissement de la loi
Loi et prophètes

Tout est donné et annoncé dans l'ancien testament. La loi est donnée par Moïse. L'accomplissement de la loi est annoncé par les prophètes. Les prophètes annoncent en effet la venue du Messie.

Jésus n'est pas venu abolir la Loi ou les prophètes, mais parfaire.

Mt 5, 19 : « **Celui donc qui aura violé un de ces moindres commandements, et appris aux hommes à faire de même, sera tenu pour le moindre dans le royaume des cieux ; mais celui qui les aura pratiqués et enseignés, sera tenu pour grand dans le royaume des cieux.** »

Lc 16, 29 : « **Abraham dit : « Ils ont Moïse et les prophètes : qu'ils les écoutent !** »

Mt 5, 17 : « **[17]Ne pensez pas que je sois venu abolir la Loi ou les Prophètes ; je ne suis pas venu abolir mais parfaire. [18]Car, je vous le dis en vérité, jusqu'à ce que passent le ciel et la terre, un seul iota ou un seul trait de la Loi ne passera pas, que tout soit accompli.** » »

De la loi à la grâce

Lc 16, 16-17 : « **[16]Jusqu'à Jean, c'était la Loi et les prophètes ; depuis lors, le royaume de Dieu est annoncé et chacun le force pour y entrer. [17]Mais il est plus facile que le ciel et la terre passent, que ne tombe un seul trait de la Loi.** »

Rm 6, 14 : « **Le péché, en effet, ne doit plus avoir d'empire sur vous, car vous n'êtes pas sous la Loi, mais sous la grâce.** »

Ga 4,4 : « **Mais, quand les temps furent accomplis, Dieu envoya son Fils, né d'une femme, né sous la Loi, pour racheter ceux qui étaient sous la Loi, afin que nous recevions la qualité de fils.** »

Accomplissement du Judaïsme par Jésus

Le dernier développement de la religion juive est la religion catholique, apostolique.

Quand nous étions sous la loi, si nous faisions un écart, il fallait payer le prix. Avec Jésus nous ne sommes plus sous la loi, mais sous la grâce, car c'est Jésus qui paie le prix pour nous.

Jésus est venu annoncer l'amour de Dieu Père pour l'homme, dire qu'il est Fils de Dieu, promettre d'envoyer le Saint-Esprit qui est Dieu.

Transcendance de la loi par l'amour

Jr 31, 31 : « **Voici que des jours viennent, - oracle de YaHWeH, où je conclurai avec la maison d'Israël et avec la maison de Juda une alliance nouvelle.** »

Jr 31, 33 : « **Car voici l'alliance que je ferai avec la maison d'Israël, après ces jours-là, - oracle de YaHWeH : Je mettrai ma loi au-dedans d'eux, et je l'écrirai sur leur cœur ; et je serai leur Dieu, et ils seront mon peuple.** »

He 8, 10 : « **Mais voici, l'alliance que je ferai avec la maison d'Israël après ces jours-là, dit le Seigneur : Je mettrai ma loi dans leur esprit et je les inscrirai dans leur cœur, et je serai leur Dieu, et ils seront mon peuple.** »

Jésus dit je mettrai ma loi dans vos cœurs. Cette loi c'est la loi d'amour. L'amour est Dieu et la promesse de Jésus correspond à la promesse de l'envoi du Saint-Esprit, l'Esprit d'amour. Le Saint-Esprit c'est la personnalisation de l'amour existant entre le Père et le Fils.

Mt 22, 35-40 : « ³⁵**Et l'un d'eux, docteur de la loi, lui demanda pour l'embarrasser : « ³⁶Maître, quel est le plus grand commandement de la loi ? » ³⁷Il lui dit : « Tu aimeras le Seigneur ton Dieu de tout ton cœur, de toute ton âme et de tout ton esprit. ³⁸C'est là la plus grand et le premier commandement. ³⁹Un second lui est égal : Tu aimeras ton prochain comme toi-même. ⁴⁰En ces deux commandements tient toute la Loi, et les Prophètes.** »

C'est pourquoi le premier commandement est « tu aimeras le Seigneur ton Dieu » et le deuxième « tu aimeras ton prochain ». Ils sont l'accomplissement de la loi. Ils transcendent les Dix commandements donnés à Moïse.

Mc 12, 28-34 « ²⁸Et s'approcha un des scribes, qui avait entendu leur discussion ; voyant qu'il (Jésus) leur avait bien répondu, il lui demanda « Quel est le premier de tous les commandements ? » ²⁹Jésus répondit : « Le premier, c'est : Écoute, Israël : le Seigneur notre Dieu, le Seigneur est un. ³⁰Et tu aimeras donc le Seigneur ton Dieu, de tout ton cœur, de toute ton âme, de tout ton esprit, et de toute ta force. ³¹Le second est celui-ci : Tu aimeras ton proche comme toi-même. Il n'y a pas d'autre commandement plus grand que ceux-là. » ³²Le scribe lui dit : « Bien, Maître, vous avez dit avec vérité qu'il est un et qu'il n'en est pas d'autre que lui ; ³³et que l'aimer de tout son cœur, de toute son intelligence et de toute sa force, et aimer le proche comme soi-même, c'est plus que tous les holocaustes et sacrifices. » ³⁴Et Jésus, voyant qu'il avait répondu judicieusement, lui dit : « Tu n'es pas loin du royaume de Dieu. » Et personne n'osait plus lui poser de questions. »

Adam a perdu la possibilité de passer d'Éden au royaume de Dieu car il n'est pas resté tourné vers Dieu.

Selon le prologue de Jean, le Verbe est tourné vers Dieu. Il fait parti du royaume de Dieu.

Le scribe n'est pas loin du royaume de Dieu car il a compris qu'il faut aimer Dieu et son prochain au maximum.

Jésus annonce l'amour du Père. Il ira jusqu'au bout de la manifestation de l'amour de Dieu en donnant sa vie pour les hommes.

5 Mort et Résurrection de Jésus

5.1 Passion et mort de Jésus

5.1.1 Arrestation

<u>Agneau immolé</u>
Yom Kippour

Lors de la fête juive du grand pardon (Yom kippour – Lévitique 16) le tirage au sort du Grand Prêtre détermine lequel de deux boucs est offert en expiation à Dieu (pierre blanche), et lequel est le bouc émissaire envoyé à Azazel chargé des fautes du peuple (pierre noire).

Jonas

Jonas fuit en bateau devant YaHWeH car il ne veut pas prêcher contre Ninive comme lui a demandé le Seigneur. Le Seigneur fait lever une violente tempête. Jonas s'adresse aux marins en perdition en Jonas 1, 12 : « **Il leur répondit : « Prenez-moi et me jetez à la mer, et la mer s'apaisera pour vous ; car je sais que c'est à cause de moi que cette grande tempête est venue sur vous. »**

Jonas accepte de se sacrifier pour que les autres puissent vivre. En donnant sa vie, Jonas la retrouvera…

Décision de la mort de Jésus

Ps 2,2 : « **Les rois de la terre se soulèvent, et les princes tiennent conseil ensemble, contre YaHWeH et contre son Oint.** »

Les grands prêtres et les Pharisiens tiennent conseil et discutent de Jésus (Jn 11, 45-54). Alors Caïphe, qui était grand prêtre cette année là, intervient en Jn 11, 50 : « **Et vous ne réfléchissez pas qu'il est avantageux pour vous qu'un seul homme meure pour le peuple et que toute la nation ne périsse pas.** »

L'agneau de Dieu est le bouc émissaire qui portera les conséquences des péchés des hommes.

<u>Sainte Cène, Manne terrestre et manne céleste</u>

Ex 16, 4a : « **YaHWeH dit à Moïse : « Voici, je vais faire** pleuvoir pour vous du pain du haut du ciel. »

Dt 8, 3 : « Il t'a humilié, il t'a fait avoir faim, et il t'a nourri de la manne, que tu ne connaissais pas et que n'avaient pas connue tes pères, afin de t'apprendre que l'homme ne vit pas de pain seulement, mais que l'homme vit de tout ce qui sort de la bouche de Dieu. »

Le pain de la manne sert pour la nourriture du corps. La parole de Dieu sert de la nourriture pour l'âme (l'esprit).

Jn 6, 32-35 : « ³²Jésus leur dit : « En vérité, en vérité, je vous le dis : « Moïse ne vous a pas donné le pain du ciel, mais c'est mon Père qui vous donne le vrai pain du ciel ; ³³car le pain de Dieu, c'est celui qui descend du ciel et qui donne la vie au monde. »
³⁴Ils lui dirent donc : « Seigneur, donnez-nous toujours de ce pain. » ³⁵Jésus leur dit : « C'est moi qui suis le pain de vie : celui qui vient à moi n'aura plus faim, et celui qui croit en moi n'aura plus soif. »

Jésus est le Verbe, la parole de Dieu. Le Verbe de Dieu est celui qui est la vie, il est l'Être uni au Père et au Saint-Esprit. C'est donc lui qui donne la vie.

Bien plus il va instituer l'eucharistie par la transsubstantiation du pain en son corps, et du vin en son sang. Nous sommes amenés en nous nourrissant du Christ à nous identifier à lui. L'offrande libre de nos vies permet l'action de la grâce du Christ ressuscité et du Saint-Esprit pour nous diviniser.

Mc 14, 22-24 : « ²²Pendant le repas, il prit du pain et, après avoir dit la bénédiction, il le rompit, le leur donna, en disant : « Prenez, ceci est mon corps. » ²³Il prit ensuite une coupe et, après avoir rendu grâce, il la leur donna, et ils en burent tous. ²⁴Et il leur dit : « Ceci est mon sang, le sang de l'alliance, répandu pour beaucoup. »

Comme Dieu a fourni la manne le messie fournira le pain de vie, c'est-à-dire s'offrira lui-même pour donner vie.

Nous retrouvons la kénose du Verbe. La première kénose du Verbe est réalisée avec la surrection du Verbe permettant la création. La deuxième kénose est l'abaissement du Verbe en un corps passible. La troisième kénose est l'abaissement du Verbe dans le pain et le vin le jeudi saint au cours du dernier repas. La quatrième kénose du Verbe sera dans l'acceptation de sa mort, pour permettre une re-création par sa résurrection.

Paul rappelle l'institution eucharistique dans le premier épître aux Corinthiens 11, 23-25. Il ajoute en 11, 26-30 l'importance de discerner dans le pain et le vin le corps du Christ.

Arrestation

Ps 41/40, 10 : « **Même celui qui était mon familier, qui avait ma confiance et qui mangeait mon pain, s'élève insidieusement contre moi.** »

Le psalmiste annonce la trahison par un familier qui partage le pain.

Mt 26, 23 : « **Il répondit : « Celui qui as mis avec moi la main au plat, celui-là me trahira ! ».**

Mt 26, 48-49 : « **^{48}Celui (Judas) qui le trahissait leur avait donné un signe : « Celui à qui je donnerai un baiser, c'est lui : arrêtez-le. » ^{49}Et aussitôt, s'avançant vers Jésus, il dit : « Salut, Rabbi ! », et il lui donna un baiser.** »

Za 11, 12-13 : « **^{12}Et je leur dis : « Si vous le trouvez bon, donnez-moi mon salaire ; sinon, n'en faites rien. » Et ils pesèrent mon salaire, trente sicles d'argent. Et YaHWeH me dit : « ^{13}Jette-le au potier, ce prix magnifique auquel j'ai été estimé par eux ! » Et je pris les trente sicles d'argent et je les jetai dans la Maison du Seigneur, au potier. ».**

Zacharie prophétise le prix de la trahison.

Mt 27, 9-10 : « **^{9}Alors fut accomplie la parole du prophète Jérémie : Ils ont pris les trente pièces d'argent, prix de celui qui a été mis à prix, qu'ont mis à prix des enfants d'Israël, ^{10}et ils les ont données pour le champ du potier, comme le Seigneur me l'a ordonné.** »

La traduction littérale est « champ du potier. La traduction liturgique est « champ du fondeur ». Le potier évoque la chaleur du four où l'argent sera fondu sans peine.

Jésus est arrêté, trahi par Juda un de ses apôtres pour trente pièces d'argent. Mais Jésus se livre librement. Jean 18, 6 : « **Lors donc qu'il (Jésus) leur eut dit : « C'est moi », ils reculèrent et tombèrent à terre.** »

Lors de son ministère public, Jésus annonce que personne ne peut lui enlever la vie mais que c'est lui qui la donne librement. Jésus donne sa vie par amour parce que c'est la volonté de son Père. Et le Père aime le Fils parce que celui-ci fait sa volonté.

Comparution devant les autorités religieuses
Comparution devant Hanne, Jérusalem palais du grand-prêtre, nuit du jeudi 6 au vendredi 7 avril 30

Le prophète Isaïe parle du serviteur souffrant. Il annonce la passion et la mort du messie d'Israël.

Is 50, 6 : « **J'ai livré mon dos à ceux qui me frappaient, et mes joues à ceux qui m'arrachaient la barbe ; je n'ai pas dérobé mon visage aux outrages et aux crachats.** »

Le prophète Michée évoque le juge d'Israël.

Mi 4, 14b : « **On a mis le siège contre nous, on frappe de la verge sur la joue le juge d'Israël.** »

Après son arrestation Jésus est conduit au palais du grand prêtre Hanne, beau-père de Caïphe, qui était le grand prêtre cette année là.

Jn 18, 13 : « **Et ils l'emmenèrent d'abord chez Anne, car il était beau-père de Caïphe, lequel était grand prêtre cette année-là.** »

Jn 18, 22 : « **À ces mots, un des satellites (gardes) qui se trouvait auprès de Jésus, lui donna un soufflet, en disant : « C'est ainsi que tu réponds au Grand Prêtre ?** »

Jésus devant le Sanhédrin, tôt le vendredi matin, 7 avril 30

Jésus est ensuite envoyé ligoté à Caïphe (Marc 14, 65 et Matthieu 26, 67-68).

Serviteur souffrant

Le prophète Isaïe annonce la passion et la mort du serviteur souffrant.

Is 52, 13-15 : « **¹³Voici que mon Serviteur prospérera ;**
Il grandira, il sera exalté, souverainement élevé.
¹⁴De même que beaucoup on été dans la stupeur en le voyant,
tant il était défiguré, son aspect n'étant plus celui d'un homme,
ni son visage celui des enfants des hommes, -
¹⁵ainsi il fera tressaillir des nations nombreuses.
Devant lui les rois fermeront la bouche ;
Car ils verront ce qui ne leur avait pas été raconté,
Et ils apprendront ce qu'ils n'avaient pas entendu.

Suivi de Is 53, 1- 8 : « **¹Qui a cru ce que nous avons entendu, et à qui le bras de YaHWeH a-t-il été révélé ?**

²Il s'est élevé devant lui comme un frêle arbrisseau ; comme un rejeton qui sort d'une terre desséchée ; il n'avait ni forme ni beauté pour attirer nos regards, ni apparence pour exciter notre amour.

³Il était méprisé et abandonné des hommes, homme de douleurs familier de la souffrance, comme un objet devant lequel on se voile la face ; en butte au mépris, nous n'en faisions aucun cas.

⁴Vraiment c'était nos maladies qu'il portait, et nos douleurs dont il s'était chargé ; et nous, nous le regardions comme un puni, frappé de Dieu et humilié.

⁵Mais lui, il a été transpercé à cause de nos péchés, broyé à cause de nos iniquités ; le châtiment qui nous donne la paix a été sur lui, et c'est par ses meurtrissures que nous sommes guéris.

⁶Nous étions tous errants comme des brebis, chacun de nous suivait sa propre voie ; et YaHWeH a fait retomber sur lui l'iniquité de nous tous.

⁷On le maltraite, et lui se soumet et n'ouvre pas la bouche, semblable à l'agneau qu'on mène à la tuerie, et à la brebis muette devant ceux qui la tondent ; il n'ouvre point la bouche.

⁸Il a été enlevé par l'oppression et le jugement, et, parmi ses contemporains, qui a pensé qu'il était retranché de la terre des vivants, que la plaie le frappait à cause des péchés de mon peuple ? »

Ce passage sera repris, après la résurrection, l'ascension, et la pentecôte dans la rencontre de Philippe avec l'Éthiopien.

Ac 8, 32-33 : « ³²Or le passage de l'Écriture qu'il (eunuque Éthiopien) lisait était celui-ci : « Comme une brebis, il a été mené à la tuerie ; et comme un agneau muet devant celui qui le tond, ainsi il n'ouvre pas la bouche. ³³C'est dans son humiliation que son jugement a été enlevé. Sa génération qui la racontera ? Car sa vie a été retranchée de la terre. »

Les juifs identifient le serviteur souffrant avec Israël qui a souffert pour expier les péchés des nations. Mais le sacrifice d'expiation doit être parfait, sans défaut (voir le choix de l'agneau sans défaut pour le sacrifice), ce qui n'est pas le cas pour Israël tel que nous le décrit Isaïe dans le chapitre 1.

Les juifs attendaient un Messie triomphant qui les délivrerait de tous leurs ennemis au plan humain. Isaïe annonce un Messie doux, humble, silencieux même lorsqu'il sera mené comme un agneau à l'abattoir. Le serviteur porte les caractéristiques d'un individu qui est torturé et humilié, comme Jésus l'a été.

Mt 26, 62-63a : « ⁶²Le grand prêtre se leva et dit à Jésus : « Tu ne réponds rien ! Qu'est-ce que ces hommes déposent contre toi ? ⁶³Mais Jésus gardait le silence. »

Ps 110/109, 1-2 : « ¹Oracle de YaHWeH à mon Seigneur : « Assieds-toi à ma droite, jusqu'à ce que je fasse de tes ennemis l'escabeau de tes pieds. » ²YaHWeH étendra de Sion le sceptre de sa puissance : domine au milieu de tes ennemis ! »

Mt 26, 64 : « Jésus leur dit : « Tu l'as dit. Du reste, je vous le dis, à partir de maintenant vous verrez le Fils de l'homme assis à la droite de la Puissance et venant sur les nuées du ciel. »

Dans le Psaume Dieu parle au Seigneur. C'est le dialogue de Dieu avec son Messie.

Jésus, le Fils de l'homme, comme prévu par le psalmiste indique qu'il s'assiéra à la droite de la Puissance (Dieu le Père). Jésus domine sur ses ennemis y compris la mort par sa résurrection.

Mt 26, 67-68 : « ⁶⁷Alors ils lui crachèrent au visage et le frappèrent avec le poing ; ⁶⁸d'autres le souffletèrent, en disant : « Prophétise-nous, Christ ! Quel est celui qui t'a frappé ? »

Mc 14, 65 : « **Et quelques-uns se mirent à cracher sur lui, et, lui voilant le visage, ils le frappaient du poing, en lui disant : « Prophétise ! » ; et les satellites lui administraient des soufflets.** »

Reniements de Pierre

Pierre renie alors le Christ par trois fois comme Jésus lui avait annoncé en Lc 22, 33-34.

Lc 22, 61-62 : « **^{61}Et le Seigneur, s'étant retourné, arrêta son regard sur Pierre, et Pierre se souvint de la parole du Seigneur, comme il lui avait dit : « Avant que le coq ait chanté aujourd'hui, tu me renieras trois fois. » ^{62}Et étant sorti, il pleura amèrement.** »

Moment terrible pour Pierre alors que son Seigneur l'a désigné comme chef de l'Église. Il est faible, terriblement faible, comme chacun d'entre nous en face de Dieu. Mais dans sa faiblesse il pourra compter sur son Seigneur (Après la pentecôte il sera rempli d'audace).

Comparution devant les autorités civiles
Pilate résidence du gouverneur

Jésus est ensuite conduit devant Pilate qui, apprenant que Jésus est Galiléen, l'envoie à Hérode.

Hérode vendredi 7 avril 30

Luc 23, 11 : « **Hérode le traita avec mépris, ainsi que ses hommes d'armes, se moqua de lui et, après l'avoir revêtu d'un vêtement de couleur éclatante, il le renvoya à Pilate.** »

Pilate

Jésus comparaît ensuite à nouveau devant Pilate.

Mt 27, 26-30 : « **^{26}Alors il (Pilate) leur relâcha Barabbas ; et, après avoir fait flageller Jésus, il le remit (aux soldats) pour être crucifié. ^{27}Alors les soldats du gouverneur prirent Jésus avec eux dans le prétoire, et ils assemblèrent autour de lui toute la cohorte. ^{28}L'ayant dévêtu, ils jetèrent sur lui un manteau écarlate. ^{29}Ils tressèrent une couronne avec des épines, qu'ils posèrent sur sa tête,** avec un roseau dans sa main droite ; et, fléchissant le genou devant lui, ils lui disaient par dérision : « Salut, roi des juifs ! » ³⁰Ils lui crachaient aussi dessus et, prenant le roseau, ils en frappaient sa tête. »

Pilate propose aux juifs de relâcher selon la coutume un prisonnier, Jésus ou Barabbas. Répondant à la demande de la foule Pilate relâche Barabbas et fait flageller Jésus puis le remet aux soldats pour être crucifié à la demande de la foule. Les soldats mettent à Jésus une couronne d'épines et un roseau dans la main droite (Mt 27, 26-31).

Il n'est pas mentionné dans l'histoire d'autres cas d'une couronne d'épines. Ceci permet d'identifier Jésus.

5.1.2 Crucifiement

Condamnation à mort

Pilate veut sauver Jésus, d'autant que sa femme l'a averti de son songe. Mais il n'arrive pas à sauver Jésus malgré la flagellation. Pilate s'en lave les mains et remet Jésus aux Juifs.

Jn 19, 14-16 : « ¹⁴C'était la préparation de la Pâque, environ la sixième heure. Il dit aux Juifs : « Voilà votre roi ! » ¹⁵Sur quoi ils crièrent : « À mort ! À mort ! Crucifie-le ! » Pilate leur dit : « Crucifierai-je votre roi ? » Les grands prêtres répondirent : « Nous n'avons de roi que César ! » ¹⁶Alors il le leur livra pour être crucifié. Ils emmenèrent donc Jésus. »

Chemin de croix

Mt 27, 31 : « Après s'être moqués de lui, ils lui retirèrent le manteau, lui remirent ses vêtements et l'emmenèrent pour le crucifier »

Jn 19, 17 : « ¹⁷Portant sa croix, il sortit vers le lieu dit du Crâne – ce qui se dit en hébreu Golgotha, »

Les soldats retirent le manteau mis par Hérode pour la scène de dérision. Ils remettent ses vêtements dont la Tunique d'Argenteuil.

Jésus, portant sa croix, est emmené vers le lieu du Crâne (Golgotha en hébreu).

Crucifiement Près de Jérusalem, vendredi 7 avril 30

Jn 19, 18 - 22 : « -**¹⁸où ils le crucifièrent, et deux autres avec lui, un de chaque côté et Jésus au milieu. ¹⁹Pilate fit aussi écrire une inscription pour la mettre sur la croix ; elle portait ces mots : « Jésus de Nazareth, le roi des Juifs. » ²⁰Cette inscription, beaucoup de Juifs la lurent, car le lieu où Jésus fut crucifié était près de la ville ; c'était écrit en hébreu, en latin et en grec. ²¹Aussi, les grands prêtres des juifs dirent à Pilate : « N'écris pas : Le roi des Juifs, mais : il a dit : Je suis le roi des Juifs ». » ²²Pilate répondit : « Ce que j'ai écrit, je l'ai écrit. »**

Partage des vêtements

Ps 22/21, 19 : « **ils se partagent mes vêtements, ils tirent au sort ma tunique.** »

Le partage des vêtements et annoncé par les psaumes et Jean en témoigne.

Jn 19, 23-24 : « **²³Quand les soldats eurent crucifié Jésus, ils prirent ses vêtements, dont ils firent quatre parts, une part pour chaque soldat, et aussi sa tunique. Or la tunique était sans couture, toute d'un seul tissu depuis le haut (jusqu'en bas). ²⁴Ils se dirent donc les uns aux autres : « Ne la déchirons pas, mais tirons au sort à qui elle sera. » (C'était) pour que s'accomplît cette parole de l'écriture : « Ils se sont partagé mes vêtements, et ils ont tiré ma robe au sort. » C'est ce que firent les soldats.** »

Les soldats se partagèrent à quatre ses vêtements. Ils tirèrent au sort sa tunique sans couture afin que s'accomplissent les écritures (Jean 19, 16 - 24).

Pardon

Lc 23, 33 – 34 : « **³³Lorsqu'ils furent arrivés au lieu appelé Calvaire, ils l'y crucifièrent ainsi que les malfaiteurs, l'un à droite, l'autre à gauche. ³⁴Et Jésus disait : « Père, pardonne-leur : ils ne savent pas ce qu'ils font.** » Et se partageant ses vêtements, ils les tirèrent au sort. »

Après son crucifiement entre deux malfaiteurs, Jésus demande à son Père de pardonner à ceux qui ont participé à sa condamnation et à son exécution. Nous sommes tous concernés par ce pardon car nous sommes tous pécheurs.

Moquerie

Ps 22/21, 9 : « **Qu'il s'abandonne à YaHWeH ! Il le sauvera, il le délivrera, puisqu'il l'aime !** »

Lc 23 35 - 43 : « ³⁵Le peuple se tenait là et regardait. Même les chefs raillaient, disant : « Il en a sauvé d'autres ; qu'il se sauve lui-même, s'il est le Christ de Dieu, l'Élu ! » ³⁶Les soldats aussi se moquèrent de lui, s'avançant pour lui présenter du vinaigre, ³⁷et disant : « Si tu es le roi des Juifs, sauve-toi toi-même ! » ³⁸Il y avait aussi au-dessus de lui une inscription en caractères grecs, latins et hébraïques : Celui-ci est le roi des Juifs. »
³⁹Or l'un des malfaiteurs mis en croix l'injuriait, disant : « N'es-tu pas le Christ ? Sauve-toi toi-même, et sauve-nous ! » ⁴⁰Mais l'autre le reprenait, disant : « Tu n'as pas même la crainte de Dieu, toi qui subis la même condamnation ! ⁴¹Pour nous, c'est justice, car nous recevons ce que méritent les choses que nous avons faites ; mais lui n'a rien fait de mal. » ⁴²Et il dit : « Jésus, souvenez-vous de moi, quand vous reviendrez avec votre royauté. » ⁴³Et il lui dit : « <u>Je te le dis en vérité, aujourd'hui tu seras avec moi dans le Paradis.</u> »

La parole de Jésus est une réponse à la supplique du bon larron.

Marie et Jean

Jn 19, 25, 27 : ²⁵**Près de la croix de Jésus se tenaient sa mère, et la sœur de sa mère, Marie la (femme) de Clopas, et Marie de Magdala. ²⁶Jésus voyant sa mère et, auprès d'elle, le disciple qu'il aimait, dit à sa mère : « <u>Femme, voilà votre fils.</u> » ²⁷Ensuite il dit au disciple : « <u>Voilà votre mère.</u> » Et depuis cette heure-là, le disciple la pris chez lui. »**

Jésus accomplit ainsi son devoir filial en confiant à sa mère, Jean, comme son fils. Jésus confie sa mère au disciple qu'il aimait. Sur le plan spirituel Marie devient la mère des croyants. Elle va pourvoir aider Jean à approfondir le mystère du Christ.

5.1.3 Mort de Jésus
Près de Jérusalem, vendredi 7 avril 30, 15 h

Abandon

Mt 27, 45-46 : « ⁴⁵Depuis la sixième heure jusqu'à la neuvième, il se fit des ténèbres sur toute la terre. ⁴⁶Vers la neuvième heure Jésus s'écria d'une voix forte : « <u>Eli, Eli, lema sabacthani ?</u> », c'est-à-dire : « <u>Mon Dieu, mon Dieu, pourquoi m'avez-vous abandonné ?</u> »

A l'instant dernier, Jésus vit l'ultime dérélication. Il a endossé notre humanité jusqu'à vivre la solitude de l'homme face à la mort.

Mais Jésus porte peut-être aussi sa mission de témoignage jusqu'au bout. Les psaumes n'étaient pas annoncés par leur numéro à l'époque mais par le premier verset. Jésus renvoie donc au psaume 22/21.

Ps 22/21, 2a : « **Mon Dieu, mon Dieu, pourquoi m'as-tu abandonné,** »

Ps 22/21, 7-9 : « **⁷Et moi, je suis un ver, et non un homme,**
L'opprobre des hommes et le rebut du peuple.
⁸Tous ceux qui me voient se moquent de moi ;
Ils ouvrent les lèvres, ils branlent la tête :
« ⁹Qu'il s'abandonne à YaHWeH ! il le sauvera,
Il le délivrera, puisqu'il l'aime ! ».
Ps 22/21, 17-19 : « **¹⁷Car des chiens m'environnent,**
Une troupe de scélérats rôdent autour de moi ;
Ils ont percé mes mains et mes pieds,
¹⁸je pourrais compter tous mes os.
Eux, ils m'observent, ils me contemplent ;
¹⁹ils se partagent mes vêtements,
Ils tirent au sort ma tunique. »

Vinaigre

Ps 69/68, 22 : « **Pour nourriture ils m'ont donné l'herbe amère, Dans ma soif, ils m'ont abreuvé de vinaigre.** »

Ce psaume est une prière du juste persécuté pour la cause de Dieu

Mt 27, 34 : « **Ils lui donnèrent à boire du vin mêlé de fiel ; mais l'ayant goûté, il ne voulut pas boire.** »

Jn 19, 28 - 29 : « ²⁸**Après cela, Jésus sachant que désormais tout était accompli, dit, afin que l'Écriture fût accomplie : « J'ai soif.** » ²⁹**Il y avait là un vase plein de vinaigre. On imbiba de vinaigre une éponge, qu'on mit autour (du bout) d'une hysope et on l'approcha de sa bouche.** »

L'herbe amère c'est l'amertume du temps de l'esclavage en Égypte.

A chaque Pâque, les juifs commémorent ce temps qui précède leur libération par YaHWeH.

Accomplissement

Jn 19, 30 : « ³⁰ **Quand Jésus eut pris le vinaigre, il dit : « C'est accompli** » **et inclinant la tête, il rendit l'esprit.** »

En Jean 19, 30 la dernière parole de Jésus sur la croix, juste avant sa mort, est : « **C'est accompli** » ou « **Tout est achevé** » ou « **Tout est accompli** ». Jésus a réalisé sa mission. Les écritures et les prophéties du Messie d'Israël sont réalisées en Jésus.

Confiance

Lc 23, 44-48 : ⁴⁴**Il était alors environ la sixième heure, et il se fit des ténèbres sur la terre entière jusqu'à la neuvième heure, le soleil s'étant éclipsé,** ⁴⁵**et le voile du Sanctuaire se fendit par le milieu.** ⁴⁶**Et, Jésus clama d'une voix forte : « Père, je remets mon esprit entre vos mains.** » **Et, ce disant, il expira.**

A l'heure ultime Jésus s'abandonne complètement avec confiance à son Père.

⁴⁷**Le centurion, ayant vu ce qui s'était passé, glorifia Dieu, disant : « Réellement, cet homme était un juste !** » ⁴⁸**Et toutes les**

foules rassemblées à ce spectacle, après avoir regardé ce qui s'était passé, s'en retournaient en se frappant la poitrine. »

Mort de Jésus
Mt 27, 50-54 : « ⁵⁰Jésus poussa de nouveau un grand cri et rendit l'esprit.
⁵¹Et voilà que le voile du Sanctuaire se fendit en deux, du haut en bas, la terre trembla, les rochers se fendirent, ⁵²les sépultures s'ouvrirent et les corps de beaucoup de saints défunts ressuscitèrent : ⁵³Et, sortis des sépulcres, après sa résurrection, ils entrèrent dans la ville sainte et apparurent à beaucoup. ⁵⁴Le centurion et ceux qui, avec lui, gardaient Jésus, voyant le tremblement de terre et ce qui se passait, furent saisis d'une grande frayeur et dirent : Vraiment, c'était le Fils de Dieu ! »

Jésus meurt à Jérusalem, le vendredi 7 avril 30 à 15 h.

Au moment de la mort de Jésus, le voile du sanctuaire se déchire en deux. Le voile du sanctuaire, c'est ce qui sépare le saint des saints dans le temple du lieu de réunion des croyants dans le Temple.
La croix de déréliction est devenue la croix glorieuse. Elle devient la liaison entre le ciel et la terre. Elle a percé ce qui séparait l'homme de Dieu.

Sang et eau
Jn 19,31-37 : « ³¹Comme c'était la Préparation, pour que les corps ne restassent pas sur la croix durant le sabbat, – car le jour de ce sabbat était solennel, - les Juifs demandèrent à Pilate qu'on leur rompît les jambes et qu'on les enlevât. ³²Les soldats vinrent donc, et ils rompirent les jambes du premier, puis de l'autre qui avait été crucifié avec lui. ³³Venant à Jésus, comme ils virent qu'il était déjà mort, ils ne lui rompirent pas les jambes ; ³⁴mais un des soldats lui perça le côté avec sa lance, et aussitôt il sortit du sang et de l'eau. ³⁵Et celui qui a vu en rend témoignage, – et son témoignage est vrai, et il sait qu'il dit vrai, – pour que vous aussi, vous croyiez. ³⁶Car cela

est arrivé pour que fût accomplie l'Écriture : Aucun de ses os ne sera brisé. ³⁷Et une autre Écriture encore dit : Ils regarderont celui qu'ils ont transpercé. »

Lorsque le supplicié demeure en vie trop longtemps, l'usage veut qu'on lui brise les jambes pour accélérer l'asphyxie. Pour le personnage du Linceul, cette mesure n'est pas nécessaire.

La mort du condamné est vérifiée par le centurion romain en lui enfonçant son pilum dans le côté droit selon l'habitude de l'escrime romaine. La plaie sur le **Linceul de Turin** est bien de la dimension d'une lance romaine. La blessure est restée béante, preuve que c'est une blessure post-mortem. L'écoulement du sang et de l'eau de la plèvre s'est fait verticalement et s'est poursuivi alors que le corps était à l'horizontal.

L'homme du Linceul n'a eu aucun de ses os brisés comme le disent les écritures pour Jésus. L'homme du Linceul n'a eu aucun os brisé malgré le cartilage du nez cassé, les clous enfoncés dans les poignets et les pieds. Il n'a pas eu les jambes brisées comme souvent pour les crucifiés.

Le Linceul de Turin, la Tunique d'Argenteuil, le Suaire d'Oviedo, la Coiffe de Cahors, le Voile de Manoppello sont une illustration de la passion et de la mort du Jésus des Évangiles.

Ex 12, 46 : « **On ne la (la Pâque) mangera que dans la maison ; vous n'emporterez point de chair hors de la maison, et vous ne briserez aucun os.** »

L'interdiction de briser les os de l'agneau pascal, reflété dans le psaume (34, 21), s'accomplit pour le Messie car celui-ci étant déjà mort sur la croix, les romains ne lui brisèrent aucun os.

Ps 34/33, 21 : « **Il (le juste) garde tous ses os, aucun ne sera brisé** »

Le psaume reprend le thème de l'agneau pascal d'Exode 12, 46. Le messie vivra sa pâque mais n'aura aucun os de brisé.

Accomplissement des prophéties de l'ancien testament
Croix serpent (exode)

Nb 21, 8-9 : « **⁸Et YaHWeH dit à Moïse : « Fais-toi un serpent brûlant et place-le sur un poteau ; quiconque aura été mordu et le** regardera, conservera la vie. » ⁹Moïse fit un serpent d'airain et le plaça sur un poteau, et, si quelqu'un était mordu par un serpent, il regardait le serpent d'airain et il vivait. »

Jn 3, 7-15 : « **De même que Moïse a élevé le serpent dans le désert, ainsi faut-il que le Fils de l'homme soit élevé, afin que tout homme qui croit en lui ait la vie éternelle.** »

Transpercé
Za 12, 10-11 : « **¹⁰Et je répandrai sur la maison de David et sur l'habitant de Jérusalem un esprit de grâce et de supplication, et ils tourneront les yeux vers moi qu'ils ont transpercé. ¹¹Et ils feront le deuil sur lui, comme on fait le deuil sur un fils unique ; Ils pleureront amèrement sur lui, comme on pleure amèrement sur un premier-né.** »

Ce texte du prophète sera cité librement par Saint Jean, le théologien, dans son Évangile de la Passion du Christ en Jean 19, 37b : « **Ils regarderont celui qu'ils ont transpercé** » et dans l'apocalypse en 1, 7a : « **Le voici qui vient sur les nuées. Tout œil le verra, et ceux même qui l'ont percé ;** ».

Accomplissement de la Pâque juive
La Pâque juive (Pessah[71] en hébreu) est la fête de l'immolation de l'agneau pascal et la fête des pains sans levain. La fête commence le 14 Nissan ce qui correspond aux mois de mars ou avril. La Pâque est une des trois fêtes de pèlerinage au Temple de Jérusalem. C'est la fête principale car elle est à l'origine de l'histoire d'Israël comme nation et comme peuple de Dieu. La fête dure 8 jours du 14 au 21 Nissan.

La Pâque juive est pour sauver le peuple juif de la maison de servitude en Égypte. La Pâque du Seigneur est pour sauver l'humanité entière de la servitude du péché.

1 Co 5, 7b : « **car notre Pâque, le Christ, a été immolé.** »

<u>**Mystère pascal**</u>
Le mystère pascal relève comme rédemption (donc sans gratuité dans le monde de l'homme) du péché originel. Il relève aussi dans sa

---

[71] Ex 12, 2 et 13, 4 - Esd 7, 19 - Est 3, 7 - Lev 23, 10

nature profonde (gratuite dans le royaume de Dieu) d'une immolation volontaire dans les temps éternels du Fils unique du Père pour permettre à l'acte créateur de s'accomplir.

La clémence et l'amour du Créateur à l'égard des pécheurs permet de faire pénitence, d'espérer le pardon et le retour de sa grâce. Les hommes peuvent retrouver leur beauté originelle par la grâce du Seigneur.

Dans le Verbe incarné, nous avons le don du Père pour la création.

Dans l'agneau immolé nous avons le pardon du Père pour la re-création.

Le don refusé, par le péché originel et nos péchés, est transcendé par le par-don (par dessus le don).

Ce don et ce pardon nous mènent de la Surrection à la Re-surrection.

La gratuité de la création est transcendée par la gratuité de la rédemption.

Maria Valtorta rapporte les paroles de Jésus :

« Et entre la sixième et la neuvième heure, Celui qui est venu comme Sauveur et Rédempteur, Celui dont parlent les prophètes, consommera son Sacrifice, après avoir mangé le pain amer de la trahison et donné le doux pain de la Vie, après s'être pressé Lui-même comme la grappe dans la cuve, après avoir désaltéré avec tout Lui-même les hommes et les plantes, et s'être fait une pourpre royale avec son sang et avoir ceint la couronne et pris le sceptre et transporté son trône sur un haut lieu pour être vu par Sion, Israël et le monde. Elevé dans le vêtement pourpre de ses plaies innombrables, dans les ténèbres pour donner la lumière, dans la mort pour donner la Vie, il mourra à la neuvième heure et le monde sera racheté.[72] »

---

[72] « L'Evangile tel qu'il m'a été révélé » Maria Valtorta, Tome 4 page 458

5.2 Ensevelissement de Jésus
5.2.1 Date et lieu de la mort

Lieu de la mort de Jésus

L'analyse du Linceul de Turin précise le lieu de l'évènement. Les poussières d'aragonite sont trouvées sur les talons, les genoux et le nez. Ces poussières d'aragonite proviennent du travertin, une pierre utilisée en particulier à Jérusalem.

Le professeur Danin a déterminé que 27 des 28 fleurs visibles sur le Linceul poussent dans l'environnement immédiat de Jérusalem.

Un morceau de roseau, commun sur la plage du Kinnereth, est visible sur le Linceul avec un nœud et un reste de feuille.

L'image d'une corde, d'une longueur d'environ de 10 m, est visible à droite de la jambe droite. Cette corde est faite à partir de Typha domingensis, plante hydrophyte commune de berges des rivières et des rivages de lacs.

Il existe des centaines de petits fruits de Pistacia Lentiscus utilisés comme épice lors des enterrements. Sur le Linceul les savants trouvent des traces d'aloès et de myrrhe.

La couronne d'épines est faite à partir d'un roncier de la région.

Le Calvaire fait partie du mont Moriah. Le texte hébreu de la Genèse nomme ainsi la montagne où Abraham allait sacrifier son fils.

Heure de la mort de Jésus

Nous lisons en Jean 11, 9a : « **Jésus répondit : « N'y a-t-il pas douze heures de jour ?** ». Le jour et la nuit avaient chacun douze heures.

Or Matthieu 27, 45-46 et Luc 23, 44-46 nous disent que Jésus est crucifié à partir de la sixième heure, que l'obscurité se fit sur toute la terre jusqu'à la neuvième heure, et que Jésus rendit alors l'esprit. Donc Jésus meurt à la neuvième heure du jour c'est-à-dire à 15h00.

Le professeur de botanique Israélien Danin a identifié une fleur sur le **Linceul de Turin** en partie ouverte « un aegyptia Capparis ». Celle-ci s'ouvre au cours de la journée ce qui permet de déterminer son heure de cueillette entre 15h00 et 16h00.

Jour et mois de la mort de Jésus
Correspondance avec la Pâque juive

Dans l'ancienne alliance, l'agneau sans défaut est sacrifié dans la journée du 14ème jour du premier mois (Nissan). Ce sacrifice, avec le sang mis sur le linteau des portes protège les premiers nés d'Israël lors du passage de l'ange exterminateur dans la nuit du 15ème jour. Cette septième plaie pour l'Égypte permet le départ des juifs de la maison de servitude.

Esdras 6, 19 : « **Les fils de la captivité célébrèrent la Pâque le quatorzième jour du premier mois.** »

Dans la nouvelle alliance, l'agneau immolé sans défaut est le Verbe incarné sans péché. C'est la Pâque parfaite, le sacrifice expiatoire du Dieu fait homme… Jésus prend sur Lui toutes les conséquences de nos péchés. Il paie le prix de nos péchés et réalise l'alliance du sang en mourant sur la croix.

La fête de la Pâque dure sept jours, du 15 au 21 nisan. Le calendrier officiel du Temple célèbre la Pâque le 15 nissan. Le 14 nisan est le jour de la préparation avec l'immolation des agneaux au Temple.

Marc 14, 12 : « **Le premier jour des Azymes, où l'on sacrifiât la pâque, ses disciples lui dirent : « Où voulez-vous que nous allions faire les préparatifs pour que vous mangiez la pâque ? »** »

La Sainte Cène a lieu le soir au début du 14ème jour de Nissan (le jour commence à 18 heures). C'est ce même jour où l'agneau pascal est immolé chez les juifs au temple en mémoire de leurs libérations.

Marc 15, 42 : « **Le soir étant déjà venu, comme c'était la Préparation, c'est-à-dire veille de sabbat…** »

Sabbat solennel ou double sabbat

Jean 19, 31a : « **Comme c'était la Préparation, pour que les corps ne restassent pas sur la croix pendant le sabbat, - car le jour de ce sabbat était solennel,…** »

Selon Jean, le jour de la mort de Jésus est le jour de la Préparation du Sabbat. Le sabbat est le samedi. Le jour de la préparation du sabbat est un vendredi. Jean nous précise aussi qu'il s'agit d'un sabbat solennel, c'est-à-dire de Pâque. Le jour de la mort de Jésus est donc un vendredi qui précède la Pâque du samedi. La préparation de

Pâque est le 14ème jour de Nissan.

Ce jour les agneaux sont immolés sur le parvis du Temple selon le rituel de la Pâque juive en mémoire de la libération du pays d'Égypte.

Année de la mort de Jésus

La mort de Jésus a eu lieu pendant que Pilate était préfet de Judée, donc après 26 et avant 36, année où Pilate est rappelé à Rome.

L'image des pièces de monnaies retrouvées sur le Linceul à l'emplacement des yeux datent des années 29-30.

Le calcul astronomique permet de savoir que le vendredi 14 Nissan correspond au 7 avril de l'année 30 ou au 3 avril de l'année 33. La date cohérente avec la date des pièces du Linceul est l'année 30.

Jésus meurt donc en l'an 30 dans l'après-midi du jour de la « parascève », jour de la préparation de la fête de Pessah (Pâque juive), sixième jour de la semaine soit le vendredi.

Jésus meurt le 14 Nissan, ce qui correspond, compte tenu du calendrier hébreu usuel, au vendredi 7 avril de l'année 30.

La mort de Jésus a eu lieu le vendredi 7 avril de l'année 30 vers 15h00.

Confirmation de la date de la mort de Jésus[73]

Les confirmations de la date est faite :
- pour l'année, par la vie de Jésus,
- pour l'année, par une prophétie de Daniel,
- pour la date, par l'inscription antique sur le Linceul,
- pour la date, par les écrits hébraïques.

5.2.2 Ensevelissement

Linges

Cinq linges confortent les écritures concernant la passion, la mort et la résurrection de Jésus. La **Tunique d'Argenteuil** ou robe du dessous

---

[73] « La Résurrection au risque de la Science » Pierre Milliez partie 4.6.5

couvrit le Seigneur après la flagellation sur le chemin de croix. Le **Suaire d'Oviedo** servit à essuyer le visage du Seigneur après sa mort sur la croix. Trois linges servirent à l'ensevelissement, la **Coiffe de Cahors** pour tenir le menton, le **Linceul de Turin** pour envelopper le corps, le **Voile de Manoppello** pour couvrir le visage. L'étude détaillée est dans le livre du même auteur : « **La Résurrection au risque de la Science.** »

Préparation à l'ensevelissement

Is 53, 9 : « **On lui a donné son sépulcre parmi les méchants, et dans sa mort il est avec le riche, alors qu'il n'a pas commis d'injustice, et qu'il n'y a pas de fraude dans sa bouche.** »

Jn 19, 38-42 : « ³⁸**Après cela, Joseph d'Arimathie, qui était disciple de Jésus, mais en secret par crainte des Juifs, demanda à Pilate d'enlever le corps de Jésus, et Pilate le permit. Il vint donc et enleva son corps. ³⁹Nicodème, qui précédemment était venu vers lui de nuit, vint aussi, apportant un mélange de myrrhe et d'aloès, environ cent livres. ⁴⁰Ils prirent donc le corps de Jésus et l'entourèrent de bandelettes avec les aromates, selon la manière d'ensevelir en usage chez les Juifs. ⁴¹Or, au lieu où il avait été crucifié, il y avait un jardin, et dans le jardin un sépulcre neuf, où personne n'avait encore été mis. ⁴²C'est là, à raison de la Préparation des Juifs, le sépulcre étant proche, qu'ils mirent Jésus.** »

Mc 15, 46 : « **Ayant acheté un linceul, il (Joseph d'Arimathie) le (Jésus) descendit, l'enveloppa dans le linceul, le déposa dans un sépulcre qui avait été taillé dans le roc, et il roula une pierre à l'entrée du sépulcre.** »

Le sabbat commence le vendredi à 18h00. Et en ce vendredi 7 avril, c'est la préparation de la Pâque pour les Juifs. Il fallait donc que Jésus soit mis au tombeau avant 18h00.

Sépulture d'exception
Mise en sépulture

L'évangéliste Marc nous dit que Joseph d'Arimathie est membre éminent du grand conseil (Mc 15, 43) et qu'il alla hardiment auprès de

Pilate pour demander le corps de Jésus.

Ce n'est donc pas la famille qui a demandé le corps, ce qui lui aurait été refusé à cause de la condamnation.

Joseph est un étranger, membre du Sanhédrin. Il obtient gain de cause et va déposer le corps dans une tombe qui n'appartient pas à la famille. De plus le sépulcre est neuf (Jn 19, 41 – Lc 23, 53 – Mt 27, 60), il n'a jamais contenu de corps. Le corps du condamné ne risque donc pas de contaminer d'autres corps. C'était la manière d'honorer le corps de Jésus tout en respectant la Loi.

Le transfert du corps imposait une autorisation du représentant de l'empereur.

Linceul en lin fin

La fibre de lin peut être tordue en torsion ordinaire en « s ». C'est la plus fréquente, elle suit la position que les fibres tendent à prendre en séchant. La fibre peut être tordue de façon exceptionnelle en « z ». Cette torsion force le lin par rapport à sa position plus naturelle. Les sources hébraïques anciennes parlent alors de « lin retors ». Cette torsion en « z » donne un lin fin et précieux.

Le lin fin (appelé sadîn shel buz) de grand prix était utilisé par les grands prêtres (Exode et Lévitique). Jésus est le grand prêtre éternel.

Le lin fin était utilisé aussi pour le voile du Temple (voir Exode et Lévitique). Jésus est le chemin entre Dieu et l'homme. Le voile du Temple n'est plus la limite entre Dieu et l'homme où seul le grand prêtre a le droit de rencontrer Dieu. Le voile du Temple s'est déchiré. Tout homme peut désormais rencontrer Dieu par Jésus. Jésus est l'alliance en lui-même de Dieu et de l'homme, étant une personne en deux natures.

Le lin fin est utilisé par le grand prêtre pour la liturgie de Yom Kippour, le jour de l'Expiation. Le culte le plus solennel des Hébreux consistait à laver les péchés de tout le peuple d'Israël dans le sang des agneaux parfaits offerts en sacrifice. Jésus est l'agneau immolé qui porte les péchés du monde et nous assure si nous le voulons le pardon de Dieu.

Ce lin, réservé au service du Temple, se trouvait dans le magasin du Temple. Joseph d'Arimathie, membre du Sanhédrin, devait avoir accès à ce magasin. Les évangiles nous disent que Joseph d'Arimathie acheta un lin pur pour ensevelir Jésus. Il le mit dans son tombeau neuf correspondant à un riche membre du Sanhédrin.

Marques de reconnaissance
Nicodème amène cent livres de myrrhe et d'aloès, quantité importante et chère, pour l'ensevelissement.
Jn 19, 39 : « **³⁹Nicodème, qui précédemment était venu vers lui de nuit, vint aussi, apportant un mélange de myrrhe et d'aloès, environ cent livres.** »

Les disciples déposent en grand nombre des fleurs.

Accomplissement des Écritures
Lors de son ministère public, Jésus annonce que personne ne peut lui enlever la vie mais que c'est lui qui la donne de lui-même, librement. Jésus donne sa vie parce que c'est la volonté de son Père.
Jean 10, 17-18 : « **¹⁷C'est pour cela que le Père m'aime : parce que je donne ma vie pour la recouvrer. ¹⁸Personne ne me l'enlève, mais c'est moi qui la donne de moi-même ; j'ai le pouvoir de la donner et j'ai le pouvoir de la recouvrer : voilà le commandement que j'ai reçu de mon Père.** »

En Jean 19, 30 la dernière parole de Jésus sur la croix, juste avant sa mort, est : « **C'est accompli** » ou « **Tout est achevé** » ou « **Tout est accompli** ». Jésus a réalisé sa mission. Les Écritures et les prophéties du Messie d'Israël sont réalisées en Jésus.

Le prophète Isaïe annonce des siècles à l'avance le serviteur souffrant.
Isaïe 50, 6 : « **J'ai livré mon dos à ceux qui me frappaient, et mes joues à ceux qui m'arrachaient la barbe ; je n'ai pas dérobé mon visage aux outrages et aux crachats.** »
Isaïe 53, 7 : « **On le maltraite, et lui se soumet et n'ouvre pas la bouche, semblable à l'agneau qu'on mène à la tuerie, et à la brebis muette devant ceux qui la tondent ; il n'ouvre point la bouche.** »

Énigme du linceul

Sur le linceul le corps représenté est athlétique mais martyrisé de façon extrême et unique. C'est le cas d'une double peine qui n'avait pas cours chez les Romains (flagellation et supplice de la croix). C'est le seul cas connu d'une torture avec une couronne d'épines.

Sur le linceul, l'attitude générale du visage ne montre pas un visage défiguré, crispé, tétanisé par la douleur. Le linceul montre un visage de paix intérieure, de sérénité. Jésus a accompli la mission conformément à la volonté du Père. Le visage reflète une majesté, une transcendance.

C'est le visage du Fils de l'Homme. C'est le visage de l'Homme transcendé.

C'est le visage de l'Homme, Fils de Dieu. C'est le visage de l'Homme à l'image de Dieu.

Cette représentation sur le linceul est donc humainement impossible. Un corps torturé comme celui-là ne s'explique pas avec un visage d'une telle sérénité.

5.2.3 Préparation à la Résurrection

Cas de ré-animation dans le nouveau testament

Jésus lors de sa vie terrestre ramène à la vie un jeune homme à Naïn en Luc 7, 11-17, la fille de Jaïros, chef de la synagogue en Luc 8, 40-56, et son ami Lazare en Jean 11, 1-44.

Le serviteur de Dieu est Jésus, car le messie dit : je fais tout ce que je vois faire au Père.

Le Père soutient le Fils, car Jésus dira au moment de la résurrection de Lazare en Jean 11, 41-42 : « **[41]On ôta donc la pierre. Et Jésus leva les yeux en haut et dit : « Père je vous rends grâce de ce que vous m'avez exaucé. [42]Je savais bien que vous m'exaucez toujours ; mais c'est à cause de la foule qui est à l'entour que je l'ai dit, afin qu'ils croient que c'est vous qui m'avez envoyé. »**

Ces ré-animations ne sont pas comparables à la résurrection de Jésus. Ces personnes reviennent en effet à la vie dans leur corps mortel. La première « surrection » (de surgir) est celle de l'arrivée de notre esprit ou âme dans le corps conçu dans le sein maternel. La seconde surrection (ré-surrection de re-surgir ou surgir à nouveau) est celle de l'arrivée de notre esprit ou âme dans notre corps ressuscité à la fin de temps (corps libéré des lois physiques et biologiques immortel).

Annonce de la résurrection de Jésus dans le nouveau testament
Signe de Jonas

Pour authentifier sa mission et sa parole, Jésus fait des prodiges. Il guérit les malades, chasse les démons, et soumet les éléments. Mais lorsque les scribes et les pharisiens lui demandent un signe, il donne comme signe sa résurrection après être resté trois jours dans la terre.

Mt 12, 38-40 : « **[38]Alors quelques-uns des scribes et des Pharisiens prirent la parole et dirent : « Maître, nous voudrions voir un signe de vous. » [39]Il leur répondit : « Une génération mauvaise et adultère réclame un signe : il ne lui sera pas donné d'autre signe que le signe du prophète Jonas. [40]Car de même que Jonas fut trois jours et trois nuits dans le ventre du poisson, ainsi le Fils de l'homme sera dans le sein de la terre trois jours et trois nuits. »**

Le signe de Jonas, c'est le signe. La résurrection de Jésus est donc le signe donné authentifiant sa parole. Jésus est le Fils de Dieu, l'envoyé du Père, l'Oint du Saint-Esprit, le Messie attendu par Israël.

Saint Paul dira d'ailleurs que le point central de la foi, c'est la résurrection du Christ.

1 Co 15, 14 ; « **Et si le Christ n'est pas ressuscité, notre prédication est donc vaine, vaine aussi est votre foi.** »

Signe du temple

Au début de l'évangile de Jean, les juifs demandent à Jésus un miracle pour justifier son autorité et son action. Jésus répond par l'analogie de son corps avec le temple de Jérusalem en annonçant sa résurrection.

Jn 2, 18-22 : « **[18]Alors les Juifs, prenant la parole, lui dirent : « Quel miracle nous montrez-vous, pour agir de la sorte ? » [19]Jésus leur répondit : « Détruisez ce sanctuaire et je le relèverai en trois jours. » [20]Les Juifs lui dirent : « C'est en quarante-six ans que ce sanctuaire a été bâti, et vous, en trois jours vous le relèverez ? »**

²¹Mais lui parlait du sanctuaire de son corps. ²²Lors donc qu'il fut ressuscité d'entre les morts, ses disciples se souvinrent qu'il avait dit cela, et ils crurent à l'Écriture et à la parole que Jésus avait dite. »

Jésus est Dieu. Il est le temple de Dieu. Avec Jésus la présence de Dieu n'est plus dans le Saint des Saints du Temple mais dans chaque homme.

1 Co 3, 16 : « **Ne savez-vous pas que vous êtes un temple de Dieu, et que l'Esprit de Dieu habite en vous ?** »

Annonce de la résurrection

Jésus annonce à l'avance, à plusieurs reprises, à ses disciples et à ses apôtres qu'il va mourir, mais que le troisième jour il ressuscitera d'entre les morts. C'est ce que nous relatent les quatre évangélistes.

Mt 16, 21-23 : « **²¹Jésus commença depuis lors à déclarer à ses disciples qu'il lui fallait s'en aller à Jérusalem, y souffrir beaucoup de la part des anciens, des grands prêtres et des scribes, être tué et, le troisième jour, ressusciter.**

²²Comme ils se trouvaient réunis en Galilée, Jésus leur dit : « Le Fils de l'homme va être livré aux mains des hommes, ²³et ils le tueront, et, le troisième jour, il ressuscitera. »

Mt 17, 22-23 : « **²²Comme ils étaient groupés en Galilée, Jésus leur dit : « Le Fils de l'homme doit être livré ente les mains des hommes, ²³et ils le mettront à mort, et il ressuscitera le troisième jour. Et ils furent vivement attristés. »**

Mt 20, 17-19 : « **¹⁷Comme Jésus allait monter à Jérusalem, il prit à part les Douze et leur dit en chemin : « ¹⁸Voici que nous montons à Jérusalem, et le Fils de l'homme sera livré aux grands prêtres et aux scribes, et ils le condamneront à mort, ¹⁹et ils le livreront aux Gentils pour être bafoué, flagellé et crucifié ; et il ressuscitera le troisième jour. »**

Mt 26, 32 : « **Mais, après que je serai ressuscité, je vous précéderai en Galilée.** »

Maître de la Vie

Jésus annonce qu'il donne sa vie de lui-même mais qu'il a le pouvoir de la recouvrer. Jésus donne sa vie en tant qu'homme et il a le pouvoir de la recouvrer parce qu'il est Dieu. En faisant cela, Jésus fait la volonté de son Père. Et en faisant la volonté de son Père, Jésus est aimé de celui-ci.

Jean 10, 17-18 : « **[17]C'est pour cela que le Père m'aime : parce que je donne ma vie pour la recouvrer. [18]Personne ne me l'enlève, mais c'est moi qui la donne de moi-même ; j'ai le pouvoir de la donner et j'ai le pouvoir de la recouvrer : voilà le commandement que j'ai reçu de mon Père.** »

Transfiguration
Transfiguration

Le récit de la transfiguration se trouve en Matthieu 17, 1-8, en Marc 9, 2-8 et en Luc 9, 28-36. Il suit l'annonce par Jésus de la nécessité de renoncer à soi-même pour le suivre.

Lc 9, 28-31 : « **[28]Il se passa environ huit jours après (qu'il eut dit) ces paroles, et, prenant avec lui Pierre, Jean et Jacques, il monta sur la montagne pour prier. [29]Pendant qu'il priait, l'aspect de son visage devint autre, et son vêtement d'un blanc éblouissant. [30]Et voilà que deux hommes conversaient avec lui : c'étaient Moïse et Elie, qui, apparaissant en gloire, parlaient de sa mort qu'il devait accomplir à Jérusalem.** »

Au moment de la transfiguration, Luc nous dit, que l'aspect du visage de Jésus devint autre. En 8.3.4 Résurrection du corps, nous verrons que le ressuscité avec le don de clarté est à la fois le même et tout autre, au point que les disciples ne le reconnaîtront pas tout de suite.

Matthieu nous dit : « **son visage resplendit comme le soleil, et ses vêtements devinrent blancs comme la lumière.** » et Marc : « **Ses vêtements devinrent étincelants, tout blancs, tels qu'aucun foulon sur la terre ne saurait blanchir ainsi.** ».

En 8.3.4 Résurrection du corps nous verrons que le ressuscité reçoit le don de clarté qui fait resplendir les corps glorieux.

Cette gloire, c'est la gloire du Fils de Dieu, c'est la gloire du Fils de l'homme. C'est la gloire du Christ ressuscité. Il a vaincu par sa mort et sa résurrection, les forces des ténèbres y compris la mort.

Anticipation de la résurrection

Après la transfiguration Jésus s'adresse à Pierre, Jacques et Jean.

Mt 17, 9 : « **Comme ils descendaient de la montagne, Jésus leur dit ce commandement : « Ne parlez à personne de cette vision, jusqu'à ce que le Fils de l'homme soit ressuscité des morts. »**

Après la résurrection, les apôtres pourront parler de la transfiguration. L'évènement de la transfiguration et celui de la résurrection sont liés. La transfiguration est une anticipation du Christ ressuscité, du Christ vainqueur, du Christ en gloire. Cette anticipation de la résurrection est pour Pierre, Jacques et Jean. À travers eux elle est pour l'humanité. Jésus est Dieu, et le temps n'a pas d'emprise sur lui. Il est hors du temps et dans le temps. Il est ressuscité dans l'éternité.

Cette anticipation est une aide pour Pierre, Jacques et Jean. Elle est une aide pour accepter, comprendre, reconnaître la résurrection quand elle se produira.

Pierre, Jacques et Jean

Alors pourquoi Jésus choisit-il Pierre, Jacques et Jean, ces trois colonnes de l'Église ? Pierre est le chef de l'Église universelle (Matthieu 16, 18-19) et le premier évêque d'Antioche. C'est celui qui va conforter ses frères dans la foi en la résurrection.

Jacques l'apôtre est le fils de Zébédée et le frère de Jean.

Jean est celui qui a le plus pénétré le mystère de Jésus. C'est celui qui comprend le premier, en voyant le tombeau vide que Jésus est ressuscité.

Moïse et Élie

Alors pourquoi Jésus choisit-il de converser avec Moïse et Élie ?

Moïse apporte les dix commandements donnés par Dieu lui-même. Il libère son peuple de l'esclavage de pharaon avec l'aide de Dieu. Moïse est une image anticipée du Christ qui va libérer son peuple de l'esclavage du péché.

Élie est un prophète important. Le prophète parle de la part de Dieu. Jésus est venu nous parler de Dieu son Père.

La sépulture de Moïse n'est pas connue. « **⁵Moïse, le serviteur de YaHWeH, mourut là, dans le pays de Moab, selon l'ordre de YaHWeH. ⁶Et il l'enterra dans la vallée, au pays de Moab, vis-à-vis de Beth-Phogor. Aucun homme n'a connu son sépulcre jusqu'à ce**

jour. » Dt 34, 5-6

Élie a été emporté au ciel, il n'a donc pas de sépulture. « **Ils continuaient de marcher en s'entretenant, et voici qu'un char de feu et des chevaux de feu les séparèrent l'un de l'autre, et Elie monta au ciel dans un tourbillon.** » 2Rois 2, 11.

Moïse et Élie ont eu une révélation privilégiée de Dieu. Ils ont vu ce que Dieu leur donnait de voir de lui-même. Jésus a non seulement vu Dieu, mais est Dieu Lui-même. Son corps n'est plus accessible, il est monté au ciel après sa résurrection au jour de l'ascension.

Accomplissement de la Loi et réalisation des prophéties

Jésus accomplit la loi (Matthieu 5, 17) par le commandement qui la synthétise et la transcende. Mt 22, 37-40 : « ³¹**il (Jésus) lui dit : « Tu aimeras le Seigneur ton Dieu de tout ton cœur, de toute ton âme et de tout ton esprit. ³⁸C'est là le plus grand et le premier commandement. ³⁹Un second lui est égal : Tu aimeras ton proche comme toi-même. ⁴⁰En ces deux commandements tient toute la Loi et les Prophètes.** »

Jésus réalise toutes les prophéties le concernant.

5.3 Résurrection de Jésus

5.3.1 Résurrection

Résurrection

Le corps de Jésus est dans le tombeau depuis le vendredi 7 avril de l'an 30 à 18h00. Mais soudain à l'aube du premier jour de la semaine, le corps n'est plus dans la sépulture…

Comment estimer la durée entre la mort et la résurrection de Jésus ?

Ps 16, 10 : « **Car tu ne livreras pas mon âme au schéol, tu ne permettras pas que ton pieux serviteur voie la fosse.** »

Après la pentecôte, c'est-à-dire le don du Saint-Esprit, Pierre avec une audace inouïe invective les personnes présentes.

En Ac 2,30-32 : « **³⁰Comme donc il (David) était prophète et savait que Dieu lui avait juré par serment de faire asseoir sur son trône un fils de son sang, ³¹voyant d'avance, il a parlé de la résurrection du Christ, en disant qu'il n'a pas été abandonné dans le séjour des morts, et que sa chair n'a pas vu la décomposition. ³²C'est ce Jésus que Dieu a ressuscité : nous en sommes tous témoins.** »

Os 6, 3a : « **Après deux jours, il nous fera revivre ; le troisième jour, il nous relèvera, et nous vivrons devant lui.**»

L'analyse scientifique du Linceul montre une absence de métabolites de décomposition. Le processus de décomposition d'un corps engendre des composés biochimiques caractéristiques dans les 25 à 30 heures après la mort.

Le corps imprime, dès l'ensevelissement, des taches de sang sur le tissu du Linceul. L'analyse de ces taches montre que le contact entre le corps et le Linceul s'est produit de 2 à 3 heures après la mort. Le processus de la coagulation sanguine indique aussi que le contact a duré entre 36 et 40 heures.

L'analyse des images de fleurs sur le Linceul permet de déterminer la durée de flétrissement des fleurs. Les images de fleurs se sont formées entre 30 et 36 heures après que les fleurs ont été cueillies.

Mais comment peut-on remplir ces 3 conditions ?

Si la première condition n'est pas à prendre en compte car le Saint de Dieu ne pouvait connaître la corruption, il reste les deux dernières conditions avec une seule solution 36 heures.

Le professeur de botanique Israélien Danin a identifié une fleur sur le Linceul en partie ouverte « un aegyptia Capparis ». Celle-ci s'ouvre au cours de la journée ce qui permet de déterminer son heure de cueillette entre 15h00 et 16h00.

Donc le Christ meurt vers 15h00 conformément aux écritures (Matthieu 27, 46). Les disciples cueillent des fleurs pour la mise au tombeau dont une « un aegyptia Capparis ». Le corps est dans le tombeau au plus tard à 18h00, début du jour du sabbat. Donc si le corps est dans le sépulcre le vendredi à 18h00, et si l'on rajoute 36 heures, le corps est sorti du Linceul le dimanche vers 6h00 dès l'aurore.

La parole est respectée, le corps reste trois jours au tombeau :

vendredi, samedi, dimanche.

Jn 20, 1 : **« Le premier jour de la semaine, Marie de Magdala vint au sépulcre, dès le matin, alors qu'il faisait encore sombre, et elle vit la pierre enlevée du sépulcre. »**

Le premier jour c'est le dimanche, c'est l'aube et il fait encore sombre.

Comment expliquer la durée entre la mort et la Résurrection
Temps hâté par l'amour

Dans le récit de la résurrection, nous avons vu que le Seigneur reste 36 heures dans le Linceul. Il devait rester trois jours dans la tombe soit 72 heures. Comment comprendre cet écart ?

Il faut comprendre que la parole est respectée (Matthieu 12,38-40 ; Matthieu 16, 21). Jésus reste trois jours vendredi, samedi, dimanche dans la mort.

Mais les temps sont hâtés par l'amour et pour l'amour :
- l'amour de Marie la Mère de Jésus dont un glaive a transpercé le cœur,
- l'amour de Marie de Magdala qui sait le prix que Jésus a payé pour elle,
- l'amour de Jean celui que Jésus aimait c'est-à-dire qui a pénétré le mystère du Verbe,
- l'amour de Pierre, celui-là qui renia le Christ trois fois et qui se ronge de remords,
- l'amour de tous les autres disciples connus ou anonymes,
- mais surtout l'amour du Verbe pour ses disciples.

Alors, oui, les temps sont hâtés et le Verbe ne reste que de l'ordre de 36 heures dans la nuit du tombeau.

Explication dans la Didascalie

La Didascalie[74] explique le décalage entre l'annonce de la

---

[74] La Didascalie c'est-à-dire l'enseignement catholique des douze apôtres et des saints disciples de notre Sauveur traduite du syriaque pour la première fois par F. Nau professeur à l'institut catholique de Paris chapitre 21. L'auteur serait un évêque, juif de naissance, du début du IIIe siècle en Syrie septentrionale

Résurrection trois jours et trois nuits après la mort, et la réalité de la mort le vendredi, suivie de la Résurrection le dimanche :

« Ceci eut lieu le mercredi[75]. Après avoir mangé la Pâque, le mardi soir, nous allâmes à la montagne des Oliviers, et, dans la nuit, ils prirent notre Seigneur Jésus. Le jour suivant, qui est le mercredi, il fut gardé dans la maison du grand-prêtre Caïphe ; ce même jour, les princes du peuple se réunirent et tinrent conseil à son sujet. Le jour suivant, qui est le jeudi, ils le conduisirent au gouverneur Pilate, et il fut gardé chez Pilate la nuit qui suivit le jeudi. Au matin du vendredi, ils l'accusèrent beaucoup devant Pilate, et ne purent rien démontrer de vrai, mais ils produisirent contre lui des faux témoignages, et ils le demandèrent à Pilate pour le mettre à mort. Ils le crucifièrent ce même vendredi, car il souffrit le vendredi à la sixième heure ; ces heures, durant lesquelles notre Seigneur fut crucifié, sont comptées pour un jour ; il y eut ensuite trois heures d'obscurité, (ces heures) sont comptées pour une nuit. Puis de la neuvième heure jusqu'au soir il y eut trois heures de jour[76] ; vint ensuite la nuit du samedi de la passion. – Car il est écrit dans l'évangile de Matthieu[77] : « Le soir du samedi qui commence le Dimanche, Marie de Magdala et une autre Marie vinrent pour voir le sépulcre, et il y eut un grand tremblement de terre, parce que l'ange du Seigneur descendit et roula la pierre. » Et encore le jour du samedi, et alors trois heures de nuit après le samedi, durant lesquelles notre Seigneur [et ressuscita]. Ainsi fut accomplie la parole ; Il faut que le fils de l'homme passe trois jours et trois nuits dans le sein de la terre[78], comme c'est écrit dans l'évangile. Il est encore écrit dans David : « voilà que tu as disposé les jours avec mesure[79] ». C'est écrit ainsi, parce que ces jours et ces nuits ont été diminués.

Dans la nuit qui commence le dimanche[80], il apparut à Marie de Magdala, et à Marie, fille de Jacques, et, au matin du dimanche, il alla près de Lévi, puis il nous apparut à nous-mêmes. »

---

[75] Arrestation de Jésus
[76] D. fait ainsi deux jours du vendredi
[77] Mt 18, 1
[78] Mt 12, 40
[79] Ps., 38, 6
[80] Chez les Hébreux, la journée commence le soir. Le dimanche commence donc le samedi soir

Comment expliquer la cause de l'empreinte sur le Linceul et le Voile ?

La cause de l'empreinte du corps sur le Linceul s'explique par la première propriété du corps ressuscité, **la clarté**. La clarté fait resplendir les corps glorieux.

L'image des taches de sang sur les linges se forme pendant 36 heures dès que le corps est mis dans le Linceul et jusqu'à sa sortie du Linceul. Cette image se forme par contact et transfert de liquide entre le corps et les linges. Le Linceul a bien épousé le relief du corps au moment de l'ensevelissement, comme en témoignent les taches de sang du côté de la tête qui sont un peu décalées vers l'extérieur.

L'image du corps s'est imprimée postérieurement, au moment de la sortie du corps du Linceul. En effet, l'image du corps ne s'est pas imprimée sous les traces de sang. L'image de la face et de l'ensemble du corps est très précise et n'a subi aucune déformation. L'image est le résultat d'une projection sur un linge absolument horizontal.

Les images des pièces de monnaie et l'objet ovale au cou laissent une trace sur le Linceul indiquant un effet thermique de production de l'empreinte. Les images des fleurs sont produites par irradiation avec un rayonnement. Sur l'empreinte du Linceul les os des doigts et des mains sont visibles, ainsi que l'os nasal. Les parties internes visibles sur le Linceul sont les parties dures du corps les plus proches de la surface de la peau. Elles ont dégagé une dose de radiation supérieure à celle des tissus mous environnants.

L'empreinte sur le tissu est superficielle et correspond à une profondeur infime du tissu. En effet sur le Linceul l'analyse montre que l'image résulte d'une oxydation superficielle de la cellulose du lin. Cette oxydation est due à un phénomène thermique, puisque les pièces posées sur les yeux de « l'homme du Linceul » ont, elles aussi, provoqué la même oxydation. De plus, des fibres sur le Linceul et le Voile sont légèrement brûlées.

Au moment de la Résurrection, une lumière émane du corps du Christ. La lumière a, en même temps, un aspect ondulatoire (onde électromagnétique) et corpusculaire (photons). Cette lumière va produire une image par une légère brûlure sur le Linceul et sur le Voile.

L'image sur le Linceul est constituée d'une série de points colorés plus ou moins rapprochés. L'intensité de la teinte jaune dépend de la densité des points colorés de teinte identique. De même avec un agrandissement on remarque que le contour de l'iris sur le voile est en escalier. Ces éléments confirment l'impact sur les linges des particules de lumière, les photons.

Les chercheurs expliquent l'empreinte sur le Linceul, ces caractéristiques de tridimensionnalité[81] et d'isotropie[82]. L'empreinte est due à une émission de lumière à partir du corps lui-même avec une énergie considérable selon les chercheurs américains John Jackson[83] et Alan Wangher[84].

Comment expliquer l'intensité de l'empreinte sur le Linceul ?

L'intensité de l'empreinte du corps du Linceul s'explique par la deuxième propriété du corps ressuscité, **l'agilité**. L'agilité c'est le don d'être affranchi du poids de la matière.

La position horizontale de l'homme dans le Linceul est confirmée par :
- les coulées de sang après la mort,
- la position des jambes en légère flexion,
- la position des pieds.

L'empreinte sur le Linceul présente des particularités :
- absence d'aplatissement du corps au niveau des épaules,
- absence d'aplatissement du corps au niveau des fesses et des mollets,
- silhouettes de face et de dos de même intensité malgré le poids du corps.

Les spécificités de l'empreinte de l'homme n'ont qu'une explication, le corps n'est plus soumis à la pesanteur. Le poids du corps ne fait plus son effet. Cela explique que les silhouettes de face et de dos sur le Linceul soient de même intensité. Le corps de Jésus n'est plus

---

[81] Informations trois dimensions contenues sur les deux dimensions du Linceul
[82] Absence de toute direction dans l'image, de direction privilégiée de lumière.
[83] Directeur du Turin Shroud Center of Colorado
[84] Professeur au Duke University Medical Center de Durham

soumis aux lois physiques.

Comment expliquer alors la sortie du corps du Linceul ?

La sortie du corps du Linceul s'explique par la troisième propriété du corps ressuscité, **la subtilité**. La subtilité c'est le don de pénétrer les autres corps sans rencontrer aucune résistance.

Le matin de Pâques un « évènement » se produit. Le corps n'est plus soumis aux principes d'exclusion de Pauly. Ce principe explique que deux particules de matière ne peuvent pas occuper le même espace-temps. Le corps passe au travers de la Coiffe, du Linceul et du Voile sans laisser de traces d'arrachement des fibrilles du lin ou des caillots sanguins.

En effet le corps contenu dans le Linceul de Turin est sorti du Linceul sans laisser de traces de la séparation corps-tissu :
- pas de traces d'arrachement des fibres du lin,
- pas de traces d'arrachement des caillots sanguins.

Un pansement qu'on arrache garde des traces de croûtes et de fibres arrachées ; rien de tel sur le Linceul.

Jésus ne sort pas des toiles funèbres, il passe à travers les linges. Jésus ne sort pas non plus par l'entrée du sépulcre. Il le traverse par la propriété du corps ressuscité. Par sa résurrection, Jésus passe d'un corps à dimension temporelle à un corps à dimension éternelle. Il n'est plus soumis aux lois physiques. La pierre du tombeau a été roulée pour être un signe de la résurrection.

Comment expliquer que le corps de Jésus n'est pas été retrouvé ?

Le fait de ne pas retrouver le corps mort de Jésus s'explique par la quatrième propriété du corps ressuscité, **l'impassibilité**. L'impassibilité, c'est le don d'immortalité du corps.

Le corps ressuscité n'est plus soumis à la mort. Le corps ressuscité n'est plus soumis aux lois de la biologie. Le corps de Jésus n'a jamais été retrouvé. Il est « monté » au ciel avec son corps ressuscité, le jour de l'ascension.

Récit de la résurrection

Le corps du crucifié est là dans son Linceul depuis le vendredi vers 18h00. Le corps de l'homme est dans le tombeau depuis 36 heures. Le matin de Pâques vers 6h00 du matin, l'esprit de Jésus-Christ revient dans son corps avec une énergie considérable. Le corps reprend vie, mais c'est un corps sous un autre aspect. Il s'agit d'un corps ressuscité avec les quatre propriétés spécifiques.

Le troisième jour, le Père ressuscite le Fils dans la puissance du Saint-Esprit selon les écritures. L'Esprit du Seigneur revient dans son corps, mais dans un corps glorifié qui change de statut, de caractéristiques.

Jésus, le verbe de Dieu, est la lumière.

Jn 1, 9 : **« La vraie lumière était celle qui éclaire tout homme venant dans le monde. »**

Jn 8, 12 : **« Jésus leur parla une autre fois disant : « Je suis la lumière du monde. Celui qui me suivra ne marchera pas dans les ténèbres, mais il aura la lumière de la vie. »**

La résurrection de Jésus n'est pas la résurrection de Lazare. Lazare revient simplement à la vie avec son corps mortel, et il devra à nouveau mourir. Avant la résurrection de Lazare, Jésus dit à Marthe en Jean 11, 25-26 : « **²⁵Jésus lui dit : « Je suis la résurrection et la vie : celui qui croit en moi, quand même il mourrait, vivra ; ²⁶et quiconque vit et croit en moi, ne mourra jamais. Le croyez-vous ? »**

Jésus est le premier ressuscité. Sa résurrection est une anastase[85] selon Jean Guitton. Jésus revient dans un corps renouvelé avec d'autres caractéristiques.

Une image ténue du visage existe à l'envers[86] du Linceul, mais il n'y a pas d'image au niveau de l'envers du dos. Cette découverte récente a pour conséquence, puisque aucune coloration n'existe à l'intérieur du tissu, que l'image peut être dite doublement superficielle : évidente sur l'endroit, très faible sur l'envers et rien entre les deux.

---

[85] De Anastasis, résurrection en grec
[86] Face cachée jusqu'en 2002 par la Toile de Hollande

L'image sur le Voile de Manoppello existe des deux côtés du tissu.

Au moment de la résurrection, le corps rayonnant imprime son image sur le Linceul. Au niveau de la tête, le rayonnement rencontre d'abord la Coiffe puis le Linceul. L'image du Linceul est donc affectée de la présence de la Coiffe. Puis le Christ ressuscité glorieux traverse la Coiffe qui se détache de la tête.

Ensuite le devant du corps traverse la partie supérieure du Linceul de façon optimum pour que les radiations laissent une empreinte. En traversant, l'autre côté du Linceul reçoit un peu de rayonnement ce qui explique la double superficialité de l'image.

La partie dorsale du corps ne traverse pas la partie inférieure du Linceul mais laisse son empreinte par contact direct avec le linge et par rayonnement. Le Linceul et la Coiffe s'affaissent sur eux-mêmes par gravité.

Le visage traverse ensuite le Voile de Manoppello et laisse son empreinte des deux côtés du Voile. Le Voile est un très fin byssus (espèce de soie marine). Il s'imprime donc facilement des deux côtés par effet de la lumière (rayonnement et photon). Le Linceul en lin, linge plus épais, ne s'imprime nettement que d'un côté. L'autre côté laisse une image très tenue l'énergie n'étant plus suffisante.

Le Linceul en lin s'affaisse sous l'action de la gravité. Le Voile en byssus garde la mémoire de forme. C'est un tissu très fin qui, sous l'effet de l'humidité et de la chaleur, reste dans le positionnement que lui avait donné le visage de Jésus (effet amidonnage repassage).

Le corps a traversé le Linceul par le haut ce qui explique :
- la double superficialité et les informations tridimensionnelles de la partie antérieure du corps,
- l'absence de double superficialité et de dimensions tridimensionnelles du dos.

Le corps a traversé le Voile de Manoppello ce qui explique :
- la double superficialité et les informations apparentes tridimensionnelles de l'image du visage.

Les radiations ont été optimales pour réaliser l'empreinte sans altérer le tissu. Quelques fibres semblent brûlées au niveau de l'image des cuisses sur le Linceul de Turin. Quelques fibres semblent brûlées au niveau des pupilles du Voile de Manoppello.

5.3.2 Propriété du corps ressuscité

Dons du ressuscité

Maria Valtorta nous relate les paroles de Jésus à Jacques : « **Je te promets que je viendrai te guider par mon Esprit, lorsque la glorieuse Résurrection m'aura délivré des limites de la matière.[87]** »

Marie d'Agreda nous dit dans ses écrits sur la résurrection :
« **et dans le même instant l'âme du Seigneur se réunit à son corps, et lui donna la vie et la gloire immortelle. En quittant le Linceul et les parfums, il fut revêtu des quatre dons de gloire, de la clarté, de l'impassibilité, de l'agilité et la subtilité, qui avaient été suspendus dans le temps de sa Conception, afin de le laisser passible, et de lui donner de mériter notre gloire, en suspendant la sienne. Ces dons lui furent rendus dans le degré et la proportion qui répondait à la gloire de son âme, et à l'union qu'elle avait avec la Divinité. La clarté qu'il eut surpassait celle des autres corps glorieux, comme la splendeur du Soleil, celle d'une Étoile. L'impassibilité rendit son corps inaltérable. La subtilité le rendit si pur, qu'il pénétrait les autres corps sans aucune résistance, comme s'il eût été un pur Esprit : c'est ainsi qu'il pénétra la pierre du sépulcre, sans la remuer et sans la rompre, en la manière qu'il était sorti du Sein Virginal de sa très-Sainte Mère. L'agilité le rendit si spiritualisé, qu'il surpassait l'activité des Anges : il pouvait par lui-même se transporter d'un lieu à un autre avec plus de vitesse qu'eux, comme il le fit quand il apparut aux Apôtres, et en d'autres occasions.[88]** »

L'agilité c'est le don d'être affranchi du poids de la matière.
La subtilité c'est le don de pénétrer les autres corps sans

---

[87] « L'Évangile tel qu'il m'a été révélé » de Maria Valtorta Tome 4 page 220
[88] Maria d'Agreda « La cité mystique de Dieu » Tome second P 119-120 chez Seguin Ainé 1819

rencontrer aucune résistance.

La clarté c'est le don qui fait resplendir les corps glorieux.

L'impassibilité, c'est le don d'immortalité du corps.

Les dons avaient été suspendus pendant la vie terrestre de Jésus. Son corps devait rester passible pour nous mériter notre salut.

Dans la première épître aux Corinthiens (15, 42-44) Saint Paul nous parle des propriétés du corps ressuscité : « **[42]Ainsi en est-il pour la résurrection des morts. Semé dans la corruption, le corps ressuscite, incorruptible ; [43]semé dans l'ignominie, il ressuscite glorieux ; semé dans la faiblesse, il ressuscite plein de force ; [44]semé corps animal, il ressuscite corps spirituel.** »

Le Pape Benoît XVI nous parle de la Résurrection, dans son homélie du Samedi Saint 15 avril 2006, dans la Basilique Vaticane.

« …

Mais, précisément, la résurrection du Christ est bien plus, il s'agit d'une réalité différente. Elle est – si nous pouvons pour une fois utiliser le langage de la théorie de l'évolution – la plus grande «mutation», le saut absolument le plus décisif dans une dimension totalement nouvelle qui soit jamais advenue dans la longue histoire de la vie et de ses développements: un saut d'un ordre complètement nouveau, qui nous concerne et qui concerne toute l'histoire.

…

La résurrection fut comme une explosion de lumière, une explosion de l'amour, qui a délié le lien jusqu'alors indissoluble du «meurs et deviens». Elle a inauguré une nouvelle dimension de l'être, de la vie, dans laquelle la matière a aussi été intégrée, d'une manière transformée, et à travers laquelle surgit un monde nouveau. »

Don d'agilité
Don d'agilité du ressuscité

Saint Paul nous dit du corps ressuscité en **1 Cor 15, 43b** : « **semé dans la faiblesse, il ressuscite plein de force** ».

Maria d'Agreda nous dit : « L'agilité c'est le don d'être affranchi du poids de la matière. »

Après la résurrection, Jésus n'est plus soumis dans son corps aux lois physiques. Il est affranchi de l'enfermement de la matière. Jésus a la connaissance et arrive au bon moment dans les lieux où se trouvent ses disciples. Il se déplace instantanément. Il apparaît ou disparaît instantanément.

En Luc 24, 31 : « **Alors leurs yeux s'ouvrirent et ils le reconnurent ; et il disparut de leur vue.** »

En Luc 24, 36 : « **Comme ils discouraient ainsi lui se trouva au milieu d'eux et leur dit : « Paix à vous ! »** »

Don temporaire d'agilité de Jésus avant sa mort
Mt 14, 22-33 : « **²²Aussitôt il obligea les disciples à monter dans la barque et à passer avant lui sur l'autre rive pendant qu'il renverrait les foules. ²³Quand il eut renvoyé les foules, il monta dans la montagne pour prier à l'écart ; et, le soir venu, il était là seul. ²⁴Or, la barque était déjà à plusieurs stades de la terre, battue par les vagues, car le vent était contraire. ²⁵À la quatrième veille de la nuit, il vint vers eux en marchant sur la mer. ²⁶Les disciples, le voyant marcher sur la mer, furent troublés et dirent : « C'est un fantôme ! » et ils poussèrent des cris de frayeur. ²⁷Aussitôt Jésus parla, leur disant : « Prenez confiance, c'est moi, ne craignez point. » ²⁸Pierre prenant la parole : « Seigneur, dit-il, si c'est vous, ordonnez que j'aille à vous sur les eaux. ²⁹Il lui dit : « Viens ! » et Pierre, étant sorti de la barque, marcha sur les eaux pour aller à Jésus. ³⁰Mais, voyant la violence du vent, il eut peur, et comme il commençait à enfoncer, il s'écria : « Seigneur, sauvez-moi ! » ³¹Aussitôt Jésus étendit la main, le saisit et lui dit : « Homme de peu de foi, pourquoi as-tu douté ? » ³²Et lorsqu'ils furent montés dans la barque, le vent cessa. ³³Alors ceux qui étaient dans la barque se prosternèrent devant lui, disant : « Vous êtes vraiment le Fils de Dieu. »** »

Jésus en marchant sur l'eau manifeste temporairement le don d'agilité.

<u>Don de subtilité</u>
Don de subtilité du ressuscité

Saint Paul nous dit du corps ressuscité en **1 Cor 15, 44 : « semé corps animal, il ressuscite corps spirituel »**

Maria d'Agreda nous dit : « La subtilité c'est le don de pénétrer les autres corps sans rencontrer aucune résistance. »

Après la résurrection, Jésus traverse les obstacles. C'est ce que nous voyons dans les versets suivants de Jean.

En Jean 20, 19 : **« Le soir venu, ce même jour, le premier de la semaine, les portes de la maison où étaient les disciples étant fermées par peur des Juifs, Jésus vint et, debout au milieu d'eux, il leur dit : « Paix à vous ! »**

Jean 20, 26 : **« Et, huit jours après, ses disciples étaient de nouveau dans la maison, et Thomas avec eux. Jésus vint, les portes étant fermées, et debout au milieu d'eux, il dit : « Paix à vous ! »**

Don temporaire de subtilité de Jésus avant sa mort
Protévangile de Jacques 18 :

« Et il (Joseph) trouva là une grotte, l'y introduisit, mit près d'elle ses fils et sortit chercher une sage-femme juive dans la région de Bethléem. »

Protévangile de Jacques 19 :

« Et elle (sage-femme) partit avec lui (Joseph), et ils s'arrêtèrent à l'endroit de la grotte. Et une nuée obscure couvrait la grotte. Et la sage-femme dit : « Mon âme a été exaltée aujourd'hui, car mes yeux ont vu des choses merveilleuses aujourd'hui : que le salut est né pour Israël. » Et aussitôt la nuée commença à se retirer de la grotte et une grande lumière apparut dans la grotte, de sorte que les yeux ne pouvaient la supporter. Et peu à peu cette lumière se mit à se retirer jusqu'à ce qu'apparût un petit enfant ; et il vint prendre le sein de sa mère Marie. Et la sage-femme poussa un cri et dit : « Comme il est grand pour moi, le jour d'aujourd'hui : c'est que j'ai vu cette merveille inouïe. » Et la sage-femme sortit de la grotte, et Salomé la rencontra. Et elle lui dit : « Salomé, Salomé, j'ai à te raconter une merveille inouïe : une vierge a mis au monde, ce dont sa nature n'est pas capable. » Et Salomé dit : « Aussi vrai que vit le Seigneur mon Dieu, si je n'y mets mon doigt et si je n'examine sa nature, je ne croirai jamais qu'une vierge ait enfanté. »

Maria Valtorta nous rapporte les paroles reçues de Marie.

« Moi seule, sans tache et sans union humaine, ait été exempte de la douleur de l'enfantement. La tristesse et la douleur sont les fruits de la faute. Moi qui étais la « Sans faute », je devais connaître pourtant la douleur et la tristesse parce que j'étais la Corédemptrice. Mais je ne connus pas le déchirement de l'enfantement. Non. Je n'ai pas connu cette souffrance.[89] »

« Et la lumière croît de plus en plus. L'œil ne peut la supporter. En elle, comme absorbée par un voile de lumière incandescente, disparaît la Vierge... et en émerge la Mère.[90] »

La naissance de Jésus se produit de façon miraculeuse. Le nouveau-né Jésus passe au travers du corps de Marie par la propriété de la subtilité.

Après la naissance de Jésus, Marie est donc toujours vierge.

Marie n'est pas souillée par le péché originel. Elle n'a pas à subir les conséquences du péché originel de Genèse 3, 16 : « **À la femme il dit : « Je multiplierai te souffrances, et spécialement celles de ta grossesse ; tu enfanteras des fils dans la douleur ; ton désir te portera vers ton mari, et il dominera sur toi. »**

Le dogme de la virginité perpétuelle de Marie signifie la virginité à la conception de Jésus, et la virginité à la naissance de Jésus.

Au Concile du Latran, en 649, le Pape Martin Ier, a proclamé la Virginité perpétuelle de Marie. Marie fut toujours vierge, aussi bien avant la naissance de son divin fils qu'après.

Don de clarté, le corps glorieux
Don de clarté du ressuscité, Corps glorieux

Saint Paul nous dit du corps ressuscité en **1 Cor 15, 43a** : « **semé dans l'ignominie, il ressuscite glorieux** »

Maria d'Agreda nous dit : « La clarté c'est le don qui fait resplendir les corps glorieux. »

---

[89] « L'évangile tel qu'il m'a été révélé » T1 page 142
[90] « L'évangile tel qu'il m'a été révélé » T1 page 171

Avant la résurrection, lors de la transfiguration, Jésus se montre dans un corps glorieux, son visage resplendit comme le soleil et ses vêtements devinrent blancs comme la lumière (Matthieu 17, 2). C'est comme si Jésus anticipait la résurrection pour préparer les disciples à sa mort et à sa résurrection.

Après la résurrection, lors de la conversion de Saul qui deviendra saint Paul, une lumière venue du ciel enveloppa Saul de sa clarté (Jean 9, 3-6) manifestant la gloire de Jésus ressuscité.

Si la clarté fait resplendir les corps glorieux, le corps de Jésus devrait resplendir après la résurrection. Or ce n'est pas le cas d'une façon visible. Pour quelles raisons ne resplendit-il pas ?

Dans les évangiles Marie de Magdala est la première à voir Jésus ressuscité.

En Jean 20, 17 : **« Jésus lui dit : « Ne me touchez plus ! car je ne suis pas encore remonté vers le Père ; mais allez vers mes frères, et dites-leur : je vais remonter vers mon Père et votre Père, vers mon Dieu et votre Dieu. »**

L'apôtre Thomas est incrédule et Jésus lui dit en Jn 20, 27 : **« Puis il dit à Thomas : « Porte ton doigt ici et vois mes mains, porte ta main et mets-là dans mon côté, et ne soit plus incrédule, mais croyant. »**

Jésus dit à Marie-Madeleine : « ne me touche pas », alors qu'il va dire à Thomas « porte ta main et mets-là dans mon côté ». Pourquoi cette différence d'attitude ?

Le Ressuscité se présente à Marie-Madeleine sans sa gloire. Le chrétien est en chemin vers le Père. Le chrétien est un « petit Christ » en route vers la gloire qu'il partagera avec Dieu. Jésus ressuscité se montre pleinement homme, même si son corps a changé de caractéristiques. Il n'est pas écrasant dans sa gloire, mais proche de ses disciples, proche de chaque homme. Il se met à notre portée.

A la résurrection le Christ ne peut se montrer dans toute sa gloire. Pourtant il est bien ce Jésus que les disciples ont connu, le Fils de l'homme. Les disciples auront déjà bien du mal à le reconnaître et à accepter sa résurrection.

Les disciples sont appelés à faire un pas de foi ce qui les rend plus proches de nous.

Cependant trois apôtres ont vu le Christ en gloire lors de la transfiguration.

En Matthieu 17, 1-2 : « **¹Six jours après, Jésus prend avec lui Pierre, Jacques et Jean son frère, et il les emmène à l'écart sur une haute montagne. ²Et il se transfigura devant eux : son visage resplendit comme le soleil, et ses vêtements devinrent blancs comme la lumière.** »

Don de clarté, Jésus identique et différent

Après la résurrection, Jésus est le même et est tout autre. Jésus est difficile à reconnaître pour ses disciples.

Les deux visages du Linceul de Turin et du Voile de Manoppello bien que superposables ne sont pas identiques. C'est le témoignage des disciples qui ont connu le Maître et qui l'ont vu ressuscité.

Marie de Magdala voit Jésus sans le reconnaître. Elle croit qu'elle a affaire au gardien du jardin. Elle ne le reconnaît que lorsque Jésus l'appelle par son prénom : « **Marie** ».

Jésus appelle Marie par son prénom, avec tout son cœur. Cet appel est l'appel de l'amour, de ce Jésus qui est Dieu. Il s'est fait homme pour nous rencontrer chacun personnellement...

En Jean 20, 14-16 : « **¹⁴Ce disant, elle se retourna et vit Jésus qui était là ; et elle ne savait pas que c'était Jésus. ¹⁵Jésus lui dit : « Femme, pourquoi pleurez-vous ? Qui cherchez-vous ? » Elle, pensant que c'était le jardinier, lui dit : « Seigneur, si c'est vous qui l'avez emporté, dites-moi où vous l'avez mis, et j'irai l'enlever. » ¹⁶Jésus lui dit : « Mariam ! » Elle, se retournant, lui dit en hébreu : « Rabbouni ! » c'est-à-dire : « Maître ».**

En Marc 16, 12 : « **Ensuite il se montra sous une autre forme à deux d'entre eux qui cheminaient, se rendant à la campagne.** »

Jésus ressuscité apparaît aux disciples d'Emmaüs. Ils ne le reconnurent pas, bien que cheminant avec lui. Ils ne le reconnurent qu'à la halte lorsque Jésus bénit et rompt le pain. **Luc 24, 32 : « Et ils se dirent l'un à l'autre : « Est-ce que notre cœur n'était pas brûlant en nous, lorsqu'il nous parlait sur le chemin, tandis qu'il nous dévoilait** les Écritures ? »

En Jean 21, 4 : **« Le matin déjà venait : Jésus se tenait sur le rivage, mais les disciples ne savaient pas que c'était Jésus. »**

Les disciples n'ont rien pris pendant toute la nuit. Jésus leur dit de jeter le filet du côté droit de la barque. Ils prennent beaucoup de poisson et c'est à ce moment que se remémorant un évènement similaire Jean s'écrie : « C'est le Seigneur ! ».

En Jean 21, 12 : **« Jésus leur dit : « Venez déjeuner.» Aucun des disciples n'osait lui demander : « Qui êtes-vous ? », sachant que c'était le Seigneur. »**

Don temporaire de clarté de Jésus avant sa mort
Lc 9, 28-36 : ²⁸Il se passa environ huit jours après qu'il eut dit ces paroles, et, prenant avec lui Pierre, Jean et Jacques, il monta sur la montagne pour prier. ²⁹Pendant qu'il priait, l'aspect de son visage devint autre, et son vêtement d'un blanc éblouissant. ³⁰Et voilà que deux hommes conversaient avec lui : c'étaient Moïse et Élie, ³¹qui, apparaissant en gloire, parlaient de sa mort qu'il devait accomplir à Jérusalem. ³²Pierre et ses compagnons étaient accablés de sommeil ; mais, s'étant réveillés, ils virent sa gloire et les deux hommes qui se tenaient avec lui. ³³Or, comme ils se séparaient de lui, Pierre dit à Jésus : « Maître, il nous est bon d'être ici ; faisons trois tentes : une pour vous, une pour Moïse et une pour Élie, » ne sachant pas ce qu'il disait. ³⁴Comme il disait cela, il se fit une nuée qui les couvrit de son ombre ; et ils furent saisis de frayeur tandis qu'ils entraient dans la nuée. ³⁵Et de la nuée se fit entendre une voix qui disait : « Celui-ci est mon Fils élu : écoutez-le. » ³⁶Pendant que la voix parlait, Jésus se trouva seul. Et ils gardèrent le silence, et ils ne racontèrent rien à personne, en ce temps-là, de ce qu'ils avaient vu. »

Au moment de la transfiguration, Luc nous dit, que l'aspect du visage de Jésus devint autre. Le ressuscité avec le don de clarté est à la fois le même et tout autre, au point que les disciples ne le reconnaîtront pas tout de suite.

A la transfiguration Jésus se montre en ressuscité avec le don de clarté pour préparer Pierre, Jacques et Jean à vivre sa résurrection.

Don d'impassibilité
Don d'impassibilité du ressuscité

Saint Paul nous dit du corps ressuscité en **1 Cor 15, 42b** : « **Semé dans la corruption, le corps ressuscite, incorruptible** »

Marie d'Agreda nous dit : « L'impassibilité, c'est le don d'immortalité du corps. »

Après la résurrection, Jésus n'est plus mortel dans son humanité. C'est le don d'impassibilité dont parle Marie d'Agreda.

En Actes 1, 9 : « **Quand il eut dit cela, il fut élevé (de terre) sous leur regard, et un nuage le déroba à leurs yeux.** »

Don temporaire d'impassibilité de Jésus avant sa mort

Jésus est venu pour accomplir la volonté du Père par sa mort. Le don d'impassibilité est donc suspendu pendant sa vie terrestre. Jésus devait par sa mort et sa résurrection nous mériter le salut.

Dons d'incorruptibilité et d'impassibilité
Impassibilité et incorruptibilité

L'impassibilité est le fait de ne plus être soumis à la souffrance et à la mort, c'est le don d'immortalité du corps. Jésus est le premier ressuscité dans un corps impassible.

Bien que différent, le don d'impassibilité fait penser au don d'incorruptibilité. Les deux dons concernent la biologie.

L'incorruptibilité est le fait, pour un corps mort, de ne pas se putréfier. Des centaines de corps de mystiques ne sont pas atteints par la décomposition contrairement aux règles élémentaires de la biologie. Ces corps de saints auraient reçu une grâce divine pour ne pas tomber en poussière. L'Église catholique en authentifie plus d'une centaine.

Libération des contraintes de la nature matérielle

Cette libération des contraintes de la nature matérielle, est comme une participation anticipée à la condition des corps glorieux.

Corps en chair et en os

Mais le corps de Jésus est une réalité physique. Il a une consistance. Ce n'est pas un hologramme.

Jésus permet à Thomas de le toucher en Jean 20, 27 : « **Puis il dit à Thomas : « Porte ton doigt ici et vois mes mains, porte ta main et mets-la dans mon côté, et ne sois plus incrédule, mais croyant. »**

Jésus, pour montrer qu'il n'est pas qu'un esprit mais qu'il a un corps se laisse toucher par ses disciples et mange avec eux en Luc 24, 36-43 : « **^{36}Comme ils discouraient ainsi, lui se trouva au milieu d'eux et leur dit : « Paix à vous ! » ^{37}Saisis de stupeur et d'effroi, ils croyaient voir un esprit. ^{38}Et il leur dit : « Pourquoi êtes-vous troublés, et pourquoi des pensées s'élèvent-elles dans vos cœurs ? ^{39}Voyez mes mains et mes pieds ; c'est bien moi. Touchez-moi et constatez, car un esprit n'a ni chair ni os, comme vous voyez que j'en ai. » ^{40}Et ce disant, il leur montra ses mains et ses pieds. ^{41}Comme ils ne croyaient pas encore à cause de leur joie et qu'ils étaient dans l'étonnement, il leur dit : « Avez-vous ici quelque chose à manger ? ^{42}Ils lui donnèrent un morceau de poisson grillé. ^{43}Il le prit et en mangea devant eux. »**

5.3.3 Témoins directs de la résurrection

Mc 16, 9 : « **Ressuscité le matin, le premier jour de la semaine, il apparut d'abord à Marie la Magdaléenne, de laquelle il avait chassé sept démons.** »

Lc 24, 35b : « **Réellement le Seigneur est ressuscité, et il est apparu à Simon.** »

Jn 21, 1a : « **Après cela, Jésus se manifesta de nouveau aux disciples au bord de la mer de Tibériade** »

Crédibilité des témoins

Les témoins de la résurrection sont des gens simples. Ils représentent le peuple. S'ils avaient inventé une histoire, les disciples n'auraient jamais dit qu'ils ne reconnaissent pas le Ressuscité qui les avait quitté 3 jours auparavant.

Mais les témoins, en gens simples et honnêtes, ne font que raconter leur expérience du ressuscité tel qu'ils l'ont vécu. Les disciples ne reconnaissent pas Jésus ressuscité et le disent simplement.

Marie-Madeleine pense s'adresser au jardinier, alors qu'il s'agit de Jésus ressuscité. Elle le reconnaît que lorsqu'il l'appelle par son nom. À ce moment Jésus se révèle au-delà des apparences (Jean 20, 14-16).

Les disciples d'Emmaüs cheminent avec Jésus sans le reconnaître. Ils le reconnaissent à la fraction du pain en se disant : « Est-ce que notre cœur n'était pas brûlant en nous, lorsqu'il nous parlait … ». La révélation leur vient par l'amour de cette présence dans leur cœur (Marc 16, 12 et Luc 24, 32).

Les apôtres eux-mêmes le voient au bord du rivage sans savoir qu'il s'agit du Maître (Jean 21, 4). Ils le reconnaissent lorsque Jésus leur dit de jeter le filet à droite de leur barque et qu'ils prennent beaucoup de poissons (Jean 21, 12).

Les disciples reconnaissent Jésus à son être intérieur. C'est bien le Christ. Mais son apparence extérieure a changé. Son corps n'est plus le même, c'est un corps de ressuscité avec des propriétés spécifiques.

Apparition aux femmes
Mt 28:5 : « **Et prenant la parole, l'ange dit aux femmes : « Vous, ne craignez pas ; car je sais que vous cherchez Jésus le crucifié. Il n'est point ici, car il est ressuscité comme il l'avait dit. Venez et voyez la place où il était… »**

Le matin de la résurrection le premier jour de la semaine, Jésus apparaît à Marie de Magdala dont il avait chassé sept démons nous dit Marc en 16, 9. Pourquoi Jésus a t-il choisi une femme, de surcroit ancienne démoniaque comme premier témoin ?

La crédibilité du témoin exige, surtout à l'époque, de choisir un homme. En plus la témoin est sujet à caution parce qu'ancienne démoniaque, donc assimilable à une déséquilibrée pour le commun des mortels.

Lorsque Marie Madeleine annonce sa rencontre aux compagnons de Jésus, elle n'est pas cru (Marc 16, 11).

Marie de Magdala, Jeanne et Marie, mère de Jacques et d'autres femmes rapportent aux onze et aux autres disciples ce que les deux anges en habits éblouissants leur ont dit au tombeau. Mais ils ne les crurent pas, prenant les propos des femmes pour du radotage (Luc 24, 9-10).

Pourquoi avoir choisi des femmes comme premiers témoins ?

Les femmes sont, par leur côté intuitif, les plus à même de comprendre et d'accepter les grandes révélations. Les hommes par contre, par leur côté rationnel, sont plus lents à croire. Ils peuvent cependant approfondir la révélation pour mieux la comprendre.

Nous pouvons supposer que le Seigneur apparaît aussi dans l'ordre de l'amour. En ce cas il apparaît d'abord à sa mère, la toute pure, la toute sainte. Puis à Marie-Madeleine qui sait le prix que Jésus a payé pour elle l'ayant délivrée de sept démons. Puis à Pierre, parce que Jean n'a pas besoin de voir pour croire.

Temps hâté

Dans le récit de la résurrection, nous avons vu que le Seigneur reste 36 heures dans le Linceul. Il devait rester trois jours dans la tombe soit 72 heures. Comment comprendre cet écart ?

Il faut comprendre que la parole est respectée (Matthieu 12, 38-40 ; Matthieu 16, 21). Jésus reste 3 jours vendredi, samedi, dimanche dans la mort.

Mais les temps sont hâtés par l'amour et pour l'amour :
- l'amour de Marie la Mère de Jésus dont un glaive a transpercé le cœur,
- l'amour de Marie de Magdala qui sait le prix que Jésus a payé pour elle,
- l'amour de Jean celui que Jésus aimait c'est-à-dire qui a pénétré le mystère du Verbe,
- l'amour de Pierre, celui là qui renia le Christ trois fois et qui se ronge de remords,
- l'amour de tous les autres disciples connus ou anonymes,
- mais surtout l'amour du Verbe pour ses disciples.

Alors oui les temps sont hâtés et le Verbe ne reste que de l'ordre de 36 heures dans la nuit du tombeau, mais sur une période qui concerne trois jours consécutifs.

Jean le croyant

Pierre et Jean vont alors au tombeau pour constater par eux-mêmes. Et comme nous l'avons dit dans le témoignage de Jean, ce dernier n'a pas besoin de voir le ressuscité pour croire, il lui suffit de voir les linges mortuaires.

Jean, c'est le disciple que Jésus aimait nous dit la parole (Jean 20, 2). En reprenant le grec nous pouvons dire, Jean c'est le disciple qui est le plus en communion avec Jésus, le disciple qui comprend le mieux le mystère de Jésus. Étant le disciple qui connaît le mieux le Seigneur, c'est sans doute celui qui aime le plus. Le Seigneur s'adapte à nos possibilités d'amour comme nous le voyons avec Pierre lors de l'apparition de Jésus au bord du lac de Tibériade. Cette adaptation est respect de l'autre, si tel n'était pas le cas, il y aurait écrasement du disciple devant l'incommensurable dimension de l'amour de Jésus.

La jeunesse de Jean, sa pureté de cœur lui permettent sans doute d'être l'homme qui adhère le plus au mystère de l'incarnation et de la rédemption. C'est le seul homme qui est présent au pied de la croix.

Témoignage de Jean
Témoignage de Jean

Jn 20, 1-10 : « **¹Le premier jour de la semaine, Marie de Magdala vint au sépulcre, dès le matin, alors qu'il faisait encore sombre, et elle vit la pierre enlevée du sépulcre. ²Alors elle courut trouver Simon-Pierre et l'autre disciple que Jésus aimait, et elle leur dit : « On a enlevé du sépulcre le Seigneur, et nous ne savons où on l'a mis. »**
³Pierre partit ainsi que l'autre disciple, et ils allèrent au sépulcre. ⁴Ils couraient tous deux à la fois, mais l'autre disciple courut plus vite que Pierre et arriva le premier au sépulcre. ⁵Et en se penchant, il vit les bandelettes posées là, mais il n'entra pas. ⁶Puis arriva aussi Simon-Pierre, qui le suivait, et il entra dans le sépulcre : il vit les bandelettes posées là, ⁷et le suaire qui avait été sur la tête, posé non pas avec les bandelettes, mais dans un endroit à part, enroulé. ⁸Alors entra aussi l'autre disciple, qui était arrivé le premier au sépulcre : il vit et il crut. ⁹Car ils n'avaient pas encore compris l'Écriture, qu'il

devait ressusciter d'entre les morts. ¹⁰Et les disciples s'en retournèrent chez eux. »

L'apôtre Jean vit et crut. Le fait de voir les linges et le Voile qui a recouvert la tête de Jésus permet à Jean de croire à la résurrection du Verbe. Comment peut-on se l'expliquer ?

Jean a vu les linges (Linceul de Turin, Coiffe de Cahors, bandelettes) gisant à terre. Le Linceul est posé. Le corps du mort est parti. Le tissu s'est aplati.

Le Voile de Manoppello, qui a recouvert la tête, n'est pas déposé avec les bandelettes. Il est roulé à part dans un autre endroit. Pourquoi cette différence entre les deux tissus ? Le Voile est roulé à part. A-t-il gardé sa place et la forme du visage ?

C'est la position du Linceul et du Voile qui ont convaincu Jean que le corps du Seigneur n'a pas été dérobé, comme le pense Marie de Magdala, mais qu'il s'est réveillé d'entre les morts. Tous les linges sont restés exactement en place.

Position de l'épiscopat italien et de Don Antoine Persili
Jean, selon la traduction de la Conférence épiscopale italienne, **« vit les bandages à terre et le suaire qui, lui, avait été mis sur la tête, non par terre, avec les bandages, mais plié dans un endroit à part... et il vit et il crut » (Jean 20, 6-8)**.

Don Antoine Persili, érudit, a traduit directement du grec ce passage. D'après lui, Jean « vit les bandages détendus (affaissés, mais non défaits) et le Suaire (Voile), qui était sur sa tête, non pas avec les bandages détendus, mais au contraire enroulé (non pas détendu avec les bandages, mais comme amidonné et relevé) dans une position unique (qui n'est pas naturelle) ».

Pour le Père Persili, c'est là la raison de croire instantanée de Jean. Si le corps avait été dérobé, il aurait dû être dégagé des bandages. En outre, le Suaire (Voile), selon son interprétation, était figé dans une position particulière, comme « amidonné » et relevé comme s'il contenait encore le corps du Seigneur, qui en réalité n'y était plus.

Jean a compris que le Verbe est ressuscité et que son corps est passé au travers du tissu. Par la suite il passera au travers des murs et de toute matière en Jean 20, 19 et 26.

La résurrection du Seigneur a imprimé son visage et a rigidifié le

Voile.

Traduction du Grec

Matthieu, Marc et Luc, décrivant l'ensevelissement de Jésus, emploient le terme grec « sindon » soit « drap de lin » ou « linceul ».

Jean, lui, emploie le terme « othonia », forme plurielle de « othonion » qui signifie « étoffe de lin », c'est-à-dire « les linges » (Linceul, Coiffe de cahors, bandelettes).

Le terme « Kemeina » veut dire « gisants ».

Le mot « soudarion » signifie « suaire ».

Le mot grec « chôris » a deux sens possibles, soit « séparé, mis à part » selon Saint Jérôme, soit « distinct ».

Le mot grec « entetuligmenon » signifie « disposé en rond ».

Les termes « Eis hena topon » se traduisent par « à la même place ».

La traduction devient alors :

Jn 20, 6-7 : « ⁶Arrive, à son tour Simon-Pierre qui le suivait ; il entre dans le tombeau et considère les linges (Linceul de Turin, Coiffe de Cahors, bandelettes) gisants ⁷et le suaire (Voile de Manoppello) qui avait recouvert la tête ; non pas gisant à plat avec les linges, mais distinct, disposé en rond à la même place (ou enroulé, lui, en place). »

Jn 20, 8 : « C'est alors que l'autre disciple, celui qui était arrivé le premier, entra à son tour dans le tombeau ; il vit et il crut. »

Les deux disciples voient les linges (Linceul de Turin, Coiffe de Cahors, bandelettes) exactement comme ils avaient été mis lors de l'ensevelissement du Christ au tombeau, sauf que les linges sont affaissés, gisants.

Les deux disciples voient le Suaire (Voile de Manoppello), se distinguant des autres linges. Il est resté enroulé, en rond, rigidifié dans la forme que lui donnait la tête de Jésus. Il est à la même place que lorsqu'il était posé sur le visage de Jésus.

Le corps du Christ est sorti du Linceul sans changer la disposition des linges. Jean en conclut d'une part que l'on n'a pas volé le cadavre comme le croit au début Marie-Madeleine, d'autre part que le Christ a traversé les linges.

Pour Jean, le Christ est donc ressuscité car son corps glorieux a traversé les linges. Pour Pierre, la visitation du Christ sera sans doute nécessaire pour qu'il croie.

Explication sur la position du Linceul et du Voile

Comment expliquer la position du linceul, de la coiffe et des bandelettes gisants à plat ? Comment expliquer la position du voile enroulé, en place ?

Comment expliquer que le Linceul n'a pas gardé la mémoire de forme après la résurrection ? Comment expliquer que le Voile a seul gardé la mémoire de forme après la résurrection ?

Lors de la résurrection le Christ est en gloire comme lors de la transfiguration sur le Mont Tabor. Le Christ en gloire est lumineux, et cette lumière va produire une déshydratation et une roussissure des tissus mortuaires. Une fois le corps sorti, les tissus plus lourds vont s'affaisser. Le Voile en byssus, très léger, va légèrement se rigidifier et conserver sa forme pendant un certain temps.

Le Voile a acquis une mémoire de forme comme un linge repassé après amidonnage. Après avoir repassé un tissu, préalablement humidifié, avec un fer, celui-ci tend à garder la forme donnée au moment du repassage.

Le Voile de Manoppello, resté en place après la résurrection, vient corroborer la formation de l'image du Linceul et du Voile à partir d'une émission de photons émanant du corps lui-même et produisant un « coup de soleil », un éclat de chaleur…

<u>Apparition à Pierre</u>

Luc nous apprend que le Seigneur est apparu à Simon (Lc 24, 34). C'est ce que nous confirme d'ailleurs Paul en disant il est apparu à Céphas (Pierre) puis aux Douze (1 corinthiens 15, 5).

Simon Pierre est le chef de l'Église. C'est le premier homme qui voit le ressuscité. C'est un témoin de poids. Ce pécheur va aider ses frères à croire.

<u>Apparition aux disciples d'Emmaüs</u>

Le même jour, dimanche jour de la résurrection, Jésus fait route avec deux disciples qui se dirigent vers Emmaüs. Les disciples ne le reconnaissent que lorsque Jésus prend le pain, le bénit, le rompt et le leur donne (Luc 24, 30).

Mais ces deux compagnons revenus l'annoncer aux autres ne sont pas crus non plus nous dit Marc en 16, 13. Et en Luc 24, 33-34 les deux compagnons trouvent les onze et leurs compagnons qui leur disent que le Seigneur est ressuscité et qu'il est apparu à Simon.

Alors les apôtres et les disciples ont-ils cru ou non les compagnons d'Emmaüs ?

Dans le témoignage de Marc et de Luc, les disciples sont dans le doute, basculant de la foi en leurs témoins à la difficulté de croire. La résurrection est un évènement tellement extraordinaire !

Apparition aux apôtres

Le soir de ce même dimanche Jésus apparaît aux disciples en l'absence de Thomas (Jean 20, 19-24). Il leur reproche leur incrédulité et de ne pas avoir cru ceux qui l'avaient vu ressuscité (Marc 16, 14). C'est pour cela que Jésus leur montre ses poignets et son côté. En leur montrant ses plaies Jésus confirme son identité et le fait qu'il est ressuscité après être mort.

Les disciples racontent à Thomas au verset 25 qu'ils ont vus le Seigneur. Mais Thomas ne peut les croire. Huit jours après, donc le dimanche suivant la résurrection, Jésus se manifeste aux disciples en présence de Thomas. Jésus au verset 27 dit à Thomas de mettre son doigt dans son poignet et de mettre sa main dans son côté.

Apparition en Galilée

Le jeudi saint, au moment de la Sainte Cène, Jésus prévient ses apôtres. Il leurs dit qu'il sera frappé, que les disciples se disperseront, qu'il ressuscitera et qu'il les précédera en Galilée (Matthieu 26, 31-32 et Marc 14, 27-28). Au matin de la résurrection, les anges annoncent que Jésus les précède en Galilée (Matthieu 28, 7 et Marc 16, 7).

Jésus apparaît ensuite au bord du lac de Tibériade en Galilée (Jean 21). Les disciples reconnaissent Jésus quand il leur dit de jeter le filet à droite. Au verset 14, Jean nous dit que c'est la troisième fois que Jésus se manifeste aux disciples une fois ressuscité d'entre les morts.

Saint Paul nous dit dans sa lettre 1Co 15, 5-7 : « **⁵et qu'il (Jésus) est apparu à Céphas (Pierre), puis aux Douze. ⁶Après cela il est apparu en une seule fois à plus de cinq cent frères, dont la plupart sont encore vivants, et quelques-uns se sont endormis. ⁷Ensuite il est apparu à Jacques, puis à tous les apôtres.** »

Un rassemblement public n'est pas possible à Jérusalem à cause des derniers évènements et de la persécution des Juifs. L'éloignement de la Galilée permet une certaine indépendance.

Il faut un peu de temps pour organiser ce rassemblement public en Galilée de plus de cinq cent frères. En effet les frères se sont dispersés après la mort du Seigneur. Il faut donc le temps de les retrouver, de les informer et de leur donner le temps de voyager vers la Galilée.

Glorification

Is 11, 10 : « **Et il arrivera en ce jour-là : La racine de Jessé, élevée comme un étendard pour les peuples, sera recherchée par les nations, et son séjour sera glorieux.** »

Jésus, la racine de Jessé, est crucifié. La croix devient un étendard pour les peuples. Le messie est attendu par Israël et recherché par les peuples. Le séjour du messie sur terre, le temps de son incarnation, est devenu glorieux. Il a vaincu. Il est ressuscité. Il est revenu se montrer à ses disciples dans un corps glorieux.

Is 43, 1 : « **Et maintenant, ainsi parle YaHWeH, celui qui t'a créé, Ô Jacob, celui qui t'a formé, Ô Israël : Ne crains point, car je t'ai racheté ; je t'ai appelé par ton nom, tu es à moi !** »

Dieu est celui qui nous crée par notre naissance, mais qui continue de nous façonner car nous sommes en création continue. La vie humaine est un temps de formation ou à force de décision nous restreignons le choix des possibles et façonnons notre moi.

Le messie a racheté chaque homme par sa passion et son sacrifice sur la Croix. Il a été jusqu'au bout du don en donnant sa vie pour chaque homme. Nous ne devons pas craindre si nous reconnaissons Jésus mort et ressuscité, si nous reconnaissons Jésus comme pleinement homme et pleinement Dieu. Nous ne devons pas craindre car il a payé le prix l'agneau immolé. Il a payé le prix de nos péchés, lui l'innocent, le sans tache.

Jésus nous appelle par notre nom personnellement. Il veut entrer en contact avec chaque homme. En nous appelant par notre nom, Jésus nous reconnaît dans notre identité propre, dans notre personnalité.

Dieu (Jésus) nous dit « tu es à moi ». Nous appartenons en effet à Dieu parce qu'il nous a créé et qu'il continue à nous façonner. Mais nous appartenons aussi à Dieu parce que nous étions perdus comme pécheur et qu'il nous a rachetés.

Rédemption

Les juifs identifient le serviteur souffrant avec Israël qui a souffert pour expier les péchés des nations. Mais comme le sacrifice d'expiation doit être parfait, sans défaut (voir le choix de l'agneau sans défaut pour le sacrifice), ce qui n'est pas le cas pour Israël tel que nous le décrit Isaïe dans le chapitre 1. Les juifs attendaient un Messie triomphant qui les délivrerait de tous leurs ennemis au plan humain. Isaïe annonce un Messie doux, humble, silencieux même lorsqu'il sera mené comme un agneau à l'abattoir. Le serviteur porte les caractéristiques d'un individu qui est torturé et humilié, comme Jésus l'a été.

Is 53, 10 : **« Il a plu à YaHWeH de le briser par la souffrance ; mais quand son âme aura offert le sacrifice expiatoire, il verra une postérité, il prolongera ses jours, et le dessein de YaHWeH prospérera dans ses mains.**

Jésus a offert le sacrifice expiatoire pour nos péchés. Il prolonge ses jours après sa mort, par sa résurrection. Il verra une postérité car bien que dispersés et désemparés après sa mort, ses disciples se regroupent après sa résurrection. Sa postérité viendra avec la pentecôte qui inaugure l'église. Celle-ci est constituée des petits christs, les chrétiens.

Is 53, 11 : **« À cause des souffrances de son âme, il verra et se rassasiera. Par sa connaissance le juste, mon Serviteur, justifiera beaucoup d'hommes, et lui-même se chargera de leurs iniquités. »**

Jésus a pris sur lui nos iniquités et nous justifie devant la Père. Nous sommes blanchis par le sang de l'agneau sans tache immolé pour nous.

Is 53, 12 : **« C'est pourquoi je lui donnerai sa part parmi les** grands ; il partagera le butin avec les forts. Parce qu'il a livré son âme à la mort et qu'il a été compté parmi les malfaiteurs ; et lui-même a porté la faute de beaucoup, et il intercédera pour les pécheurs. »

Jésus a livré son âme à la mort, traité comme un malfaiteur. Jésus a porté notre faute et ses conséquences. Il intercède pour nous auprès du Père.

Ascension du Seigneur
Annonce de l'ascension

Ps 68/67, 19 : « **Tu montes sur la hauteur, emmenant la foule des captifs ; tu reçois en présent des hommes, même ceux qui s'opposaient au séjour de Yah notre Dieu !** ».

Jésus est monté sur la hauteur du Golgotha pour être crucifié, emmenant la foule des captifs du péché. Par sa mort et sa résurrection, il nous libère du péché. Il a payé nos dettes, désormais nous sommes à lui.

Jn 6, 62 : « **Et si vous voyiez le Fils de l'homme remonter là où il était auparavant ?** ».

Jésus ne vient pas de ce monde. Il annonce son ascension à ses disciples.

Jn 8, 28 : « **Jésus donc leur dit : « Lorsque vous aurez élevé le Fils de l'homme, alors vous connaîtrez que je suis (d'en haut) et que je ne fais rien de moi-même, mais que selon ce que le Père m'a enseigné, ainsi je parle. »**.

Jésus est élevé sur la croix à cause de nos péchés. Le troisième jour il ressuscite permettant aux disciples de comprendre qu'il est « Je suis », c'est-à-dire Dieu. Il sera élevé par son ascension au ciel avec son corps ressuscité nous permettant de comprendre qu'il est Dieu.

Jn 14, 2 : « **Il y a des demeures nombreuses dans la maison de mon Père ; autrement, je vous l'aurais dit, car je m'en vais vous préparer une place.** »

Jésus annonce qu'il va nous préparer une place dans la maison de son Père. Cette place nous sera préparée par le passage par la croix.

Ascension, montagne des Oliviers, jeudi 18 mai an 30

Za 14, 4a : « **Ses pieds (YaHWeH) se poseront en ce jour-là**

sur la montagne des Oliviers… »

Marc (16, 19-20) et Luc (24, 50-53) relatent l'ascension de Jésus ressuscité.

Luc nous informe dans les actes des apôtres en 1, 3 que Jésus s'est présenté vivant après sa passion et que les apôtres en ont eu plus d'une preuve. Pendant quarante jours, il leur apparaît et les entretient du Règne de Dieu.

Luc nous raconte dans les actes 1, 9 que Jésus s'éleva dans le ciel et qu'une nuée vint le soustraire aux regards des disciples. C'est l'ascension de Jésus avec son corps de ressuscité.

Ac 1, 9 : **« Quand il (Jésus) eut dit cela, il fut élevé (de terre) sous leur regard, et un nuage le déroba à ses yeux. »**

Après l'ascension du Seigneur, deux anges apparaissent aux apôtres et leur parlent.

Ac 1, 11-12a : **« [11]Hommes de Galilée, pourquoi restez-vous à regarder vers le ciel ? Ce Jésus qui, d'auprès de vous, a été enlevé au ciel, ainsi viendra de la même manière que vous l'avez vu s'en aller au ciel.**
[12a]Ils retournèrent alors à Jérusalem de la montagne appelée des Oliviers… »

Jésus ressuscité est parti rejoindre son Père dans le royaume de Dieu. Il est désormais assis à la droite du Père jusqu'à ce que tout lui soit soumis.

Ps 110, 1 : **« Oracle de YaHWeH à mon Seigneur : « Assieds-toi à ma droite, jusqu'à ce que je fasse de tes ennemis l'escabeau de tes pieds. »**

Dormition et assomption de la Vierge Marie

Le 1er novembre 1950, le Pape Pie XII définit le Dogme de l'Assomption de la Bienheureuse Vierge Marie. Ce dogme était attendu depuis la proclamation du dogme de l'Immaculée Conception. L'Église était en liesse quand le Pape Pie XII déclara : « Nous proclamons, déclarons et définissons que c'est un dogme divinement révélé que Marie, l'immaculée mère de Dieu, toujours vierge, à la fin du cours de sa vie terrestre, a été élevée en âme et en corps à la gloire céleste. »

L'assomption est relatée dans le **Transitus Mariae**[91] :

« Marie, allait, selon son habitude, à l'intérieur du tombeau de notre Seigneur pour brûler de l'encens... Un vendredi, sainte Marie se rendit comme d'habitude auprès du tombeau. Pendant qu'elle priait, les cieux s'ouvrirent, et l'archange Gabriel descendit vers elle et lui dit : « Salut, ô toi qui as donné naissance au Christ, notre Dieu ! Ta prière, parvenue aux cieux auprès de celui qui est né de toi, a été exaucée. Dans peu de temps, selon ta demande, tu laisseras le monde, tu partiras vers les cieux, auprès de ton fils, pour la vie véritable et éternelle ». Ayant entendu ces paroles, elle retourna vers Bethléem, accompagnée de trois jeunes filles, qui la servaient. Après s'être reposée peu de temps..., elle adressa une prière, disant : « Mon Seigneur Jésus Christ..., écoute ma voix et envoie-moi ton apôtre Jean, pour que sa vue me procure les prémices de la joie. Envoie-moi aussi tes autres apôtres... quel que soit l'endroit où ils se trouvent par ton saint commandement, afin que je puisse, en les voyant, bénir ton nom célébré par de nombreux hymnes. J'ai confiance, parce qu'en toute chose tu écoutes ta servante. » Pendant qu'elle priait, moi, Jean, j'arrivai, le Saint-Esprit m'ayant enlevé d'Éphèse sur une nuée et posé là où demeurait la mère de mon Seigneur... Et la sainte Mère de Dieu glorifia Dieu de ce que moi, Jean, j'étais venu auprès d'elle, se rappelant la parole du Seigneur qui déclarait : « Voici ta mère ! » et « Voici ton fils ! ». Moi, Jean, je lui dis : « Notre Seigneur Jésus-Christ et notre Dieu viendra, et tu le verras comme il te l'a promis. » À cela, la sainte Mère de Dieu me répondit, disant : « Les Juifs ont juré que, lorsque j'arriverai au terme de ma vie, ils brûleront mon corps. » Mais moi, je lui répondis : « Ton corps saint et précieux ne connaîtra pas la corruption. »... Une voix venant des cieux dit alors : « Amen ». Le Saint-Esprit me dit : « Jean, as-tu entendu cette voix qui parlait dans le ciel à la fin de ta prière ? » Je répondis en disant : « Oui, je l'ai entendue. » Et le Saint-Esprit me dit : « Cette voix, que tu as entendue, est le signal de l'arrivée imminente de tes frères, les apôtres, et de la sainte Puissance, car aujourd'hui ils viendront ici. »...

Et le Saint-Esprit dit aux apôtres : « Pierre de Rome, Paul des bords du Tibre, Thomas du centre de l'Inde, Jacques de Jérusalem, tous

---

[91] Apocryphe daté du Vème siècle dont la source serait un courant judéo-chrétien du IIème siècle

arrivés en même temps sur des nuées depuis les extrémités de la terre, soyez réunis dans la sainte Bethléem, à cause de la mère de notre Seigneur Jésus-Christ qui est profondément bouleversée. » André, le frère de Pierre, Philippe, Luc, Simon le Cananéen et Thaddée, qui étaient déjà endormis, furent réveillés de leurs tombeaux par le Saint-Esprit... Marc, qui était encore vivant, vint de même, lui aussi, d'Alexandrie, avec les autres, qui, ainsi qu'il a été dit, arrivaient de chaque région. Pierre, soulevé par une nuée, resta entre ciel et terre, soutenu par le Saint-Esprit, ensemble avec les autres apôtres, qui eux aussi avaient été enlevés sur des nuées, pour se retrouver avec Pierre. Et ainsi, par le Saint-Esprit, comme il a été dit, tous ensemble, ils arrivèrent. Pierre dit aux autres apôtres : « Que chacun raconte à la mère de notre Seigneur ce que le Saint-Esprit nous a annoncé et ordonné. »... Les apôtres dirent tout à la sainte Mère de Dieu, comment et de quelle manière ils étaient arrivés. Ensuite, elle étendit les mains vers le ciel et pria en disant : « J'adore, je loue et je glorifie ton célèbre nom, ô Seigneur, car tu as posé les yeux sur ton humble servante, et toi, le Puissant, tu as fait pour moi de grandes choses. Et voilà que toutes les générations m'appelleront Bienheureuse. »...

Et voici qu'il y eut une armée d'une multitude d'anges et de puissances, et on entendit une voix comme celle d'un Fils d'Homme. Et les séraphins entourèrent la maison où demeurait la sainte et irréprochable Mère de Dieu et Vierge. Et, ainsi, tous ceux qui étaient à Bethléem virent toutes les merveilles ; et ils allèrent à Jérusalem, et annoncèrent toutes les merveilles qui s'étaient produites... Une grande foule de gens, provenant de toutes les régions et se trouvant à Jérusalem pour la prière, entendit parler des Signes qui se produisaient à Bethléem par la mère du Seigneur. Ils se rendirent sur place, pour implorer la guérison de leurs diverses infirmités. Et ils l'obtinrent. Il y eut ce jour une joie ineffable : la multitude des guéris et des spectateurs glorifiaient le Christ, notre Dieu, et sa mère. De retour de Bethléem, tout Jérusalem était en fête aux chants des psaumes et des hymnes spirituels...

Après toutes ces merveilles arrivées par l'intermédiaire de la Mère de Dieu et toujours vierge Marie, la mère du Seigneur, alors que nous, les apôtres, étions avec elle à Jérusalem, le Saint-Esprit nous dit : « Vous savez que c'est un dimanche que la bonne nouvelle fut annoncée par l'archange Gabriel à la Vierge Marie ; un dimanche que le Seigneur est né à Bethléem ; un dimanche aussi que les enfants de Jérusalem sortirent à sa rencontre avec des branches de palme en disant : Hosanna, dans les hauteurs des cieux, béni celui qui vient au nom du Seigneur ; un dimanche encore qu'il ressuscita des morts ; un dimanche qu'il doit venir pour juger les vivants et les morts ; et un dimanche enfin qu'il doit venir du ciel pour glorifier et honorer le départ de la glorieuse vierge qui l'a enfanté ». Ce même dimanche, la mère du Seigneur dit aux apôtres : « Jetez de l'encens, car le Christ vient avec une armée d'anges. » Et voici, le Christ se présenta, assis sur le trône des chérubins. Et, pendant que nous étions tous en prière, apparurent une multitude innombrable d'anges et le Seigneur, arrivé au-dessus des chérubins avec une grande puissance. Et voici qu'un éclat de lumière se porta sur la Sainte Vierge par la venue de son Fils unique. Toutes les puissances célestes se prosternèrent et l'adorèrent. Le Seigneur appela sa mère et lui dit ; « Marie ! » Elle répondit : « Me voici, Seigneur ! » Et le Seigneur lui dit : « Ne t'afflige pas, mais que ton cœur se réjouisse et soit dans l'allégresse, car tu as obtenu la faveur de contempler la gloire qui me fut donnée par mon Père. » La sainte Mère de Dieu leva les yeux et vit en lui une gloire qu'une bouche humaine ne peut dire ni saisir. Le Seigneur, restant à côté d'elle, lui dit : « Voici que maintenant ton précieux corps sera transféré au paradis, pendant que ton âme sainte sera aux cieux dans les trésors de mon Père, dans une clarté supérieure, où sont la paix et la joie des anges saints et plus encore. »

Alors, le Seigneur se tournant vers Pierre lui dit : « Le moment est venu d'entonner l'hymne. » Quand Pierre entonna l'hymne, toutes les puissances des cieux répondirent par l'Alléluia. Alors, le visage de la mère du Seigneur brilla plus que la lumière. Et, se levant, elle bénit de sa propre main chacun des apôtres. Et tous glorifièrent Dieu. Le Seigneur, étendant ses mains pures, reçut son âme sainte et irréprochable. Et, pendant que sortait cette âme irréprochable, le lieu fut rempli d'un parfum et d'une lumière indicibles. Voici qu'on entendait une voix céleste qui disait : « Bienheureuse es-tu parmi les femmes. »…

Les apôtres portèrent la bière et déposèrent le précieux et saint corps à Gethsémani, dans un tombeau neuf. Et voici qu'un parfum délicat se dégagea du saint tombeau de notre Maîtresse, la Mère de Dieu. Et, pendant trois jours, on entendit des voix d'anges invisibles qui glorifiaient le Christ, notre Dieu, né d'elle. Et, le troisième jour achevé, on n'entendit plus les voix. Dès lors, nous sûmes tous que son corps irréprochable et précieux avait été transféré au paradis. »

Juste avant son départ, le jour de l'ascension, Jésus leur dit qu'il ne laisserait pas ses disciples orphelins, mais qu'il enverrait l'Esprit-Saint
Lc 24, 49 : « **Et voici que je vais envoyer sur vous ce qui a été promis par mon Père. Quant à vous, demeurez dans la ville jusqu'à ce que vous soyez d'en haut revêtus de force.** »

6 Communication de Dieu par le Saint-Esprit

6.1 Promesse de l'envoi du Saint-Esprit

6.1.1 Promesse dans l'ancien testament

Ancien testament

L'ancienne Pentecôte (Chavouoth en hébreu) est la fête agricole de l'offrande à Dieu des prémices de la moisson Lv 23, 17-20 et Ex 23, 19 ; et Dt 26, 2-10. Elle est appelée fête des Moissons (Ex 22, 16), fête des Semaines (Ex 34, 12 ; Dt 16, 10), fête des Prémices (Nb 28, 26).

C'est une des trois fêtes de pèlerinage au Temple de Jérusalem avec Pâque (Pessah en hébreu) et Cabanes (Souccoth en hébreu). Elle se déroule en mai-juin (Sivan)

La liturgie juive établit une liaison entre Pâque et Pentecôte qui marque la clôture du cycle pascal. La première gerbe de la moisson (l'Omer) est offerte à Dieu le lendemain de Pâque (Lv 23, 9-17). Puis on pouvait manger de la nouvelle récolte.

A partir de ce jour il fallait compter une semaine de semaine, soit 7 fois 7 jours, pour arriver à Pentecôte. Ce nom d'origine grec signifie cinquante.

Les hébreux ont ajouté la commémoration du don de la Torah. Dieu donne à Moïse les tables de la loi, les dix commandements, sur le mont Sinaï. Ce don de la loi arrive 50 jours après la Pâque juive qui permet la libération du peuple hébreu du joug de l'oppresseur égyptien.

Cette fête est donc la fête des semailles et du don de la loi.

La Pâque du Messie d'Israël permet la libération du peuple du joug de l'oppression du péché. 50 jours après la Pâque, Dieu va inscrire sa loi d'amour dans le cœur des apôtres par le don Saint-Esprit.

L'agir par amour remplace l'agir pour respecter la loi. L'amour bannit la crainte. Chavouoth est la naissance du peuple d'Israël régie par la loi de la Torah don de Dieu. Pentecôte est la naissance de l'Église corps du Christ régie par la loi d'amour don du Saint-Esprit.

6.1.2 Promesse du Saint-Esprit par le Verbe

Promesses de l'Esprit-Saint avant la résurrection

Jean-Baptiste, le dernier des prophètes et le précurseur, va annoncer clairement que celui qui vient après lui, le messie, ne baptisera pas comme lui dans l'eau, un baptême de repentance, mais baptisera lui dans l'Esprit-Saint et dans le feu.

Mais que veut dire : baptiser dans le Saint-Esprit ? Que veut dire baptiser dans le feu ?

Luc 3, 15-16 : « **15Comme le peuple s'y attendait, et que tous se demandaient dans leurs cœurs, relativement à Jean, s'il n'était pas le Christ, 16Jean s'adressant à tous, dit : « Moi, je vous baptise avec l'eau ; mais il vient, celui qui est plus puissant que moi, et dont je ne suis pas digne de délier la courroie des sandales ; lui, il vous baptisera dans l'Esprit-Saint et dans le feu.** »

Jésus annonce que le Père du ciel, veut nous donner de bonnes choses, veut nous donner l'Esprit-Saint si nous lui demandons.

Luc 11, 13 : « **Si donc vous, tout méchants que vous êtes, vous savez donner à vos enfants de bonnes choses, combien plus le Père du ciel donnera-t-il l'Esprit-Saint à ceux qui le demandent.** »

Jésus promet le Saint-Esprit pour nous donner les mots à dire au moment critique.

Luc 12, 11-12 : « **11Quand on vous amènera devant les synagogues, les magistrats et les autorités, ne vous préoccupez pas de la manière dont vous vous défendrez, ni de ce que vous direz ; 12car le Saint-Esprit vous enseignera à l'heure même ce qu'il vous faudra dire.** »

Le dernier jour de la fête des Tentes Jésus annonce que des fleuves d'eau vive (signe de vie) couleront de celui qui croit en lui. Saint Jean précise qu'il s'agit d'un symbole de l'Esprit-Saint.

Jean 7, 37-39 : « **37Or le dernier jour, le plus solennel de la fête, Jésus se tenait debout et il clamait : « Si quelqu'un a soif, qu'il vienne à moi et qu'il boive ! 38Celui qui croit en moi, comme a dit l'Écriture, des fleuves d'eau vive couleront de son sein.** » 39Il dit cela de l'Esprit que devaient recevoir ceux qui croiraient en lui ; car il n'y avait pas encore d'Esprit, parce que Jésus n'était pas encore glorifié. »

Jésus envoie l'Esprit-Saint après sa glorification marquée par la résurrection.

Le Saint-Esprit est avec nous pour nous révéler notre état de pécheur et que nous avons besoin d'un sauveur. Le Saint-Esprit nous amène à Jésus qui peut nous justifier.

Jean 14, 15-17 : « **^{15}Si vous m'aimez, vous garderez mes commandements. ^{16}Et moi, je prierai le Père, et il vous donnera un autre Intercesseur (Paraclet) pour qu'il soit avec vous toujours, ^{17}l'Esprit de vérité, que le monde ne peut recevoir, parce qu'il ne le voit pas et ne le connaît pas ; mais vous, vous le connaissez, parce qu'il demeure auprès de vous et qu'il est en vous.** »

Le Saint-Esprit est un enseignant, il rappellera les enseignements de Jésus.

Jean 14, 23-26 : « **^{23}Jésus lui répondit : « Si quelqu'un m'aime, il gardera ma parole, et mon Père l'aimera, et nous viendrons à lui, et nous ferons chez lui notre demeure. ^{24}Celui qui ne m'aime pas ne garde pas mes paroles. Et la parole que vous entendez n'est pas de moi, mais du Père qui m'a envoyé.**

^{25}Je vous ai dit ces choses pendant que je demeure avec vous. ^{26}Mais l'Intercesseur (Paraclet), l'Esprit Saint que mon Père enverra en mon Nom, lui, vous enseignera toutes choses et vous rappellera toute chose que je vous ai dite. »

Le Saint-Esprit est l'esprit de vérité qui témoigne de Jésus.

Jean 15, 26 : « **Lorsque viendra l'Intercesseur que je vous enverrai d'auprès du Père, l'Esprit de vérité qui procède du Père, il rendra témoignage de moi …**»

Jean 16, 5-13 : « **^{5}Et maintenant je m'en vais vers celui qui m'a envoyé, et aucun de vous ne me demande : Où allez-vous ? » ^{6}Mais, parce que je vous ai dit cela, la tristesse a rempli votre cœur. ^{7}Cependant je vous dis la vérité : il est avantageux pour vous que je** parte ; car, si je ne pars pas, l'Intercesseur ne viendra pas vers vous ; mais, si je m'en vais, je l'enverrai vers vous. ⁸Et quand il sera venu, il convaincra le monde à propos du péché, à propos de justice et à propos de jugement : ⁹à propos de péché, parce qu'ils n'ont pas cru en moi ; ¹⁰à propos de justice, parce que je vais au Père et que vous ne me verrez plus ; ¹¹à propos de jugement, parce que le prince de ce monde est condamné.

¹²J'ai encore beaucoup de choses à vous dire, mais vous ne pouvez les porter à présent. ¹³Quand lui viendra, l'Esprit de la vérité, il vous guidera vers la vérité entière ; car il ne parlera pas de lui-même, mais il dira tout ce qu'il aura entendu et il vous annoncera les choses à venir. ¹⁴Lui me glorifiera, car il recevra du mien (ce qui est à moi) et vous l'annoncera. ¹⁵Tout ce qu'a le Père est à moi ; c'est pourquoi j'ai dit : il recevra du mien (ce qui est à moi) et vous l'annoncera. »

Promesses de l'Esprit-Saint après la résurrection

Luc 24, 49 : « Et voici que je vais envoyer sur vous ce qui a été promis par mon Père. Quant à vous, demeurez dans la ville jusqu'à ce que vous soyez d'en haut revêtus de force. »

Après la résurrection, Jésus apparaît à ses apôtres en l'absence de Thomas et leur envoie l'Esprit-Saint en soufflant sur eux. La Ruah, c'est le souffle de Dieu. Les apôtres sont envoyés en mission pour annoncer la bonne nouvelle avec le pouvoir de remettre les péchés.

Jean 20, 22 : « ²¹Sur quoi il leur dit de nouveau : « Paix à vous ! Comme le Père m'a envoyé, moi aussi je vous envoie. » ²²Et cela dit, il souffla sur eux et leur dit : « Recevez l'Esprit-Saint : ²³ceux à qui vous remettrez les péchés, ils leur seront remis ; et ceux à qui vous les retiendrez, ils leur seront retenus. »

Après sa résurrection, Jésus apparaît au bord du lac de Tibériade à Simon-Pierre et à des disciples. Le terme aimer se traduit par différents mots en grec.

Jean 21, 15-17 : « **¹⁵Lorsqu'ils eurent déjeuné, Jésus dit à Simon-Pierre : « Simon, fils de Jean, m'aimes-tu plus que ceux-ci ? » Il lui dit : « Oui, Seigneur, vous savez que je vous aime. » Jésus lui dit : « Paix mes agneaux. » ¹⁶Il lui redit une seconde fois : « Simon, fils de Jean, m'aimes-tu ? » Pierre lui dit : « Oui, Seigneur, vous savez que je vous aime. » Jésus lui dit : « Paix mes brebis. » ¹⁷Il lui dit une troisième fois : « Simon, fils de Jean, m'aimes-tu ? » Pierre fut affligé que de ce que Jésus lui disait une troisième fois : « M'aimes-tu ? et il lui dit : « Seigneur vous savez tout, vous savez que je vous aime. » Jésus lui dit : « Paix mes brebis. »**

Les trois interrogations de Jésus demandant à Pierre s'il l'aime sont un écho aux reniements de Pierre.

Le français ne possède qu'un mot pour aimer. Dans le nouveau testament en grec, l'évangéliste dispose de 4 mots.

Dans les deux premières questions, Jésus utilise le mot « agapao » qui est amour inconditionnel. Par deux fois, Pierre répond par le mot « phileo » qui est affection humaine.

Dans sa troisième question, Jésus utilise le mot « phileo » pour dire « m'aimes-tu ? ». Jésus se met alors à la portée de Pierre. Mais Pierre s'afflige de cette troisième question. Pierre répond : « Seigneur vous savez tout, vous savez que je vous aime d'amour humain (limité et conditionnel).

Pierre n'avait pas encore reçu le Saint-Esprit qu'il recevra le jour de la pentecôte. Ce jour là il recevra l'amour « agapè ».

6.1.3 Promesse de l'Esprit de Vérité

« **La connaissance de la Trinité divine, dans l'Unité, est à la fois le fruit et le but de toute la vie chrétienne** ».

Saint Thomas d'Aquin

La connaissance de Dieu nous vient avec le Saint-Esprit, car la parole nous dit qu'il sonde les mystères de Dieu. Jésus ne dit-il pas que le Saint-Esprit est Esprit de Vérité et aussi qu'il nous enseignera toute chose.

Saint Séraphin de Sarov dit dans un entretien à Motovilov et à travers lui, à nous-mêmes : « **Le vrai but de la vie chrétienne consiste en l'acquisition du Saint-Esprit.** »

1 Corinthiens 2, 7-10 : « **⁷Nous prêchons une sagesse de Dieu mystérieuse et cachée, que Dieu, avant les siècles, avait destiné pour notre glorification. ⁸Cette sagesse, nul des princes de ce monde ne l'a connue ; - car, s'ils l'avaient connue, ils n'auraient pas crucifié le Seigneur de la gloire. ⁹Mais ce sont, comme il est écrit, « des choses que l'œil n'a point vues, que l'oreille n'a point entendues, et qui ne sont pas montées au cœur de l'homme, - des choses que Dieu a préparées pour ceux qui l'aiment. » ¹⁰C'est à nous que Dieu les a révélées par son Esprit ; car l'Esprit pénètre tout, même les profondeurs de Dieu.** »

1 Co 2, 11 : « **Car qui d'entre les hommes connaît ce qui se passe dans l'homme, si ce n'est l'esprit de l'homme qui est en lui ? De même personne ne connaît ce qui est en Dieu, si ce n'est l'Esprit de Dieu.** »

Saint Augustin, méditait sur le mystère de la Trinité en se promenant sur le bord de la mer. Il rencontre un petit enfant qui transvase avec un coquillage l'eau de mer dans un petit trou qu'il a creusé préalablement dans le sable de la plage. Saint Augustin s'étonne de ce travail irréalisable.

L'enfant, qui s'avère être un ange, lui répond avant de disparaître : « Il me sera plus facile à moi de transvaser l'eau de toute la mer dans ce trou, qu'à toi de comprendre le mystère de la Sainte Trinité »

Mais le Saint-Esprit sonde les mystères de Dieu
1 Corinthiens 2, 10 : « **C'est à nous que Dieu les a révélées par son Esprit ; car l'Esprit pénètre tout, même les profondeurs de Dieu.** »

6.2 Pentecôte du Saint-Esprit
6.2.1 Pentecôte sur les juifs
Signes préparatoires

Le jour de la pentecôte marque le jour où les apôtres sont revêtus de le force d'en haut par le Saint-Esprit pour la mission. C'est le jour fondateur de l'église. Le premier jour de l'annonce de la bonne nouvelle par les disciples de Jésus.

Les apôtres sont restés terrés dans Jérusalem répondant à la demande de Jésus qui leur demande avant son ascension au ciel et son retour vers le Père, en Luc 24, 49b : « **Quant à vous, demeurez dans la ville jusqu'à ce que vous soyez d'en haut revêtus de force.** »

Les apôtres, qui avaient eu peur au moment de l'arrestation de Jésus, au point où Pierre le renie trois fois avant que le coq ne chante, vont être revêtus d'une force d'en haut.

Actes 2, 1-3 : « **¹Comme le jour de la Pentecôte était arrivé, ils étaient tous ensemble au même lieu. ²Tout à coup il vint du ciel un bruit comme celui d'un violent coup de vent, qui remplit toute la maison où ils étaient assis. ³Et ils virent paraître des langues séparées, comme de feu, et il s'en posa une sur chacun d'eux.**

Vent

Le jour attendu arrive, une force descend, un bruit comme un violent coup de vent. La Ruah, le souffle de Dieu, est une forme de la manifestation de l'Esprit. Ici cette manifestation est une puissance, un violent coup de vent.

Feu

Après avoir entendu, ils voient apparaître des langues comme de feu qui se posent sur chacun et ils furent remplis de l'Esprit-Saint et se mirent à parler en d'autres langues. L'Esprit-Saint se manifeste sous forme de langue qui évoque le parler, la communication. L'Esprit-Saint est venu pour rappeler l'enseignement de Jésus, pour aider à ce que cette parole descende dans notre cœur. Dans Luc 3, 16 les paroles de Jean-Baptiste sont rapportés concernant Jésus : « **lui vous baptisera dans l'Esprit-Saint et le feu.** » Le feu est le symbole aussi du Saint-Esprit. Le feu est purificateur le Saint-Esprit est appelé le sanctificateur. Le Saint-

Esprit est la personnalisation de l'amour entre le Père et le Fils, le Saint-Esprit est amour. Le Saint-Esprit nous apporte le feu de l'amour de Dieu.

Effets sur les apôtres

Actes 2, 4-8 : « **⁴Et tous furent remplis de l'Esprit-Saint, et ils se mirent à parler en d'autres langues, selon ce que l'Esprit leur donnait de proférer.**

⁵Or il y avait, séjournant à Jérusalem, des Juifs, hommes pieux de toutes les nations qui sont sous le ciel. ⁶Ce bruit s'étant produit, la foule s'assembla et fut bouleversée, parce que chacun les entendait parler en sa propre langue. ⁷Ils étaient stupéfaits et s'étonnaient, disant : « Tous ces gens qui parlent, ne sont-ils pas Galiléens ? ⁸Comment donc les entendons-nous chacun dans notre propre langue maternelle ?

Les apôtres sont transformés. Ils deviennent des créatures nouvelles. L'amour entre le Père et le Fils est personnalisé dans l'Esprit-Saint. Ce feu qui brûle au sein de la Trinité commence à brûler dans le cœur des apôtres.

Alors ce jour marque le début du ministère d'évangélisation des apôtres et donc le début de l'Église. La Pentecôte est un évènement fondamental, un évènement fondateur. Le Père nous a donné son Fils, le Verbe de vie, la Parole, et maintenant il envoie l'Esprit répondant à la promesse de Jésus.

Pierre, ivre de joie par Dieu dans l'Esprit-Saint, peut alors s'adresser à la foule assemblée.

Témoignage de Pierre

Actes 2, 14-21 : « **¹⁴Or Pierre, se présentant avec les Onze, éleva la voix et leur déclara : « Juifs, et (vous) tous qui séjournez à Jérusalem, sachez bien ceci, et prêtez l'oreille à mes paroles. ¹⁵Ces hommes en effet ne sont points ivres, comme vous le supposez, car c'est la troisième heure du jour. ¹⁶Mais c'est ce qui a été dit par le prophète Joël : « ¹⁷Il arrivera dans les derniers jours, dit Dieu, que je répandrai de mon Esprit sur toute chair, et vos fils et vos filles** prophétiseront, et vos jeunes gens auront des visions, et vos vieillards auront des songes. [18]Oui, en ces jours-là, je répandrai de mon Esprit sur mes serviteurs et sur mes servantes, et ils prophétiseront. [19]Et je ferai paraître des prodiges en haut dans le ciel, et des signes en bas sur la terre : du sang, du feu, de la fumée en éruption ; [20]le soleil se changera en ténèbres, et la lune en sang, avant que vienne le jour du Seigneur, le (jour) grand et éclatant. [21]Alors quiconque invoquera le nom du Seigneur sera sauvé. »

Pierre cite le prophète Joël pour expliquer ce que la foule entend et voit.

Actes 2, 22-24 : « [22]Israélites, écoutez ces paroles : Jésus de Nazareth, homme que Dieu a accrédité auprès de vous par les miracles, les prodiges et les signes que Dieu a faits par lui au milieu de vous, comme vous le savez vous-mêmes ; [23]lui, livré selon le dessein arrêté et la prescience de Dieu, que vous avez fait mourir en le crucifiant par la main des impies, [24]Dieu l'a ressuscité, déliant les liens de la mort, parce qu'il n'était pas possible qu'elle le tînt en son pouvoir. »

Pierre prend la parole juste après la pentecôte et dit en parlant de Jésus en Actes 2, 33 : « **Ayant donc été élevé par la droite de Dieu et ayant reçu du Père l'Esprit Saint promis, il a répandu ce que vous voyez et entendez.** »

Les apôtres sont revêtus de puissance, de la force d'en haut. Pierre qui avait eu peur au-moment de l'arrestation de Jésus au point de renier trois fois le Christ à l'audace impensable de s'adresser aux juifs en leur disant en Actes 2, 36 : « **Que toute la maison d'Israël sache donc avec certitude que Dieu l'a fait et Seigneur et Christ, ce Jésus que vous avez crucifié** » Actes 2, 36

Le discours de Pierre porte du fruit en Actes 2, 37-39 : « [37]**Or, en entendant cela, ils eurent le cœur transpercé, et ils dirent à Pierre et aux autres apôtres : « Frères, que ferons-nous ? »** [38]**Pierre leur dit : « Repentez-vous, et que chacun de vous soit baptisé au nom de Jésus-Christ pour la rémission de vos péchés, et vous recevrez le don du Saint-Esprit, car la promesse est pour vous, et pour vos enfants, [39]et pour tous ceux qui sont au loin, autant qu'en appellera le Seigneur notre Dieu.** »

Pierre explique les conditions pour recevoir l'Esprit-Saint. Il faut se repentir et se faire baptiser.

Kérygme

Le Kérygme est le fondement de la foi, c'est le Cri.

Paul l'explicite dans l'épître aux Romains 10, 9 : « **C'est que si tu confesses de ta bouche que Jésus est le Seigneur et si tu crois dans ton cœur que Dieu l'a ressuscité d'entre les morts, tu seras sauvé...** »

6.2.2 Pentecôte pour les païens

Mais les apôtres, dans leur judaïsme, ont rencontré le messie d'Israël accomplissant ainsi leur judaïsme.

Un centurion romain, Corneille, un juste, est invité par un ange de Dieu à faire venir chez lui Pierre, le premier des apôtres. Il faudra toute l'action du Saint-Esprit sur Pierre pour le convaincre de répondre positivement à la demande du serviteur du centurion Corneille. En effet le centurion Corneille n'est pas juif, c'est un païen.

Pierre témoigne, à Corneille et à sa maisonnée, de Jésus, de son baptême, de son ministère public, de sa mort et de sa résurrection.

L'étonnement est grand chez les juifs de se rendre compte que le don du Saint-Esprit est également pour les Gentils. Ils les entendent en effet prier, comme eux, en langues.

Actes 10, 44-48 : « **^{44}Pierre disait encore ces mots, lorsque l'Esprit-Saint descendit sur tous ceux qui écoutaient la parole. ^{45}Et tous les croyants de la circoncision qui avaient accompagné Pierre furent stupéfaits de ce que le don du Saint-Esprit se fût répandu aussi sur les Gentils ; ^{46}car ils les entendaient parler en langues et glorifier Dieu. ^{47}Alors Pierre prit la parole : « Quelqu'un peut-il refuser l'eau pour baptiser ces gens qui ont reçu l'Esprit-Saint aussi bien que nous ? » ^{48}Et il commanda de les baptiser au nom de Jésus-Christ.**

Alors ils le prièrent de rester quelques jours. »

6.2.3 Importance de la pentecôte pour les apôtres

Aux tous premiers temps de l'église racontés dans les actes des apôtres et les épîtres, nous voyons les premiers chrétiens recevoir le baptême d'eau et le Saint-Esprit par l'imposition des mains. Les écritures nous disent qu'ils reçurent souvent en même temps le charisme des langues.

Cependant en Samarie des frères ont été baptisés au nom du Seigneur Jésus. Ils n'ont pas reçu l'Esprit-Saint. Les apôtres considèrent que le baptême au nom du Seigneur Jésus n'est pas suffisant, il faut recevoir le Saint-Esprit. C'est pourquoi les apôtres Pierre et Jean sont envoyés de Jérusalem en Samarie pour prier pour les Samaritains. Par la prière fraternelle, l'Esprit tomba sur eux.

Actes 8, 14-17 : « **14Les apôtres, qui étaient à Jérusalem, ayant appris que la Samarie avait reçu la parole de Dieu, y envoyèrent Pierre et Jean, 15qui, étant descendus (chez les Samaritains), prièrent pour eux afin qu'ils reçussent l'Esprit-Saint. 16En effet, il n'était encore venu sur aucun d'eux ; ils avaient seulement été baptisés au nom du Seigneur Jésus. 17Alors ils leurs imposaient les mains, et ils recevaient l'Esprit-Saint.** »

Saoul lui-même après avoir vécu sa rencontre avec Jésus sur la route de Damas fut rempli de l'Esprit Saint par l'intermédiaire de l'imposition des mains réalisée par le chrétien Ananias. À cette occasion il retrouve d'ailleurs la vue qu'il avait perdue en étant interpelé par le Christ. (actes 9, 1-19).

Quand Paul arrive à Éphèse, il y trouve des disciples qui sont devenus croyants mais n'ont jamais entendu parler de la troisième personne divine. Ils n'ont reçu que le baptême de Jean qui est un baptême de conversion. Paul les baptise au nom de Jésus et leur impose les mains. La bible nous dit que l'Esprit Saint vint sur eux et qu'ils parlèrent en langues et prophétisèrent.

Actes 19, 1-7 : « **1Or il arriva, pendant qu'Apollos était à Corinthe, que Paul, après avoir parcouru les hauts plateaux (de l'Asie), vint à Éphèse, (où) il trouva certains disciples, 2auxquels il dit : « Avez-vous reçu l'Esprit-Saint quand vous avez cru ?» Eux lui (répondirent) : « Mais nous n'avons même pas entendu dire qu'il y ait une Esprit-Saint. 3Il dit : « Quel baptême avez-vous donc reçu ? »**

Ils dirent : « Le baptême de Jean. ⁴Paul dit alors : « Jean a baptisé d'un baptême de repentance, en disant au peuple de croire en celui qui venait après lui, c'est-à-dire en Jésus. » ⁵Ayant entendu (ces paroles), ils furent baptisés au nom du Seigneur Jésus. ⁶Lorsque Paul leur eut imposé les mains, l'Esprit-Saint vint sur eux ; et ils parlaient en langues et ils prophétisaient. ⁷Ces hommes étaient environ douze en tout. »

Nous voyons dans les écritures que les premiers chrétiens commençaient par se faire baptiser et par recevoir le Saint-Esprit, vivant ainsi leur propre pentecôte. Pour cela il est nécessaire d'avoir des yeux qui voient et des oreilles qui entendent, d'être ouvert à la parole. **« Aujourd'hui, si vous entendez sa voix, n'endurcissez pas vos cœurs »** N'endurcissez pas vos cœurs nous dit l'auteur de l'épître aux hébreux (He 3, 15). Il s'agit d'accepter dans la liberté, de se laisser toucher par la grâce comme nous le voyons pour les premières conversions après le jour de la pentecôte (Ac 2, 37).

L'acquisition de l'Esprit suit toujours la conversion et le baptême à l'exclusion du baptême des premiers païens en Acte 10, 44-48 où ceux-ci reçurent la troisième personne trinitaire avant l'eau du baptême. Mais l'Esprit souffle où il veut et notre Dieu voulait montrer à ses serviteurs que l'annonce de la parole n'était pas réservée aux juifs.

Pour laisser la place à l'Esprit en nos cœurs nous devons être libres de tout ce qui nous entrave et principalement de toutes nos haines et rancunes, de nos idées de revanche ou même de vengeance. Dans la prière, demandons au Père de mettre le pardon en nos cœurs pour tous ceux, quel qu'ils soient, qui nous ont fait souffrir ou causé des torts. À l'image du Christ, notre voix doit s'élever **« Père, pardonnez-leur, car ils ne savent pas ce qu'ils font. »** (Lc 23, 34). Ayant fait cette démarche de repentance et de pardon qui nous libère, nous devons nous abandonner totalement en Dieu. Aimer Dieu, ce n'est pas lui réserver le quart, le tiers ou la moitié de notre cœur. Aimer Dieu, c'est répondre au don gratuit d'amour du Père qui dans sa folie d'amour à envoyé son Fils donner sa vie pour nous. Aimer Dieu c'est remettre notre vie au Seigneur en lui donnant tout notre cœur, notre être tout entier. Aimer Dieu, c'est demander au Père de faire sa volonté dans notre vie, lui laisser décider ce qui est bien ou mal pour nous. Aimer Dieu c'est entrer dans la soumission à Dieu, car il est amour et cette soumission nous rendra libre.

Il suffit de nous dépouiller, de tuer le vieil homme pour laisser naître en nous l'homme nouveau, l'homme de Dieu comme nous l'indique Charles de Foucault dans ses méditations sur les béatitudes (lettres et carnets aux éditions du Seuil) :

« **Bienheureux ceux qui auront la pauvreté d'Esprit ; qui, non seulement rejettent les biens matériels, ce qui est le premier degré, mais montent bien plus haut et vident complètement leur âme de tout attachement, de tout goût, de tout désir, de toute recherche qui n'a pas Moi pour but... Cette pauvreté d'esprit fait le vide complet dans l'âme, la vidant et de l'amour des choses matérielles, et de l'amour du prochain, et de l'amour de soi-même, chassant d'elle tout, et n'y laissant qu'une place entièrement vide que j'occupe tout entière. Moi, alors, je leur rends divinisé cet amour des choses matérielles qu'ils ont chassé de leur âme pour me donner la place entière... Ils ont chassé de leur âme ces amours ; Seul, j'occupe leur âme vide de tout et pleine de Moi ; mais en moi, en vue de Moi, ils recommenceront à aimer toutes ces choses, non plus pour eux, ni pour elles, mais pour Moi ; Ce sera la charité ordonnée. Ils aimeront toutes les créatures pour Moi, et ils n'en aimeront aucune pour elle, car ils me doivent tout leur amour, ils doivent se perdre en Moi et n'avoir rien que par Moi et pour Moi, l'amour comme le reste. Bienheureux ceux qui seront si pauvres d'esprit, si vides de tout, si pleins de MOI ....** »

Alors pourra s'accomplir la première des béatitudes qui est au présent, donc qui se réalise aujourd'hui.

Matthieu 5, 3 : « **Heureux les pauvres en esprit, car le royaume des cieux est à eux !** »

6.3 Dons du Saint-Esprit
6.3.1 Fruits du Saint-Esprit

Fils adoptif et enfant de Dieu

Le Saint-Esprit fait de nous des fils :
- Romains 8, 14-17 : « **^{14}Tous ceux qui sont conduits par l'Esprit de Dieu, ceux-là sont fils de Dieu. ^{15}En effet, vous n'avez pas reçu un esprit de servitude pour retomber dans la crainte, mais vous avez reçu un esprit de fils adoptifs, dans lequel nous nous écrions : Abba, Père ! ^{16}L'Esprit lui-même atteste avec notre esprit que nous sommes enfants de Dieu. ^{17}Or, si nous sommes enfants, nous sommes aussi héritiers : héritiers de Dieu, cohéritiers du Christ, si vraiment nous souffrons avec lui pour être aussi glorifiés avec lui.** »
- Galates 4, 6 : « **La preuve que vous êtes des fils, c'est que Dieu a envoyé en nos cœurs l'Esprit de son Fils qui crie : Abba – Père !** »

Connaissance et vérité

Personne ne peut dire Jésus est le Seigneur, si ce n'est par l'Esprit-Saint. La dimension de dire « Jésus est le Seigneur » dépasse l'entendement humain. C'est le kérygme de la foi : Jésus est Dieu, Jésus est mort et ressuscité. C'est l'Esprit Saint qui peut nous faire comprendre la profondeur de la foi.

1 Corinthiens 12, 3b « **....et personne ne peut dire : « Jésus est le Seigneur, » si ce n'est par l'esprit-Saint.** »

De même dans Matthieu 16, 13-20 lorsque Pierre reconnaît en Jésus le Fils de Dieu, Jésus lui dit au verset 17 : « **Reprenant alors la parole, Jésus lui déclara : « Heureux es-tu, Simon fils de Jonas, car ce n'est pas la chair et le sang qui t'ont révélé cela, mais mon Père qui est aux cieux.** »

Jean 14, 17 : « **... l'Esprit de vérité, que le monde ne peut recevoir, parce qu'il ne le voit pas et ne le connaît pas ; mais vous, vous le connaissez, parce qu'il demeure auprès de vous et qu'il est en vous.** »

Jean 15, 26 : « **Lorsque viendra l'Intercesseur que je vous enverrai d'auprès du Père, l'Esprit de vérité qui procède du Père, il rendra témoignage de moi.** »

Jean 16, 13 : « **Quand lui viendra, l'Esprit de la vérité, il vous guidera vers la vérité entière ; car il ne parlera pas de lui-même, mais il dira tout ce qu'il aura entendu et il vous annoncera les choses à venir.** »

1 Jean 5, 6b : « **Et c'est l'Esprit qui rend témoignage, parce que l'Esprit est la vérité.** »

Guide

Le Saint-Esprit suscite en nous la prière. Il nous inspire et quand nous n'avons plus de mots spontanés pour prier, il suscite en nous la prière en langue.

Le Saint-Esprit nous conduit dans notre vie si nous le lui demandons. Il nous conduit à accomplir la volonté du Père dans nos vies.

Le Saint-Esprit nous pousse à témoigner, à raconter les merveilles de Dieu dans nos vies.

Fruits du Saint-Esprit

Le prophète Isaïe, en Isaïe 11, 1-2, nous présente les fruits du Saint-Esprit :

« **^{1}Un rameau sortira du tronc de Jessé,
et de ses racines croîtra un rejeton.
^{2}Sur lui reposera l'Esprit de YaHWeH,
esprit de sagesse et d'intelligence,
esprit de conseil et de force,
esprit de connaissance et de crainte de YaHWeH…** »

Saint Paul dans l'épître aux Galates nous rapporte les fruits du Saint-Esprit.

Ga 5, 22-23 : « **^{22}Ce que produit l'esprit, c'est charité, joie, paix, longanimité, mansuétude, bonté, fidélité, douceur, tempérance : ^{23}contre de pareilles choses il n'y a pas de loi.** »

6.3.2 Dons du Saint-Esprit

Neufs dons dans la Bible

La communauté de croyants au Seigneur Jésus est l'Église du Christ. Cette Église du Christ n'est pas une église institutionnelle. Elle est Corps du Christ.

L'Esprit permet l'édification de cette Église par ses dons variés. Les charismes sont les divers dons nécessaires à la vitalité des communautés chrétiennes. Ils sont distribués par l'Esprit en vue du bien de tous.

Saint Paul dans l'épître aux corinthiens nous parle de neufs dons de l'Esprit.

1 Corinthiens 12, 1 : « **^{1}Pour ce qui concerne les dons spirituels, je ne veux pas, mes frères, que vous soyez dans l'ignorance. ^{2}Vous savez que, lorsque vous étiez païens, vous vous laissiez entraîner vers les idoles muettes, selon que vous y étiez conduits. ^{3}Je vous déclare donc que personne, s'il parle par l'Esprit de Dieu, ne dit : Jésus est anathème ; et personne ne peut dire : « Jésus est le Seigneur, » si ce n'est par l'Esprit-Saint.
^{4}Il y a pourtant diversité de dons, mais c'est le même Esprit ; ^{5}diversité de ministères, mais c'est le même Seigneur ; ^{6}diversité d'opérations, mais c'est le même Dieu qui opère tout en tous. ^{7}A chacun la manifestation de l'Esprit est donnée pour l'utilité commune. ^{8}En effet, à l'un est donnée par l'Esprit une parole de sagesse, à l'autre une parole de connaissance, selon le même Esprit ; ^{9}à un autre, la foi, par le même Esprit ; à un autre, le don des guérisons, par ce seul et même Esprit ; ^{10}à un autre, la puissance d'opérer des miracles ; à un autre la prophétie ; à un autre, le discernement des esprits ; à un autre la diversité des langues ; à un autre le don de les interpréter. ^{11}Mais c'est le seul et même Esprit qui produit tous ces dons, les distribuant à chacun en particulier, comme il lui plaît.** »

Caractéristiques des neufs dons

La **parole de sagesse** est une parole inspirée de Dieu. C'est une parole libre. La sagesse est évoquée en Proverbes 8, 22-31. La sagesse est le Verbe.

La **foi** c'est l'adhésion à la vérité.

Le **discernement des esprits** permet la connaissance du bien et du mal.

La **parole de connaissance** est la prédiction de choses distantes par inspiration divine. Elle correspond à une connaissance de ce que fait le Seigneur à distance. C'est une libération de l'espace.

La parole de **prophétie** est la prédiction de choses futures par inspiration divine. Le don de prophétie est la libération de la flèche du temps.

Le **don de guérison** est la libération du principe de causalité concernant la personne.

La **puissance d'opérer des miracles** est la libération du principe de causalité par rapport à l'environnement de l'homme.

La **diversité des langues** permet la communication avec les hommes. C'est ce que nous voyons le jour de la pentecôte lorsque tous les étrangers à Jérusalem entendent les apôtres glorifier Dieu dans leur propre langue.

Le parler en langues (ou le chant en langues) permet la communication avec Dieu dans le langage des anges. Lorsqu'on est à cours de prière spontanée pour rendre gloire à Dieu, l'Esprit-Saint suscité en nous une prière en langues.

Le don des langues peut être de recevoir un message de Dieu dans un langage non compréhensible pour le commun des mortels, mais dans ce cas il doit être suivi du don suivant.

L'interprétation des langues permet de traduire la langue céleste en langue des humains. Ce don permet de comprendre le « parler » de Dieu.

6.3.3 Autres dons

Libération des lois physiques, déplacement instantané

Un ange du Seigneur conduit l'apôtre Philippe en Actes 8, 2- à se rendre sur la route qui descend de Jérusalem à Gaza. Philippe rencontre un eunuque Éthiopien et lui annonce la bonne nouvelle de Jésus comme le prophète Isaïe l'avait prophétisé. Après le baptême de l'Éthiopien, Philipe est déplacé instantanément, corps, âme et esprit par le Saint-Esprit.

Actes 8, 39-40 : « **^{39}Mais, quand ils furent remontés de l'eau, l'Esprit du Seigneur enleva Philippe, et l'eunuque ne le vit plus, car il poursuivait tout joyeux sa route. ^{40}Quant à Philippe, il se trouva dans Azot, et il alla jusqu'à Césarée, en annonçant la bonne nouvelle dans toutes les villes par où il passait.** »

Don des dons : l'amour

Annonce

Saint Paul, dans le premier des épîtres aux Corinthiens au chapitre 12, termine son énoncé des dons de Dieu par le verset 31 : « **Aspirez aux dons supérieurs. Aussi bien je vais vous montrer une voie excellente entre toutes.** »

Ensuite au début du chapitre 13 Saint Paul nous dit que si j'ai reçu un don mais qu'il me manque la charité, alors je ne suis rien.

1 Corinthiens 13, 4-10 :
« **^{4}La charité est patiente, elle est bonne ; la charité n'est pas envieuse, la charité n'est point inconsidérée, elle ne s'enfle pas d'orgueil ; ^{5}Elle ne fait rien d'inconvenant, elle ne cherche point son intérêt, elle ne s'irrite point, elle ne tient pas compte du mal ; ^{6}elle ne prend pas plaisir à l'injustice, mais elle se réjouit de la vérité ; ^{7}elle excuse tout, elle croit tout, elle espère tout, elle supporte tout.**

^{8}La charité ne passera jamais. S'agit-il des prophéties, elles prendront fin ; des langues, elles cesseront ; de la science, elle aura son terme. ^{9}Car nous ne connaissons qu'en partie, et nous ne prophétisons qu'en partie ; ^{10}or, quand sera venu ce qui est parfait, ce qui est partiel prendra fin. »

1 Corinthiens 13, 13 : « **Maintenant ces trois choses demeurent : la foi, l'espérance, la charité ; mais la plus grande des trois c'est la charité.** »

L'amour est le plus grand des dons du Saint-Esprit, car l'amour est le Saint-Esprit, l'amour est Dieu. L'amour ne passera pas, car l'amour est de Dieu, et l'amour est Dieu.

Le Saint-Esprit peut nous aider dans la recherche de la vérité, mais l'homme est libre. L'histoire de la pensée montre une évolution dans le rapport de l'homme à Dieu.

7 Histoire de la pensée

7.1 Du Dieu Un à la mort de l'homme

7.1.1 Des Dieux à un Dieu

<u>Des Faux Dieux à un Dieu</u>

L'histoire des civilisations peut être vue à travers l'histoire de la relation de l'homme à Dieu.

Des Dieux

Les civilisations primitives, grecque, romaine connaissent plusieurs dieux. Les dieux sont rattachés à des éléments matériels ou à des sentiments. Le shintoïsme au Japon se rattache à cette pensée.

Vers un Dieu

La civilisation juive marque une étape décisive dans l'histoire du monde. C'est la première fois qu'un peuple fonde sa foi sur l'existence d'un seul Dieu. Ce peuple est élu à la révélation du Dieu unique. L'épopée de ce peuple est racontée dans la Bible. Dieu se révèle en effet après Noé, aux patriarches Abraham, Isaac et Jacob, et à Moïse.

Ce peuple est visité par Dieu, par l'incarnation du Verbe en la personne de Jésus. Mais Jésus, juif pratiquant, sera davantage reconnu par les païens que par son propre peuple. Ceux qui reconnurent Jésus devinrent les Chrétiens et durent quitter la mouvance judaïque en l'an 70 après la seconde destruction du second Temple.

<u>Un Dieu révélé</u>

Dieu veut communiquer avec l'homme. Il veut se révéler. C'est toute l'histoire de la Bible.

Dans l'ancien testament, Dieu ne cesse de vouloir faire alliance avec son peuple. Il se révèle à Moïse, et à travers lui au peuple hébreu, lors de l'épisode du buisson ardent. Il libère son peuple du joug égyptien. Il accompagne son peuple dans la traversée du désert. Il conduit son peuple vers la terre promise. Dieu parle à travers les prophètes. Il annonce la venue de son Messie, de son envoyé, de l'Oint.

Dans le nouveau testament nous voyons la vie de Jésus et le début de l'Église qu'il a fondé. Dans les évangiles le Verbe, le Fils bien-aimé du Père, se fait chair et habite parmi nous. Il est l'agneau immolé pour nos péchés. Il est le lion de Juda qui a vaincu le mal et la mort par sa résurrection. Dans les actes des apôtres, Jésus retourné vers le Père, répond à sa promesse, en envoyant le Saint-Esprit.

Que pouvait faire de plus le Père ?

Il envoie son Fils unique le fruit de sa connaissance de lui-même.

Il envoie le Saint-Esprit fruit de la volonté d'amour du Père et du Fils.

Dieu au-delà de la raison
Présentation

Peut-on prouver l'existence de Dieu ?

Emmanuel Kant répond qu'il est impossible de démontrer l'existence de Dieu par la raison pure. Il réfute les raisonnements de la scolastique et de la philosophie dogmatique. Il affirme que toutes les « preuves » se déduisent de la seule « preuve ontologique ».

Argument ontologique

Cet argument est présenté par Saint Anselme, archevêque de Canterbury au XIème siècle, et reprit par Saint Thomas d'Aquin au XIIIe siècle. L'argument est ensuite repris par Descartes, Spinoza puis Kant.

Si Dieu est un être parfait, il ne peut être privé d'aucune qualité, y compris l'existence. Dieu étant l'être le plus parfait, il ne saurait être privé d'être, puisque l'être est une perfection et le néant, un défaut. Le concept même de Dieu, son essence, implique ainsi son existence.

La réfutation de cet argument passe par l'identification de la différence entre le concept pensé et le réel expérimenté. L'existence est une propriété essentielle du concept de Dieu, qui doit être maintenue tant que le concept l'est aussi. L'existence logique d'un concept n'implique pas son existence réelle. Le concept peut être la non existence de Dieu et la réalité peut être que Dieu existe ou que Dieu n'existe pas. Le concept peut être, à l'inverse, l'existence de Dieu et la réalité peut être Dieu existe ou Dieu n'existe pas.

L'existence d'un concept et de ses déterminations n'indique pas qu'il y ait dans l'expérience un quelconque objet réel qui corresponde à ce concept. Il est donc abusif de faire de l'existence réelle une propriété du concept. La différence qui sépare l'objet réel (Dieu, s'il existe) de l'objet pensé (le concept de Dieu) n'est pas une différence conceptuelle.

Seule l'expérience peut enrichir notre connaissance en nous donnant à considérer des objets réels. Le concept ne prouve rien, il se contente d'indiquer une possibilité.

L'argument Ontologique n'est pas suffisant pour prouver l'existence ou la non existence de Dieu. Cependant si j'ai idée d'un Être parfait, ayant toutes les perfections, infini ; d'où vient l'idée ?

Argument cosmologique

L'argument cosmologique, associé à Thomas d'Aquin, est basé sur le principe de causalité. Tout objet, évènement a une cause, qui elle-même a une cause. Ainsi de suite jusqu'à la cause première. Cette cause première est identifiée à Dieu.

La réfutation de cet argument passe pour Kant par l'identification d'un lien de dépendance entre l'argument cosmologique et l'argument ontologique.

Selon la proposition le fait d'avoir une cause entraîne la propriété d'existence. Or la réfutation de l'argument ontologique passe par le fait qu'on ne peut attribuer l'existence à une chose en tant que propriété.

La preuve cosmologique pose un Dieu qui est l'être suprême nécessaire à l'origine de toute chose. Nier l'une de ces propriétés constituantes de Dieu revient donc à nier l'existence de Dieu même.

L'argument cosmologique n'est pas suffisant pour prouver l'existence ou la non existence de Dieu. Cependant l'univers a débuté de rien, comment quelque chose peut-il sortir de rien sans intervention extérieure ? D'où vient le développement de l'univers en complexité ? D'où vient la potentialité ? D'où vient la flèche du temps ?

Argument physico-théologique

La connaissance de l'univers nous montre un monde ordonné, en harmonie. L'ordre et l'harmonie ne font pas partie des objets du monde mais en sont une propriété manifeste. Il faut donc une intelligence supérieure pour expliquer le monde tel qu'il est.

Cet argument revient à la preuve cosmologique, par le principe de causalité. La question : « qu'elle est la cause de l'univers ? » est remplacée par : « qu'elle est la cause de l'harmonie ? ». L'argument cosmologique se déduit de l'argument ontologique.

L'argument physico-théologique n'est pas suffisant pour prouver l'existence ou la non existence de Dieu. Cependant d'où vient l'ordre grandissant, le destin intelligent, l'harmonie ? D'où vient l'effort de création de l'ordre alors que la tendance naturelle est au laisser aller, au chaos ?

Conclusion

La raison ne peut conduire seule à Dieu. La raison et la foi s'éclairant mutuellement peuvent conduire à connaître Dieu. Mais la foi est du domaine d'une révélation, d'une expérience personnelle, d'une rencontre.

Selon Kant (1724 – 1804) la raison pure, réduite à l'identité logique, ne peut connaître ni l'Être, ni l'Absolu. Selon Kant, la raison n'a aucun pouvoir sur Dieu. La raison ne peut pas donner la preuve de l'existence de Dieu. Elle ne peut pas non plus donner des preuves de son inexistence.

C'est ce qui fait dire à Kant : « **J'ai limité le savoir philosophique pour laisser place à la Foi.** ».

Dès lors comment comprendre Heine : « **Vous, Français, vous vous croyez forts parce que vous avez tué le roi ; mais dix ans avant, Kant avait tué Dieu lui-même.** ».

Kant n'a pas tué Dieu au contraire. Il ne réduit pas Dieu à une connaissance par la raison, ce qui pourrait aliéner la liberté de l'homme. La connaissance de Dieu est plutôt du domaine d'une expérience, d'une rencontre, d'une révélation.

L'existence est perçue au moyen d'une intuition sensible. L'objet doit être en lui-même non contradictoire et doit s'accorder avec les conditions générales de notre expérience, il est alors possible. C'est seulement lorsqu'il est inséré dans le contexte d'une expérience particulière, lorsqu'il est donné dans l'espace et le temps, qu'on peut dire qu'il existe.

En réfutant les preuves de l'existence de Dieu, Kant annonce (préface de la Critique de la raison pure) qu'il entend limiter le savoir pour faire une place à la croyance.

La raison doit être confortée par l'expérience sensible, c'est le principe de la science. La raison ne peut pas mener à Dieu. Si un raisonnement y mène, c'est à un Dieu impersonnel. La Foi est une révélation qui se fait par une expérience personnelle, par une rencontre personnelle entre Dieu et l'homme, à l'image de ce que vit Saint Paul sur le chemin de Damas.

La dialectique de Hegel (1770 – 1831) est le processus de développement de la pensée et de l'être par dépassement de la contradiction. Le processus va aller, de l'enfermement de la thèse et de l'antithèse, à la synthèse. Le temps de la contradiction est une durée où la liberté se manifeste dans l'analyse avant le choix. Le choix du positionnement par la synthèse est-il une libération ? Ce choix est-il consécutif à un penser juste ?

Kierkegaard (1813 – 1855) parle ainsi de la délibération volontaire ; « **Quand un motif rationnel nous incline plus d'un instant, le fait qu'il ne nous ait pas aussitôt déterminé, accusant son insuffisance, nous porte par là même au motif contraire, et ainsi de suite, vice versa, indéfiniment.** »

La raison pure est antinomique !

Et Kierkegaard d'ajouter en synthèse : « **La Raison, c'est l'Absurde.** »

Oui, la folie d'amour de Dieu a fait la raison qui a la capacité de le nier. La folie d'amour de Dieu a fait l'homme à son image et à sa ressemblance. L'homme est libre, libre par rapport à son créateur.

7.1.2 De la mort de Dieu à la quête du surhomme
<u>Siècle des lumières</u>

En France nous avons eu le siècle des lumières, puis la révolution. Fut-il si lumineux ce siècle ?

La pensée du XVIIIème siècle prépare, non le choc inter-civilisation, mais le choc intra-civilisation de la révolution de 1789. Pour s'émanciper l'homme doit se libérer de Dieu. Pour s'émanciper l'homme doit se libérer du père (Dieu, le Roi, le père).

Mais ce choc culturel ne peut être assumé par l'homme seul. Aussi le culte de Dieu est remplacé par un ersatz, le culte de la Raison ou de l'Être suprême, le culte de la science, le culte du surhomme, le culte de l'être supra mental.

Révolution et culte de l'être suprême
Fête au goût amer

Beaucoup de français se gargarisent de la révolution française et fêtent le 14 juillet joyeusement, mais savent-ils ?

Nous fêtons sans doute davantage la liberté atemporelle au sens large, que la révolution française en connaissance de cause !

La liberté est recherchée car elle donne l'être. La liberté, c'est la libération de tout esclavage, y compris l'esclavage du péché.

La révolution française a mis fin aux privilèges, mais de façon très provisoire, et à quel prix ? N'a-t-elle pas juste changée les bénéficiaires des privilèges ?

Non content de tuer le Roi Louis XVI, qui n'avait rien d'un dictateur, nous avons tué Dieu. Et sans Dieu, l'homme n'a plus de Père. L'homme perd sa ligne de vie. Il devient déboussolé et perd la tête.

Culte de l'Être suprême

Pour pallier le manque occasionné par la « mort de Dieu », les cultes de la Raison de Jacques-René Hébert, et le culte de l'Être suprême de Robespierre sont instaurés au moment de la révolution. La mort de Dieu et la mort du Roi (père du peuple qui sera remplacé en Russie par Staline, le petit père des peuples) nécessite un ersatz. Une bonne vingtaine d'églises portent encore les stigmates de cette époque avec l'inscription sur le fronton : « Au culte de l'Être suprême ».

Robespierre a tenté de mettre en place le culte de l'Être suprême, un ersatz de Dieu. Mais l'ersatz ne vaut pas le modèle et malgré cette tentative la révolution française en tuant Dieu a commencé à tuer l'homme…

Le problème c'est d'avoir tué un Dieu personnel et d'essayer de le remplacer par un Dieu impersonnel.

Massacres

La révolution française c'est plus de six cent mille morts avec la guillotine, les barques sans fond sur la Loire, les pontons de la Rochelle… C'est aussi la Vendée et l'extermination de sa population…

La Vendée a eu droit à un régime particulier. La Vendée s'est révoltée pour de multiples raisons : constitution civile du clergé, mort de Louis XVI, accaparement de biens nationaux par les républicains mais aussi levée en masse des enfants vendéens pour la guerre.

La première révolte générale se développe de mars à décembre 1793 et conduit les insurgés devant Nantes. La convention décrète que le pays insurgé doit être détruit « par le fer et par le feu ». La grande armée catholique et royale est vaincue à Cholet le 10 octobre 1793. Elle passe la Loire à Saint-Florent-le-Vieil et marche vers le Cotentin, espérant un secours de l'émigration. L'armée est repoussée devant Granville. Elle est vaincue au Mans. L'ensemble de l'armée suivie par femmes et enfants vendéens est massacrée dans les marais de Savenay le 23 décembre 1793 avec plus de cent mille victimes.

La deuxième guerre de Vendée est en fait une féroce répression sur les populations civiles. Les Jacobins décident « l'extermination » des populations par les incendies, les massacres, les empoisonnements par le gaz et l'arsenic. Carrier, représentant à Nantes, contrôle l'exécution. Il organise les noyades en Loire en chargeant les condamnés sur des barques à fond percé. De janvier à mai 1794, Le général Turreau dirige douze colonnes infernales pour ravager le pays vendéen. Les villages rencontrés devinrent les premiers « Oradour-sur-Glane ». Aux Lucs sur Boulogne, la population est enfermée dans l'église avec femmes et enfants et périt avec l'incendie de celle-ci. Le bilan de cette seconde guerre civile est de plus de cent mille morts.

La dernière guerre, qui n'eut pas la même ampleur, fut celle des chouans avec Charrette et Stofflet en 1795 et 1796 et s'acheva par la mort de ses chefs.

A l'époque Gracchus Babeuf[92] utilise le terme de « populicide », aujourd'hui nous devons parler de génocide. En effet le génocide est l'extermination physique, intentionnelle, systématique et programmée d'un groupe humain, en raison de ses appartenances ethniques et/ou religieuses.

Les spasmes de la révolution se sont poursuivis avec les révolutions de 1830, de 1848 et la commune de 1873.

Attente du surhomme
Scientisme

Le culte de la science culmine à la fin du XIXème, c'est le triomphe du scientisme. La science pense pouvoir tout connaître. La science pense pouvoir ainsi se passer de Dieu pour expliquer le monde. Dieu, n'est pour le scientisme, que le nom de notre ignorance. Dieu doit disparaître avec l'évolution vers la connaissance totale.

Surhomme

Pour surmonter le nihilisme et l'histoire sans but de l'humanité, Friedrich Nietzsche invente le surhomme. Celui-ci est l'incarnation de la volonté de puissance humaine. C'est un processus de dépassement, un élan d'aspiration à une réalité transcendante.

Dans « Ainsi parlait Zarathoustra » ce dernier dit : « **Voici, je vous enseigne le Surhomme. Le Surhomme est le sens de la terre. Que votre volonté dise : Que le Surhomme soit le sens de la terre.** »

Supramental

Sri Aurobindo, philosophe poète indien, annonce que l'évolution se continue au-delà de l'homme mental avec le supramental. Il nous dit que l'homme est un être de transition. Il n'est pas la finalité car l'homme mène à une surhumanité divine. La prochaine étape évolutive évidente de la nature terrestre est une surhumanité gnostique, le passage de l'homme au surhomme. Aurobindo fonde Auroville et promet de revenir dans le premier être supramental. On l'attend toujours…

---

[92] Gracchus Babeuf développe des théories en faveur de l'égalité et de la collectivisation des terres, c'est un précurseur du communisme

Conclusion

Oui, ils ont tué Dieu, comme entrave à la plénitude de l'homme. Ils l'ont supprimé au nom de la liberté pour être pleinement, totalement homme et j'allais dire « plus qu'homme ». Mais le culte de la Raison ou de l'Être suprême et le culte de la Science se sont éteints. On ne remplace pas une relation personnelle de l'homme avec Dieu par le culte d'un mot. Mais le « sur » quelque chose n'est pas venu ; que ce soit le surhomme de Nietzsche ou le supra mental de Sri Aurobindo. Il n'est pas venu. À défaut de surhomme, après la mort de Dieu, ils ne leur restaient que l'homme qui seul ne peut se donner de sens à lui-même.

<u>Marxisme – mort de Dieu</u>

Ludwig Feuerbach (1804- 1872), athée, critique les conceptions chrétiennes. Il refuse l'immortalité de l'âme se fondant sur les arguments matérialistes. Dans l'essence du christianisme, il dénonce l'illusion religieuse. Engels voit dans ce livre une libération par rapport à Hegel.

Feuerbach considère la croyance en Dieu comme une aliénation de l'homme. La croyance en Dieu dépouille l'homme d'une partie de son être, de sa vraie nature, de sa liberté, de sa conscience transcendantale, de sa créativité.

L'Homme devient le dieu de l'homme. Mais n'est-ce pas seulement une nouvelle transcendance, une nouvelle aliénation ?

Selon Marx, le matérialisme dialectique devait déboucher sur le matérialisme historique. Pour Marx une invention technique amène de nouvelles classes opprimées et dominantes qui succèdent aux précédentes. Ainsi se succèdent maîtres et esclaves dans l'antiquité, seigneurs et serfs au Moyen-âge, capitalistes et prolétaires. Le matérialisme historique devait voir avec la révolution, la dictature du prolétariat et la fin des classes. Hélas, quelque soit la révolution, le matérialisme dialectique a montré sa suprématie sur le matérialisme historique. De nouvelles classes opprimées et dominantes prenant le pas sur les anciennes. Et quelles classes ! Jamais l'opprimé ne l'a été à ce point. L'oppression ne se limitant pas au physique mais tentant de modifier la conscience, l'être intérieur même.

La dialectique matérialiste de Marx (1818 -1883) ou d'Engels (1820-1895) est un enfermement dans le matérialisme de la pensée. La dialectique marxiste est un totalitarisme qui conduit à la dictature, du prolétariat sur le papier, du dictateur dans la réalité

Proudhon, quatre ans avant le manifeste du parti communiste de 1848, écrit à Marx : « **Bien cher Monsieur Marx, je vous estime très fort, mais votre pensée me fait peur pour la liberté de l'homme.** »

Nietzsche (1844-1900) comprend le devenir du marxisme : « **Le socialisme se prépare en silence à sa domination par la Terreur** ».

Pour Marx la matière et l'homme sont là au départ. Mais l'homme est aliéné dans son histoire par la propriété, la famille, le droit, l'état, l'art, la religion, la philosophie. La libération de l'homme passe par la révolution qui conduira en fait à la négation de l'homme.

Marx et le communisme athée suppriment Dieu pour libérer l'homme. Mais l'homme y perd son âme. Il y perd sa spécificité, sa liberté. Le marxisme est un nihilisme qui conduit au fascisme et au totalitarisme. L'innocence de l'homme au départ et la vérité marxiste érigé en dogme rendent toute déviance relevant du goulag ou de l'hôpital psychiatrique.

Dès 1846, les papes successifs ont mis en garde contre le communisme, un mal sous l'apparence du bien...

Communisme – culte de la personnalité
Révolution bolchevique

En 1917, Lénine met en place sa dictature marxiste en URSS. En 1989, c'est l'effondrement du mur de Berlin. En fait, ce mur symbolisait la séparation en deux parties, l'Est et l'Ouest, de la ville de Berlin, de l'Allemagne et Europe. Puis en 1990 et 1991, l'URSS se délite jusqu'à la démission de Gorbatchev le 25 décembre 1991.

L'origine du régime marxiste léniniste est sans doute multiple avec un enchaînement d'erreurs d'une chaîne humaine. La responsabilité est portée en partie par des « intellectuels » de la France, et de l'Allemagne qui auraient mieux fait de ne pas penser plutôt que de penser faux.

Après, vient la pensée de Marx, reprise à son compte par Lénine puis par Staline. Les nouveaux dictateurs cachent leurs méfaits sous le nom de dictature du prolétariat en promettant un monde meilleur.

Le communisme est opposé à la croyance en Dieu et donc au christianisme. Le communisme est un matérialisme athée. Pour eux Dieu n'existe pas. Pour Lénine, c'est même une invention des bourgeois, pour maintenir les pauvres soumis. Les pauvres n'ont pas besoin de se révolter, ils doivent espérer le paradis plus tard….

Culte de la personnalité

L'absence de Dieu est remplacée par le culte de la personnalité du dictateur. Une propagande est mise en place pour ériger dans le cœur du peuple le dictateur en nouveau Dieu. L'apothéose est atteinte avec Staline qui se fera appeler : « Le petit père des peuples ».

« Et ne donnez à personne sur la terre le nom de Père, car il n'est pour vous qu'un seul Père, celui des cieux. » Mt 23, 9.

Propagande et mensonge

Les intellectuels français ont cru longtemps à la propagande communiste sur le paradis soviétique. L'Europe de l'Ouest a été aveuglée et anesthésiée par une propagande remarquable imprégnée d'un tissu de mensonges. Les intellectuels, dont la mission est d'être des éveilleurs, se sont faits duper facilement. Ils ont entendu ce qu'ils voulaient entendre, bien que quelques personnes éclairées, y compris du sérail, les eurent alertées.

Nombreuses furent les voix à crier, mais elles ont prêché dans le désert. Un des tous premiers a été Boris Souvarine qui en parla comme connaisseur de l'intérieur. Ce fut un leader de premier plan jusqu'en 1923, puis il devint communiste dissident pendant 10 ans, avant de comprendre pleinement et de dénoncer les régimes de Lénine et de Staline comme une falsification du marxisme. En 1935 il dénonce dans sa biographie de Staline les mécanismes des mensonges développés par un capitalisme d'Etat.

Massacre et persécution

Comme en France pour la révolution française, en URSS des morts sont directement imputables au communisme.

L'église Orthodoxe Russe a payé un très lourd tribut à la défense de la foi chrétienne. Le nombre de martyrs au XXème siècle est supérieur à la somme des martyrs de tous les siècles précédents. Le communisme a tué en URSS six cent évêques, douze mille prêtres et quatre-vingt mille moines et moniales.

Les communistes sont responsables selon les études des historiens du CNRS[93] de cent millions de morts dont plus de soixante millions en chine et vingt millions en URSS.

La capacité humaine est foudroyante pour détruire la richesse de la diversité, pour s'autodétruire en se donnant bonne conscience, en se voyant héros pour l'avènement d'un monde meilleur…

Libération

Mais la vérité a fini par triompher. Un proverbe russe dit : « **Une parole de vérité pèse plus que le monde entier.** » La providence a voulu que deux hommes aient un rôle primordial dans l'évolution des évènements, le Pape Jean-Paul II et Soljenitsyne, le catholique et l'orthodoxe. Le père Congar, dominicain et cardinal, disait : « **Il faut que l'église respire de ses deux poumons**…

Alexandre Soljenitsyne passe quelques années aux pionniers et dans ses années étudiantes adhère à l'idéologie communiste. Officier d'artillerie, il est arrêté suite à un lettre écrite où il met en doute les capacités militaires de Staline. Condamné à huit ans de camps de concentration, il fait une expérience spirituelle et approfondit le vrai visage du communisme. Après le camp il est envoyé en exil perpétuel au Kazakhstan.

Réhabilité après la mort de Staline, il profite d'une éclaircie sous Nikita Khrouchtchev, l'ancien affameur de l'Ukraine, pour publier avec son accord : « Une journée d'Ivan Denissovitch » qui raconte les conditions de vie dans un camp de travail forcé. Mais avec Léonid Brejnev, le ciel s'assombrit et il ne pourra aller en Suède recevoir le prix

---

[93] « Le livre noir du communisme » aux éditions Robert Laffont

Nobel de littérature qui lui est décerné en 1970. Persécuté, l'écrivain est hébergé par Mstislav Rostropovitch. Mais en août 1971, il est victime d'une tentative d'assassinat avec un « parapluie bulgare ».

En 1973 il publie un monument : « L'archipel du Goulag ». Il expose dans son livre la nature totalitaire du régime et le système concentrationnaire soviétique. La force du livre est qu'il relate des centaines de faits précis donnés par des centaines de témoins de l'arrestation au bagne, et à la relégation. Le livre cite également les lois et décrets soviétiques servant à la mise en œuvre de la politique carcérale. Cette publication fait prendre conscience à l'occident du vrai visage du système communiste.

Mais le rôle de Jean Paul II est aussi déterminant dans la chute des régimes de l'Est. Déjà comme évêque de Cracovie il mena un combat contre les entraves du pouvoir communiste polonais à l'exercice du culte. C'est la raison pour laquelle ils avaient déjà songé à l'éliminer.

Quand il est devenu pape ce fut le début d'un ébranlement à l'Est. Son premier discours pour les pèlerins rassemblés à Saint Pierre pour voir le nouveau pape disait : « N'ayez pas peur » car toute dictature est fondée sur l'instauration de la terreur, de la peur et du mensonge.

Ce pape a soutenu le syndicat libre Solidarnosc suite aux grèves des chantiers navals de Gdansk. Par ses voyages répétés en Pologne, il a contribué à la chute du régime en 1989. L'exemple du soulèvement avec Lech Walesa a eu un effet d'entraînement sur le reste de l'Europe de l'Est.

Mais il a payé le prix avec la tentative d'assassinat du 13 mai 1981.

Nazisme – surhomme arien

Ce XXème siècle aura connu un autre drame mondial, la montée du nazisme en Allemagne.

Une alliance contre nature (pas tant que ça) existera entre les russes et les allemands au début de la seconde guerre mondiale. Les communistes conseilleront même les nazis pour la construction des camps de concentration, expérience oblige !

Hitler développera une politique de génocide pour éliminer les races inférieures (juifs, tsigane...) au profit de la race arienne. Le surhomme arien voit le jour pour combler le vide de la mort de Dieu.

Avec l'avancée des troupes allemandes vers le front de l'Est, les juifs recherchés sont tués par balle, c'est la shoah par balles. Elle fait un million de victimes chez les juifs. Mais les nazis industrialisent l'élimination systématique des juifs. Pour cela Ils réalisent des chambres à gaz dans les camps de concentration. Six millions de juifs meurent dans ces camps.

7.1.3 De l'absence du surhomme à la mort de l'homme

<u>Absurbe – mort de l'homme</u>
Mort de Dieu et non sens du monde et de l'homme

La mort de Dieu conduit inéluctablement à la recherche par l'homme d'une transcendance. Malgré toutes les recherches de transcendances, elles ont toutes leurs limites hors Dieu et ne peuvent satisfaire l'appel d'infini au cœur de chaque homme.

La mort de Dieu conduit donc inéluctablement, en l'absence de transcendance, au non-sens de l'homme, au « mal d'être ». La mort de Dieu conduit à la philosophie de l'absurde (Kafka, Sarthe, Camus...).

Le nihilisme nietzschéen a enfanté l'absurde sartrien[94] : **« Le nihilisme est l'homme qui, du monde comme il est, juge qu'il ne doit pas être, et du monde comme il doit être, juge qu'il n'existe pas : dès lors, la réalité empirique n'a pas de sens »..**

Pour la phénoménologie, s'en tenant aux faits et à la réalité sensible, l'homme et le monde sont là sans motif ni raison, sans justification ni sens.

Pour les existentialistes athées, le monde dans sa contingence même exclut Dieu. La création contingente est le fondement de l'athéisme de Sartre. Sans fondement ni contenu ontologique, l'être est

---

[94] « Volonté de puissance » Friedrich Nietzche, XVI, page 84

néant. Le monde est sans être, tout en étant. Pour Sartre, le monde est absurde comme aventure humaine, avec sa souffrance et sa mort.

Sans Dieu tout est horizontalité, existentialité, facticité du paraître. Sartre limite la relation à l'horizontalité du paraître sensible. Sans Dieu, la relation est factice, limitée au paraître.

Problème d'existence de l'homme

Pour Sartre, l'homme et le monde sont là comme un fait problématique, comme un non sens[95] : « **Tout se passe comme si l'en-soi, dans un projet pour se fonder lui-même, se donnait la signification du pour-soi** ». L'homme seul n'a pas de sens, et ne peut en avoir. L'homme est créé pour Dieu, pour vivre une relation avec Dieu. L'en-soi de l'homme n'a pas de sens par le pour-soi de l'homme. Notons d'ailleurs que Dieu lui-même n'est pas seul, bien qu'il soit Un. Dieu est 3 hypostases qui sont relations en une seul Essence.

Sartre dira[96] :« **que la conscience est en fait projet de se fonder, c'est-à-dire d'atteindre à la dignité de l'en-soi-pour-soi ou en-soi-cause-de-soi** ».

L'homme n'est pas cause de soi. Dieu crée l'homme pour être « être de relations » avec lui-même et avec les autres créés. L'en-soi de l'homme n'est pas cause-de-soi et n'est pas pour-soi.

Sartre[97] : « **S'il y a un Autre, quel qu'il soit, où qu'il soit quels que soient ses rapports avec moi sans même qu'il agisse autrement sur moi que par le pur surgissement de son être, j'ai un dehors, j'ai une nature ; ma chute originelle c'est l'existence de l'autre ; et la honte est – comme la fierté – l'appréhension de moi-même comme nature, encore que cette nature même m'échappe et soit inconnaissable comme telle. Ce n'est pas, à proprement parler, que je me sente perdre ma liberté pour devenir une chose, mais elle est là-bas, hors de ma liberté vécue, comme un attribut donné de cet être que je suis pour l'autre. Je saisis le regard de l'autre au sein même de mon acte, comme solidification et aliénation de mes propres possibilités.** »

---

[95] « L'Être et le néant » Jean-Paul Sartre, page 717
[96] Ibid, page 714
[97] Ibid, page 321

Le problème de la chute originelle a fait que ma présence s'est chosifiée. Je suis entré dans un corps biologique. Désormais l'autre me connaît par ses sens comme une chose qu'il appréhende, et non directement de présence à présence.

L'autre, matérialisé, devient un objet, l'objet de mes désirs. Dès lors l'amour n'est plus que la seule activité sexuelle. Le signe dévore sa signification. « **L'enfer, c'est les autres** »

Sans origine, ni cause, sans avant ni après l'homme est seul. L'homme est le fils de personne. Sartre est le fils de personne, sans ascendant ni descendant. Il est dans le biologique, donc orphelin de père, car niant Dieu qui fonde et nous donne l'être.

La métaphysique sartrienne réduit au néant du signe ou du terme l'homme jusqu'à l'absurde. Elle perd à la fois la paternité et l'amour.

Sartre dira parlant de l'homme « **Il nous faut l'inventer** » et « **L'Existentialisme est un humanisme** ».

Conclusion

Nous avons eu par le peuple élu, la révélation du Dieu Un. Dieu s'est manifesté en Jésus-Christ pour nous libérer. Il nous a envoyé le Saint-Esprit pour nous aider dans ce chemin de libération.

Insensé que nous sommes ! Nous avons pensé nous libérer de Dieu, alors que nous nous sommes aliénés davantage.

Notre quête nous a conduit vers tous les errements : culte de l'être suprême, scientisme, marxisme, culte de la personnalité des dictateurs. Ces faux dieux nous ont conduits à refuser tous les dieux. Mais en l'absence de tout Dieu, l'existence même du monde et de l'homme est problématique. Notre condition humaine est absurde sans Dieu. Il nous faut donc aller au-delà et revenir à Dieu

Nous en sommes à savoir que le monde des hommes ne s'explique pas sans Dieu. Mais que d'errements dans de fausses images de Dieu !

7.2 Fausse image de Dieu et de Jésus
7.2.1 Fausse image de Dieu

Amalgame et syncrétisme

2 Timothée 4, 3-4 « ³**Car un temps viendra où les hommes ne supporteront pas la saine doctrine, mais au gré de leurs désirs se donneront une foule de maîtres, l'oreille leur démangeant,** ⁴**Et ils détourneront l'oreille de la Vérité pour se tourner vers les fables.** »

Le complot de l'ennemi de nos âmes est, à défaut de pouvoir tuer Dieu dans certains cœurs, de le dénaturer en le vidant de toute personnalité. Nous nous retrouvons ainsi avec un Dieu avec qui une relation personnelle n'est pas possible. Cette façon de voir peut aller jusqu'à devoir nous fondre dans ce tout, et à y disparaître en perdant notre personne.

Divinités mères

Les divinités mères envahissent la mémoire des hommes. À l'image de la femme enceinte cette divinité fait corps avec nous. Nous sommes assujettis, dans la dépendance de cette divinité. Cette divinité englobe des conceptions panthéistes gommant la différence entre le Créateur et la créature.

Ces divinités sont à l'opposé de la représentation de Dieu dans la Bible. Le Dieu Père exprime l'altérité du créateur et de la créature, la souveraineté de l'acte créateur, la pure transcendance de Dieu.

Franc-maçonnerie

La franc-maçonnerie, comme le marxisme léninisme, est athée et met en avant l'humanisme par la gnose au moyen de laquelle l'homme ne doit sont salut qu'à lui-même : pas besoin d'un autre « Sauveur ». Ils s'opposent à l'existence même d'un Dieu personnel qui veut rencontrer l'homme.

À part la France, la majorité des loges franc-maçonnes impose la croyance en un « Être suprême » ou en un « Grand Architecte de l'Univers ». Il faut noter d'une part que le culte de l'Être suprême est mis en place par Robespierre à la révolution française. Il faut noter d'autre part que la notion de Grand Architecte est un amalgame qui regroupe à la fois une notion symbolique avec vision traditionnelle de Dieu ou de la Nature, ou des visions athées, ou d'unité cosmique de type oriental…

L'Église catholique considère que la franc-maçonnerie propage le relativisme en matière religieuse, en soutenant qu'aucune religion ne prévaut sur les autres. Pour le franc-maçon une religion est une appartenance à une institution constituant une forme particulière d'expression parmi d'autres. Pour le franc-maçon, il n'y a pas de révélation de Dieu à l'homme car sinon il ne reconnaîtrait qu'une religion.

L'Église a condamné la franc-maçonnerie depuis 1738 avec la bulle du pape Clément XII. Le 2 mars 2007, le Vatican, par Mgr Gianfranco Girotti redit : « L'appartenance à la Franc-maçonnerie et à l'Église catholique sont incompatibles ». Il souligne : « L'Église catholique a toujours critiqué la conception mystique propre à la franc-maçonnerie, la déclarant incompatible avec sa propre doctrine ». La position de l'église catholique est partagée par les protestants méthodistes, Baptistes…

Nouvel âge

Le nouvel âge est un courant spirituel actuel apparu au XXème. Ce courant démarre avec l'ère du Verseau. Pour ses partisans, il est censé remplacer l'ère du poisson du christianisme par l'ère du verseau. Le but est d'éveiller les individus spirituellement dépassant les croyances antérieures en crise, ainsi que le monde industriel et matérialiste vide de sens. C'est un syncrétisme universel de croyances et de pratiques.

Ce courant a amené la culture hindouiste en Occident, le channeling (communication entre un humain et une entité relevant d'une autre dimension), le développement personnel (yoga), une philosophie de la nature (terre entité vivante, avec laquelle il faut être en harmonie)…

Pour le nouvel âge, par la méditation, après de longues pratiques, l'homme peut accéder à une conscience de Dieu. Ce dernier n'est pas une personne, mais une force de vie, un océan d'unité. Le nouvel âge est moniste. Pour lui ce qui existe, l'univers, est un tout unique constitué d'une seule substance. Pour lui il n'y a pas de séparation entre le monde physique ou matériel et le monde psychique ou spirituel.

Cette conception de Dieu ne permet pas de distinguer une séparation entre le Créateur et la création. Elle ne permet pas non plus d'envisager une relation personnelle directe de personne à personne.

La christologie du nouvel âge se démarque de la christologie chrétienne sur l'idée d'un christ cosmique, entité extrahumaine, qui serait descendue sur Jésus, Bouddha... Le Christ est alors un état de conscience. Cette doctrine croit aux vies antérieures et à la réincarnation. Elle révoque la Résurrection fondement de la foi chrétienne.

Le Vatican a publié un document d'analyse du courant New Age et de mise en garde : « la religiosité Nouvel Âge répond, d'une certaine manière, aux désirs spirituels légitimes de la nature humaine, il est nécessaire de reconnaître que cette tentative s'inscrit toujours à l'opposé de la révélation chrétienne (...) Jean-Paul II met en garde contre « la question de la renaissance de certaines traditions du gnosticisme antique sous la forme de ce qu'on appelle le New Age ».
Conseil pontifical de la culture
Conseil pontifical pour le dialogue interreligieux
Une réflexion chrétienne sur le « nouvel âge »

7.2.2 Fausse image de Jésus-Christ
<u>Anti-Kérygme</u>

Le complot de l'ennemi de nos âmes est, à défaut de pouvoir tuer Jésus dans certains cœurs, de le dénaturer en s'opposant au kérygme. Le kérygme est le fondement de la foi. Il précise que Jésus est Dieu, Fils du Père. Il précise que Jésus est mort pour nos péchés, et qu'il est ressuscité le troisième jour.

Jésus est un personnage historique reconnu par de très nombreux auteurs chrétiens, juifs, musulmans, et non croyants. Dès lors ne pouvant agir sur son existence historique, l'ennemi va déformer son image. Il s'agit donc de montrer que Jésus n'est pas Dieu, et qu'il n'est pas mort et ressuscité.

Juifs

L'apport du peuple élu au monde est dans l'affirmation d'un et un seul Dieu. Les juifs ne reconnaissent pas Jésus comme Dieu, Fils de Dieu, Messie, prophète. Le judaïsme s'oppose à l'idée de Trinité.

La Mishna (le code des lois juives) et les Talmuds (commentaires de ces lois), prennent forme après la chute de Jérusalem en 70. Jésus y est appelé parfois Jeshua ben Pantera, ce qui signifie que pour les Juifs Jésus est né d'une union illégitime de Marie et d'un soldat romain nommé Pantheras, à moins que « Pantera » soit une déformation du mot grec parthenos qui signifie « vierge ».

Dans la synagogue, les juifs appellent Jésus, le fils de Marie, Marc 16, 3 : « N'est-ce pas le charpentier, le fils de Marie… »

Les juifs ne reconnaissent pas que Jésus est le Messie et le Fils de Dieu.

Moïse Maïmonide (1138 – 1204) est rabbin. Il est médecin, philosophe, et théologien. Il est considéré comme le « second Moïse du Judaïsme ». Il a cherché à concilier la raison et la foi dans son ouvrage : « Le guide des égarés ». Il influence Thomas d'Aquin qui le surnomme « l'Aigle de la Synagogue ».

Pour Maïmonide, Jésus est un faux messie, de mère juive et de père non juif.

Musulmans

Jésus est connu sous le nom de Îsâ dans le Coran. Il est le fils d'une vierge qui s'appelle Maryam (« Marie » en français). Il est souvent désigné par le Messie Jésus, fils de Marie. Il est présenté avec Marie comme modèle à suivre.

La tradition musulmane souligne le caractère miraculeux de sa naissance virginale sans père, mais refuse la filiation divine. Elle affirme que Îsâ est créé (et non pas engendré) par la parole de Dieu.

Îsâ dans le Coran est proche du judéo-nazaréisme. Ce dernier mouvement a la particularité de suivre les croyances et préceptes du judaïsme en reconnaissant que Jésus est le Messie, et le serviteur de Dieu venu apporter un message d'origine divine. Le judéo-nazaréisme croie dans l'humanité de Jésus, mais non dans sa divinité.

Îsâ est un prophète rempli d'Esprit Saint. Il est le seul prophète qui n'a jamais péché. Il est « la parole de Vérité ». Il est venu annoncer Mahomet. Il prêche le monothéisme pur.

Îsâ est le signe donné au monde de la Miséricorde, de la paix et de la joie de Dieu. Il a la puissance et la volonté de Dieu. Il guérit les aveugles et les lépreux, ressuscite les morts. Il connaît ce qu'il y a à l'intérieur des cœurs.

Pour le Coran, les juifs auraient voulu punir Îsâ en le crucifiant. Mais Dieu ne l'a pas permis et lui a substitué un sosie. Dieu a rappelé Îsâ à lui.

Le Coran rejette qu'Îsa est Dieu, qu'il est fils de Dieu. Le Coran rejette la Trinité comme s'opposant au Dieu Un.

Îsa n'est pas mort sur la croix ce qui aurait été indigne de sa condition de prophète. Il n'est pas ressuscité. Il est monté au ciel et il est vivant. Îsâ reviendra à la fin des temps.

Pour Ibn Arabi[98] Îsâ est le « sceau de la sainteté », « le plus grand témoin par le cœur », tandis que « Mahomet est le « sceau des prophètes », « le plus grand témoin par la langue ».

Témoin de Jéhovah

Les témoins de Jéhovah débutent aux Etats-Unis dans les années 1870.

Ils sont connus pour leur prosélytisme en faisant du porte-à-porte. Selon leur doctrine Jéhovah est le nom personnel de Dieu. Ils croient que Dieu restaure le véritable christianisme par leur intermédiaire. Ils sont très critiques envers les autres religions qui font pour eux partie de « Babylone la Grande » organisation de Satan.

Les témoins annoncent à plusieurs reprises la fin du monde : Début 1881, 1918, 1975.

L'ensemble de l'organisation est officiellement dirigée par Jésus-Christ. Dans la pratique Rutherford est le seul dirigeant visible qui donne son accord aux nominations locales.

---

[98] Un des plus grands, sinon le plus grand penseur musulman (1165-1240)

L'interprétation de la Bible par Rutherford, successeur de Russell, coupe les témoins de Jéhovah des autres chrétiens et de leur environnement. Il interdit la fête de Noël.

En 1936 les témoins considèrent la croix comme un symbole païen, Rutherford déclare que Jésus est mort sur un poteau.

Rutherford est critiqué pendant sa présidence pour sa vie dans le luxe, et pour son abus de boissons alcoolisées.

Les témoins de Jéhovah croient en un Dieu unique. Il refusent le dogme de la Trinité. Pour eux Jésus est l'archange Michel créé directement par Dieu. Il est le fils adoptif de Dieu, mais n'est pas Dieu. L'archange Michel a créé, sous l'autorité de Dieu, toutes les autres créatures. Pour eux le Saint-Esprit n'est pas une personne, c'est la force agissante de Dieu.

Les témoins de Jéhovah sont encouragés à vivre entre membres. Ceci crée un isolement social par rapport à la famille, les amis non « convertis ».

La traduction de la Bible est faussée subtilement pour permettre l'adhésion des nouveaux à la doctrine. Le but est d'introduire le nom de Jéhovah dans le nouveau testament alors qu'il ne figure dans aucun des manuscrits grecs de la Bible. La traduction est biaisée pour montrer que Jésus n'est pas Dieu.

Shri Mataji

Shri Mataji (1923-2011) est indienne. Elle aurait fait l'expérience d'un éveil spirituel. Elle fonde le mouvement Sahaja Yoga sur la pratique de la méditation et l'éveil de l'énergie vitale. Selon la fondatrice de Sahaja Yoga, l'ascension de l'énergie subtile appelée Kundalini est perceptible sur les mains et sur la fontanelle sous forme d'une brise fraîche. Il suffit pour cela de mettre la main sur la tête (le sang descendant, une fraîcheur naturelle peut se sentir dans la main !).

Shri Mataji se considère comme la 7ème révélation divine au monde. Jésus et Mahomet font partie des révélations divines antérieures. Pour la fondatrice Jésus n'est pas Dieu.

La brise fraîche rappelle le souffle du Saint-Esprit !

7.2.3 Dieu inutile

Errements dans la quête d'être

Dieu n'a pas de quête d'être, étant en lui-même parfaitement achevé. Tout homme a une quête d'être pour achever son être. Ce besoin d'absolu ne peut être trouvé qu'en Dieu.

Dans le refus de Dieu, le besoin d'être de l'homme se porte sur des compensations par l'avoir ou le faire. L'assouvissement du besoin d'être par l'avoir est la recherche de possession (société de consommation, culte de l'argent). L'assouvissement du besoin d'être par le faire est la recherche de reconnaissance (sport, intellectuel, art…).

Société de consommation

En 1931, Georges Bernanos publie son premier pamphlet : « La Grande Peur des bien-pensants ». Dans cet écrit, Bernanos « prophète » alerte contre le risque d'un enchaînement à une technique dépersonnalisante.

Il prend exemple sur le mode de vie américain : « **L'activité bestiale dont l'Amérique nous fournit le modèle, et qui tend déjà si grossièrement à uniformiser les mœurs, aura pour conséquence dernière de tenir chaque génération en haleine au point de rendre impossible toute espèce de tradition. N'importe quel voyou, entre ses dynamos et ses piles, coiffé du casque écouteur, prétendra faussement être lui-même son propre passé et nos arrière-petit-fils risquent d'y perdre jusqu'à leurs aïeux.** »

Pour Bernanos le capitalisme va réaliser la visée communiste de la « table rase du passé ».

Le profit et la société de consommation enferment l'homme dans une perspective d'un faux bonheur par la possession des biens matériels. L'outrance d'une telle société amène l'ennui, l'inculture, les paradis artificiels et in fine la mort. C'est un matérialisme débouchant à son paroxysme sur un athéisme.

Sans espérance autre que dans la matérialité des choses, cette société débouche sur des crises spasmodiques et convulsives comme mai 68. Car dans l'homme, il y a un appel d'absolu qui ne peut être comblé en dehors de Dieu lui-même.

Culte de l'argent

Dans le même ouvrage, Bernanos vitupère un clergé compromis avec le siècle et soumis à la pression des forces de l'argent :

« Ce fait immense, qui, bien avant Drumont, n'avait pas échappé à Balzac, la dépossession progressive des États au profit des forces anonymes de l'Industrie et de la Banque, cet avènement triomphal de l'argent, qui renverse l'ordre des valeurs humaines et met en péril tout l'essentiel de notre civilisation, s'est accompli sous leurs yeux (ceux des clercs), et ils ont gravement hoché la tête ou parlé d'autre chose. »

Culte de soi

L'homme dans son besoin d'être, sans Dieu, se lance dans le faire. Il cherche à être reconnu dans un « plus » d'être qui n'est souvent qu'une apparence trompeuse et temporelle. L'homme peut briller aux yeux des autres dans le sport, l'intellect, l'art, dans le milieu professionnel, dans la politique.

Nous savons comment finissent les dieux du stade, le corps ne s'inscrivant pas dans la durée. Dans l'intellect et l'art, l'homme n'est pas toujours reconnu de son vivant. Si l'est, ce n'est jamais que dans une durée limitée. La reconnaissance dans le milieu professionnel trouve sa limite au moment de la retraite. En politique la limite se trouve dans l'échec à une élection. Mais même pour une dictature, qui cultive le culte du moi en se faisant dieu comme certains empereurs romains, la limite se fait au plus tard à la mort.

Impasse des idéologies

Maurice Clavel[99] nous raconte dans son livre « ce que je crois », après sa conversion fulgurante, les deux à trois siècles d'histoire de la philosophie, de la mort de Dieu à la mort de l'homme.

Toutes idéologies, tous systèmes politiques ne peuvent répondre à l'aspiration de l'homme de s'achever lui-même dans sa condition présente.

Il faut avant tout répondre aux écueils et scandales de la condition humaine que sont le péché, la souffrance et la mort.

Dans son dernier essai, la France contre les robots (1946), Bernanos résume sa pensée : « **On ne comprend absolument rien à la civilisation moderne si l'on n'admet pas d'abord qu'elle est une conspiration universelle contre toute espèce de vie intérieure.** »

Nous avons réussi ! Nous avons évacué Dieu lui-même !
Aveuglés sommes-nous, en évacuant Dieu, nous avons évacué l'homme !

7.3 Retour de Dieu
7.3.1 Dieu incontournable

Position de l'homme

Romains 9, 20 : « **Mais qui donc es-tu, ô homme, pour disputer avec Dieu ? Est-ce que l'objet façonné va dire à celui qui l'a façonné : Pourquoi m'as-tu fait ainsi ?** »

En 1926, André Malraux exprime dans « La Tentation de l'Occident » le problème pour l'homme de la mort de Dieu : « **Dieu a été détruit. L'homme ne trouve que la mort.** » Ceci est profondément vrai car Dieu est celui qui Est. Il est la Vie.

---

[99] Maurice Clavel, lecteur de « critique de la raison pure » de Kant à 19 ans, agrégé de philosophie à 21 ans …

André Frossard affirme avoir entendu André Malraux dire : « **Le XXIème siècle sera mystique ou ne sera pas.** »

« Les saints, avons-nous dit, sont les vrais réformateurs. Je voudrais maintenant l'exprimer de manière plus radicale encore : c'est seulement des saints, c'est seulement de Dieu que vient la véritable révolution, le changement décisif du monde. Au cours du siècle qui vient de s'écouler, nous avons vécu les révolutions dont le programme commun était de ne plus rien attendre de Dieu, mais de prendre totalement dans ses mains le destin du monde. Et nous avons vu que, ce faisant, un point de vue humain et partial était toujours pris comme la mesure absolue des orientations. L'absolutisation de ce qui n'est pas absolu mais relatif s'appelle totalitarisme. Cela ne libère pas l'homme, mais lui ôte sa dignité et le rend esclave. Ce ne sont pas les idéologies qui sauvent le monde, mais seulement le fait de se tourner vers le Dieu vivant, qui est notre créateur, le garant de notre liberté, le garant de ce qui est véritablement bon et vrai. La révolution véritable consiste uniquement dans le fait de se tourner sans réserve vers Dieu, qui est la mesure de ce qui est juste et qui est, en même temps, l'amour éternel. Qu'est-ce qui pourrait bien nous sauver sinon l'amour? »

Homélie du pape Benoît XVI à Cologne JMJ Samedi 20 août 2005

http://www.vatican.va

7.3.2 Enjeux, relation personnelle homme-Dieu

L'ennemi de nos âmes cherche à tuer Dieu dans l'homme, ou à défaut d'en déformer l'image que l'homme s'en fait. Il cherche à tuer Jésus dans l'homme, ou à déformer l'image que l'homme s'en fait concernant sa divinité et sa résurrection. Il cherche à supprimer toute relation personnelle entre Dieu et l'homme.

Trinité, fondement d'un Dieu relation

Dieu est trois personnes divines, égales et consubstantielles, dans l'unique substance divine. Dieu est relation, le Père est Paternité, le Fils est Filiation, le Saint-Esprit est Procession. Chaque personne s'identifie à sa relation. Dieu étant relation veut se communiquer à l'homme.

Union hypostatique en Jésus, fondement d'une alliance homme Dieu

L'union hypostatique du Verbe incarné est réalisée en Jésus. Une personne en deux natures, une nature humaine et une nature divine. Jésus est en lui-même l'alliance de Dieu avec l'homme

Incarnation et rédemption du Verbe fondement d'une relation personnelle

Le Verbe s'est incarné pour prendre notre nature et nous rejoindre. Il est venu nous annoncer le royaume de Dieu. Il est venu nous annoncer l'amour de Dieu.

Jésus a pris sur lui notre humanité par sa mort et sa résurrection et ainsi nous a délivrés du péché et de ses conséquences.

Le Verbe, Fils de Dieu, a fait tout le chemin pour rejoindre l'homme en une sublime kénose. Bien plus il s'abaissa encore, prenant sur lui les conséquences de notre péché jusqu'à la mort. C'est pourquoi, Dieu son père, l'a élevé au-dessus de toute puissance sur la terre et dans les cieux et l'a assis à sa droite.

Désormais nous pouvons avoir une relation personne avec Dieu par Jésus.

Saint Paul nous dit de Jésus dans **l'épître aux Philippiens en 2, 5-11** :

> « ⁵**Ayez en vous-mêmes les mêmes sentiments dont était animé le Christ Jésus :**
> ⁶**bien qu'il fût dans la condition de Dieu,**
> **Il n'a pas retenu avidement son égalité avec Dieu ;**
> ⁷**mais il s'est anéanti lui-même,**
> **en prenant la condition d'esclave,**
> **en se rendant semblable aux hommes,**
> **et reconnu pour homme par tout ce qui a paru de lui ;**

⁸il s'est abaissé lui-même,
se faisant obéissant jusqu'à la mort,
et à la mort de la croix.
⁹C'est pourquoi aussi Dieu la souverainement élevé,
et lui a donné le Nom qui est au-dessus de tout nom,
¹⁰Afin qu'au nom de Jésus,
tout genou fléchisse dans les cieux,
sur la terre et dans les enfers,
¹¹et que toute langue confesse,
à la gloire de Dieu le Père,
que Jésus-Christ est SEIGNEUR. »

7.3.3 Vers le retour du fils prodigue

Le Fils prodigue a voulu quitter la maison du Père, le royaume de Dieu.

Ce Fils prodigue, l'humanité, a erré sur notre terre.

Il a eu la révélation du Dieu Un par le peuple élu.

Le Verbe s'est incarné et il est venu en Israël. Il est mort et ressuscité. Il est homme et Dieu. Mais les siens ne l'ont pas reconnu. Combien le connaissent aujourd'hui ?

Dieu a envoyé le Saint-Esprit comme promis par Jésus. Le jour de la pentecôte les apôtres l'ont reçu avec ses dons. Combien l'ont reçu aujourd'hui ?

L'homme a erré de révolution en révolution. Il s'est émancipé de Dieu en quête du surhomme. Mais le surhomme n'est pas venu.

L'homme s'est retrouvé seul, orphelin de Père, déboussolé jusqu'à l'absurde.

Devant cette impasse métaphysique, il lui reste à repenser Dieu, le monde, lui-même. Il lui reste à revenir au Père pour retrouver sa filiation qui seul peut donner sens à sa vie.

En enfant prodigue, il lui faut emprunter le chemin qui mène au Père pour découvrir son Verbe qui est le Chemin, la Vérité, et la Vie…

La mer

1
Abandonné de mère,
allongé sur la mer,
en langueur océane,
mon lent cœur diaphane
se dilata au monde.

2
Je quittais lors l'immonde,
pour l'idoine connaissance,
dont la commune naissance
ne connaît pas l'étreinte,
et n'espère même l'atteinte.

3
Je me mis en idylle,
en communion subtil,
avec l'Un qui es tout,
sachant qu'il baigne tout,
qu'il est celui qui est.

4
Je vis les êtres nés,
et les êtres non nés
car dans le sein tués,
toutes les créatures,
et l'humaine nature.

5
Je vis les lois en vers
qui régissent l'univers,
la minutie extrême
d'un réglage suprême,
qui dit un Architecte.

6
Je vis, maigre épithète,
la beauté sublimée,
le cantique de l'Aimé
imprégnant tout l'éther
de l'amour trinitaire.

7
L'amour en feu mon âme
aspira à la flamme,
de l'être non né,
et voulut fusionner
en se consumant.

8
Et quand dans un élan
je voulus voir mon Dieu,
je revins sous les cieux,
allongé sur la mer,
et orphelin de père.

Épilogue

Dieu crée l'histoire de l'univers sur une durée de 13, 7 milliards d'année dans le temps des hommes. Il s'agit d'un instant dans le temps de Dieu car pour Dieu le temps ne s'écoule pas. L'univers est un contenu de matière-énergie, dans un contenant d'espace-temps. L'univers a une histoire avec l'entropie qui impose une flèche du temps, allant du réversible à l'irréversible avec le principe de causalité. À l'origine, d'un point mathématique d'informations surgit dans l'univers une énergie colossale. Une inflation cosmique de cette énergie déploie les métriques d'espace et de temps. À partir de l'énergie, la matière est créée. L'émergence du vivant se fait à partir du minéral. L'évolution mène ensuite aux mammifères, puis aux primates, et enfin à l'homo sapiens.

Le premier homme biologique est prêt avec l'homme de Neandertal ou l'homo sapiens. C'est l'époque, après la chute au jardin d'Éden, de l'insertion, de la présence d'Adam et d'Ève dans un corps biologique (« vêtement de peau ») préparé par l'évolution créatrice. Le monde est fait pour l'homme dans l'ajustement de ses constantes. La complexité de l'univers est adaptée à l'intelligence de l'homme permettant une connaissance progressive. Après le péché originel, Dieu crée le temps afin d'initier un processus éducatif pour l'exercice de la liberté de l'homme.

Dieu n'abandonne pas l'homme après son exil dans le monde physique. Il fait alliance avec les patriarches. Il libère son peuple avec Moïse du joug Égyptien. Il annonce par les prophètes la venue de son Messie. Dieu envoie son Fils le Verbe s'incarner : Jésus est vrai Dieu et vrai homme. Ce dernier annonce le royaume de Dieu et les commandements « Tu aimeras le Seigneur ton Dieu » et « Tu aimeras ton proche comme toi-même ».

Jésus va jusqu'au bout de la manifestation de l'amour de Dieu en donnant sa vie pour les hommes. Il est condamné à mort, doit porter sa croix, et est crucifié au Golgotha. Mais trois jours après, Jésus ressuscite dans un corps libéré des lois physiques et biologiques. Il libère tout homme définitivement du péché et de ses conséquences.

Le jour de la pentecôte le Saint-Esprit visite les apôtres selon la promesse du Christ. Le Saint-Esprit édifie l'Église par ses neuf dons dispensés aux croyants. Mais le don des dons c'est lui-même, c'est-à-dire l'Amour.

L'histoire de la pensée s'étudie par la relation de l'homme à Dieu. L'homme évolue de la croyance en plusieurs Dieux, à la révélation d'un Dieu personnel par et en Jésus. Mais l'homme s'est égaré, pensant que Dieu était mort, dans l'absurde de sa condition.

Mais au bout de l'impasse des hommes, Dieu est de retour. Il est incontournable pour comprendre l'histoire des mondes. Après tous ses errements, il ne reste qu'une issue à l'enfant prodigue, prendre le chemin du retour vers son Père.

A ce point de nos réflexions un certain nombre de questions se posent.

Que peut-on dire aujourd'hui de Jésus, vrai homme, vrai Dieu ?

Que nous disent les personnes faisant une expérience de mort ? et les mystiques ?

A quoi répond la quête de l'homme ? Une rencontre personnelle de l'homme avec Dieu est-elle envisageable ?

Y-a-t-il de l'unité dans le monde physique ? Où est la liberté dans l'univers ?

A quoi sert le temps ? La liberté existe-t-elle ? La conscience est-elle liée au cerveau ?

Comment comprendre l'histoire de la somme existentielle ?

Quel est le devenir de l'univers ?

Ces questions seront abordées dans le troisième tome.

Annexe 1 Physique des particules

Mot	Définition
Atome	Plus petite partie d'un corps simple pouvant se combiner chimiquement à un autre. Il est composé d'un noyau autour duquel se distribuent les électrons
Bosons	Particules des quatre interactions
Électro-magnétisme	Interaction entre particules chargées électriquement
Entropie	Rapport Q/T de la quantité de chaleur échangée par un système à la température T. L'entropie d'un système isolé ne peut pas diminuer. L'entropie augmente lors d'une transformation irréversible ou elle reste constante si la transformation est réversible.
Fermions	Particules de matière. Ce sont les particules à spin demi-entier. Ils se divisent en leptons non soumis à l'interaction forte et en quarks soumis à l'interaction forte
Gravité	Interaction entre deux corps de masse non nulle
Interaction faible	Interaction responsable de la désintégration radioactive de particules subatomique et à l'origine de la fusion nucléaire dans les étoiles. Elle affecte tous les fermions (électrons quarks, neutrinos…)
Interaction forte	Force portée par les gluons qui affecte les quarks et les antiquarks. Responsable de la cohésion des nucléons (protons et neutrons) et de la cohésion du noyau au sein de l'atome
Intrication quantique	Phénomène où deux systèmes de particules sont placés dans un état intriqué pour lequel une corrélation entre leurs propriétés physiques est observée indépendamment de la distance spatiale ou temporelle

Mot	Définition
Kelvin	Le zéro absolu de température correspond à 0 degré Kelvin soit -273 degré Celsius, et l'eau gèle à 0° Celsius soit à 273° Kelvin
Matière	Constituée de particules de matière
Anti matière	Constituée de particules d'anti matière de même masse que son équivalent matière mais de charge électrique opposée (et de couleur opposée dans le cas des quarks)
Molécule	Structure de base de la matière. Assemblage chimique électriquement neutre d'au moins deux atomes
Nombre baryonique	= (Nombre de quarks – nombre d'antiquarks) d'un sytème / 3 Nombre entier à cause de la couleur blanche
Nombre leptonique	Il vaut +1 pour un lepton, -1 pour un antilepton, et 0 pour tout autre particule
Nombre quantique	indique la valeur d'une quantité conservée dans la dynamique quantique pour définir l'état quantique du système
Quark	Particule conceptualisée de matière confinée et constituant les Hadrons, particules composées
Anti Quark	Correspondant du quark, de même masse, mais de charge électrique opposée, et de charge de couleur opposée appelée anti-couleur
Spin	Moment cinétique intrinsèque des particules quantiques. Propriété des particules comme la masse et la charge. Observable quantique sans équivalent classique

Equation de Scrödinger et nombres quantiques

L'équation de Schrödinger, $E(\Psi) = H(\Psi)$ décrit l'évolution dans le temps d'un système quantique à l'aide de l'énergie et de l'opérateur Hamiltonien H pour une fonction d'onde (Ψ).

La dynamique d'un système quantique est décrite par l'opérateur Hamiltonien H. L'état quantique complet d'un système est défini par des nombres quantiques, valeurs propres de H, solutions de l'équation de Schrödinger.

Les nombres quantiques intrinsèques caractérisent chaque type de particule élémentaire. Les nombres quantiques déterminent les éléments que l'on retrouve dans le tableau périodique de Mendeleïev.

Nombres quantiques de l'électron
L'électron est défini par quatre nombres quantiques appelés « case ». Ces nombres sont donnés par la résolution de l'équation de Schrödinger en coordonnées sphériques.

Nombre quantique principal de l'électron
Nombre entier de valeur n = 1, 2, 3…
Il définit le niveau d'énergie de l'électron correspondant à une couche électronique dans l'atome de valeur

Nombre quantique secondaire (ou azimutal ou orbital)
Nombre entier de valeur compris entre 0 et n-1
Il définit les sous-couches électroniques.
Sharp s pour i = 0
Principal p pour i = 1
Diffuse d pour i = 2
Fundamental f pour i = 3
Puis pour des états excites g, h, i…

Nombre quantique tertiaire ou magnétique m
Nombre entier compris entre -1 et +1
Il définit l'orientation de l'orbitale atomique
Pour i = 0, m = 0, une orbital s (une case quantique)
Pour i = 1, m = -1, 0, 1 trois orientations correspondant aux trois axes, trois orbitales p de même énergie (Px, Py, Pz).
Pour i = 2, m = -2, -1, 0, +1, +2, cinq orientations

Nombre quantique de spin
Nombre ½ quantifiant le moment cinétique intrinsèque de l'électron (orientation de l'électron dans un champ magnétique).

Particules élémentaires du modèle standard

	Fermions			
	spin demi-entier – respect du principe d'exclusion de Pauli – statistique de Fermi-Dirac			
	Leptons		Quarks	
	Spin 1/2		Spin 1/2	
Electro-magnétique		oui	oui	oui
Faible	oui	oui	oui	oui
Forte			oui	oui
Charge électrique	0	–1 e	+2/3 e	–1/3 e
Fermions de 1re génération	Neutrino électronique νe	Électron e	Quark up u	Quark down d
Masse keV/c^2	< 0,0022	511	1 500 – 3 300	3 500 – 6 000
Fermions de 1re génération	Neutrino muonique νμ	Muon μ	Quark charme c	Quark strange s
Masse keV/c^2	< 170	105 700	1 160 000 – 1 340 000	70 000 – 130 000
Fermions de 1re génération	Neutrino tauique ντ	Tauon τ	Quark top t	Quark bottom b
Masse keV/c^2	< 15 500	1 777 000	173 100 000 ± 1 300 000	4 200 000$^{+170000}_{-7000}$

Les douze fermions sont classés en trois générations. Les fermions de la première génération constituent la matière connue. Les huit autres fermions ne s'observent que dans des conditions énergétiques particulières hors de l'environnement habituel.

Chaque lepton a son antilepton de même masse, de même spin, mais de charge électrique opposée : un antineutrino pour chaque neutrino, le positon pour l'électron, l'antimuon pour le muon, l'antitau pour le tau.

Les quarks possèdent une charge de couleur rouge, vert, ou bleu et peut changer de couleur en échangeant un gluon.

Chaque quark a son antiquark de même masse, de charge électrique opposée et de charge de couleur complémentaire, appelée anticouleur

Particules composés

Les quarks restent confinés au sein de particules composées de couleur blanche

Les quarks sont toujours groupés de façon que :
- la somme de leurs charges électriques est un multiple entier de la charge élementaire ;
- la somme de leurs charges de couleur est blanche (rouge+vert+bleu, ou rouge+antirouge, vert+antivert, bleu+antibleu)

Un hadron est une particule composé de quarks et/ou d'antiquarks et de gluons régie par l'interaction forte.

Les hadrons communs sont soit des baryons, soit des mésons.

Le baryon fermionique de spin semi-entier est formé de trois quarks de trois couleurs différentes, de nombre baryonique +1 (proton de charge électrique +1, neutron de charge électrique nulle…).

L'anti baryon est composée de trois antiquarks de trois anti-couleurs différentes, donnant un anti-baryon de nombre baryonique -1.

Les mésons bosoniques de spin entier, instable, composée d'un quark d'une couleur avec un anti quark de l'anti couleur opposée, de nombre baryonique nul (ex pions, kaons)

Particules de l'atome

	Particules de l'atome Spin 1/2				
	Masse	Charge électrique	Quarks	Nombre baryonique	Masse MeV/c^2
Neutron	1 u.m.a[100]	neutre	uud	1	938,3
Proton	1 u.m.a	e	ddu	1	939,6
Électron	1/2000 u.m.a	-e	0	0	0,511

Les nucléons sont les particules du noyau de l'atome donc des protons et des neutrons. Le nombre de proton et de neutron du noyau détermine l'élément classé dans le tableau périodique des éléments de Mendeleïev.

Interactions et bosons

La charge de couleur est la source de l'interaction forte. L'interaction entre les nucléons (plus généralement entre les hadrons) est dérivée de l'interaction de « couleur » ; comme l'interaction entre atomes et entre molécules et dérivée de l'interaction électromagnétique entre protons et électrons.

L'interaction de couleur est de type tripolaire (rouge, vert, bleu) avec une résultante blanche, alors que l'interaction électromagnétique est dipolaire (+ et -) avec une résultante neutre.

En électrodynamique quantique les photons sont neutres électriquement. En interaction forte les gluons sont colorés et interagissent entre eux. Ils sont huit correspondants à la dimension du groupe SU (3).

---

[100] Unité de Masse Atomique (= 1gr/ nombre d'Avogrado c.a.d une mole de nucléon pèse un gramme)

	Bosons				
	Spin entier – ne respecte pas le principe d'exclusion de Pauli – Statistique de Bose-Einstein				
Boson Spin 1	**Charge électrique**	**Charge couleur**	**Masse (keV/c^2)**	**Inter-action**	**Symétrie de jauge**
Boson Z	0	0	91 187 600 ± 2 100	**Faible**	SU(2)
Boson W$^-$	-1	0	80 398 000 ± 2 5 000		
Boson W$^+$	1	0	80 398 000 ± 2 5 000		
Photon γ	0		0	**Electro-magnétique**	U(1)
Gluon g	0	R et anti R	0	**Forte**	SU(3)
		R et anti V			
		R et anti B			
		V et anti R			
		V et anti V			
		V et anti B			
		B et anti R			
		B et anti V			

Chacun de ces bosons est son antiparticule, hormis les bosons W − et W + qui sont antiparticules l'un de l'autre.

Les bosons sont au nombre de 8 car le neuvième possible se déduit mathématiquement des autres avec : R et anti R + V et anti V + B et anti B = 0

En plus de ces bosons de jauge du modèle standard pourrait s'ajouter :
- le boson de Higgs, de spin 0, responsable de la masse des particules sans être vecteur d'une interaction, observé au CERN de Genève ;
- le graviton hypothétique, de spin 2, boson de jauge vecteur de la gravitation mais jamais observé.

Annexe 2 Dictionnaire de biologie

Mot	Définition
A ou Adénine	Base azotée constituant de l'ADN et de l'ARN de la famille des purines
G ou Guanine	Base azotée constituant de l'ADN et de l'ARN de la famille des purines
C ou Cytosine	Base azotée constituant de l'ADN et de l'ARN de la famille des pyrimidines
T ou Thyminet	Base azotée constituant de l'ADN de la famille des pyrimidines
U ou Uracile	Base azotée constituant de l'ARN de la famille des pyrimidines
Acide animé	Classe de composés chimiques constituants élémentaires des protéines
Acide nucléique	Polymères ADN ou ARN dont l'unité de base est le nucléotide
ADN ou Acide DésoxyriboNucléique	Molécule support de l'information génétique héréditaire
ARN ou Adénosine RiboNucléique	Molécule assurant de nombreuses fonctions : support des gènes pour synthétiser les protéines, intervenant de réactions chimiques
ADP ou Adénosine diphosphorique	Rechargement d'énergie dans la mitochondrie par passage d'ADP en ATP soit par la respiration aérobie en récupérant l'énergie libérée par la destruction du glucose, soit par la photosynthèse (plantes) en convertissant l'énergie lumineuse
ATP ou acide triphosphorique	Fournisseur d'énergie pour le métabolisme situé dans la mitochondrie par passage d'ATP en ADP
Anaérobie	Sans oxygène
Chimiotrophe	Bactérie se nourrissant par chimiosynthèse

Mot	Définition
Endothermique	Réaction chimique accompagnée d'une absorption de chaleur
Gène homéotique	Gène qui détermine le plan d'organisation d'un être vivant, c'est-à-dire la place des organes les uns par rapport aux autres, selon les axes de polarité antéro-postérieur et dorso-ventral
Gènes HOX	Gènes homéotiques commun aux animaux bilatériens impliquées dans l'identité cellulaire le long de l'axe antéro-postérieur
Autotrophe	Production par un organisme vivant de matière organique à partir de matière inorganique (végétaux, cyanobactéries, bactéries sulfureuses)
Catalyse	Phénomène de modification de la vitesse d'une réaction chimique par l'action d'une substance appelée catalyseur
Chitine	Molécule de la famille des glucides
Endocytose	Mécanisme transport de molécules vers l'intérieur de la cellule
Enzyme	Macromolécule d'origine protéique qui joue un rôle de catalyseur biologique facilitant une réaction chimique
Épissage	Processus par lequel l'ARN transcrit à partir de l'ADN subit une étape de transformation à l'aide des exons et introns pour devenir un ARN messager adapté au tissu auquel il est destiné pour la fabrication de protéine.
Exons	Partie codante d'un gène de l'ADN utile à la fabrication des protéine
Eucaryote	Cellule avec un noyau entouré d'une membrane nucléaire contenant l'ADN

Mot	Définition
Gastrulation	Seconde phase du développement embryonnaire correspondant au passage d'une symétrie quasiment sphérique à la symétrie fondamentale de l'animal (radiaire, bilatérien), et à la répartition des cellules en Deux ou trois feuillets : un feuillet externe (ectoderme), un feuillet moyen (mésoderme), un feuillet interne (endoderme)
Génome	Ensemble du matériel génétique d'un individu codé dans son ADN ou dans son ARN (cas de certains virus)
Glucides	Constituants essentiels des êtres vivants avec lipides et protéines, intermédiaire biologique de stockage de l'énergie
Hétérotrophe	Organisme qui utilise pour se nourrir les matières organiques constituant ou ayant constitué d'autres organismes (animaux champignons)
Homéostatique	Etat d'équilibre intérieur d'un organisme face à des modifications du milieu extérieur
Introns	Partie non codante d'un gène de l'ADN utile pour l'épissage
Lipides	Constituants essentiels des êtres vivants avec les glucides et les protéines, matière grasse des vivants
LUCA	Last Universal Common Ancestor ou dernier ancêtre universel commun
Meiose	Évènements chromosomiques de la division cellulaire en cas de reproduction sexuée aboutissant à la production de cellules sexuelles ou gamètes pour la reproduction
Mème	Élément culturel transmis, non par des moyens génétiques, mais par l'imitation
Mémétique	La mémétique utilise le concept de mème pour étudier les évolutions de la culture avec une approche Darwinienne étendue'

Mot	Définition
Métabolisme	Ensemble des réactions chimiques permettant à un être vivant de se maintenir en vie, de se développer, de se reproduire
Mitochondrie	Organite des cellules eucaryotes lui fournissant l'énergie
Mitose	Évènements chromosomiques de la division cellulaire en cas de reproduction non sexuée. Il s'agit de la division d'une cellule mère en deux cellules filles.
Espèce panchronique	Population actuelle présentant des ressemblances morphologiques avec des espèces éteintes, identifiées sous forme de fossiles
Peroxysome	Organite cellulaire entouré par une membrane et ne contenant pas de matériel génétique
Phototrophes	Organismes autotrophes qui utilisent l'énergie lumineuse pour réaliser la synthèse de leurs aliments (plantes chlorophylliennes, algues unicellulaires, cyanobactéries)
Procaryotes	Cellule sans noyau et avec un ADN libre dans le cytoplasme
Protéines	Constituants essentiels des êtres vivants avec les lipides et les glucides, assurant la majorité des fonctions cellulaires (structure, mobilité, catalyse, expression des gènes)
Protistes	Eucaryotes à organisation simple unicellulaires parfois pluricellulaires mais sans tissus spécialisés
Ribosome	Organite des cellules procaryotes et eucaryote dont la fonction est de synthétiser les protéines en décodant l'information contenue dans un ARN messager. Ils sont composés de protéines et d'ARN
Stéroïdes	Groupe de lipides

Annexe 3 Dogme de l'immaculée conception

Le dogme de l'Immaculée conception est défini le 8 décembre 1854 par le pape Pie IX dans la bulle « Ineffabilis Deus ». Le pape définit le Dogme de l'Immaculée Conception de Marie qui, par un privilège de Dieu le Père et en regard des mérites de Son Fils Rédempteur, fut préservée, dès sa conception, de la tache du péché originel.

« C'est pourquoi, puisant dans les trésors de sa divinité, il la combla, bien plus que tous les esprits angéliques, bien plus que tous les saints, de l'abondance de toutes les grâces célestes, et l'enrichit avec une profusion merveilleuse, afin qu'elle fût toujours sans aucune tache, entièrement exempte de l'esclavage du péché, toute belle, toute parfaite et dans une telle plénitude d'innocence et de sainteté qu'on ne peut, au-dessous de Dieu, en concevoir une plus grande, et que nulle autre pensée que celle de Dieu même ne peut en mesurer la grandeur.

En conséquence, après avoir offert sans relâche, dans l'humilité et le jeûne, nos propres prières et les prières publiques de l'Église à Dieu le Père par son Fils, afin qu'il daignât, par la vertu de l'Esprit-Saint, diriger et confirmer notre esprit ; après avoir imploré le secours de toute la cour céleste et invoqué avec gémissements l'Esprit consolateur, et ainsi, par sa divine inspiration, pour l'honneur de la Sainte et Indivisible Trinité, pour la gloire et l'ornement de la Vierge Mère de Dieu, pour l'exaltation de la foi catholique et l'accroissement de la religion chrétienne ; par l'autorité de Notre-Seigneur Jésus-Christ, des Bienheureux apôtres Pierre et Paul et la nôtre, nous déclarons, nous prononçons et définissons que la doctrine qui enseigne que la Bienheureuse Vierge Marie, dans le premier instant de sa Conception, a été, par une grâce et un privilège spécial du Dieu Tout-Puissant, en vue des mérites de Jésus-Christ, Sauveur du genre humain, préservée et exempte de toute tache du péché originel, est révélée de Dieu, et par conséquent qu'elle doit être crue fermement et constamment par tous les fidèles. »

Annexe 4 Recensement sous Quirinius

A Ancyre (Ankara) en Turquie, sur un mur d'un temple dédié à César Auguste est inscrit une déclaration émanant de l'empereur. Sous le titre de Res Gestae Divi Augusti, on peut lire des actes accomplis sous son règne. César a fait réaliser trois recensements : le premier en 726 de l'ère de Rome (28 av. J.-C.), le second en 746 (8 av. J.-C.), le troisième en 767 (14 ap. J.-C.) : « Et pendant mon sixième consulat, j'ai mené le recensement des citoyens romains avec mon collègue M. Agrippa (28 av. J.-C.). J'ai procédé à ce lustre pour la première fois depuis quarante et un ans. Lors de ce lustre, on a recensé quatre millions soixante-trois mille citoyens romains. Ensuite, une deuxième fois, disposant des pleins pouvoirs proconsulaires, j'ai procédé au lustre sans collègue, sous le consulat de C. Censorinus et de C. Asinius (8 av. J.-C.). Lors de ce lustre, on a recensé quatre millions deux cent trente-trois mille citoyens romains. Enfin, une troisième fois, disposant des pleins pouvoirs proconsulaires, j'ai procédé au lustre avec pour collègue mon fils Tibère César, sous le consulat de Sex. Pompeius et de Sex. Appuleius (14 ap. J.-C.). Lors de ce lustre, on a recensé quatre millions neuf cent trente-sept mille citoyens romains ».

La somme existentielle – II/III Le mystère de l'homme

L'enfant prodigue dans le monde de l'homme.

Dieu crée l'histoire de l'univers matière-énergie, espace-temps, causalité. Cette histoire s'écoulera du néant (avant le Bigbang) aux pré-hommes. Cet évènement de 13,7 milliards d'années débute avec la chute des anges et du premier homme et se termine au moment où Adam est revêtu d'un « vêtement de peau » et chassé de « l'Éden ». Quand le corps biologique de notre monde est prêt, Dieu y implante Adam et Ève. Il faut supposer qu'Adam et Ève ne se souviennent pas alors qu'ils viennent du jardin d'Éden pour être libres de Dieu selon leur volonté. Pourtant, les humains, sans avoir le souvenir de l'Éden, en gardent la nostalgie (« Les lamentations d'Adam » de Saint Silouane). La durée de 13,7 milliards d'années est dans le temps des hommes. Il s'agit d'un instant dans le temps de Dieu car pour Dieu le temps ne s'écoule pas.

L'univers est un contenu de matière-énergie, dans un contenant d'espace-temps. L'univers a une histoire avec l'entropie qui donne un sens à l'écoulement du temps, et le principe de causalité. À l'origine, d'un point mathématique d'informations surgit dans l'univers une énergie colossale. Une inflation cosmique de cette énergie déploie les métriques d'espace et de temps. À partir de l'énergie, la matière est créée avec les galaxies, les étoiles, et les planètes.

L'évolution du minéral est déterminée par les quatre forces fondamentales. L'entropie impose une flèche du temps, allant du réversible à l'irréversible. Il est observé dans les systèmes dissipatifs un début d'auto-organisation de la matière.

La recherche du sens du minéral fait se poser des questions. Pourquoi y-a-t-il quelque chose plutôt que rien ? Comment y a-t-il quelque chose à partir de rien ? D'où viennent les valeurs précises des constantes fondamentales permettant un univers ? L'univers est-il clos ?

Du minéral surgit, il y a 4 milliards d'années, une autre forme d'être, le Vivant.

L'émergence du vivant se fait à partir du minéral sans que nous sachions comment. Puis à partir de la vie cellulaire se développe une vie multicellulaire, la reproduction sexuée, la différentiation végétale et animale. Dans le règne animal les bilatériens[101] apparaissent, se déploient sur la terre ferme. Après l'extinction des dinosaures, les mammifères se développent sur toute la terre. À partir de ces derniers émergent les primates.

Le vivant accumule de l'énergie pour se libérer des quatre forces fondamentales[102]. L'instinct permet une réponse immédiate inconsciente à une sollicitation externe. L'évolution est orientée vers le développement de fonctionnalités pour une meilleure adaptation au milieu. Le végétal développe de la matière organique à partir de la matière minérale. L'animal a développé une mobilité par rapport au milieu.

Le vivant évolue vers davantage de complexité pour développer des fonctionnalités.

Du vivant surgit, il y a 100.000 ans, une autre forme d'être, le pensant.

Les primates évoluent avec la bipédie, économique sur le plan énergétique, et ayant l'avantage de libérer les mains pour d'autres fonctions. Le premier homme biologique est prêt avec l'homme de Neandertal ou l'Homo Sapiens. La science montre que tous les hommes descendent d'un seul homme Adam ADN Y, et toutes les femmes d'une seule femme Ève ADN mitochondrial. C'est l'époque, après la chute au jardin d'Éden, de l'insertion de la présence d'Adam et de l'être d'Ève dans un corps biologique (« vêtement de peau ») préparé par l'évolution créatrice. Désormais Dieu mettra un être, une présence dans chaque nouveau petit d'homme biologique. Désormais deux mondes coexistent à cause de la faute originelle, le royaume de Dieu et le monde des hommes. Dieu respecte la liberté de l'homme, mais ces deux mondes peuvent communiquer.

---

[101] Animaux métazoaires eucaryotes à symétrie bilatérale
[102] Gravité, électromagnétique, nucléaire forte, nucléaire faible

Le monde est fait pour l'homme. Les lois de la physique sont ajustées pour permettre à la vie d'apparaître. La complexité de l'univers est adaptée à l'intelligence de l'homme. Après le péché originel, Dieu crée le temps qui initie un processus éducatif pour l'exercice de la liberté de l'homme. Le passage du premier homme à l'humanité est une évolution vers l'extension du corps social, l'invention de la culture, l'évolution collective de la pensée.

La liberté du pensant posera les questions d'intelligence, de comportement, du sens.

Le pensant n'est pas abandonné à lui-même dans son monde. Dieu n'a de cesse de se révéler à l'homme.

Dieu n'abandonne pas l'homme après son exil dans le monde physique. Dieu veut se communiquer à l'homme. Il fait alliance avec les patriarches Adam, Noé, Abraham, Isaac et Jacob. Dieu se manifeste à Moïse et l'envoi en mission pour libérer son peuple retenu esclave en Égypte. A travers Moïse, Dieu prépare son peuple à la venue du Messie. Elie et les prophètes annoncent la venue du Messie d'Israël, la date de son apparition, et les principaux évènements le concernant. Avant notre ère une forte attente messianique se manifeste y compris chez les païens.

Dieu permet une créature d'exception, Marie. Elle est conçue sans péché. Elle est donc exemptée, par grâce spéciale, du péché originel. Le Fils de Dieu s'incarne en Marie par le Saint-Esprit, devenant Fils de l'Homme. À l'âge d'homme, il est baptisé par Jean-Baptiste dans le Jourdain. Le Père confirme par sa parole que Jésus est son Fils bien-aimé.

Jésus annonce la proximité du royaume de Dieu. Il annonce ce qu'est le royaume de Dieu et les conditions pour y parvenir. Jésus est venu accomplir la loi. Il l'exprime avec les béatitudes, avec ses commandements « Tu aimeras le Seigneur ton Dieu » et « Tu aimeras ton proche comme toi-même », mais surtout avec le témoignage de sa vie, de sa mort et de sa résurrection.

Jésus annonce l'amour du Père. Il ira jusqu'au bout de la manifestation de l'amour de Dieu en donnant sa vie pour les hommes.

Jésus se présente comme l'agneau qui sera immolé pour la rémission des péchés. Jésus est arrêté, flagellé, couronné d'épines. Il est condamné à mort, doit porter sa croix, et est crucifié au Golgotha.

Jésus meurt au Golgotha à Jérusalem le vendredi 7 avril de l'an 30 vers 15h00. Jésus est enseveli selon la tradition hébraïque avec la Coiffe de Cahors[103] servant de mentonnière, le Linceul de Turin[104] enveloppant le corps, et le Voile de Manoppello[105] couvrant le visage. Jésus a annoncé à l'avance sa mort et sa résurrection à ses disciples. Jésus se montre avant sa mort en ressuscité lors de la transfiguration. Il est resplendissant comme le soleil et son visage est tout autre.

Le dimanche 9 avril à l'aube, Jésus ressuscite dans un nouveau corps libéré des lois physiques et biologiques. Il n'est plus mortel. Il sort des linges [id124] de l'ensevelissement en laissant la trace de sa mort et de sa résurrection sur les linges [id124] ! Les disciples vont être témoins de sa résurrection. Jésus retourne vers le Père avec son corps ressuscité le jour de l'ascension.

Juste avant son départ, il leur dit : je ne vous laisserez pas orphelin, je vous enverrai l'Esprit-Saint.

La pentecôte dans l'ancien testament est la fête des prémices. Elle commémore aussi le don de la Torah, des dix commandements. Dans les évangiles, Jésus promet le Saint-Esprit à ses disciples.

La pentecôte a lieu dans Jérusalem. Les apôtres sont remplis et transformés par le Saint-Esprit. Les disciples avaient fui après la mort de Jésus. Après la pentecôte, ils vont faire face et témoigner avec audace de leur foi en la résurrection. De nombreux juifs et païens, touchés par le témoignage des apôtres, vont se faire baptiser et recevoir à leur tour le Saint-Esprit.

Le Saint-Esprit nous conduit pour être fils et filles de Dieu. Il nous amène à la connaissance de la vérité. Il dispense sur les hommes ses fruits de charité, de joie, de paix... Il édifie l'Église par ses neuf dons dispensés aux croyants. Étant Dieu, il peut nous libérer ponctuellement des lois physiques et biologiques par les miracles. Mais le don des dons c'est lui-même, c'est-à-dire l'Amour.

---

[103] Attribution de ces linges à la passion de Jésus non confirmée actuellement par l'Église
[104] Ibid
[105] Ibid

Le Saint-Esprit peut nous aider dans la recherche de la vérité, mais l'homme est libre. L'histoire de la pensée montre une évolution dans le rapport de l'homme à Dieu.

L'histoire de la pensée s'étudie par la relation de l'homme à Dieu. L'homme est ainsi passé de la croyance en plusieurs dieux à la croyance en un seul Dieu par le peuple élu, Israël. Dieu se révèle en Jésus et envoie son Esprit sur ceux qui le désirent. Mais l'homme veut être autonome par rapport à Dieu. Dieu respecte la liberté de l'homme. Avec la philosophie des Lumières et la révolution française, nous tuons le Dieu révélé pour le remplacer par un Être Suprême impersonnel. Et à partir de là nous nous efforçons de nous passer de Dieu en cherchant à le remplacer par le scientisme, le surhomme, le supra-mental, le communisme athée, ou le nazisme, ou le culte de l'argent. Mais l'absence de la venue du surhomme conduit inéluctablement, en l'absence de Dieu, à l'absurde ou à la mort de l'homme.

Les hommes ont souvent développé une fausse image de Dieu à travers les divinités mères, la Franc-maçonnerie, le Nouvel Âge. Hors du christianisme aucune religion ou croyance ne donne une image juste de Jésus. Dieu est souvent devenu inutile dans la société de consommation, et avec le culte de l'argent.

Mais au bout de l'impasse des hommes, Dieu est de retour. Il est incontournable pour comprendre l'histoire des mondes. Après tous ses errements, il ne reste qu'une issue à l'enfant prodigue, prendre le chemin du retour vers son Père. L'enjeu est la relation personnelle de tout homme avec Dieu.

La somme existentielle – III/III La divinisation de l'homme

L'enfant prodigue du monde de l'homme vers le royaume de Dieu avec son Père.

Aujourd'hui, l'heure est à dire et annoncer Jésus, avec nos connaissances historiques et scientifiques.

Jésus est prêtre pour toujours, prophète, roi d'Israël. Il est le nouveau Moïse, le nouvel Adam, le Fils de l'homme. Les témoignages sur Jésus sont nombreux chez les non chrétiens, chez les juifs, chez les musulmans.

Jésus est Dieu car sa parole le dit. Les évangélistes témoignent qu'il possède les attributs de Dieu. Il est le Messie d'Israël qui accomplit toutes les prophéties de l'Ancien Testament le concernant.

Jésus est mort. Le Linceul de Turin[106], qui a contenu son corps mort, l'atteste de multiples manières. Mais le troisième jour, il est ressuscité des morts. Les disciples ne trouvent qu'un tombeau vide. Les disciples racontent leur rencontre avec le ressuscité. Les reliques des linges mortuaires témoignent de la passion de la mort, et de la résurrection de Jésus. La résurrection de Jésus nous montre qu'il est Dieu. Il est la nouvelle alliance, en lui-même, de l'homme et de Dieu.

Jésus est homme et Dieu. Dès lors la raison ne saurait s'opposer à la foi. Dès lors la quête du pensant doit l'amener à une rencontre personnelle. Certaines personnes la font au cours d'une expérience de mort imminente, d'autres au cours d'une rencontre avec Dieu qui change leur vie.

Les personnes qui font une expérience de mort imminente (passage par une mort clinique) racontent un vécu similaire après leur retour à la vie. Les étapes vécues sont sortie du corps, élargissement de la conscience, tunnel, rencontre avec des proches décédés, bilan de vie, être de lumière, connaissance intégrale, retour dans le corps.

---

[106] Non authentifié officiellement par l'Église comme celui du Seigneur, mais reconnue comme « non fait de main d'homme »

Les mystiques font des expériences qui s'apparentent aux expériences de mort imminente. À l'heure de la mort une rencontre purificatrice se produit avec un être de lumière, parfois reconnu comme Jésus-Christ. Nous sommes révélés à nous-mêmes dans la Vérité du Christ.

Les personnes sorties d'une expérience de mort imminente et les mystiques le disent : la mort n'est qu'un changement d'état. Après, nous rencontrons un être de lumière et relisons avec lui notre vie. Dans cette rencontre avec le Christ, rien n'est caché. Nous vivons alors un temps de purification au purgatoire avant le paradis. Quelques cas d'expériences de mort imminente sont négatifs. Ceux qui refusent Dieu se retrouvent « en enfer », lieu sans Dieu.

Certaines personnes font cette expérience de la mort avec la rencontre de l'être de lumière, mais tous sont appelés à la rencontre avec Jésus.

L'Être est nécessaire, le néant ne pouvant se penser. L'univers ne saurait s'expliquer par lui-même. L'Être est nécessaire pour expliquer l'ordre, l'évolution, la finalité.

L'homme recherche la vérité par la connaissance, la beauté par la créativité, l'amour par la relation.

Le pensant est en quête de connaissance, de compréhension et d'amour. La perfection dans ces trois quêtes n'est qu'en Dieu. À Moïse, Dieu se présente « je suis ». Dieu est un Dieu personnel dans le Père, le Fils et le Saint-Esprit. Dieu s'intéresse à l'homme. Une rencontre personnelle avec Dieu est possible.

Forts de cette rencontre et de l'aide du Saint-Esprit, nous pouvons essayer de comprendre l'univers fait pour l'homme.

Au début de l'univers un point mathématique d'informations se transforme en une énergie considérable. Cette énergie va se déployer avec la métrique d'espace et de temps en constituant l'univers. Cette force unique, suite à des ruptures de symétrie, va constituer les quatre forces physiques que nous observons aujourd'hui. À partir de l'énergie, la matière et l'antimatière sont créées. Une asymétrie dans les transformations rend la matière prépondérante. La matière et l'énergie présentent simultanément un aspect corpusculaire et un aspect ondulatoire. La matière et l'énergie sont discontinues.

La théorie de la relativité restreinte montre une équivalence entre la matière et l'énergie. La théorie de la relativité générale montre une équivalence entre la matière et l'espace-temps. L'espace et le temps sont discontinus.

En physique quantique, l'indétermination des systèmes de particules est due à la superposition d'états quantiques. Les caractéristiques des particules sont représentées par des probabilités. L'interaction avec l'environnement lève l'indétermination en faisant passer la superposition d'états potentiels à un état réel. En physique quantique, deux systèmes de particules initialement liés montrent une corrélation instantanée entre leurs propriétés physiques, indépendamment de leurs distances spatiale ou temporelles. De nombreuses autres caractéristiques de cette physique posent des problèmes métaphysiques. Pour résoudre les problèmes posés à la raison, les physiciens émettent des hypothèses d'univers multiples, d'ondes avancées et retardées…

L'unité de l'univers et la physique quantique sont les terreaux au sein desquels se manifestent la liberté et la conscience du pensant.

Les philosophes Leibniz et Kant ont essayé de définir l'espace et le temps. Bergson s'est penché sur la problématique du temps et de la durée. Les scientifiques ont étudié eux-mêmes l'espace et le temps. La discontinuité du temps et l'écoulement du temps permettent une orientation possible consécutive à un choix. La diminution du temps nécessaire pour satisfaire ses besoins de subsistance permet à l'homme l'exercice de la pensée et de la liberté.

Gödel, logicien ami d'Einstein, établit son théorème d'incomplétude. Un système logique ne saurait être complet et entièrement démontré. Dans un système complet, logique ou mathématique, un axiome au moins est non démontrable. Le théorème d'incomplétude laisse une place à la liberté de l'homme. Les incertitudes Heisenberg permettent la liberté contrairement à la physique classique déterministe. Le théorème du libre-arbitre montre l'existence d'une liberté dans l'univers. La discontinuité du temps permet le choix. La liberté permet la conscience et l'existence.

L'homme est un être, qui manifeste son être, mais ne saurait se satisfaire de son être et de sa manifestation. Chaque personne est focalisation de ses relations, et somme de ses choix libres. La physique quantique permet d'aborder les problèmes de conscience et de libre arbitre. Aujourd'hui, des phénomènes mentaux sont étudiés scientifiquement : la perception libérée du temps et de l'espace, la distorsion du temps, l'influence de la conscience sur la réalité. La science étudie également la déconnexion entre le neuronal et le mental, l'action de la conscience sur le cerveau, la réception de la pensée par le cerveau. Les dernières études tendent à montrer que le cerveau ne génère pas la conscience mais est une sorte de filtre, récepteur ou transducteur de celle-ci.

Dès lors, armés des derniers résultats de la science et avec l'aide du Saint-Esprit nous pouvons synthétiser l'histoire des deux mondes, du royaume de Dieu et de l'univers fait pour l'homme.

L'histoire de la somme existentielle comprend trois étapes.
Dieu se communique en interne entre ses trois hypostases qui sont relations paternité, filiation, procession. Dieu se communique en externe dans la création au jardin d'Éden où il place le premier homme qu'il a créé à son image et à sa ressemblance. Mais l'homme, voulant être par lui-même se détourne de Dieu. Il provoque ainsi un séisme ontologique et objective la création qui devient l'univers physico-biologique que nous connaissons. Désormais vont coexister le royaume de Dieu et le monde de l'homme.

Dans ce nouveau monde, la création d'un temps discontinu permet à l'homme d'avoir une succession d'états de conscience où il peut exprimer un choix. Le choix est porté par la connaissance progressive que l'homme acquiert. C'est un processus éducatif permettant un positionnement progressif de l'homme. Ce monde est un lieu de combat entre le bien et le mal. Les anges qui ont refusé Dieu et son plan peuvent influencer l'homme. Mais Dieu et les bons anges sont également présents. Mais ils ne peuvent intervenir qu'en respectant la liberté de l'homme. Dans sa quête de connaissance, de compréhension et d'amour, l'homme est en quête de Dieu.

Le monde de l'homme est sujet à transformation par la grâce du Verbe incarné et du Saint-Esprit. Avant sa passion Jésus institue l'Eucharistie, consacrant le pain et le vin en son corps et son sang. Il annonce ainsi la messe sur le monde. De même nous devons devenir offrande sainte avec la création pour être divinisés. Dieu s'est fait homme passible pour que l'homme participe de la divinité impassible. La mort et la résurrection de Jésus-Christ nous sauvent du péché et de ses conséquences. Nous pouvons renoncer à nous-mêmes et nous identifier au Christ.

L'histoire de notre monde est en cours. Elle s'achèvera dans la consommation des siècles et l'achèvement de la création en Dieu.

La fin de notre monde pour nous est marquée par notre mort individuelle. Mais la fin du monde de l'homme est marquée par la fin des temps, après l'illumination du peuple d'Israël. Dieu donne les signes précédents le retour du Christ en gloire. Il y aura des faux Christ et de faux prophètes. Ce sera le commencement des douleurs et des persécutions. Le sacrifice perpétuel sera interrompu. Il y aura l'abomination de la désolation en un lieu saint et une grande tribulation existera. Les puissances célestes seront ébranlées.

Alors le signe du Fils de l'homme, et le Fils de l'homme apparaîtront dans le ciel. Les élus seront alors rassemblés et enlevés dans les nuées.

Ce sera la victoire du Messie, le jugement dernier. L'achèvement des œuvres de Dieu sera alors réalisé. Un séisme ontologique se produira, inverse de celui consécutif à la chute originelle. La résurrection des corps à la suite de la résurrection du Christ aura lieu. L'homme sera divinisé par l'union à l'humanité du Christ. La création tout entière sera sublimée en Dieu.

Bibliographie

Augustin : « De la Trinité », « La cité de Dieu »
Saint Thomas d'Aquin : « La somme théologique »

Sainte Hidegarde de Bingen : « Scivias ou les trois livres des visions et révélations »
Marie d'Agreda : « La Cité Mystique de Dieu »
Anne-Catherine Emmerich
Maria Valtorta : « L'Évangile tel qu'il m'a été révélé »
Mechthild de Magdebourg, « La lumière fluente de la divinité », éditions Jérôme Millon

Père Philippon : « Conchita, journal spirituel d'une mère de famille »
Conception Cabrera de Armida (Conchita), « La vie dans l'Esprit-Saint » éditions de l'Emmanuel
Juan Guttierrez Gonzales « La Grande Conchita T I et II » éditions François-Xavier de Guibert
Conchita « La vie dans l'Esprit-Saint » éditions Emmanuel

« Elisabeth de la Trinité Pensées I et II » éditions du Cerf

Père Teilhard de Chardin, œuvres du Père, aux éditions du Seuil

Kant : « Critique de la raison pure » éditions Presses Universitaire de France

Bergson : « L'évolution créatrice » éditions Rombaldi
Jean Guitton : « Un siècle, une vie »

Lee Smolin, « Rien ne va plus en physique ! », éditions Dunod

Vladimir Soloviev, « La Sophia et les autres écrits français », édités et présentés par François Rouleau, l'Âge d'Homme

Irana Gorainoff, « Séraphin de Sarov sa vie et entretien avec Motovilov et instructions spirituelles », éditions Desclee de Brouwer

Vladimir Lossky, « Essai sur la théologie mystique de l'Église d'Orient » éditions Cerf

Archimandrite Sophrony « Voir Dieu tel qu'il est » éditions Labor et Fides

« Yvonne-Aimée de Jésus - Ma mère selon l'Esprit » par le père Paul Labutte - Ed. FX de Guibert

Mr Pentecôte David du Plessis traduit par Émile Dallière, éditions Foi et Victoire

Charles de Foucault « lettres et carnets » aux éditions du Seuil.

Monseigneur André Léonard : « Les raisons de croire » Fayard

Frédéric Marlière aux éditions Anne Sigier
« Et leurs yeux s'ouvrirent » - « Et ils virent qu'ils étaient nus » - « Qui t'a appris que tu étais nu ? » - « Le secret de nos origines » - « Dieu le Père » - « Voici l'homme » - « Aime et fais ce que tu veux »

« Lettres d'un rabbin converti, aux israélites ses frères, sur les motifs de sa conversion. » 1825

Anne de Souzenelle « Alliance de Feu I et II – une lecture chrétienne du texte hébreu de la Genèse. »

Olivier Clément : « Questions sur l'homme » Stock

Lightning Source UK Ltd.
Milton Keynes UK
UKHW030600131218
333881UK00006B/462/P